ペリー提督日本遠征記 上

M・C・ペリー
F・L・ホークス＝編纂
宮崎壽子＝監訳

角川文庫
18735

ペリー提督日本遠征記　上

第5章　中国海域へ入る――シンガポール～香港～黄埔～広東　297

第6章　中国を離れ琉球へ――マカオ・香港～上海～那覇　329

第7章　大琉球島那覇への初訪問　353

第8章　大琉球島奥地踏査　381

第14章　第一回日本訪問・日本を発つ日——江戸湾の一〇日間Ⅲ　617

【凡例】

1 本書は、Narrative of the Expedition of an American Squadron to the China Seas and Japan, 1856. の全訳である。

2 章タイトル、本文中の小見出しは原書にはなかったもので、編集過程で加筆している。また上下二巻に分冊し、いくつかの海図を新たに掲載した。これらの海図はもともと原書の第二巻に収録されていたものだが、読者の便宜のため、有用と思われるものを選んで本文中に挿入した。

3 ＊1、＊2などで示した注はすべて原注である。本書では各章末にまとめて記載した。

4 文中で〔 〕内に示した記述はすべて訳注である。

5 原書にローマ字で記されている中国、沖縄、日本の人名、地名、役職名などは、特定できる限り漢字を当てた。特定できないものはカタカナ、または原綴り、あるいは両方で表記した。

6 欧米人が命名した地名は、いくつかの例外を除いて原文のまま訳し、特定できる限り本来の地名を訳注で示した。

7 原書編纂者の認識における中央、地方の機関および役職の呼称などは、あきらかな誤認をふくめて原文に忠実に訳し、適宜訳注を付した。

8 動植物の学名は、ほぼ原文どおりに表記し、一般名または和名を訳注に付記した。事実誤認と思われる記述もそのまま訳し、正せる限り訳注で正した。

前書き

ペリー提督との個人的な友情に大いに心をかきたてられ、本書の編纂《へんさん》者は提督の熱心な要請を受け入れるとともに他の友人たちの要請もあって、この合衆国の日本遠征記の編纂にあたることとなった。

ついては、次のことをここに述べておくことがふさわしいかと思われる。それは、この遠征隊の指揮官が、自ら筆を執るより他人の手にこの仕事を委ねることを望んだ最も顕著な動機となったのは、ある配慮からであったということである。本書に収められているようなもろもろの事実は、彼自身の日誌だけではなく、部下の何名かの士官たちの日誌と、彼らが提出した報告書から集められるべきものであったことから、提督はその編纂を、私心のない第三者に任せ、彼自身の言行の偏りに影響されることなく、多種多様な記事を、重要な出来事をすべて網羅《もうら》したひとつの遠征記録としてまとめあげたほうがよいと考えた。どれほど正直で善良な人でも、人間本来の弱さから生じる偏向を完全に免れることはできないからである。

本書を発表する提督の唯一の目的は、わが国の政府と同胞に、彼自身とその部下である士官、ならびに兵士たちが成し遂げたことについての、最も内容豊かな記録を提供することであり——この点に関しては、どんな事実も伏せることなく、自身やほかの人々が見聞した重要な事柄をすべてありのままに提示し、新たに微妙で困難な計画を成し遂げてゆく過程で、彼をよく支えてくれた士官たちにも、それにふさわしい評価が与えられることを願っている――したがって、自身の筆によるものと、そのほかの人々の労作とを問わず、手元の資料をすべて編纂者に預け、先に述べた目的と希望にふさわしい精神にのっとってその仕事が行われることを要請し、それ以外は口をはさまないのが最善であると考えたのである。

資料は豊富で、内容も広範にわたっていた。提督の二つ折の大判の日誌三冊と、その公式書簡、提督の秘書官ならびに士官たちの日誌、艦隊指揮官および旗艦付副官の日誌、特殊任務についた諸氏の公式報告書および今回の遠征に関する公文書は、すべて筆者に手渡された。これらの資料のうち、この遠征記録の大部分を占めているのは、提督の日誌と公式書簡である。(＊1)

筆者の仕事は、ただこれらの資料を編纂することだけだった。そこに述べられている事実についての責任は持たず、単にもろもろの記述から興味深い事柄や重要な事実を集めて脈絡のある記事とし、遠征中の出来事をその順序に従って記すことを自身の義務と考えた。この遠征記中の多くの箇所は、非常に示唆《しさ》に富むものであるため、編者は事実だけを取り上げることにし、それについての考察をさしはさんで読者を煩わすことは差し控えた。

したがって本書では、資料に述べられている出来事についての編者自身のよけいな意見や憶測は、ほとんど加えられていない。ところどころに含まれている余談も、おおむね提督自身の記述によるものである。この遠征記中の多くの箇所には、提督の日誌に使われていた言葉がそのまま引き写されている。このように、彼の手記をできる限り使用するよう努めたのは、それが、誤りを避ける最良の方法であると思われたからである。そして、本書は、原稿の段階で、一字一句まで提督に確かめて、印刷所に渡す前に校訂し、校正刷りにも目を通してもらった。また、仕事は編纂のみであったので、この遠征記録をできる限り早く準備して発表するため、また早い段階で議会に送るためにも、ペリー提督の許可を得て、ある優れた文人（＊2）の厚意に従い、何冊もの日誌や文書を照合し、資料全般から集めた出来事を順序だてて整理し、脈絡のある形にまとめる作業を助けてもらった。また、この遠征記録のいくつかの部分は、まずその文人が下書きをし、編者の校訂を経たうえで、その文人が記録に組み入れ、そのあと提督に提出して校訂してもらい教示を得るという形をとった。情景を描写したいくつかの箇所と、二度にわたる日本訪問に関する記事のいくつかの部分は、このようにして作成されている。この有用な助力によって、議会から刊行を命じられてから一二ヵ月を待たずして、すべての記録が書き終えられたのである。この人物の協力なくしては、そのような結果は望めなかっただろう。編者は、この友人の厚意に感謝の意を表すとともに、他人の労力を勝手に利用したのではないかという疑いを避けるためにも、このことを記しておきたい。

この遠征記録そのものについて言えば、単に事実の列挙にとどまらず、できれば読者の興味をそそるような形でこの遠征を語り、読者を飽きさせることなく情報を伝える読み物にしたいというのが、編者自身の理想だった。もしそれがうまくいっているとすれば、編者としての望みはすべて達せられたということである。もしうまくいっていなかったとしても意外ではないが、ただ残念に思うのみである。

この記録の中には、ことに会見や饗応《きょうおう》における派手な催し物の描写などにおいて、必要以上に詳細であると感じられる箇所がいくらかあるかもしれない。これは、編者自身の嗜《し》好《こう》のみによるものではなく、祖国の人々が当然、遠征中のあらゆる出来事を詳しく知りたいという好奇心を抱かれることを配慮し、記述は足りないよりは、多すぎるくらいの方がよいと判断したことによる。加えて、派手な催し物は、日本人のように格式ばった国民との交渉を進めるうえで、しばしば重要な部分でもあったのである。

また、編者は、内容の一部がすでに公表されている資料も、日誌などの形で手元にあるものは、ためらわず自由に使用した。それらは本来、本書のような記録を刊行する材料として準備されたものであり、さまざまな報告書もこの遠征の一部始終を伝えることを想定して書かれたものである。そしてまた、編者もただ提供された資料を使うようにとしか命じられていない。他の人がすでに語っているという理由で、事実を省くことはその務めではなかった。

ただひとつの点については、編者の裁量に任せられたため、あえてそれに従った。編者は、ミシシッピ号がチェサピーク岬を離れたあとに起こった事柄をすべて述べるようにと要請されたのである。しかし、今回の遠征への人々の関心は主に、中国、琉球、ボニン諸島〔小笠原諸島〕および日本での出来事に向けられていることから、遠征隊の外洋航海のはじめの方の記述については、その義務にさしつかえない限り、できるだけ簡潔にするよう努めた。ただし、ヨーロッパやアメリカの知識人によく知られ、頻繁に利用される航路上の目新しい事実はなるべく書きもらさないよう注意を払った。それでも、資料中の、一般読者の興味をひきそうな事実は、すべて盛り込むことができたと信じている。

印刷所が遠かったこともあって、植字上の誤りもいくつか生じたが、学識ある読者には、自分の手で容易に訂正していただけるだろう。そのほかの点でも誤りがあるかもしれないが、それは、編者がほかにも仕事を持つ身であることと、地位上の諸事情によるものであることをご了承願いたい。（＊3）

〔以上、歴史家F・L・ホークスによる前書き〕

＊1　提督は他人に与えられるべき評価を自分のものとすることを好まないため、ここに次の人々の記録を使用したことを明らかにするよう望んだ。艦隊参謀長アダムス中佐、旗艦付副官コンティ氏、ベント氏、主計長ハリス氏、ペリー氏（提督の秘書官）、ベイヤード・テイラー氏およびジョーンズ牧師の日誌、アボット艦長、ブキャナン艦長およびアダムス艦長の報告書、副長のボイル氏、ケリー氏およびグラッソン氏の報告書、ジョーンズ牧師、中国語通訳ウィリアムズ氏、グリーン軍医およ

びファース軍医補の報告書、オランダ語通訳ポートマン氏および画家W・ハイネ氏、E・ブラウンJr.氏の職務である。水路学の部門においては、提督はとくに海軍大尉W・L・モーリー氏およびS・ベント氏の、正確で精力的な業績を認めている。また、彼は部下たちのわずかな貢献も見落とすことなく、全員の功績を称え、感謝の意を表している。

＊2 医学博士ロバート・トームズ氏。

＊3 政府所属の印刷所の都合がつきしだい、この一巻に続いて新たに三巻が印刷されることになっている。その準備はすでにできている。付録の第一巻には博物学関係の記事や図版および種々の報告書、第二巻には天文学関係の観察記録、第三巻には遠征隊の水路学関係の報告が収められるはずである。

この日本遠征記は、私の監修のもとに、また私の要請によって、私が提供した資料によって書かれた真実の記録である。私はこの記録を、自身の公式の報告書として提出する。ここに記された諸事実の記述についての責任はすべて私ひとりが負うものである。

M・C・ペリー
中国海域および日本への合衆国遠征隊前司令長官

ニューヨーク　一八五六年一月一日

上院議会の決議により取り交わす海軍長官の書簡

日本への海軍遠征
M・C・ペリー提督による報告書

一八五五年一月二三日――追加の五〇〇〇部を印刷するようにとの命令下る、そのうち五〇〇部はペリー提督用。
一八五五年一月二九日――海軍省用に五〇〇〇部印刷するようにとの命令下る。

一八五五年八月二八日　海軍省

謹啓「海軍日本遠征のペリー提督報告書の写しを一部上院へ提出せよ」と海軍長官に要請した、一八五五年一月二三日に合衆国上院を通過した決議に従って、私は前述の報告書の手稿などを含む海軍省へのペリー提督の書簡を一通ここに同封することを光栄に思うものである。

敬具
J・C・ドビン

ワシントンDC　合衆国上院議長
アズベリー・ディキンズ閣下

一八五五年八月二七日　ニューヨーク

謹啓「海軍日本遠征のペリー提督報告書の写しを一部提出するとともに地図、海図、スケッチを付した報告書を印刷せよ」と海軍長官へ要請した、一八五五年一月二二日付の合衆国下院の決議に従って、ここにスケッチ、地図、海図などとともに前述の報告書の手稿を提出することを光栄に思うものである。

敬具

M・C・ペリー

ワシントンDC　海軍長官

J・C・ドビン閣下

序論

日本という帝国は、昔からあらゆる面で有識者の並々ならぬ関心の的となってきた。加えて、二〇〇年来の鎖国政策がこの珍しい国の社会制度を神秘のベールでおおい隠そうとした結果、日本への関心はかえってますます高まった。そのため、キリスト教国の日本に対する好奇心はいまだ衰えることを知らず、さまざまな分野の熱心な研究家たちの中には、当然、この自ら孤立を選んだ国についての知識を少しでも増したいと切に願う人々がいる。たとえば政治学者たちは、他国との交わりを禁じる制度のもとに、ひとつの洗練された知的な文明を築き上げた日本の政治形態や、法による管理体制、そして国内の諸制度を詳細に研究したいと願ってきた。それらは、一瞥《いちべつ》しただけでも、さらに強い探究心を呼び起こすはずである。

また、自然地理学の研究者であれば、一国の国民の性質の形成や変化は、それぞれの自然環境の特徴に大きく左右されるという認識から、このほとんど「未知の領域」に埋もれている大地や海や山々、そして川や森や原野について、もっと調べてみたいと思うだろう。博物学者たちも、日本の地質はどのようなものなのか、植物群は、動物群は、といった疑問を抱いているはずだ。

航海家ならば、岩礁や浅瀬の様相、風や海流の動き、さらに海岸や港などの諸条件を知りたがることだろう。

実業家にとっては、日本ではどんなものが生産され売買されているのか、製造技術はどの程度のものなのか、需要度の高い商品はなにか、さらにはどれくらいの利益が見込めるのかが気になるところである。

人類学者は、日本人の体格をじっくり調べてみたいという好奇心に駆られるはずだ。そして、できることなら、その言語から長い間埋もれたままになっている歴史の断片を掘り起こし、その人々の起源の中に、地球上を渡り歩いた初期人類の物語の空白部分を埋めたいと思うだろう。

古典学者であれば、日本文学に触れ、歴史家や詩人や劇作家（いずれもこの国に存在する）を通じて、日本人の心について考察してみたいと思うだろう。

そしてキリスト教徒としては、彼らの迷信や偶像崇拝のさまざまな様相を見きわめ、ひいてはより純粋な信仰心と啓発的な礼拝とがいつか日本人をキリスト教世界に引き入れる日の来ることを願わずにはいられない。

以上あげたように、分野は種々雑多であれ、そこには人々の心情をひとつに結びつける共通の関心があり、宗教家も哲学者も、航海家も博物学者も、また実業家も文学者も、この豊かな魅力あふれる研究領域を徹底的に調査してみたいという思いに、みな等しく駆られていたのである。

その魅力にとりつかれて、これまで幾度となく日本遠征が試みられたのも当然のことだろう。文明世界における海洋国の中で、そうした努力を怠っている国はほとんどない。ポルトガル、スペイン、オランダ、イギリス、フランス、そしてロシアが、かわるがわる日本との交易を求め続けてきた。ポルトガルとイギリスはもう少しで成功を収め、将来的にもおのおの日本における足場を確立できそうなところまでこぎつけたが、前者は排斥され、後者は自発的に日本から手を引いたのである。キリスト教国の中では唯一オランダだけが交易を許されていたが、この特権も国家的屈辱に甘んじ、出島に幽閉状態になるという犠牲を払って得たものだった。交易によって得られる利益も、その埋め合わせとしては不十分なものだろう。

とはいえ、日本に関する情報源は限られていたため、ごく近年まで世界各国は、主としてオランダからの情報に頼らざるをえなかった。そして、その情報量は人々が思うほど乏しくはなかったのである。ケンペル、トゥンベリー、ティツィング、ドゥーフ、フィッシャー、メイラン、シーボルト、さらにそのほかにもいろいろな人物が日本に関する報告をしている。けれども、そこには知りたいことがすべて網羅されているわけではない。彼らはみな出島の商館の関係者であり、当然のことながら警戒され、監視されていた。長崎の町を離れて見聞する唯一の機会は、定期的に行われる幕府への見参の際にかろうじて与えられるだけだった。先にあげたケンペルは、その範囲内で一ヨーロッパ人が知り得る情報をすべて記録していたため、後任者たちが新たに付け加えるべきことはほとんどなかった。ただひとりの例外はシーボルトである。彼は目新しい事実や資料を集め、その観察と調査の結果を『ニッポン――日本記録集成（Nippon, Archiv sur Beschreibung von Japan）』という著書にまとめ、世に出した。したがって、今日の文明諸国が日本についての知識をまったく欠いているというのは誤りだが、それでも知られていることよりも知られていないことの方がはるかに多いというのが実情だろう。

しかしながら、各国の国民が前に述べたような探求を行うために努力を払ったにもかかわらず、この特異な民族が張り巡らしていた防壁をついに打ち砕き、われわれが望んでいるように、日本を世界の貿易国の一員として招き入れるための第一歩となる友好通商条約締結（すでに各国政府によって可能な限りの草案が作られていた）をこの時代において真っ先に実現させる役割は、最も若い国であるわが合衆国に残されていたのだった。日本の壁を打ち砕き、その門戸を世界へ開くという役割が、合衆国にとってかならずしも不適任だとは思えないということをここに付言してもよいのではないだろうか。

一二九五年、アジアへの長旅からヴェネチアに戻ったマルコ・ポーロは、彼の驚くべき体験談をヨーロッパの人々に披露した。彼らはその話をなかなか信じられなかったが、それが事実であったことは後年しだいに明らかになっていった。ところでその話の中には、カタイ（中国）の海岸から遠く離れたところにある大きな島、「ジパング」が登場するが、それがまさに日本列島、すなわちいまの日本王国である。彼はまた、ジパング島の住民がいかに不屈の精神を持っているかに言及し、当時全アジアの支配者であり、ヨーロッパの脅威であったフビライハンの強力な軍隊をみごとに撃退したと語っている。マルコ・ポーロは人々の前に自ら作成し持ち帰った地図を広げて見せた。その地図には、黄海の沿岸上にこう書き込まれていた。「東方に一大島あり」と。年月は流れ、マルコ・ポーロの書物と地図はジェノヴァに渡り、そのまま忘れ去られたかに見えたが、一六世紀になってついにある男の手に渡った。彼はその古い書籍を無造作に捨てはしなかった。その男こそクリストファー・コロンブスであり、彼はヨーロッパの西方には当時まだ知られていない大陸があるという信念を持っていたが、とりわけこのマルコ・ポーロの地図とジパングについての記述がコロンブスに強い確信を抱かせることになった。そのため、出航にあたって、彼はその航海の末にはジパング、マルコ・ポーロのイタリア語の記述によればチパンゴに、到着するだろうと考えていた。したがって（周知のように）キューバに到達したとき、彼はついに長年夢見ていた目的地にたどり着いたと思い込んだのだった。彼は、ヨーロッパとジパングの間にもうひとつ大陸が横たわっていること、さらにその大陸より西には波うつ大洋が広がり、そこを越えなければジパングには到達できないことなど知る由もなかった。

　コロンブスには、キリスト教団のために日本を発見し開国するという運命は与えられなかったが、彼の発見した大陸、彼の探求した国にいたる道をさえぎった大陸の上に、神の摂理のもと、ひとつの国が生まれ、そしてその国が彼のめざしていた役割の一端を担い、彼を西方へと駆り立てた夢の、少なくとも一部分を実現させたというのも不思議な巡り合わせだろう。この国がジパングを発見したのではないにしても、日本が世界の国々と自由に行き来できるようになるためのかけ橋になったことは間違いない。一度はコロンブスの手の中でちぎれ、アメリカの海岸に落ちていた運命の糸を拾い上げたのは、ほかならぬアメリカ自身だった。そして、それを運命の毬《まり》にしっかりと結びつけると、毬は糸のほどけるままに転がり始めた。そして偉大なるジェノヴァ人、コロンブスによって発見された大陸の原住民と文明化した住民たちは、その糸に導かれるままに、彼の求めたはるか彼方の国、日本の地に足を踏み入れることになり、ジパングをヨーロッパ文明の影響下におくというコロンブスの夢をついに実現させたのである。

本書には、アメリカ人が日本へ入国するまでの経緯が述べられている。その内容をより深く理解してもらうために、また、新しい知識が加えられたとすればそれを見分けられるように、アメリカの遠征隊が母国を発《た》つ前にすでに明らかになっていた情報に、ここでざっと目を通しておきたい。まずは、そこから取りかかることにしよう。

第一節

名称、領域および地理

日本がギリシア人やローマ人にとってまったく未知の国であったこと、そして日本の存在をヨーロッパ諸国に最初に伝えたのが、著名な旅行家マルコ・ポーロであったことには疑いの余地はない。彼はヴェネチアの商家に生まれた。一二七五年、一八歳になるマルコ・ポーロは商用でアジアへ行く父と叔父に同行した。そこでタタール語を学び、父たちがヨーロッパへ帰国したあとも、ひとり残って、当時の王、フビライハンに召し抱えられることになった。彼は、この君主に一七年間仕えた。頭脳明晰《めいせき》であったため観察力に優れ、また軍事面でも外交面でも重要な役割をよくこなし、君主にとっては単なる寵臣《ちょうしん》というよりなくてはならない人物となった。一二九五年、二〇年の歳月を経て、ついにヴェネチアへ戻った彼は、ヨーロッパ人として初めて西洋の人々に日本という国の存在を知らせた。彼自身が日本を訪れることはなかったが（そのことはきちんと述べられている）、中国を広範囲にわたってたずね歩き、その当時伝え聞いた日本の話を書き記したのである。ちなみに、彼の見聞きした話というのは、およそ故郷の人々の経験や知識とはかけ離れたものばかりだったので、誰も信じる者がなく、彼もまた近代の旅行家と同じ運命をたどることになった。けれども新しい調査結果から、彼の観察記録や伝え聞いて集めた話のほとんどは、事実に基づいたものであることが分かっている。すでに述べたように、彼は日本をジパングと呼んだが、それは彼が中国で聞いた名であって、日本人自身は、自国を大日本と呼んでいる。それは、「偉大なる日本」という意味である。ニッポン、という名称はもともと二つの言葉から成り立っている。すなわち、「太陽」を意味する nitsu と、「源」を意味する、pon あるいは fon である。これが日本式の読み方でニッポンまたはニホンとなり、「日出ずる処」、言い換えれば東国を意味することになる。中国語では通常の発音の変化によって、ニッポンはジーパンとなり、「国」または「王国」を意味するコウという言葉がそれにつけられる。これを続けて中国語でいうと、ジーパン・コウ、つまり「日出ずる王国」もしくは「東の王国」という意味になる。それをヨーロッパ人が発音すると、ジパングになることは、難なくお分かりになるだろう。このようにして、日本語の呼称はニッポン、ジーパン、ジャパンと転訛《てんか》したのである。

日本の領域について話を進めよう。この国は非常に多くの島を有し、その数はおよそ三八五〇にものぼるといわれる。これらの島々はアジアの東海岸の彼方、グリニッジ東経一二九度から一四六度の間、北緯三一度から四六度の間の海上に点在している。地図で領域の広がりを見てみると、まず琉球諸島からカムチャツカ半島の南端までのび、この半島から千島列島を通ってアメリカ大陸のアラスカ岬にまでつながっている。これらの島々は、ティエラ・デル・フエゴからマラッカ諸島までの太平洋沿岸を取り囲む、巨大な火山帯の範囲内に位置する。

この王国は、日本本島と属島とに分かれている。本島は三つの大きな島に分かれ、九州、四国、日本（本州）から成っており、国の広さはおよそ一六万平方マイルある。多くの島々については、ほとんどなにも分かっていない。沿岸に近づくのは困難で、浅瀬や海峡には暗礁もあれば危険な渦もあり、風向きは変わりやすく、また激しいことから、海上探査にとってきわめて厳しい障害に対処しなければならないため、日本諸島を巡る航海術についてはまだ学ばなければならない点が多々ある。

これまでのところ最もよく知られているのは、九州、日本本島、そして蝦夷《えぞ》についてである。九州の長崎は港町で、オランダ人は、二〇〇年の間、きわめて厳しい制限のもとに、ここであらゆる商取引を行ってきた。実際オランダ人たちは長崎の町の中で生活することは禁じられ、出島と呼ばれる、港の一画の小さな島に文字どおり幽閉されていたのである。彼らはそこで厳重に監視され、日本人との接触には厳しい制限が課せられていた。一定の条件のもとでは、町への出入りを許されることもときにはあったが、長期にわたって滞在することはできず、ましてや九州を見てまわることなどはとうてい認められなかった。そのため、シーボルトは例外として、彼らが個人的に九州に関する情報を得ようとしてもその機会は非常に限られており、幽閉地から観察できる程度のものしか期待できなかったのである。

しかし、日本王国の首府である江戸については、比較的多く見聞の機会が与えられた。というのは、出島のオランダ商館長が贈り物を携えて、江戸の皇帝〔将軍〕を定期的に訪問していたからである。江戸へ出かけるときは、付き添いの医師と従者たちが随行した。したがって、オランダとの通商関係が成立して以降われわれが入手した日本の情報は、歴代のオランダ商館長や医師などによってもたらされたものばかりなのである。ティツィング、ドゥーフ、フィッシャー、メイランといった人々はみな商館長であり、ケンペル、トゥンベリー、シーボルトは医師であった。この江戸への訪問は、当初は毎年行われていたが、しだいにその回数は少なくなり、ヨーロッパからの渡航者に対する監視はますます厳しくなっていった。それでも彼らは、そうした監視の網をくぐって可能な限り観察を続け、報告を続けたのだった。しかし当然のことながら、その情報源はどうしても日本人の口伝えに頼らざるをえなかったため、その内容がどれほど正確なものかは、彼らにもわれわれにも分からない。ただ、港内で幽閉状態にあったオランダ人たちにとって、九州よりも日本本土についての方が情報を入手しやすかったことは確かである。

蝦夷については、きわめて不完全な知識しか得られていない。ロシア海軍のゴローニン艦長は、蝦夷の港町のひとつ、松前に二年間幽閉されていた。彼はそこからの脱出をはかり、蝦夷地をしばらくさまよった。けれども、この放浪を記録するために取材したり、暇を見つけて日本人の習慣を研究してみようとしたわけではなかったため、彼の蝦夷についての報告内容は、予想されるように不完全きわまりない。しかも、いまもってゴローニン以上の蝦夷報告を行ったヨーロッパ人は現れていない。いずれにしても、ケンペル、トゥンベリー、シーボルトの三人が、オランダとの通商が始まって以来の、最も優れた情報提供者ということになる。

ただ、日本人が外国の影響を警戒し、それを排斥する方針を打ち出す以前の初期の渡航者たちは、はるかに日本を知る機会に恵まれていた。したがって、ポルトガル人宣教者や初期のイギリス人航海者が残した資料も、いくつかの点では、過去二〇〇年間にどんなヨーロッパ人も知り得なかったような知識を与えてくれている。

日本の主要な島々の地形に関してはさまざまな報告がなされている。トゥンベリーは、山脈や丘陵、そして渓谷が連なって国土を成していると言い、一方ケンペルは何ヵ所かにわたってかなりの広がりを持つ平野部を旅して歩いたと述べている。したがって、国土が起伏に富んでいることは間違いない。そして、丘陵はたいてい海岸近くまで迫り、海と麓《ふもと》との間は狭く細長い平地になっているはずだ。けれども海岸から離れたところにはいくらか広い平野が開けていることも考えられる。しかし丘陵は不毛の地ではなく、頂上まで耕され、その一面をおおいつくす作物から、人口の多さと人々の勤勉さがうかがわれる。

山々も丘陵と同様に連なり、なかには火山もあるが、驚くにあたらない。

江戸湾の西側には約一万二〇〇〇フィート〔約三六〇〇メートル。一フィートは約三〇センチメートル〕の富士山がそびえ、頂上は万年雪でおおわれている。この山は、かつては活火山だった。本州の北側にも山脈が横たわっていることが知られ、ところどころに独立峰の頂がそびえ立ち、また死火山のクレーターも見られる。一方、朝鮮湾と江戸湾に点在する島々には、いまなお噴煙をあげている火山が見られる。

このような国土には、さほど長い河川はないだろう。しかし流れが急なことから、水源地はかなり高いと思われる。なかには、山からの激流の勢いに耐えられないことから、橋の架けられない川もあるという。けれども、河口から何マイルか〔一マイルは約一・六キロメートル〕小舟で遡《さかのぼ》ることのできる川もある。日本は、その自然および地理的環境から見れば海洋国といえるが、半面、国内交易を盛んにするには、国土の地形に不利な点が多い。けれども日本人は、器用で勤勉な国民であるため、国内の交通手段として道路や橋を建設したり、ときには河川や湖を結ぶために運河を造ったりもしている。

気候については、確実なことはまだ分かっていない。王国の南部はイギリスと似た気候だともいわれている。ある年は冬でも暖かく、霜も雪も降らないことがあるが、一般的には冬の寒さは厳しい。たまに暖かい日があっても、せいぜい二、三日しか続かない。夏の暑さは、長崎では平均華氏九八度〔摂氏約三六・七度〕になるという。しかしこの酷暑も、日中は南からの、夜間は東からの風のおかげで、かなり和らげられている。さもなければ、この暑さは耐えがたいだろう。六月から七月にかけて、日本人が「さつかし」と呼んでいる雨期がやってくる。しかし、それはこの時期、とくに雨量が多いというだけのことで、雨は一年を通してよく降り、天候も変わりやすいようである。日本沿岸では、世界のどこの海上よりも強風が吹き、ときにすさまじい暴風にもみまわれる。霧もまた予期されるとおり頻繁に発生し、雷雨もよく起こる。地震も多発し、人口の多いところがほぼ壊滅状態になったことも一度ならずある。ケンペルによれば、日本近海では竜巻もしょっちゅう起きているという。こうした環境条件ではあるが、日本の気候が人の身体に悪いとは考えられない。日本国民は概して健康的で、人口密度も非常に高いからである。

第二節

日本人の起源

過去には、日本はもとは中国の植民地であった、という見解を示す著述家たちもいた。それはごく表面的な観察から生まれたものだったが、その後研究家たちは比較言語学を重視し、これを諸国民の関係の歴史をたどる、最も無難で好ましい方法のひとつとみなすようになった。この比較言語学の見地から調査がなされた結果、この問題に詳しい学者は、日本人の起源が中国人だとは言い切れなくなっている。それは、両国の言語構造が本質的に異なっているためである。中国語の物の名称が、中国から導入されて、日本人が口にするのを聞く場合も確かにあるが、発音は変化している。それはつまり、中国の官話が識者の間で一種の共通語になっており、中国のみならず、朝鮮、トンキン、さらには日本においても教養人の言語として使われているためだ。それは極東におけるラテン語のようなものなのである。しかし、もともとの日本語と中国語にはほとんど類似点はなく、隣国同士でありながら、一般国民は通訳を介さなければ話が通じない。

比較言語学以前に、中国人起源説に飛びついた軽率なヨーロッパ人たちは、おそらく言語学の知識がなかったために、日本語の記述の中によく出てくる中国語の漢字を見て勘違いしたのだろう。漢字は紀元二九〇年に日本に入ってきたのだが、日本には固有のアルファベット、というより独自の音節文字表があり、それは中国の文字とは基本的にまったく異なる原則から成り立っている。中国語はいずれも日本では二通りの読み方で発音される。ひとつは中国人の発音を少し変えただけのもので、コエ〔音読み〕と呼ばれており、まさしく「中国の音、もしくは言葉」を意味している。もうひとつの発音の仕方は日本語で、こちらはヨミ〔訓読み〕と呼ばれ、「解釈」、つまり「コエの意味」を表す。一例をあげるなら、日本語では、テン、チ、ニンというのはコエであり、すなわちそれは中国語の発音で、順に天、地、人を表す。それが、本来の日本語であるヨミになると、アメ、ツチ、ヒトというが、前述の三つの中国語とそれぞれ同じ事柄を意味している。

以上のことから、日本語には三通りの読み方があるといえる。まず第一はヨミで、コエを交えない。これは日本の祖語であり、今日では詩や通俗小説などに用いられている。第二は純粋なコエで、仏教僧がその宗教書に使っている。

第三は両者が混ざったもので、帝国の通常語を成している。

しかし、語順からみると、中国語と日本語の文章構造に共通点はなく、また発音も中国人と土着の日本人ではまったく違う。日本語の発音は、すっきりしていて明瞭《めいりょう》で、聞きやすく、英語のアルファベットが二、三字以上も入るような長い音節はほとんど耳にしない。一方、中国語は、単調な歌でも歌っているように曖昧《あいまい》で抑揚がなく、耳ざわりで、次々に飛び出す子音の響きが不快感を増している。アルファベット音をもとに分析してみると、中国人は帯気音のHを非常にはっきりと発音するが、日本語にはその音はなく、代わりにFを発音する。RとDについては、英語と同じように日本語でもはっきり区別して発音されるが、中国語ではかならずLになってしまう。しかし、これ以上の考察を続けるまでもなく、言語の文法構造の違いが、日本人の祖先は中国人ではないことを十分に証明していると思われる。

しかしそうなると、「日本人の祖先はどこからやってきたのか」という疑問は依然として残る。これについての見解は、さまざまに分かれている。ケンペルはシナルの広野から分散してやってきた、と言っている。彼の説によると、彼らはメソポタミアを通ってカスピ海沿岸に到達し、エニセイ川やセレン川の渓谷をぬけてアルグ湖へ注ぐ川を下り、そのままその湖から流れ出る同名の川を通ってアムール河にいたった。そしてその川を下ってアジアの東岸、その頃はまだ無人であった朝鮮半島へたどり着いた。ここから日本へ渡ることは、とくに夏期であればさほど困難ではないと思われる。ケンペルはこの移動は長い時を要したものと推測している。つまり、移動途中で住みやすい土地を見つければしばらくそこにとどまり、ほかの遊牧民族に追われたり、攻撃を受けたりすれば、ふたたび移動を始めるのである。羊や牛を養う水や牧草地があれば、彼らはどこででも生活ができた。日本古来の言語の純粋性からみて(中国語が取り入れられたのは有史時代になってからで、両語の混合については容易に説明がつく)日本人の祖先にあたる民族は、移動中にひとつの居住地に長くとどまることができなかったか、われわれが今日知りえない言語を持ち、当時存在していた民族と混じり合ったかである、とケンペルは述べている。そうでなければ、日本語の中には他民族の言語が混じっていたはずだからである。

この説は十分満足のいくほどではないにしても、一考に値する。しかし、近代の人類学者は、起源を調べるにあたって最も信頼のおける証拠は言語である、と考えている。合衆国調査隊のピッカリング博士は、ハワイ諸島で出会った日本人を観察した結果、彼らの祖先はマレー人であると考えるようになった。ほかの研究者たちの中には、言語から判断して、モンゴル人種ではないかと考える者もいる。というのも、日本語とほかのアジア言語の間に密接なつながりは見出されていないが、文法の構造において日本語のヨミはタタール語の語族に最も近いと思われるからだ。シーボルトは、つねづね考えていたとおり、日本語と朝鮮語、および蝦夷やタラカイ、すなわち樺太《からふと》に住む千島人の言語に共通点のあることを発見した。彼は樺太の対岸にあるタタールの沿岸地方について述べ（ヨーロッパ人が樺太をサハリンと呼ぶのは間違っている）、慣習上の類似点をあげた。しかし、クラプロートは、タタール沿岸の言語（サンダン）は、ツングース族の語派に属し、日本語はその言語ともシーボルトがあげたほかのどんな言語とも決定的な類似性はない、と述べている。ツングース語と関わりがないことは明らかである。一方、クラプロートのあげたアジア言語の中でも、とりわけモンゴル族やフィン族の言語、そしてインド語族には、日本語にも属する単純語や原語がかなり多数見られる。現時点における情報では、日本人はタタール民族に属するのではないかという意見が、最も一般的に受け入れられているようである。しかし、日本人がタタール人の容貌や外的特徴をすべてそなえているわけではない。トゥンベリーによると、普通の日本人は全体に肌が黄色っぽく、人によっては茶色や白に近い。労働者階級は、夏は上半身裸でいるので、いつも褐色の肌をしている。眼の形は、丸くなく、横長で小さく、深くくぼんでいる。眼の色は、だいたい暗褐色か黒で、まぶたが目尻で急に切れ込んでいるため、全体に鋭くきつい印象を与える。頭は大きく首は短く、頭髪は黒く濃くて、油を塗っているためにつやがある。鼻は平たくはないが、ダンゴ鼻で短い。

シーボルトによると、九州沿岸に住む人々は内陸部に住む人々と比べて、身体的にもそのほかの点でも違うところが多いという。頭髪はたいていは黒いが、縮れている者もある。顔の輪郭はがっしりしていて、唇は厚く、鼻は小さく、少しわし鼻で、付け根のあたりでつぶれている。一方、内陸部の人々は多くが農民で、ひとまわり大柄である。顔は幅広で平べったく、頬骨《ほおぼね》が出ていて、両目は離れ、横広がりの低い鼻をしていて、口は大きく、赤褐色の肌をしている。

けれどもトゥンベリーによると、最も古く高貴な家柄である公卿諸侯は、体格や容貌《ようぼう》がヨーロッパ人のように堂々としており、高貴な身分の女性たちは、戸外に出るときは必ず被りものをまとうので、非常に肌が白いという。シーボルトもまた、九州の人々についてこのように述べている。「直接日にあたらないように身体をおおっている女性たちは、一般にたいそう白くて美しい肌をしており、若い女性の頬はカーネーションの花のようである」と。

こうした事実から、かならずしもレーサム博士が指摘したように、日本人の起源は二つあるという仮説をたてる必要はないが、しかし第二の起源も人類学的に見ればまったくありえないことでもない。博士は、肌の黒い人種は台湾から渡来した可能性もあると示唆している。

第三節　政　府

日本には、二人の皇帝が並び立っているという奇妙な特徴がある。ひとりは世俗的な役割を、もうひとりは宗教的な役割を担っているのだが、この二重の統治が日本の政治形態を成立させる要素のひとつとして当初から行われていたと考えるのは誤りであり、日本が政府という組織を確立させてのち、かなりの時を経て起こった歴史的事件の結果、このような統治形態ができたのである。日本人は、ほかの多くの民族と同様、自国が太古から続いてきた国家だと主張しているが、信憑性《しんぴょう》のある日本の歴史の始まりは、神武天皇（神聖なる征服者の意）が即位した紀元前六六〇年である。クラプロートは、神武天皇は中国の戦士で侵略者であったと考えているが、いずれにしても、彼は日本を征服し、神殿を建て、日の神を祀《まつ》り、その場所を「内裏《だいり》」と呼んだ。彼自身の正式な称号は帝《みかど》というが、このダイリとミカドという二つの言葉をヨーロッパの著述家たちはよく混同する。ともかく、この神武天皇が帝としての統治を行った最初の人物であり、その後裔《こうえい》が今日にいたるまでその地位を受け継いでいる。

彼は世俗面と宗教面の両方を掌握した単独の統治者で、神権によって支配を行うことを宣明した。そして後継者たちも同様の権利を主張し、そこに世襲権を加えて専制政治を行った。帝たちは代を重ねるにつれてしだいに自ら軍隊を統帥することをやめ、軍の指揮権を息子や血縁者に委ねるようになったが、それでも主権は帝が有していた。しかし、権力はしだいに弱体化することになった。というのも、帝が年若くして退位し、次期の帝にまだ幼い息子を立てねばならなくなったときに、その幼い帝に代わってすでに隠居している帝が政治を行う、という慣習が確立していったためである。帝たちが若くして位を退いたのは、単調きわまりない多くの儀式や、人々から完全に遠ざけられた孤立状態に嫌気がさし、囚人も同然の生活から逃れようとしたためだった。

ついにある帝が、勢力の強い公卿《くぎょう》の娘と結婚し、その後退位して位を三歳の息子に譲ったとき、摂政権を幼い帝の祖父が握ることになった。摂政は退位した帝を幽閉し、これが原因で内乱が始まった。日本史上、とくに有名な人物のひとりである頼朝は、幽閉された帝に荷担し、数年後、戦に勝って帝を解放し、摂政の地位につかせた。しかし、その地位とは名ばかりのもので、主権は頼朝の手中にあり、彼は征夷大将軍《せいいたいしょうぐん》、すなわち「蛮族を討つ大元帥」として君臨したのである。先の帝が崩御すると、頼朝は帝の代理となって二〇年間実権を握った。そして彼の死後、征夷大将軍の称号と権威はその息子に譲られることとなった。これが将軍職、すなわち世俗的な統治者の始まりである。幼い帝が次々に擁立されていく中で、将軍の権力はいよいよ確固たるものになり、ついには世襲制を認められるまでにいたった。しかし、将軍には、きわめて重要で危険ともいえる権力が与えられていたが、やはり国王の権威は帝が有しているとみなされ、将軍の任命も帝が行った。将軍は事実上、摂政代理であったが、帝と同等の統治権をあからさまに望むようなことはなかった。

このように帝を専制君主とし、配下にその代理として、将軍という事実上の有力な支配者が君臨するという状態は一六世紀後半まで続いた。しかし時が経つにつれ、知らず知らずのうちに将軍の力はだんだんと強まってゆき、ついには誰にも予想がつくような、必然の結果を招くこととなった。いったん権力を与えられると、人は単にその力を維持したり、また減じたりするよりは、やはり強化したいと思うものである。ことに、自己の野心を制御しようとする人々は愚かだと思われるような時代には、その傾向はますます強くなっていく。

一六世紀の中頃、頼朝の子孫にあたる二人の兄弟が、将軍の地位をめぐって互いに争った。国の諸侯もみな両陣営に分かれて戦ったため内乱となり、ついには兄弟二人とも命を落とすことになった。当時、最も権勢をふるっていたのは尾張《おわり》侯であり、兄弟の死後、ただちに将軍の地位についた。尾張侯の臣下のうち、際立って利発で勇敢だったのは、秀吉という名の身分の賤《いや》しい男だった。非常に低い身分の生まれだったため、彼の治世になってからでも、その素性は分からずじまいだったほどである。しかし、何事にも一生懸命で、機敏なところが主君の目にとまり、その信頼を得て尾張侯の腹心となり、助言者となった。そして、同侯は秀吉の援助で将軍職につくことに成功したのである。その頃、人心は戦国の世にあって大いに動揺していたため、尾張侯が敵将をすべて平定すると、時の帝はあえて世論に抗うことはせずに、侯に将軍の位を与えることにした。新将軍は、当然のことながら、忠実な味方を優遇し、秀吉には高位の軍職を与えた。しかし、まもなく尾張侯はある人物に暗殺され、その地位を奪われたが、その簒奪《さんだつ》者も同じ運命をたどるという事件が起き、ついに秀吉の時代になった。彼は混乱に乗じて将軍職をわがものにしたが、彼の聡明さと絶大な勢力は広く知れわたっていたため、その力を恐れた帝は、躊躇《ちゅうちょ》なく秀吉の将軍職叙任を承認した。秀吉は太閤《たいこう》様という称号を受けたのである。こうして彼の能力に信頼がおかれ、その称号が公に認められると、秀吉は世のために辣腕《らつわん》をふるい、日本の歴史上最も高名な人物のひとりとして、後世まで名を残すこととなった。

秀吉は政治家であるとともに軍人であり、彼をその地位に押しあげた精力と才覚を、太閤となってからも発揮し続けた。秀吉は、国内情勢が不安定になると、彼と対立関係にある諸侯を朝鮮侵略と征服の任務につかせることでこれをただちにおさめた。しかし一五九八年、自身も中国平定に出発しようとしていた矢先に死を迎えた。享年六三歳であった。日本人はいまもなお秀吉を日本の生んだ最も優れた人物のひとりに数えている。その治世において、帝の統治権を徐々に弱体化させていった。その結果、帝はもはや名目上の存在にすぎなくなった。天子の権威に対する、完全なる服従と尊敬の念をもって、というかにも忠臣を装った口実のもとに、帝を負担の多い儀式と厳重な幽閉によって拘束し、「虚構の王笏《おうしやく》をふるう者」に仕立てていったのである。

太閤には六歳になるひとり息子がいたが、死の床に伏した秀吉は、その息子を後継ぎにするために、格別親しい間柄であり、また顧問役でもある三河侯の家康の孫娘と結婚させた。そして、息子が一五歳になったときには、彼を将軍として承認するよう、家康と厳粛な約束をとり交わした。

しかし家康はその約束を守らなかった。将軍となったのはほかならぬ家康自身であり、今日にいたるまで将軍職を継承してきたのも彼の子孫なのである。一方、虐待された太閤の息子の運命は謎に包まれたままになっている。帝の方はといえば、家康は秀吉の方針を受け継ぎ、太閤がわずかに許した俗事における権力さえも取り上げた。帝はかつての絶対的権威を奪われて、単なる宗教上の至上権を有するのみとなり、孤立無援の隷属状態のまま今日にいたっている。以上が、一帝国に二人の主権が同時に存在するという、日本独自の特異な政治形態が成立した歴史的な経緯である。

帝の宮殿は京《みやこ》にあり、将軍の居城は江戸にあって、どちらも周囲は荘厳華麗に飾られている。ひとりは形式上の元首、もうひとりは事実上の皇帝である。しかし将軍の奪取した権力は当初は絶対的なものだったが、その後かなりの修正を受けて、いまではその支配力は専制的なものではなくなっている。将軍といえども、もはや好き勝手はできない。というのは、帝国の法律が、将軍にも、また身分の賤しい従臣にも、同様に効力を発するからである。日本の法律は改変が認められず、その詳細な規定は日常の一挙手一投足にまで及び、宗教上の皇帝も、世俗上の皇帝も、最も下賤《げせん》な人間も、等しく法に縛られている。政権奪取や政治的な紛争の渦中では法律がないがしろにされることもあったとはいえ、それはむしろ例外といえる。

日本の統治制度には、顕著な特徴が二つある。ひとつは原理的、もうひとつは実際的なもので、これらは日本の政治形態において、ほとんどすべての事柄の基礎になっている。第一の特徴とは、封建制度あるいはそれに類似したものである。第二は、実際の行政に表れているような制御と均衡の制度で、身分の高低にかかわらず、すべての階級内に張り巡らされているスパイ網の上に成りたっている。

その説明を始める前に、日本の社会階級について簡単に触れておかねばならない。二人の皇帝のことについては先に述べた。帝は最高位にあたり、名目上はそのように受け止められている。しかし、実のところ、帝はなんらの政治的権力を持たず、軍隊を持つことも許されていない。しかも、一生京都という帝の小さな公国に文字どおり閉じ込められ、京における収入と将軍から送られる豊富な贈り物のみに甘んじて暮らさなければならない。その公国内でさえも、帝は諸侯のひとりとして、宮廷の公家たちの監視下にある。そのため、どの帝も持ちうる君主としての属性をけっして損なうことはなかった。もし日本人に、古いしきたりや法をかたくなに守ろうとする傾向がなかったら、帝は煩雑な政治機構からとうの昔にはずされていたことだろう。以前は将軍の任命権は帝にあった。今日でも形式的にはその権利は保たれているのかもしれないが、実質的な効力はもはや失われている。というのも、将軍職はすでに世襲制になってしまっているからである。

しかし、政治上は無力とはいえ、やはり帝は神々にも劣らないほどに崇《あが》められている。無為な隠遁《いんとん》であれ、一切の生活が神秘につつまれている帝は、近づけないがゆえに敬われている。そしてその内実は、幽閉状態の中でなにか慰めを得るとすれば、それを金の鎖と、きらびやかな牢獄《ろうごく》に求めるしかない囚人なのである。帝の隠居が、日本の歴史の中でごく頻繁に行われてきたのも不思議ではない。一方、将軍はといえば、国家財政を管理し、軍の支配権を握り、囚人とは正反対の立場にいる。そして七年ごとに将軍は、いかにも君主らしく豪華絢爛《けんらん》に飾り立て、怪しまれないよう送り込んだスパイに四六時中見張らせているもうひとりの君主の宮殿を訪れる。また、この訪問の合間にも、使節に高価な贈り物を持たせ、神聖なる宮廷にいる陰の王のもとへ参上させる。そして、返礼として帝から祝福と祈りを受けるのだが、それは将軍にとってはおそらくなんのありがたみもないものなのである。

日本の社会は八つの世襲階級に分けられる。なんぴとも生涯生まれついた階級にとどまり、それを捨てることは、よほどの事情がない限りは恥とされる。

第一階級。これは日本帝国の世襲諸侯である。

第二階級。諸侯の下に位置づけられる世襲貴族である。彼らは知行地《ちぎょうち》を所有し、おのおのの世襲諸侯に対し騎士的な奉仕、つまり軍事面での奉仕を行うことになっている。天領地の貴族ならば、軍事奉仕は将軍に対して直接行われる。要求される武装家臣の数は、貴族の領地の広さによって決まってくる。世襲貴族たちは、通常領地内に陪臣を有し、陪臣たちはおのおの数名の兵士を招集しなければならない。この階級から、地方長官、軍の司令官、国の役人が選出される。

第三階級。この階級に属するのは、王国内の僧侶《そうりょ》すべてである。日本古来の神道の神官も、仏僧と同じくこの階級に含まれるらしい。

第四階級。第二階級の貴族が抱えている家臣武士たちである。

以上の四階級に属する人々は、日本社会において上位を占めており、刀を二本差し、袴《はかま》をつけるという特権的な服装を享受している。これは、下層階級の人々にはけっして許されない身なりである。

第五階級。ここには中流階級でも上位の人々が属し、医師、行政書記官、そのほかの専門職に携わる人々や雇い主などが含まれる。

第六階級。商人や店主が属する。どれほど資産があっても、こうした人々は日本では地位が低い。上層階級の人間が商売などをすると、生涯の恥となる。この階級には国内で最も富裕な人々が含まれるが、彼らにはその富をひけらかすような、贅沢《ぜいたく》な暮らしをすることは許されていない。というのは、節約令が施行されているため、あえてそれを破ろうとする者などいないからである。彼らは大金を払って、有力な諸侯の従者になることで、特権を買い取りでもしなければ、刀一本持つことさえ許されない。

第七階級。ここに属するのは、小売り商人、小規模店主、行商人、手工芸家そしてあとで述べるような特殊な仕事に従事する者を除くあらゆる職人たちである。画家やそのほかの芸術家もこの階級に含まれる。

第八階級。この階級に入るのは、船乗り、漁師、小作人、それにあらゆる種類の農業労働者や日雇い労働者である。小作人は、昔の封建時代の農奴と同様に土地に縛られ、地主に仕えている。耕作地を借り、「損益を分担して」働いている場合もある。耕作者は土地の所有者に収穫物の何割かを支払うのである。

第七階級で言及した、例外にあたる職人の扱いについては、神道における迷信のひとつに端を発しているものと思われる。神道では、死者の身体に触れるものはみな不浄であるとしてタブー視される。実際にそれが起源なのかどうかはっきりとは分からないが、とにかく皮なめし工、皮仕上げ工、皮造り工といった、なんらかの形で皮の製造や販売に関わっている人々は、呪われた者として権利を奪われているのである。この排斥された階級の人たちは、ほかの階級の人々と同じ町や村には住むことができず、人口調査の対象にもなっていない。彼らは旅館や茶店、あるいは公衆の娯楽場に出入りすることもできない。旅の途中で飲み食いがしたくなれば、塀の外で持参した茶碗《ちゃわん》や鉢に食物を入れてもらうのを待つしかない。というのも、ほかの階級の人々は、けっして彼らが物を食べるのに用いた器にさわったり、それを使ったりはしないからである。帝国中の死刑執行人や監獄の看守も、この階級の出身者の仕事となっている。要するに、彼らは年老いた癩病《らいびょう》〔ハンセン病〕患者のように忌み嫌われているのである。

以上にあげたようなさまざまな階級の人々を統制していく独自の制度について話を進める前に、この王国はもともと六六ないし六八の領地に区割りされていたことをあらかじめ記しておくのがよいかと思う。これらの領地は最初は独立した王国であり、各領地の諸侯によって統治されてきた。しかし、反乱や謀反が起きた場合、統治者一族の権利は剝奪《はくだつ》された。多くの諸侯は領地取り上げの憂き目にあい、その都度、没収された領地は細分化されていった。そのため、いまでは当初の数をはるかに超えた、六〇四を上回る別個の行政区ができている。その中には封国、封地、天領地方、天領都市が含まれ、そのうち天領地方と天領都市については将軍が統治の最高責任者となっている。

一、皇帝（将軍）のもとには一三人で構成される国政評議会があり、皇帝の名において統治を行っている。一三人のうち五人の評議員〔老中〕は世襲諸侯や帝国の封侯が属する第一階級の中から選ばれる。残りの八人は次の第二階級に属する由緒ある貴族の中から選ばれる。この一三人の中には国政委員長がおり、その権力と役割においてトルコの総理大臣とよく似ている。彼は「帝国の執政者」と呼ばれ、ほかの委員たちは彼の部下として動いている。そして重要事項に対する決定権と、広範囲にわたる任命権を持ち、国のあらゆる官庁筋から報告を受け、死刑の判決も、控訴された場合は、裁可あるいは取り消しを行うことができるらしい。要するに、以上の事柄も含めて、主権者がすべき仕事を世俗の皇帝になり代わって委員長が行うのである。この評議会は、将軍を退位させるという非常に大きな権力をも有している。重要事項に関する決議案は常に皇帝に提出されるが、皇帝はもっぱらろくに調べもせずに裁可している。万一同意が得られないときは別の方法がとられるが、それについては後述する。これら高官の位が世襲かどうかは不明だが、次にその下の組織を見てみることにする。

二、次に位する役人たちは、諸侯、寺社院の監督者、外務委員、地方長官、警察長官、農業長官といった延々と続く秩序だった等級を成す人々である。しかし、宗教的主権者の血縁者にはこれらの役職は与えられない。

三、諸侯たちは委託された領地あるいはその名残の小区画をいまなお統治しているが、彼らにはもはや以前のような権力はなく、あくまでも見せかけの統治者にすぎない。諸侯らは、将軍や評議会の同意がなければなにひとつできないのである。さらに、以前にも触れたように、くまなく張り巡らされたスパイ網がここに登場する。諸侯は、彼らの知らぬうちに、彼らの私生活や公務の様子を見張る多数の私的スパイに取り囲まれている。またそのうえに、評議会の委員長によって任命された二人の公的スパイがおり、この二人が秘書官として実際に領地の行政を管理するのである。彼らは二人同時に領地内に居住することは許されておらず、一年ごとに交替する。その家族たちはずっと江戸で暮らしている。つまり、領地へ赴いている秘書官は、その忠義の証として家族を江戸へ人質に残しているのである。一年が経てば、彼は家族のもとへ帰り、今度はもうひとりの秘書官が家族に別れを告げて一年間の任務につくのである。したがって彼ら二人は、互いの行動の見張り役にもなっている。というのも、相手の公務になにか落ち度があると、それを報告して手柄にしようとするからであり、早い話が、二人は互いをもスパイしあっているのである。しかし、このような予防策で事足れりとするほど、幕府の猜疑《さいぎ》はなまやさしいものではない。したがって、諸侯の家族は江戸に住むことを余儀なくされ、諸侯自身も一年おきに将軍の近くで暮らさなければならないのである。

この、二人ひと組で公務にあたらせ、かつ互いを見張らせるという独特の方法は、日本の政治全般においてごく普通に行われているといってもよいだろう。誰もが監視されているのだ。公務に精通していそうな者、あるいは精通している者にも、周囲の人間のうち、誰がスパイなのかは知る由もない。帝や将軍とて例外ではない。宰相、大委員会委員（老中）、諸侯、地方書記官の、誰もが常時、秘密警察の監視のもとにある。この忌まわしき制度は最も下賤な身分の者にも及んでいる。都市であれ町であれ、住民は五世帯ずつひと組にされ、各組の人間はお互いがそれぞれの行動に責任を持つことになっている。そのため、ある家にいかなる変事があっても、たちどころにほかの四家族によって当局に報告される。日本政府が「スパイ政府」と呼ばれているのももっともである。

帝や将軍も例外ではない、と述べたとおり、将軍は帝のもとへ手先を送り込み、評議会は将軍のもとへ部下を送り込む。そうした絶え間ない不信から生じた警戒心は、必然的に残忍な刑罰をも生み出すことになる。たとえば評議会が提起した法案に対して、将軍がいつものようには無条件に判を押さなかったとする。もし将軍が反対の意向であれば、その法案はただちに将軍の最も近い血縁者である諸侯の裁定に委ねられ、それが最終決定となる。もし彼らが将軍の意向に賛同しなければ、将軍はただちにその座を自分の息子かほかの継承者に譲り渡さねばならない。彼には自分の意見を変えたり、撤回したりする最低限の特権さえも与えられていないのである。もし、三人の諸侯が将軍の意向に賛同した場合、この拒否された不適切な法案を提案した委員会の委員は死をもって償わねばならず、さらにその委員に賛同した者たちも同じ償いを要求される場合が多い。このように「帝国の執政者」を長とするこの委員会が、国政においてささいな誤りを犯したがために、委員全員が自殺をもって償うこともけっして珍しくはないのである。

四、各諸侯の領地の統治についても、規模を小さくしただけで、その規則は変わらない。つまり、二人の統治者が交替で任務につき、一年おきに家族との団欒《だんらん》から引き離されて暮らすのである。

五、天領の地方や都市では、将軍、というより彼の宰相や評議会が選出した貴族出身の二人の地方長官が執政を行い、例のごとくその周囲を秘書官、次官、警察官、スパイ、その他大勢の役人といった機構が取り囲んでいる。

スパイの任にあたるのは、世襲諸侯より下の身分の、あらゆる階級に属する人々である。最も位の高い貴族であっても躊躇《ちゅうちょ》することなく、卑しい変装をしてまでもその下賤な任務を首尾よく成し遂げようとする。実際、いったんスパイの任務を命じられたからにはかならず遂行しなければならず、ほかに残された道は唯一、死しかないのである！　この不名誉な仕事を与えられた者の多くは、できることならこの賤しい任務から解き放たれたいと願っているはずだが、一方で他人の地位を横取りしようという野望から相手を密告する輩《やから》にとっては、スパイという役目はうってつけなのである。

これについては、日本に関する著述家たちも一例をあげている。あるとき、評議会に松前町の長官に対する不満が寄せられたことがあった。そこで委員会は、常套《じょうとう》手段に従ってスパイを派遣し、その後まもなくその長官は転任となった。そして、驚いたことに後任として長官の座についたのは、町の人々が見知っている刻み煙草の職人で、彼は前長官が転任する少し前に、突然親方の店から姿を消していた。つまり、その男は幕府の命を受け、変装してスパイ活動を行っていた貴族だったというわけである。

日本の役人の間では、死をも辞さない自己懲罰というきわめて特異な習わしがごく一般的に行われている。自分自身が法を犯した場合、あるいは、部下が法を犯すのを未然に防ぐことができなかった場合でも、死の懲罰を免れることはできない。それも、死刑執行人に引き渡される前に、自らの身体を切り裂き腸を取り出して自殺する。実のところ、財産を没収されないためにも、また家族を道連れにしないためにも、切腹は奨励されている。高官たちが、管轄部門の過失責任をとってこのように自殺することは、名誉の回復にもなる。すなわち、彼らがその咎《とが》を自覚し、皇帝から命じられた死を受け入れることによって、息子が高位に昇進できる場合も多々あるからである。それは、父親が率直に罪を認めたことに対する一種の報酬である。

以上のようなことから、日本の法律や習慣がかたくなに守り続けられている理由は明白である。いかに賢明な、また必要な案であっても、改革を提案するには、それが是認されなかった場合の厳しい報いを覚悟しなければならないために、誰もがしり込みするのである。評議会の委員がなんらかの法案を提出しても、それが最終的に否決された場合は、その委員は一命をもって償わねばならない。地方長官であれ、領主であれ、諸侯であれ、なんらかの改革を試みた者は、たとえそれがどれほど有益なことであっても、同僚や秘書官に混じっているスパイに告発され、帝国の確たる慣習を乱す者として死を宣告されかねない。一般人についてもまた然りであり、五家族ずつ組分けされた彼らも、誰ひとりとして決められた枠からはみ出そうとはしない。すぐにお上に報告され、かならず仕置きが申し渡されることを承知しているからである。このような制度のもとでは、しかるべき審理を経て可決された、あらゆる生活状況に対応できるような法律は施行されえない。万事において、この数百年間の慣行がそっくりそのまま踏襲されるだけで、進歩は不可とされているのである。日本を他国との交渉に導くにあたって、ほとんどのキリスト教国が長らく経験してきた苦難も、ある程度はここに起因している。数百年前、日本人は、当時存在したある害悪への対応手段として、他国との交渉を断つのが適切であると判断した。しかし、日本を取り巻く状況も昔とは違ってきたいま、もはや鎖国制度は不要であるとして、この制度の廃止あるいは改革を望んでいる有識者が多くいることも確かめられているが、あえてそれを口にする者は誰もいないのである。

われわれとしては、先頃、日本とわが国との間で締結された条約に基づき、部分的にせよ日本人が外国人と通交することがきっかけとなって、日本の法律や習慣が改革され、ひいてはその旧弊な制度が打破されるようになるという期待をあえて抱いてもよいかと思う。しかしながら、これほどまでに神経質で猜疑心に満ちた人々にあっては、より良い方向へ大きく踏み出すまでにはかなりの時間が必要であると思われる。また、われわれが条約にのっとって権利を行使する際には、彼らの外国人に対する油断のない警戒心を刺激するような行動は一切とらないよう十二分に注意を払うことが望まれる。そうしないと、不安か、もしくはほんの気まぐれから、日本人がこれまでの成果をすべてご破算にしてしまうおそれがあるからである。目下のところ、物事が順調に進むかどうかは代表領事の公正さと良識、それに人柄にかかっている。ひとりの思慮の浅い人物のために、せっかくの成果が水泡に帰してしまうこともありえるのである。

前述したスパイ制度の部分からは、著述家たちや先の遠征隊の士官たちが言及している日本の特異性についてもご理解いただけることと思う。それに加えて、われわれ外国人との商談や通商の際に、日本の高官や役人たちは臆面《おくめん》もなく嘘《うそ》をついたり、表裏のある態度をとったりしたことも、ここに書き添えなければならない。しかしながら、もともと日本人にはこうした好ましくない国民性があるなどと言うつもりはない。むしろその逆で、誰もが述べているように、彼らは元来率直で、一般的な話題のときはうちとけてよく語り、立派な道義心を持っているのである。歴史を見ても分かるように、彼らは賢く快活で、その歴史が示すように、明敏さも兼ね備えた非常に勇敢な民族であり、(少なくともわれわれの意見では)東方の文明諸国の中ではずばぬけて優秀な国民だと思われる。しかし忌まわしいスパイ制度のために役人たちは不本意な立場におかれ、率直に、また開放的にふるまうことができなくなっている。政府の役人たちにしても、上役からの咎めを受けないよう、虚偽の申し立てをし、策を弄《ろう》している。つまり、それが彼らの仕事なのである。公務を離れれば、彼らは率直で正直で、親切である。マクファーレンも、このような役人の二面性について述べているが、それによると、トルコ人社会の中にもまったく同じような現象が見られるという。政府とは無関係な立場のトルコ人は、私的な付き合いでは、ほとんどが率直で正直で立派な人たちらしいが、政府の役人たちの方は、ほとんどが正反対だという。こうしたことは一見異様に思えるが、程度の差こそあれ、これと似たような状況は日本よりもわが国に近いところがあるのかもしれない。

日本の法律は極度に厳格である。おそらくこの法典は、世界で最も残忍なのではないだろうか。犯罪に対する刑罰としては、たいていの場合、死刑が規定されている。日本人は、ある法律を破った者は別の法律をも破ることが考えられ、また故意に法を犯す者には社会的信用は与えられず、したがって生きる資格もないという原則に基づいて法を執行しているようである。彼らの法律は簡単明瞭で、さまざまな形式で適切に公布されるので、誰もそれを知らなかったと言い訳することはできない。また、訴訟手続きも法律と同様、いたって簡単である。日本には職業としての弁護士はいないため、誰もが自分自身の弁護人となる資格を認められる。たとえば、一方の当事者が不当に権利を侵害されると、彼はただちに奉行に訴え出る。するともう一方の当事者がすぐに呼び出され、そこで原告が勝手に事件の陳述を行い、被告人はそれに対して弁明する。そのうえで奉行が証人を取り調べるのだが、申し立てに偽りがあった場合は、奉行は鋭い勘を働かせてそれを暴くということである。普通の裁判では、奉行が判決を言い渡すと、すぐに刑が執行され、一件落着となる。係争中の事件がきわめて重要なものであれば、奉行が皇帝の評議会に裁決を委ねる場合もあるが、自分で処理するのが妥当であると思えば、上訴はしない。取るに足らない事件であれば、奉行が当事者同士に、友人の協力を得て自分たちで解決するよう命じることもある。そしてかならず解決しなければ、結果的に当人たちのためにならないことも両者ともよく心得ている。原告被告の双方に過失がある場合は、ともにそれに見合った譴責《けんせき》を受けて帰されることになる。先に、日本の法典は原則的には残忍で、刑の執行にも残酷な方法が多いと述べたが、それでも従来から法の行使者たちは、人道的な憐憫《れんびん》の情から、むやみに苛酷《かこく》な刑罰を規定している理念をいくらか和らげざるをえなかったのである。

奉行には死刑の判決を下す権利はあるが、殺人事件の場合を除けば、それほどの極刑を宣告する必要はない。したがって奉行は、かなり自由に裁量をきかせることができる。牢《ろう》屋《や》と呼ばれる檻《おり》の中に監禁することもある。その場合囚人は、保健上適量の食事を摂ることが許され、牢内には衛生や換気の設備もある。しかしこのほかに、もうひとつ別の種類の牢屋がある。それは、通常奉行の邸宅内に作られている土牢《どろう》であり、獄屋、すなわち地獄という意味ありげな名前で呼ばれている。そこに投獄される者の数は、便宜上の収容施設にしてはあまりにも多い。牢の扉は、囚人を出入りさせるとき以外はけっして開けられない。食事は壁に作った穴から差し入れられ、格子のはまった小さな穴と、天井近くの窓以外には明かりや風の入るところもない。本、煙草、それに一切の娯楽が禁じられている。床も敷かれず、絹や木綿の帯の代わりに縄を腰に巻くという屈辱に甘んじなければならない。食事も制限され、しかも粗末である。しかし、もし裕福な者が囚人となった場合は、ほかの囚人にも等しく分けてやるという条件でもっとましな食物を購《あがな》うことができる。たとえ富や力のある人間でも、罪を犯せばほかの貧しい犯罪者たちとなんら変わりはなく、彼らより優遇される権利もなく、それゆえみなが同等に扱われねばならない、というのが日本の法理なのである。

われわれはここまで、世に名だたる、注目すべき日本の政治上の特殊性について考察してきた。すなわちそれは、かくも長きにわたって行われてきた鎖国制度であり、これに基づいて、オランダと中国以外の異国とのつながりを持つことが、固く禁じられてきたのである。この排他的な政策はこれまで常に一貫して行われてきたわけではない。しかし、この鎖国制度の起源を明らかにし、オランダ人が長崎の港にある出島に商館を開くにいたった経緯についての説明はまた別の機会に譲るとして、ここでは合衆国遠征艦隊が訪れる以前にはヨーロッパの船舶の寄港できるところは長崎以外にはなく、日本人が西洋人と交易を行う場所はその一ヵ所に限られていたということを明らかにしておけば十分だろう。中国人にはいくらか交易上の便宜がはかられていたが、それでもヨーロッパ人の場合と同様、その通商や交渉は、日本人の警戒心によってかなりの制限を受けていたのである。簡単な概略のみではあったが、日本政府とその政策上の主な特徴については以上とし、次の論題に移ることにする。

第四節　宗　教

日本について書いている著作家たちは、この国の宗教に関してそれぞれ矛盾したことを述べているため、どれが事実を正しく反映しているのかを見分けるのは容易ではない。しかし、日本からキリスト教が根絶されて以来、こうした意見のくい違いが生じるのも当然のことと思われる。ただし、誰もが認める、疑問の余地のない事実もいくつか分かっている。

少なくとも数人の著作家たちによると、日本古来の民族宗教はシンシュウ（神宗。シンは神、シュウは信仰の意）と呼ばれ、信者たちには神道と呼ばれていたということだ。しかしシーボルトは、この宗教の正式名はカミノミチ（神の道）だと述べている。これを中国語に訳すと、Shin-tao といい、日本人はこの言葉を Shintoo に変化させた、というのである。

神道の唯一の崇拝の対象は太陽の女神であり、天照大神《あまてらすおおみかみ》と呼ばれて、日本の守護神と考えられている。しかし、このほかにもカミと呼ばれる下位の神々が幾千もあり、そのほとんどが聖人となった人間か神格化された人間である。太陽の女神はあまりにも偉大かつ神聖なので、直接女神に対して祈ることは許されず、こうした神々や帝を介して礼拝するのである。帝は天照大神の直系の子孫と考えられている。しかしこうした神々があっても、神道は偶像崇拝ではない。神社内に偶像は祀られていない。神の像はあることはあるが、崇拝目的のためではない、と断言されている。だが、事実そうなのかどうかはかなり疑問である。古い神社に見られる唯一の飾りは純潔な魂の象徴である鏡と、同様に純潔を表す、御幣と呼ばれる多数の白い細長い紙だった。シーボルトは、神社に神の像がおかれるようになったのは外国からの新機軸であり、仏教伝来の前にはなかったことだと考えている。

彼はまた、無数の神々の存在はローマ・カトリック教徒の聖者たちと似ている、とも言っている。マクファーレンは、今日の神道は仏教の勢力に完全に浸潤されている、と見ている。メイランは日本の本来の宗教を純粋な一神論とみなした。神道がかつてはどのようなものであったのか、また現在どのようになっているのかを語るのは容易ではない。シーボルトによると、神道の教義を特徴づける主なものとして、霊魂不滅、来世、因果応報、地獄極楽に関する漠然とした観念があげられるとのことだ。また、神道の五大業務というのは次のとおりである。第一は、清浄の象徴と清めの手段である聖火を消さぬこと。第二は、魂と心と身体を清浄にすること。魂は理性と法に従うことによって、身体はすべての汚れを断つことによって浄化される。第三は、数多くの祭日を遵守すること。第四は、年に数回定期的に、大がかりで費用のかかる巡礼を行うこと。そして第五は、神社でも家でも神を拝むこと。汚れを受ける要因はいろいろと考えられるが、たとえば不純な人間と付き合ったり、淫《みだ》らな言葉や邪悪な言葉を耳にしたり、特定の肉を食べたり、血や死体に触れたりすることがあげられている。このようなあらゆる汚れを清める方法もまた規定されている。

祭はすべて、神社へ詣でることから始まる。信徒はまず専用に設けられている貯水槽で身を清め、それから正面の格子窓に向かって露台に跪《ひざまず》く。格子窓の向こうには鏡があり、それを見つめながら祈りを捧《ささ》げ、また、米、果物、お茶といったような供え物を献上する。そして最後に賽銭《さいせん》箱に金を入れて退く。以上が通常の神社崇拝の形式である。賽銭は、神主の生活費にあてられる。神主というのは神社の司祭のことであり、この呼び名は文字どおり神のあるじを意味している。この司祭たちは、それぞれの神社の敷地内にある家屋に住み、見知らぬ訪問者にも親切に応対する。シーボルトによると、神主は妻帯しており、妻は女祭司となって決められた宗教上の務めを行うという。ただしある日本人の有識者にたずねたところ、神道の司祭は妻帯しないという答えだった。

巡礼は神道の信者にとって重要な宗教的義務である。王国内に巡礼地として崇められている神社は二二あるが、なかでも最も偉大かつ神聖な神社は太陽の女神、天照大神を祀る伊勢にある神社である。神道の信者である限りは、少なくとも一生に一度は伊勢参りをしなければならない。非常に敬虔《けいけん》な信者の中には毎年詣でる者もある。仏教徒でさえ（坊主や僧侶は別として）、この巡礼を行うのである。将軍は代理の者にこの宗教上の義務を行わせることが許されているため、毎年伊勢に巡礼の使節を送っている。

神主は日本における神道の正規の聖職者である。しかしながら、この主題に触れて、ヨーロッパ人の著述家たちは、盲人ばかりで組織された二つの機関、あるいはそう呼んでよければ宗教的な教団があって、盲人たちは準聖職者とされているという。その起源については、次のようなロマンチックな言い伝えがある。二教団のうちのひとつは、何百年も前に、蟬丸《せみまる》という、その当時の帝の弟皇子《みこ》であった皇族によって設立された。この皇子は王国内でも指折りの美男で、その容貌にふさわしい美しい姫君と恋におちた。しかし、姫は亡くなり、皇子は悲嘆のあまり泣きくれて、ついには盲目になった。その後、同皇子がこの教団を創立したのだという。もうひとつの教団にも、また別の、注目すべき起源がある。前節に出てきた頼朝の時代に景清《かげきよ》という大将がおり、平家公の一部隊を統率していた。頼朝との戦で平家公は殺され、景清は捕虜となった。しかし景清の名声は国中に広まっていたことから、頼朝は彼との親交を結ぶことに努め、厚くもてなし、ついには彼を解放しようとした。景清はそれに対し、「自分の慕う主君は亡き主人のみである。厚志に感謝はするが、貴殿は平家公の仇《かたき》でもある。貴殿を見ると、いつも主君の仇討ちを果たしたいと思う。忘恩の汚名を着ず、義務の葛藤《かっとう》を解消する最良の策は、貴殿の顔を二度と見ぬことだ。これこのとおり」と言って自ら両眼をえぐり、盆にのせて頼朝に差し出した。頼朝は深く心をうたれ、景清を自由にした。こうして景清は隠居の身となり、第二の盲人の教団を設立した。この教団は平家公の名をとって平家僧道と呼ばれている。

神宗には二派あり、ひとつは唯一神道、もうひとつは両部神道という。前者は厳格な正統派で、改革は一切認めない。数としては少数派で、ほとんど神主つまり司祭で構成されている。後者は神道信者の大半を占めており、仏教体系を多く取り入れている折衷主義の宗派である。

仏教はあらゆる異教の中で最も広く流布している。その信者は三億三〇〇〇万人にのぼるが、これに対して、イスラム教徒はそれより五〇〇〇万人少ない。仏教の開祖はサキャ・シンハ（日本語読みでは釈迦《しゃか》）という人物であり、その徳と修行によって神のしるしを受け、死後も仏陀、すなわち「賢人」として崇められた。釈迦がいつ生まれたのかは特定できない。諸説のうち最も早いものは紀元前二四二〇年、最も遅いものは紀元前五四三年である。仏教がいつ日本に伝来したかについても定かではない。共に日本人の著述家の記述に従ったと言っているクラプロートとシーボルトでも、それぞれ異なった時期をあげている。おそらく六世紀の末、インドあるいは朝鮮から伝来したものだろう。

仏教の主要な特徴をなしているのは、輪廻《りんね》説である。ここから、生きものの命を奪うことを禁ずる教義や、数限りない偶像群崇拝の教義、大ラマ、すなわち法王は不死である、という教義、仏教の僧侶は国家内で特別な階級をなすという教義、そして僧侶は妻帯してはならないという教義が生まれてくる。仏教の主だった戒律は五つあり、五つの掟《おきて》、という意味の五戒という教典に定められている。その内容は、殺さず、盗まず、清い生活をし、偽らず、深酒を慎むというものである。十戒、すなわち一〇の戒めは、これら五つの掟をそれぞれ特定の場合に分けて適用したものである。当初から政府が寛容であったことから、仏教は徐々に日本国中に流布していった。実際、この国の社会制度の中で宗教に対する寛容性ほど顕著なものはない。ポルトガル人によって初めて布教されたキリスト教に対してもその寛容の精神は発揮された。そしてこの精神は、日本人がキリスト教の中に頑迷さと反逆性が潜んでいると感じ始めるまで保たれ続けた。キリスト教徒は宗教上の理由ではなく、政治的な理由で駆逐されたのである。大衆的な宗教となっているのは仏教だが、ほかにもそれとはまったく異なった宗教が三四近くもあり、とくに問題なく布教されているというのも、このように政府が宗教に対して寛容であるおかげだろう。実際、日本政府は単なる教義上の事柄に関しては、それが社会の平穏を乱さない限り、これまでもそうだったように、現在でもきわめて無関心である。数百年前、日本の僧侶たちが団結して、イエズス会士やローマ・カトリックの僧侶を日本から追放するよう、皇帝に請願したことがあった。あまりに執拗《しつよう》な請願にうんざりした皇帝は、いったいどれほどの異なる宗教が日本にはあるのか、と僧侶らに問い返した。「三五です」と僧侶らは答えた。「よろしい」と皇帝は言った。「三五の宗教を受け入れたのなら、三六の宗教も受け入れられぬはずはない。

異国のものにかまわぬことだ」。

今日の日本の仏教には古神道の要素が多分に取り込まれて、神仏混合のような状態になっていると思われる。日本ではいかなる教義語も一般の人心を強力にとらえてはいないと考えるべき理由がある。しかしキリスト教は万人から猜疑の目で見られており、今日ではまったく認められていない。

一般の仏教信徒は非常におおざっぱな偶像崇拝を行っているが、教養人の間で、仏教はきわめて神秘的な性質を持った教えとして純粋に信仰されている。

さらに第三の宗派があり、それを宗教とする著述家もいるが、ケンペルの言うように、哲学者の一派と考えるのがより適切だろう。それは儒道の名で知られている。これは「哲学者の道」という意味である。儒道は特定の信仰を説くものではなく、その是非は別として、万人に適用できるような内容を持っている。その特徴をみると、多神教にきわめて近いことが分かる。この宗派は中国から伝来したといわれており、事実そうであると思われる。孔夫子《こうふうし》の道徳教則の大半と、高度に神秘的な仏教概念の一部とから成り、宗教上の儀式や祭祀はなにも行われていない。この宗派の特徴として、仁、義、礼、智、信、という五大箇条がある。仁は徳を積むことを説き、義は何人に対しても正しい行いをすることを説く。礼は丁重さと礼儀正しさを、智は善良で賢明な統治のための規則を唱え、信は良心と正直さを説いている。初期のヨーロッパのほとんどの著述家たちは、日本の知識人の大半はこの学派に属していると言っている。この学派について注目すべきなのは、仏教徒の偶像崇拝を嘲笑《ちょうしょう》しているという点である。キリスト教が日本から排斥された際、儒道の信徒はキリスト教に傾倒するおそれがあるとみなされ、それ以降、日本人はみな家の中になんらかの偶像をおくことを命じられたのである。

出島のオランダ役人であったメイランは、第四の宗教について言及している。それは、キリスト教が伝来する以前に先にあげた三つの宗派と併存していたものである。メイランによると、紀元五〇年頃、バラモン教の一派が日本に伝わった。その教義では、ある処女から生まれた男の子が人類の罪を償うために自らを犠牲にし、それによって世の贖罪《しょくざい》がなされ、歓喜の復活が人類に与えられたと説かれている。また、この宗派は万物の造り主で善の根源として崇められている、永遠にして全能なる神、すなわち三位《さんみ》一体の霊的人格についても教えている。

こうしたことから、ありえないことではないが、キリスト教がインド経由で早くから日本に伝わっていたのではないかという説もあった。しかし、このような教義が日本にあるという話にはおそらくなんらかの間違いがあると思われる。事実、メイラン以外にこの話を伝えている者はなく、また、仏教やバラモン教の教義には狂信的なキリスト教徒たちがいかにもキリスト教の教義らしきものに変えてしまえるような要素もある。だからこそ、初めてアメリカへやってきた昔のスペインの聖職者たちも、彼らが到着する以前にすでに聖トーマスによってアメリカに福音がもたらされていたと確信していたのである。

第五節　過去における日本帝国と西洋文明諸国との関係の概観

ポルトガル人

フェルナン・メンデス・ピントの名は、セルバンテスによって不朽のものとなったが、あいにくそれは、シェイクスピアの言葉を借りると、「はかり知れぬ嘘つき」という評判を得てのことだった。マルコ・ポーロと同様に、彼が放浪中に体験した不思議な事柄を語っても、当時の人々はまったく信じようとしなかったのである。しかし、やはりマルコ・ポーロの場合のように、その後、彼の話の大半は真実であることが証明された。ピントが実際の体験として述べた物語の中には、現代のもっと信頼のおける後継者たちの話と同じく、ほとんど嘘はまじっていなかったと考えたい。

ピントは、一六世紀のポルトガルにおける代表的な探検家である。当時、ポルトガルはその勢力を誇っていた。二〇〇年足らずのうちに大西洋を横断し、マデイラ、ヴェルデ岬およびギニアとコンゴの沿岸を征服し、インドの沿岸地帯を植民地化して中国に拠点をもうけた。また、ゴアに富裕な都を建設し、「インドのローマ」と名付けた。同国はさらにマカオを領有し、ヨーロッパ海洋列強の最初の東洋進出に加わった。アルブケルケは、東洋の大帝国を打ちたてることをポルトガルに期待したが、そのためにはアルブケルケのような人々の力を結集することが必要だった。そうした人材が不足していたために、大帝国は完成にいたらなかったのである。とはいえ、この繁栄の時代に、ポルトガルは多くの勇敢な船乗りや、ちょっとした英雄や冒険家たちを生み出した。彼らは、あるときは騎士道精神の片鱗《へんりん》を、あるときは商魂をのぞかせ、今日は陸の兵士、明日は海賊となり、状況に応じてきわめて敬虔なこともあれば、反対にひどく不敬なこともあったにせよ、常に労苦と窮乏生活に耐え、危険を乗り越えて、彼ら自身と祖国の繁栄のために働いてきた。そしてたいていの場合、ポルトガルはこの二つを巧みに両立させ、共通の目標として掲げた。ピントもまた、こうした人々のひとりだったのである。

ピントは日本へもきたことがあり、そのときの冒険談を伝えている。今日の比較的優秀な研究者たちは、ピントの冒険談について、それは彼自身が目撃したものであり、また彼自身がそうした場面での立役者でもあったのだと確信している。

しかし、年代の記述については多少議論の余地がある。もし日本の年代記が正しいとすれば、同じ頃に二人のヨーロッパ人が日本を訪れたことになる。そうだとしても、両者ともポルトガル人であることから、初めて日本に上陸し、ヨーロッパとの橋渡しの役目を果たした栄誉はやはりポルトガル人に与えられることになる。もし本当に二人であったとしても、どちらの場合も偶然の発見だったのだろう。だが、いずれにしてもそれがポルトガル人の業績であるという事実には変わりはない。

しかし、実際は二人ではなくひとりであったと考えたい。日本の年代記には最初のヨーロッパ人の来訪が記されており、その内容はおおむねピントの話と一致する。日本人にとってそれは一大事件であり、新来訪者の容貌も非常に珍しかったため、彼らはその肖像を保存していた。年代記に記されている日付をみると、それは西洋暦の一五四三年の一〇月にあたっている。ピントは、自らの日本到着を一五四五年としている。それでも、ピントの記述と年代記を照らし合わせてみると、両者は同一の事柄について述べているのだとほぼ確信せざるをえない。結局、一五四三年か一五四五年に、ポルトガル船、あるいは中国の海賊船（いずれかは不明）に乗船したピントが、暴風雨によって日本沿岸に流され、九州の豊後の港にたどり着いたということなのである。当時の日本人は、用心深くはあったが、躊躇なくこの異国人を迎え入れ、交流した。来訪者たちは温かくもてなされ、住民との交易にもなんの障害も生じなかった。最初に上陸した人々の名前については、マフェウスからトゥンベリーにいたるまで、さまざまな著述家が言及しており、それはアントニオ・モタ、フランシスコ・ゼイモトおよびアントニオ・ペイゾトだったといわれている。けれどもフレシネは名前は誤って伝えられたか変えられたかしたのであり、本当はフェルナン・メンデス・ピント、ディエゴ・ゼイモト、そしてクリストヴァル・ボラロだったのだと考えている。日本の年代記には、モウラ・ショークシアとクリスタ・モタという名前が記されているが、フレシネはショークシアというのはゼイモトの日本式の発音であり、クリスタというのもクリストヴァルというときのいちばん近い日本語の発音であろうと推測している。住民と異国人たちは意気投合し、豊後の太守つまり封侯との申し合わせのもと、毎年、ポルトガル船が綿布、毛皮、加工絹布、タフタなど、日本人の需要に見合った品々を積んで九州へやってくることになった（その頃の封建領地の統治者は、今よりは独立した力を持っていたのだろう）。その船はおそらくマカオあるいはゴアから出航し、代わりに金、銀、銅を積んで帰ることになった。日本には間違いなく銅が豊富にあり、金の量も少なくなかっただろう。

しかし、こうして通商関係が結ばれると、ポルトガルはやがて自国の宗教の伝道者をも日本に派遣するようになった。彼らが初めて日本を発見してからわずか七年後の一五四九年、ある地位についていたアンジロウという若者が、殺人の咎を受けて自国から高飛びせざるをえなくなり、マラバル沿岸にあるポルトガルの植民地ゴアに渡った。この地で彼はローマ教会の聖職者たちと出会い、キリスト教に改宗し、洗礼を受けた。アンジロウはなかなか進取の気性に富んだ、抜け目のない男だったので、ゴアにいたポルトガルの商人たちに日本との交易でかなりの収益が見込めることを教え、またイエズス会士たちには日本に行けば魂の豊かな収穫があると請け合った。

アンジロウの二つの提案を受けて、ポルトガル人たちはさっそく活動に取りかかった。日本との永続的な通商関係を樹立するために、貨物と土産の品々を積載した船が出航し、また第二の目的のためにイエズス会士たちがいましも出発しようとしていた。宣教師の中にはかの名高いフランシスコ・ザビエルも加わっていた。彼らは、キリスト教の伝道者として非常に優れた資質をそなえていた。豊かな才能に恵まれ、なおかつ人並み以上の熱意と勇気を持っていた彼は、与えられた使命に伴う危険にもひるむことなく、ひたすらその任務を全うする決意を固めていたのだった。そして、その同じ船で、この試みを提案した若き日本人の改宗者も帰還した。豊後に着くと、一行は快く受け入れられ、交易にも布教にもなんの抵抗も受けなかった。当時はまだ鎖国制度は存在せず、政府はキリスト教の布教を黙認するという寛容的な態度をとっていた。事実、ポルトガル人は陸路であれ海路であれ日本中どこへでも好きなところへ旅することが許されていたのである。日本人はポルトガルの商人から物を買い、伝道者の言葉に耳を傾けた。布教活動が非常にうまくいったのは、ザビエルと第一陣の宣教師たちが謙虚で徳があり、私欲にとらわれず、非常に慈悲深いきわめて模範的な人々だったからにほかならない。医術の心得も多少あったので、彼らは非常に親切に病人の治療にあたり、しかも無償でそれを行った。そうしたことから、宣教師たちは善を行うことに献身する心やさしい気高い人々として崇められたのである。彼らは公事には一切関わりを持たなかった。また、政府に干渉されることもなく、その行政に関して心悩ますこともなく、ただ誠実なザビエルを見習って、聖なる天職を全うしようと、謙虚に、しかも飽くことなくその任務に専念したのだった。実際、宣教師たちは日本人を愛していた。初期の宣教師たちは異口同音に、日本人の従順さと善良さを好意を込めて語っている。ザビエルも「日本人のことはいくら語っても語りつくせない。彼らは本当にわが心の喜びであった」と述べている。

この優れた人物は一五五一年に日本から中国へ渡り、マカオからそれほど遠くない広東河口のサシャン島で、翌一五五二年に逝去した。しかしザビエルの去ったあとも、彼の愛した島の住民の中に幾人かの有能かつ卓越した人々を残し、教会が建てられ、数千人の人々が改宗したのである。

新来の客との交易も順調に行われた。ポルトガルの商人は、マカオとゴアの商会から日本市場へ持ち込む商品をたやすく手に入れることができた。ヨーロッパ商品では通常一〇〇パーセントの利益が得られるので、ケンペルの言うとおり、もしこの商売繁盛がもうあと二〇年続いていたなら、マカオは日本との貿易によって、ソロモンの時代にエルサレムに蓄積された富をしのぐほど富裕になったことだろう。昔、ある著述家が表現したとおり、ポルトガル人は日本から「黄金の精髄」を獲得したのであった。実際、彼らはただ慎重に物事を進めればよかったのであり、そうすればやがては日本における優勢な民族となりえたはずだった。ポルトガル人の多くは、キリスト教徒となった裕福な日本人の娘と結婚していたため、ほかのヨーロッパ諸国はポルトガル人をその強力な地位から追い落とすことができなかったのである。

一五六六年頃、当時の封侯であった大村公は、ポルトガル人の進言によって彼らが上陸する港の中でも長崎港が最上であることに初めて注目した。そして彼らの提案を受け入れて、居留地が長崎に建設されることになった。こうして、豊後、平戸、長崎が主な交易地となった。

しかしこうした繁栄も、ついに終わりを告げるときがきた。そして、残念ながらその原因となったのは、ほかならぬ宣教師たちだったのである。もしザビエルと彼の仲間たちによって始められた仕事が、彼らのような人々によって続けられていたかどうかは大いに疑問である。しかし、こういった謙虚で邪気がなく勤勉な宣教師たちは、まもなくゴアとマカオからぞくぞくとやってくるドミニコ会、アウグスティノ会、それにフランシスコ会の修道士らに、数で圧倒されるようになった。彼らは、イエズス会の成功の世評に心をひかれてやってきた。収穫を得るための労なしに、ただやってきて刈り取りさえすればよかったのである。

しかしフランシスコ派とドミニコ派は互いに反目し、すべての教団がイエズス会といがみ合った。イエズス会の宣教師たちはどうか自分たちの経験を生かし、いさかいをやめて日本の法律や習慣を重んじるようにと懇願したが、聞き入れられなかった。こうした各教団の行動は、その希望や目的のみならず、日本におけるキリスト教の発展、ひいては存続にとって致命的なものとなるだろうという説得も無駄だった。すべては徒労に終わった。日本人改宗者の目の前には、聖職者同士が相争い、異教徒と結託して相手を打ち破ろうとするといった奇妙な光景が繰り広げられた。力の弱い日本人のキリスト教徒でさえ、この反目と抗争にふける好戦的な聖職者たちを和解させようと懸命になるほどだった。

したがって、こうしたローマ・カトリックの修道僧たちの抗争も、日本からキリスト教が追放される一因となったと考えられる。

しかしそれだけではなかった。一六世紀の終わり頃には、一般のポルトガル人でも、その高慢で貪欲《どんよく》で押し付けがましいところが目にあまるようになり、日本人の顰蹙《ひんしゅく》を買った。聖職者の多くはその本分を忘れ、罪を戒めるどころか裕福な日本人に取り入り、その行いの適否も吟味しないまま活動を続けていた。聖職者たちは、実に俗人と変わりなく高慢だった。日本人のキリスト教徒でさえ、彼らの精神的な師が魂の救済に費やすと同じくらいに、自身の富を築くことに多大な努力を払っているのを見て衝撃を受け、同時に嫌悪感を抱いたといわれている。今日までの日本の伝統には、帝国内におけるキリスト教の衰退を見ることができるが、そうなったのもひとつには宣教師の貪欲さ、好色さ、そして傲慢《ごうまん》さのためなのである。彼らはまた、日本の制度と慣習をあからさまに見下し、故意に政府の高官を侮蔑《ぶべつ》した。一五九六年には、大迫害の発端となったといわれる事件が起こった。あるポルトガル人の高僧が、登城途中の政府高官に街道で出会った。両者ともそれぞれ駕籠《かご》に乗っていたのだが、日本の慣習では、このような場合、僧侶の方が止まって駕籠を降り、その貴人に敬意を払わなければならないことになっている。ところが、この決められた礼儀をつくすどころか、僧侶はその高官を一瞥《いちべつ》もせず、顔をそむけて、駕籠かきにそのまま進むよう命じた。明らかに意図的に行われたこのはなはだしい無礼に高官は激怒し、傲慢な僧侶を含めたポルトガル人すべてに執念深い憎しみを抱いた。彼はすぐさまこのことを皇帝に陳情した。皇帝の威光と国家の尊厳が、ポルトガル人の強い自負心と不遜《ふそん》な態度によって傷つけられたのである。時の皇帝は、別節ですでに述べた太閤だった。彼は、帝国の法律や習慣が横柄な異国人に踏みにじられるのを黙って見ていた最後の支配者だった。

異国人たちは、礼儀正しい日本人から受ける親切に見合った良心など持ち合わせていなかったのである。いったん不信の念を抱き始めると、皇帝もはやこれまでのように寛大ではいられなくなり、いままでの方針を変えるのも時間の問題だった。一方、ポルトガル人はかつて受けていた恩恵のかなりの部分を自らの高慢と貪欲のために失っていたにもかかわらず、かのうぬぼれの強い僧侶がその愚かで無礼な行いをするほどに、彼らの傲慢ぶりはもはや手がつけられなくなっていた。

そしてついに、東洋からリスボンへと向かっていた一隻のポルトガル船が、オランダ人に拿捕《だほ》された。そして積載されていた荷物の中から、日本人モロからポルトガルの王に宛《あ》てた、売国的な手紙が発見されたのである。モロは熱心なローマ教徒で、イエズス会士と懇意であり、日本におけるポルトガル人の主要代理人であるとともに彼らの友人でもあった。そして、その彼の手紙から、日本人のキリスト教徒がポルトガル人と結んで王位の転覆を謀っていることが明らかになった。彼らはそのために、ポルトガルの艦船と兵士の派遣を要請しようとしていたのである。その計画の詳しい内容ははっきりとはつかめないにせよ、そうした陰謀が企てられていたことは間違いない。

ポルトガル人の不倶戴天《ふぐたいてん》の敵であるオランダ人は、ただちにこの没収した手紙のことを日本政府に報告した。その結果、一六三七年に皇帝の布告が発せられ、「すべてのポルトガル人を、その母であれ、乳母であれ、彼らに属するものはすべて永久に追放する」と定められた。また同じ布告は、関係者の死刑をもって、いかなる日本船も日本人も出国することを禁止したのである。また、異国より帰国する日本人も、異国より文書を持ち帰ろうとする者もみな死罪とされ、いかなる貴族も兵士も異国人から物を買うことは禁じられ、キリスト教を宣伝したり洗礼名を持つことさえも処罰の対象となった。そして、キリスト教の僧侶や日本人の信者を見つけた者には褒美が与えられると公布された。このような厳しい勅令におそれをなした一部のポルトガル人たちはただちに出国したが、出島の商館に閉じこもり、嵐がやがて過ぎ去って交易が再開されるのを待とうとする者たちもいた。しかし皇帝はあくまでも彼らを永久に根こそぎにしようとし、ポルトガルからの品物さえ輸入することを禁じた。こうして、日本とポルトガルとの通商は断たれ、帝国内でのキリスト教信仰の自由も終焉《しゅうえん》を迎えたのである。

ローマ教会の著述家たちは、宣教師や初期の日本人改宗者が迫害され、ついにはキリスト教が駆逐されるにいたったのは、異端のオランダ人の悪意と誹謗《ひぼう》によるものだと断言している。けれども年代を調べてみれば、この言い分は不当だということが分かる。ポルトガル人が僧侶も一般人もともに追放された原因は、ひとえに彼ら自身にあるのである。このあと述べるように、オランダ人が競争相手の逆境に乗じて、事あるごとに足を引っ張ろうとしていたのは確かだが、その逆境が、キリスト教の迫害という形をとって顕著に表れたのは、オランダ人が日本にやってくる三年も前のことなのである。教団同士の争いの中に、すでに種は蒔《ま》かれていたのだった。

以上、日本とポルトガルとの関係の概説を終えるにあたって、ここに自らの信仰を堅く守り、そのために死刑に処せられた、何千人もの崇高な日本人キリスト教徒たちがいたことを付記しないわけにはいかないだろう。キリスト教の迫害の歴史の中でも、苛酷な拷問とそれに耐えた男女や、ときには子供をも含む英雄的な信徒の記録ほど人の心を動かすものはない。彼らはみな、キリスト教信仰の誠意を証明したのである。

オランダ人

オランダ人が日本に来て、初期の通商関係を樹立することができたのは、ひとりのイギリス人の力に負うところが大きい。法王が、西半球全域と東半球の約半分における権益をスペインとポルトガルに認可すると、当時その海軍力を誇っていた両国は、ほかのヨーロッパ諸国が通商に加わるのをいささかも許そうとはしなかった。そして法王の認可した海域内で非武装船を見つけると、密貿易船としてすぐさま拿捕し、積み荷を没収して、船員を海賊や密輸者として処遇した。

一方、オランダ人とイギリス人は、法王の定めた地理に対してなんら敬意を払わず、また法王の説く教えにも耳を貸さず、さらに全地球の所有者としての法王の称号も否定した。そして法王を、イエスに王国全土を与えようと持ちかけたときの悪魔になぞらえ、悪魔には王国内の寸土をも治める資格なしとしたのである。しかし、スペインとポルトガルは彼らの資格を主張し、法王の勅命に従順であることを旨とすると同時に、火薬や弾丸に訴える習慣をも持っていたため、オランダとイギリスは自国の船を「南の海」に出航させるときはかならず武装させ、通常、艦隊を編成して航海に臨んだのである。そしてこの艦隊は、利益の得られそうなところならどこへでも公然と赴き、貿易を行った。さらに、スペイン船やポルトガル船を見かけるや、片端から乗り込んで略奪し、また両国の沿岸を襲撃してその植民地となっている町や村を焼き尽くすことも宗教上の義務と考え、それを徹底して実行していった。この、荒々しく、胸おどるような、ときにはロマンチックな冒険談は、エスケメリングやバーネットの書いた海賊《バカニア》の歴史の中に記されている。スペインとポルトガル側と、オランダとイギリス側とが激しく憎み合った。宗教が異なっていたことから、前者は敵国に対して「卑しきルーテル派」「破門派」「呪われた異教徒」という穏やかでないあだ名をつけ、それに対して後者は「嘘つきの法王派」「卑しき偶像教徒」「木と腐った骨の崇拝者」という言葉を浴びせたのである。こうした険悪な状態はエリザベスⅠ世、ジェームズⅠ世、そしてチャールズⅠ世の治世を通じて続き、ウィリアムⅢ世の時代になってようやくおさまった。この頃やっとライスワイク講和条約が締結され、スペインとポルトガルは他国にも通商の自由をわずかながら認めるようになったのである。そして、スペインとポルトガルは徐々に衰退し、代わってほかのヨーロッパ諸国が太平洋および東方の海洋において頭角を現していった。

　オランダ人が日本に進出したのは、この、国家間の不和が著しかったエリザベスⅠ世の時代後半のことだった。一五九八年六月二四日、ジャック・マフに率いられた五隻のオランダ帆船隊がテクセル島を出港した。これらの船はオランダのインド会社から派遣されたものであり、旗艦には水先案内人としてウィリアム・アダムスが乗船していた。アダムスはその自叙伝を、簡潔で魅力的な文章によって著した。そしてそれは、名編纂者《へんさん》である誠直な老パーチャスの手によって保存されている。アダムスは次のように述べている。「閣下には私がケント人であり、ロチェスターより二マイル、チャタムより一マイル離れた町ギリンガムにて生まれたことをご存じかと思う。そしてチャタムこそは女王陛下の艦隊が停泊している町である」。それからアダムスは、正式に奉公して一人前の水夫となったことを述べたのち、このように続けている。「私は陛下の船で船長と水先案内人を務め、バーバリ地域の誉れ高い商社に十一、二年勤務した。オランダからのインド貿易が始まると、私はそこで神より与えられたわずかばかりの知識にいささかの経験を加えたいと願うようになった。そこで、主《しゅ》の一五九八年に、五隻のオランダ帆船隊の水先案内人として雇われることになったのである」云々。

しかしわがイギリスの水先案内人の言う「いささかの経験」は、実際は長い悲惨な経験となった。船内で病が発生し、船隊長と部下の多くが命を落としたのである。彼はさまざまな災難を経験して、一五九九年四月にマゼラン海峡にたどり着いたが、アダムス自身ではなく愚かな指揮官のせいでこの海峡で冬を越さねばならなくなり、およそ六ヵ月間ここにとどまることになった。しかし、そのうち食料も底をつき、餓死する者も出てきた。ついに船隊は太平洋に乗り出したが、嵐にあって離散してしまった。何隻かは行方不明となり、また捕らえられた船もあった。食料と水を求めて上陸した島では、船員たちが一度ならず野蛮人に待ち伏せされ、殺された。しかし、幾多の困難を乗り越えたのち、アダムスの勧告により、日本へ向かう決定がついになされた。オランダを出航した五隻の船のうち、残っていたのはアダムスが水先案内人として乗り込んでいた一隻だけだった。しかし、アダムスは不屈の精神を貫き、ついに一六〇〇年四月一一日、彼方に豊後《ぶんご》の国の山々を見るにいたった。同月一二日には錨《いかり》を下ろしたが、歩いたり仕事をしたりすることができる者はわずか五人しかいなかった。豊後侯は彼らを温かく迎え入れ、積み荷の盗難を防ぐために兵士を甲板に配置してやり、また病人には家屋を提供し、その他身体的な必要をすべて満たしてくれた。そして豊後侯は、彼らの到着を皇帝に報告した。

ご記憶のように、ポルトガル人はすでに日本との通商関係を結んでおり、その交易地のひとつが長崎であった。オランダ人が到着してから五、六日後、ポルトガル人のイエズス会士が同国人および日本人のキリスト教徒幾人かを伴って長崎からやってきた。ポルトガル人らはただちにオランダ人は海賊であると告発し、オランダ船には商品が満載されていたにもかかわらず、彼らが通商目的でやってきたというのは嘘だと決めつけた。このため日本人の心にオランダ人に対する偏見が生まれ、哀れなオランダ人たちはいつ死刑に処せられるかと恐れながら日々を送らなくてはならなくなった。これこそ、異教徒を憎み、貿易を独占しようとするポルトガル人の思うつぼだった。しかし、この事件が大坂〔大阪〕にいる皇帝に報告されると、彼はアダムスとオランダ人船乗りのひとりを連れてくるよう命じた。こうしてアダムスは、大坂に送られた。皇帝との長く興味深い謁見（それはポルトガル人の通訳を介して行われた）が伝わっている。この謁見中、アダムスは持ってきた商品を皇帝に見せ、ポルトガル人と同じように自分たちにも通商の自由を認めてほしいと嘆願する機会を得た。それに対する答えは日本語でなされたが、アダムスは理解できないまま、投獄された。不足がないよう十分な配慮はなされていたらしいが、結局彼は、四一日間牢獄で過ごした。のちに彼が知ったのは、その間、イエズス会士とポルトガル人居留者たちがオランダ船の乗組員を全員海賊として死刑に処するようあらゆる手を尽くして皇帝に働きかけていたということだった。しかし皇帝は、その働きかけに対して公明正大な態度をとった。すなわち、目下のところ、オランダ人は皇帝にもまた日本人民にもなんら危害を加えておらず、それゆえ彼らの命を奪う正当な理由はないと答えたのである。また、ポルトガルとオランダとの戦争は、皇帝にはなんら関わりのないことで、ポルトガル人が望むようにオランダ人を厳しく処罰する理由にはまったくならなかったのである。

ようやく皇帝はアダムスをふたたび呼び出し、数多くの質問をした。そして最後に、また船に戻って仲間に会いたいかどうかをたずねた。彼が会いたいと答えると、では戻るようにと申し渡され、それで初めてアダムスは船が皇帝の命令ですでに大坂に運ばれていること、そして仲間がまだ生きていることを知った。船の積み荷はすべて降ろされて、皇帝が戻っていた江戸に近い場所に運ばれていた。またオランダ船の乗組員は全員、政府から十分な費用を支給されて生活することになった。しばらくして彼らはふたたび船に乗り組んで出発したいと懇願してみたが、皇帝の許可はおりなかった。その間船員たちは自由気ままに日本社会に溶け込んで暮らしていたが、結局二年ののち、船をあきらめて余生を日本で楽しく平穏に過ごす決心をするよう通達された。まもなくオランダ人たちはそれぞれ気の向くところへ散らばって、皇帝から支給される生活費で安楽な人生を送ったのである。一方アダムスは、宮廷にとどまった。彼は聡明で人柄も良かったため、すぐに多くの友人を得、しだいに皇帝からも高く評価されるようになり、ついには名誉ある高い地位を与えられるまでになった。また、彼は皇帝に数学の原理をいくつか教え、船を二艘《そう》造って皇帝に献上した。こうしたことによって、アダムスはかなりの影響力を持つようになり、当時、前述したような理由から恩顧を失いかけていたイエズス会士やポルトガル人でさえ、彼が間に立って皇帝にうまく取りついでくれるよう進んで頼みにくるほどになった。

一六〇九年、ついに二隻のオランダ軍艦が日本へやってきた。その目的は、既得の通商用の商品を積載して毎年マカオから日本へやってくるポルトガルの大型武装商船の行く手を阻み、拿捕することだった。しかし、二、三日遅すぎて目的が達せられなかったために、オランダ船は平戸に入港し、指揮官たちは宮廷に赴いた。そこには首席商議官となったウィリアム・アダムスがいたために、彼らは温かく迎え入れられた。そして皇帝から、通商目的で、毎年オランダ船を一隻か二隻日本へ派遣することを認める自由通行証と許可証をとりつけた。これが、日本とオランダの通商関係の始まりだった。

すでに述べたように、アダムスの出世はめざましいものだった。彼は自分の暮らしぶりについて、次のように語っている。「さて私は、皇帝より委ねられた任務に、今日まで従事してきた。それに対し皇帝は、イギリスの諸侯のような生活を私に与えてくださり、八〇人から九〇人の農夫が私の召使や奴隷となって仕えている。このような例は過去にはなかったことである。これは大いなる苦難ののちに、神が私に授けてくださったものである。神の御名に永遠の栄えあれ。アーメン」。

しかし、この見かけの羽振りのよさの陰では、哀れなアダムスは日本では癒《いや》すことのできない心の痛みを抱えていた。それはイギリスに残してきた、愛する若い妻と二人の子供のことだった。彼が記した文章の中でも、家族との思い出や、もう二度と会えないことへの深い嘆きが綴《つづ》られた部分は非常に痛ましいものである。そこには、彼の真心があるがままにほとばしり出ており、読む者の心を深く動かさずにはおかない。皇帝は、アダムスが自分のもとを離れることを断じて許さなかった。たとえ許されたとしても、その頃、毎年日本にやってくるのは通商目的のポルトガル船だけだったことから、いずれにしてもアダムスが乗船して帰国することはできなかった。しかし、アダムスの尽力によってオランダとの商談が成立するや、彼の心に家族に会いたいという思いがふたたび芽生え始めた。いずれは、オランダ船に乗ってイギリスへ帰る道が神から与えられるかもしれないと思えたからだった。アダムスは、深い憂いを抱きながらも、冷静さや分別を失うことはなかった。たとえ帰国はかなわなくとも、少なくとも自分の所在や変わらぬ愛を、いとしい家族に伝えることができるのではないかと考えたからである。一六一一年にやってきたオランダ船から、彼は初めて母国のイギリス人が東インドにおいて相当な取り引きを行っており、またマラバール沿岸でも商館が開かれてささやかながら取り引きが始まっていることを伝え聞いた。もちろん彼には、東インドや東洋のそのほかのどこの地域に誰が派遣されているかはまったく分からなかったが、いずれにしても、彼らがイギリス人であることは間違いなく、それら同国の人々を通じて一三年もの間家族と別れていた彼の悲しい物語を伝えることができるかもしれないとアダムスは思った。それで彼は二通の長い手紙をしたため、一通は妻に宛て、もう一通には次のように記した。

「わが未知なる友人諸君ならびに祖国の人々へ。この手紙がなんらかの適当な方法で、口伝えか、または手紙の写しによって、ライムハウスかほかの場所、もしくはケントやロチェスターに近いギリンガムの地にいる私の知人の誰かの手に渡ることを祈って」

そしてこの手紙は、次のように結ばれている。

「要するにこのようなわけで、いずれはなんらかの方法によって、妻子の便りを聞く日も来るかとの願いから、この手紙を綴らざるをえなくなったのである。この手紙を手にした人すべてがなんらかの手段を講じて、私の友人に、また彼らを通じて妻子に私のことを伝えてくれることを、また神の力によってわが命のあるうちに、妻子の便りを手にする日の来ることを心から祈る。その日を思い、私は全能の神の善意と思し召しをただひたすら待つものである。願わくは神の御栄えと、わが願いの成就せんことを。アーメン。

一六一一年一〇月二二日、日本において、神の賤《いや》しき友にしてしもべなるアダムスはこの二つの手紙の中で、テクセルをあとにして以来、彼が遭遇した主な出来事について語っており、前述した内容はこの彼の手紙から引用したものである。この二通の手紙がイギリスに届いたのは確かだが、妻子が生存していたのか、またアダムスが家族からの便りを手にすることができたのかどうかは定かではない。自身は、悲しくも次の詩そのままの心境だったのかもしれない。

もはや相まみえる妻も子もなく
友も聖《きよ》き家もなし

一六〇〇年には平戸に住んでいた彼は、一六一九年か一六二〇年にこの地で逝去した。以上、アダムスの生涯を比較的長くたどってきたが、それは単なる感傷的な興味のためではなく、彼の同胞の日本における動向を語る際に、これらの手紙はわれわれの物語を説明するために必要となるからである。

では、このあたりで彼の手紙を離れて、オランダの通商史について話を進めたい。最初のオランダ商館は平戸にあり、ごく小規模なものだった。ポルトガル商館は長崎の出島にあり、いまではそこにオランダ人が居住している。この二国の商館の競争は当然ながら激しく、日本当局に互いの中傷を申し立てることにやっきになっていた。その結果、一六三九年の暮れを待たずに、ついにポルトガル人は日本から完全に追放されることとなり、その後オランダ人は日本においてどうにも否定のしようがないほどあからさまな、また弁明の余地もないほどよこしまで恥ずべき行動をとった。それは冷酷な殺戮《さつりく》以外の何ものでもなく、それも商業上の利益への下劣な執着心から出たものにほかならない。事実は次のとおりだった。ポルトガル人のキリスト教徒はひとりも残存していなかったが、日本人のキリスト教徒はすべて根絶されたわけではなかった。この哀れな人々はヨーロッパ人の教導者を奪われ、投獄、拷問、あるいは死刑の危険にさらされてもその信仰を棄てなかった。弾圧はやがて彼らを公然たる反乱へと追いやり、ついに島原に逃れて、皇帝の軍隊に粘り強く抵抗した。このキリスト教徒との戦いにおいて日本政府がオランダ人の援助を求めると、なんと彼らはその求めに応じたのである。当時、日本におけるオランダの通商と同国人を監督していたのはコッケベッケルだった。日本のキリスト教徒たちは、ある古い町に立てこもって防戦し、皇帝の軍はこの町を奪取できなかった。そこでコッケベッケルは平戸に停泊していたオランダ船に乗り込み、島原へ赴いて、艦載砲と海岸に設置した砲台とでその町を砲撃したのである。この、約二週間にわたる攻撃に日本人は満足し、オランダ人監督者の任務を解いた。キリスト教徒らはまだ降伏するにはいたっていなかったものの、多数の犠牲者を出して、町の防備は弱体になり、さほど長くは保ちえないことが明らかになったからである。そこで皇帝の使用のためにさらに六門の大砲を陸揚げすることを要求したのち、オランダ監督者の任務を解いたのだった。やがて籠城《ろうじょう》者の多くは餓死し、ついに町は陥落した。そして、男も女も子供も、ひとり残らず皆殺しにされたのである。

先にこの行いが日本におけるオランダ人によってなされたと記述したのは、オランダ人すべてに非難を浴びせるのは公正を欠くと思われるからである。平戸には、砲撃に使われた船以外にも数隻のオランダ船が停泊していた。しかしその指揮官たちは、日本人が彼らにも援助を求めてくるのではないかと予測し、あるいは示唆を得て、その要求がなされる前にそっと停泊地を離れ、海上へ出て、この残虐な殺戮に加担することから手を引いたのだった。どうやらこの不名誉な行為の責任は主にコッケベッケル氏にあり、彼はオランダ通商上の損失や障害を招くよりは、あえて罪なき者たちを不当に殺戮するのを認めることを選んだようである。事情はどうあれ、この歴史的事実は一七世紀中頃から、一八三三年に発表されたフィッシャーの作品にいたるまでの、日本に関するあらゆるオランダの著述家によって明らかに認められてきたことである。なかには、実際にはオランダ人は強制されて仕方なく加担したのだという説もあり、また別の著作の中ではオランダ人は大砲と火薬と弾丸を供給し、日本人に大砲の使い方を教え、弾薬と武器と軍隊を船で現場に運んだにすぎないとされている。しかし、ドイツ人に生まれながら医師としてオランダ人に仕えた老ケンペルは、確かにオランダ人たちは進んで戦いに参加したのだと断言している。近代のフランス人著述家であるフレシネは、この事実に異なった色合いを与えようと試みたが、それも功を奏したとは思えない。彼はこれを政治的反乱ととらえ、キリスト教徒らは反乱者の側につき、オランダ人は皇帝の同盟者として正当な戦いに参加したにすぎないのだと解釈している。また、出島におけるオランダ商館の古い記録や、身分の高い日本人の著述からしても、オランダ人に咎《とが》はないとも述べている。われわれには、出島の商館記録にかが書かれていたのかを知る手だてはなく、フランス人の弁明者もその内容を伝えてくれてはいない。しかし、もしその記録のなかに釈明の根拠となるような証言が書かれてあったならば、当時出島の商館員であり、その事件に近い年代に生きていたオランダ人の著述家たちが、そういった証言を見逃してしまったというのはきわめて特異なことだと言わざるをえず、ましてやあの行為に対してなんらかの口実を見出そうとしている人々であればなおさらである。この事件に関する最新の著作（一八三三年）を著したオランダ人著作家フィッシャーは、間違いなく出島の記録文書に目を通している。それではなぜ彼は、オランダ人の行為を認めたうえで、あれは日本人による強制行為だったとしてオランダ人への情状酌量を訴えながらも、その記録文書を公開しないでいるのか。フレシネの言う、身分の高い日本人による記述にしても、そのような内容のものは、われわれは日本の著作物でいまだかつて目にしたことはない、としか言いようがない。一方、事件が単なる政治的反乱にすぎず、その鎮圧にオランダ人が手を貸しただけのことだという説に対しては、それを真っ向から打ち砕くひとつの動かしがたい事実がある。というのは、不幸なキリスト教徒たちが葬られている島原の広大な共同墓地には皇帝の命令によって碑が建てられているのだが、そこには次のような不敬な碑文が刻まれているのである。

「太陽がこの地上を照らす限り、いかなるキリスト教徒も日本の地を踏むことは許されない。スペインの王であれ、キリスト教の神であれ、あるいは万有の神であっても、この命令に背く者は、その首をもって罪の報いとすることを万人に告ぐ」

さて、この悲惨な事件について、日本の身分ある人々が実際にどんなことを語っていたかを知るために、その時代に生きていた誠実なる証人、老ケンペルの言葉に耳を傾けてみたい。オランダ人に仕える医師であった彼は、次のように書き残している。「宮廷は当初、いかなる外国人もすべて追放する考えであったが、皇帝が国内のキリスト教を徹底的に撲滅する計画を実行に移すにあたって、われわれがその計画を援助することを従順に承諾したことにより、日本の居留地にとどまって貿易を続けることが認められたというのが真相である。しかしながら、宮廷や国内の寛大にして高潔な人々の多くは、われわれの行いに好意を示さなかった。オランダ人が、彼らにとっては異教徒である異国の王に当然のごとく忠誠を尽くしておきながら、一方、信仰上は彼らとほとんど同じ教義を持ち（日本人はポルトガルの僧侶からそのことは知らされていた）キリストとまさに同じ道をたどり、同じ門より天国へ入ろうとしている人々を、自分たちの世俗的利益のために犠牲にし、彼らを根絶しようという企みに進んで加担することが、日本人の目には矛盾と映ったためである。日本人と話をするとき、話題がこの痛ましい事件に及ぶと、しばしば彼らはこのような感想を述べた。要するに、卑屈に相手の機嫌をとったり、なんでも黙認したりすることでこの誇り高く用心深い国民の信頼や親密な友情を得ることはとうていできないのであり、このことがかえって彼らの猜疑心を強めてしまったように思われる。すなわち、われわれのとった行動に対して、日本人は憎しみと軽蔑《けいべつ》の念を抱いたのである」。

以上が、例の事件についてなんらかの知識を持つ日本人の偽らざる見解なのであり、遺憾ながら、その結果として日本からキリスト教が排斥されるにあたっては、ローマ派もプロテスタント派も同様の運命をたどった。どの宗派にも相手を責める権利はない。もし、ポルトガルのキリスト教徒の世俗性と高慢さが彼らを謀反へと走らせ、自らとその仲間が帝国から追放されるはめになったのだとしても、それを決定的にしたのは貪欲で残忍なオランダの自称信者たちであり、その結果、最後に残った日本のキリスト教徒は、完全に根絶やしにされてしまったのである。真のキリスト教徒にとってはポルトガル人とオランダ人の両者とも唾棄《だき》すべき無縁の衆生《しゅじょう》である。

一六四一年、オランダ人は、居心地がよく、なんの拘束もない平戸から、いまは無人になったポルトガル人の拠点である出島に商館を移すよう命じられ、そこに閉じ込められることになった。出島は、長崎港のみすぼらしい小島で、ケンペルによれば、「商館というより牢獄」だったという。その出島で、彼らは非常に厳しい監視下におかれ、多くの屈辱的な扱いを受けた。「オランダ人の欲望はすさまじく、日本の黄金の誘惑はあまりに強烈だったため、事実多大な利益をあげていた日本との交易をあきらめるくらいなら、彼らは進んで出島での永続的な牢獄生活に甘んじ（実際、われわれの住宅は牢獄に等しかった）、異邦の異教徒の国で数多くの苦難に耐えることもいとわない。まず、日曜日や祭日の神への礼拝を断念する。祈りと賛美歌もとりやめる。さらに十字架を完全に遠ざけ、日本人の前でキリストの名は一切口にせず、キリスト教のしるしとなるものをすべて身の回りから消し去る。そしてついには、気高く寛容な心にはこれ以上の打撃はないだろうと思うほど不遜な仕打ちを異教徒から受けても、これを辛抱強く従順に耐え忍ぶことを選んだ」と、わが正直なドイツ人は述べている。そしてこの屈辱は今日にいたるまで続いているのである。出島は扇のような形をしており、大部分は人工的に築かれたものである。この島の最長は約六〇〇フィート〔約一八〇メートル。一フィートは約三〇センチメートル〕、最大幅は約二四〇フィートである。長崎の町とは小さい石橋でつながれ、橋のたもとに常時屈強な日本人衛兵が駐屯していて、その許可なしに島を出入りすることはできない。島全体は高い塀で囲まれ、塀の上には鉄製の大釘が打ちつけてある。島の北側には水門が二つあり、オランダ船が到着した場合には開かれるが、船の出入りのないときは常時閉鎖されている。島内には石造りの家を建てることは許されていないため、オランダ人たちは樅《もみ》の木と竹で造られたみすぼらしい家に住んでいる。島には四六時中日本人のスパイがおり、それぞれ通訳や書記や召使として配備されている。オランダ人は彼らに給金を支払わねばならないうえに、いつ長崎警察の介入を受けても抵抗できない。つまり、これほど執拗《しつよう》で徹底した監禁とスパイ制度は前代未聞なのである。

船が到着すると、まずはすべての銃器と弾薬が取り除かれる。それから船内をくまなく調べられ、すべての積み荷の正確なリストが作られる。そのうえで乗組員は出島に上陸することを許されるが、船の停泊期間を通じて常に番兵の監視下に出島内にとどまる。商館でオランダ人と接触する日本の役人は全員、キリスト教を否定し嫌悪する誓いをたて、その証として毎年二、三度十字架と磔像《たくぞう》を踏まなければならない。しかし、すでに述べたように、オランダ人も同じように行為を要求されるというのは事実ではない。ただ、キリスト教徒であることを公言するのははばかられている。長崎で大迫害があったとき、ある男が日本の官憲から「キリスト教徒ではないか」と問われ、「いいえ！　私はオランダ人です」と答えたという話が伝わっている。そのようなクリスチャンに接していれば、日本人がキリスト教を蔑《さげす》むのも無理はない。

以前は、出島の商館長は医師や数人の役人を従えて、毎年江戸の皇帝のもとへ赴き、高価な贈り物を献上していた。いまではこの行事は四年ごとになっている。そしてこれは、ヨーロッパ人が日本についてなにがしかを見聞する機会となった。これまで世に出された書物に記された情報は、ほとんどがこの首都への定期的な旅行の間に集められたものなのである。しかし、その内容がどれも一様であるところをみると、おそらく彼らは、限られた特定の対象にしか近づくことを許されなかったのだと考えざるをえない。

ケンペルによれば、彼がいた当時（一六九〇〜九二年）、オランダ人は船が入港していないときならば、長崎の近郊を歩くことを年に一、二度許されていたというが、それでも常に疑いの目を向けられ、スパイの監視がついていた。今日では（シーボルトが述べているように）、商館員がそうした気晴らしをしたいと思えば、二四時間前に長崎の長官に願書を提出しなければならない。さらに、それが認められても、通訳、警官（奉行と呼ばれている）、その他公のスパイなど二五人から三〇人を伴うことになる。おまけにその面々が、それぞれ知人を好きなだけ呼んでくるので、気の毒なオランダ人はその全員をもてなさなくてはならない。オランダ人にこのような散財をさせるのは、明らかに彼らをなるべく出島の商館から出すまいとする日本人の策略である。加えて、日本国民がオランダ人にまったく敬意を払っていないことは歴然としている。彼らが商館から外へ出ると、子供たちがぞろぞろとあとをついてきて、「Holanda!《オランダ》 Holanda!《オランダ》（彼らの発音では Horanda! Horanda!）」とはやしたてる。景色を眺めながら気晴らしでもしようと出かけても、途中で個人宅を訪問することは許されず、日没前にはかならず出島に戻らなければならない。もしオランダ人が知り合いの家を訪ねたいとき、あるいは長崎の住民に招待されてそのもてなしを受けるときには、長官に願書を出して特別許可を得なければならない。それも、訪問時にはあいかわらずスパイに取り巻かれることになる。このような屈辱に、オランダ人が二〇〇年以上もの間耐え続けているのも、ひとえに日本との交易事業を独占したいがためなのである！

イギリス人

ここで、もう一度ウィリアム・アダムスがしたためた二通の手紙のことを思い出してみなければならない。その一通は東洋にいる同郷人に宛てられたもので、神の力によって仲間のもとに届けられたのだった。実は、アダムスはオランダ貿易の創始者であったと同時に、事実上イギリス貿易の創始者でもあったのである。彼の手紙はバタヴィアに着き、それからロンドンに送られ、そこで当時「対東インド・ロンドン貿易組合」という名で知られていた組合に提出された。この組合は、のちに「東インド会社」というもっと栄《は》えある名がつけられることになる。そして組合は、さっそく日本に向けて一隻の船を出航させたのである。パーチャスは、この航海の模様を書き残している。船はクローヴ号と呼ばれ、すでに数回東洋に航海したことのあるジョン・セリスが船長として指揮をとった。セリスは適当と思われる貨物を積み、平戸侯宛てのジェームズI世の書簡と皇帝宛ての親書および贈り物を携えて、一六一一年四月一八日、イギリスを出発した。そして、途中さまざまな港に立ち寄って取り引きをしながら一六一三年六月一一日に平戸に着いた。このときイギリス人は日本人から大変温かく迎えられた。

日本に着いたセリスは、アダムスが九〇〇マイル〔約一四四〇キロメートル。一マイルは約一・六キロメートル〕ほど離れた江戸にいることを知ると、ただちに連絡をとり、すぐに平戸にきてほしいと伝えた。セリスはマレー語を解したので、アダムスがくるまでは、バンダムから連れてきたマレー語を話す日本人を通じて協議を行った。セリスは王の書簡を平戸侯の法印様に届けると、侯は尊大な態度でそれを受け取ったが、アダムス（日本人は按《あん》針《じん》と呼んでいた）〔日本名は三浦按針〕がきてそれを訳すまでは開封しようとしなかった。

そして、クローヴ号の到着を皇帝に報せた。

七月二九日にアダムスが到着した。セリスは彼と通商の協議を行ったが、そのおり、アダムスの妻子の消息についてもなんらかの知らせを伝えたのだと思いたい。八月の初め、セリスはアダムスと一〇人のイギリス人を伴って平戸を出発し、江戸へ向かった。一行の目的は、イギリス王の贈り物を皇帝に献上し、通商について交渉することだった。平戸侯は、持ち船の中から五〇挺艪《ちょうろ》の船を一艘、一行に提供した。セリスはこの旅の詳細を書き残しており、その内容は非常に興味深いものである。なかでも、恵まれた条件のもとで十分見聞することのできた日本の風俗習慣に関する部分は、とりわけおもしろい（その頃はまだ外国人と接触することは禁じられておらず、また一行にアダムスが加わっていたため、そうした機会を持つことができたのである）。そして、皇帝に謁見したセリスは丁重なもてなしを受け、皇帝の秘書官と短い交渉を行った結果、次のような通商の特権を得たのである。

第一条　わが国は大英帝国の臣民、すなわち総督のトーマス・スミス卿、東インド会社の商人および遠征者らが、今後永続的に日本帝国のいずれの港にも自由に入港し、その船舶や商品を損なわれることなく、貴国の慣習に従って売買や交換を行い、随意に逗留《とうりゅう》、退去することを許可する。

第二条　大英帝国の商品には、わが王国に持ち込まれるもの、または日本経由で他国に運ばれるものに対し、今回のみならず、今後も課税はしないこととする。そして商品販売を目的として来航する英国船舶には、その都度宮廷へ赴くことや特使を派遣することなしに通商活動を続行する特権を認める。

第三条　英国船が難破事故に遭遇した際には、わが臣民はその救助にあたり、救出した船舶や積み荷を船長、または商人頭、あるいは受託人に返却する。さらに、英国人が、わが帝国内の適当と思われる場所に一戸以上の家屋を建てること、および離国の際は随意に売却することを認める。

第四条　英国の商人またはほかの者が日本国内において死去した場合には、その者の所有していた資産の処理は商人頭に委ねられる。また、罪を犯した者についても、前記商人頭の裁量によって罰せられ、その身柄の拘束や貨財の没収にわが国の法律は関与しないものとする。

第五条　英国民と取り引きを行うわが臣民は、双方の同意に従って、等価の品物、または代金を遅滞なく支払う。代金が支払われないときは品物を返却する。

第六条　今回持ち込まれた品物、あるいは今後持ち込まれる品物についても、われわれの便宜にかない、正しい目的で使用される英国商品については、差し押さえは行わない。ただし、価格に関しては商人頭は他国での取り引き価格をもとにして決定し、代金は商品とひきかえに支払うこととする。

第七条　英国船が新たな交易相手国の開拓に赴く途上、あるいは帰還する際に、人手や食料の援助を必要とする場合は、わが臣民は金銭との交換によってその必要物資を供給する。

第八条　また、英国民が、蝦夷《えぞ》を含むわが帝国内、またその周辺地域の発見のために特別な通行許可証なく赴くことを認める。

これらの条項を見ると、相手国に対して非常に寛大な特権が認められており、元来、日本の政策が鎖国主義とはほど遠いものであったことが分かる。そして、ヨーロッパのおおかたの文明国が厳しい鎖国制度の導入によって長い間日本の港から締め出されたのも、自業自得であったということをはっきりと示している。日本人にしてみれば、自国を外国人が占領しようと企んでいるのを知った以上、それを黙って見逃すわけにはいかなかった。その企みを阻止する最もてっとり早い方法は、国内にいる外国人を追い出し、二度と入国を許さないようにすることだったのである。この方法自体が賢明であったのか、また得策であったのかについては疑問の余地はあるとはいえ、まともな人間なら誰しも日本人が日本を日本人のために保持する権利を疑問視したり、その願望を誤りとはみなさないだろう。もし、遺憾にして陰謀にヨーロッパ人の宣教師が加わっていたのなら、宗教を策略として用いた結果として日本から追放されたのは、当然の報いであったといわなければならない。間違いを犯したのはヨーロッパの方であって、日本人ではないのである。

皇帝はまた、次のような英国王宛ての書簡をセリス船長に託している。

「大英帝国国王へ

陛下の丁重なる親書を、臣下のジョン・セリス船長より受領した(当船長は、余の知る限り、わが国土に到着した貴国の最初の者である)。豊かにして強力な三つの王国を統治せられる陛下の、偉大なる知恵と力を知りえた喜びはまことに多大である。また、贈り物はいずれもわが国にはなく、初めて目にするものばかりで、余には身に余る光栄であり、陛下の寛大なお心に感謝する。余はこれらの贈り物を、単に異国の人からではなく、余と同じ尊厳なる王からのものとして受け取った。余は、陛下との友好関係が長く続き、貴国の人々をわが国土のどの港や場所にでも随意に派遣されるよう望み、これを心より歓迎する。英国民がその優れた航海知識と技術をもって、かくも遠き距離をものともせず、暗雲立ち込め嵐が襲おうとも臆することなく、未知の国を発見し通商を行う使命に燃えて、一大任務を全うするその気概には称賛の念を禁じえぬものである。余は、貴国民の要望に応えるべく、援助をなす意向である。この親書を陛下の臣下に託するにより、この者より陛下の友情を余が喜んでお受けしたことをお聞き願いたい。加えて陛下の臣民より、通商上のなんらかの特権と、わが国土に商館を設けることを認めてほしいとの要望が出されたため、余はその希望をかなえ、さらにその事業の発展に寄与すべく、国璽《こくじ》をもってその保障を与える。

わが駿河城より。わが国の暦算によれば、内裏〔慶長〕の一八年九月四日。

陛下の友にして日本国王の最高司令者　　源　家康」

それから三年後の一六一六年には、イギリスに与えられた特権の内容に少しばかり修正が加えられたものの、イギリスの通商上の利益にはとくに影響はなかった。沿岸に到着した船舶は、平戸に赴いて当地の商館で交易を行うよう指示された。しかし逆風または天候が荒れている場合には、停泊税を払うことなしに日本国内のどこの港にでも入港、停泊ができ、商売をすることは許されなかったが、船に必要なものは自由に買うことができた。セリスはイギリスに帰国する際、彼が平戸に建てた商館の責任者にリチャード・コックス氏を任命した。そしてコックスは部下として、八人のイギリス人と三人の日本人通訳、そして二人の日本人の使用人をおいた。そのひとりがアダムスであり、商館側は高額の給料を支払い、喜んで彼を雇ったのだった。こうしてプロテスタント派のオランダとイギリスは、ともに平戸に商館を持つこととなったが、一方、長崎港内の出島にあったポルトガルの方は、オランダとイギリスに対してあまり好感情を持っていなかった。

しかし、イギリス人はすぐに日本人の友好と信頼をかち得、コックスは江戸の皇帝のもとを再三訪れた。彼は長年日本で生活したが、その手紙からすると（パーチャスによれば）、どうやら隣人のオランダ人との間に、ついにもめごとが起こったらしい。少なくともわれわれの見たところでは、オランダ人は日本の地に足を踏み入れたその日から、ほかのヨーロッパ諸国の貿易業者を排除しようという方針で、組織的に活動してきたようである。これはオランダ人がたえず守り続けてきた（その信仰にもかかわらず）政策なのだろう。

イギリスの会社は、日本向けの商品としてなにが適当かをあまり深く考えていなかったのではないだろうか。とにかく、そのせいか、あるいはほかの原因からか、やがて同社の貿易事業は採算がとれなくなってきた。さらに諸般の事情も重なって、すっかり落胆したイギリス人たちは、四万ポンドを費やしたあげく、一六二三年に平戸の商館を自発的に閉鎖して日本から引き上げてしまった。しかし彼らの評判は良かったため、上層の人々からは敬われ、下層の人々からは惜しまれつつこの国を去ったのだった。もし彼らがそのままとどまっていたら現在の日本はどうなっていただろうか、と想像しても致し方ない。おそらく、ずっと以前に、日本はほかの諸国との通商関係を確立していたかもしれない。イギリス人は血なまぐさいキリスト教徒の迫害が最高潮に達する前に日本を離れた。彼らはこの国に日本人キリスト教徒を残したわけだが、もし日本にとどまっていたなら、その殺戮《さつりく》にあえて手を貸しただろうと言い切ることには躊躇《ちゅうちょ》せざるをえない。どのみち、島原の砲撃の前に日本を去ったことは、イギリス人にとってはむしろ幸いだったのかもしれない。

平戸の商館を去ってから一三年後、イギリス人は新たな試みを企てた。それに従って四隻の船が派遣されたが、その頃には外国船が寄港できるのはオランダ人の居留地でもある長崎だけになっており、そこで不快な扱いを受けたために、彼らは目的を達することなく帰国の途についた。当時オランダ人は、東洋において最大の勢力を誇っていた。ポルトガル領であったアンボイナとチモールを占拠し、バタヴィアに砦《とりで》を築き、マラッカ、セイロン、マラバールおよびコロマンデルの沿岸を支配していた彼らは、おそらく、もはや競争相手の参入を許さず、そのために、ふたたび日本に拠点をおこうとするイギリス人の試みも失敗に終わったのに違いない。

しかしイギリス人は、しばらく静観するのが得策だと考えた。折しもイギリスには暗雲がたれ込め、彼らはチャールズI世の治世を特徴づけることになった内乱を通り抜けねばならなかったのであり、とうてい、大々的な交易事業に着手すべきときではなかった。そこで東インド会社はそれからしばらくの間、バンタムとの通商関係を保つ以外にはほとんどなにもしなかった。次の行動を起こす前に、まず平和な時代と確固たる政府の確立が望まれたのである。

そして一六七三年、ついに東インド会社は日本との交易の再開に向けて動き始めた。同社はイギリス国王から以前よりもはるかに絶大な権限を新たに与えられ、東洋における事実上の統治権を得た。新たに派遣された船は「リターン号」と名付けられた。この航海については、未刊の航海日誌が残されている。フレシネによれば、この日誌は現在ロンドン在住のサウスウェル家が所蔵しているという。この日誌を読む機会を得た彼は、多くの興味深い部分を抜粋して紹介し、その内容について、次の三つの顕著な特徴を正確に指摘している。すなわち日本人の際立った警戒心、外国人が入り込むことへの極度の嫌悪、そしてとりわけポルトガル人に対する根強い憎悪である。

ご記憶のようにチャールズII世はブラガンサ家の王女と婚姻し、それによってポルトガル王家と同盟を結んだ。オランダはさっそくその事実を日本に知らせた。そのためイギリス船は日本海域に姿を現すと、この理由だけで日本人は極度の猜疑心を抱いてその船を眺めたのである。先に言及した航海日誌の中から、というよりそのフランス語訳から、日本の役人とイギリス人との間に交わされた会話を少し引用してみよう。

「貴下はイギリス人か？」

「そうです。われわれは、主君イギリス国王の許可を得て、五〇年前に打ち切られた貴国との通商関係を再開し、東インド会社の交易を推進するために来航しました。ここに、国王と東インド会社から日本国の皇帝陛下に宛てた手紙を携えております」。イギリス人は、その書状と一緒に、前述した貿易特許状の写しを日本の行政官に手渡した。それは日本語で書かれていた。

ついで奉行は通訳を介して次のようにたずねた。「イギリス人は、ポルトガルやスペインと和平を結んだのか。イギリス国王がポルトガルの王女と結婚してどのくらいになるのか。この婚姻による子はあるのか。宗教はなにか。どんな商品を持ってきたのか」。

イギリス人は、イギリスは現在どこの国とも争っていないこと、国王は結婚して一一年になること、女王に子供はないこと、宗教はオランダ人と同じくキリスト教だが法王派ではないこと、積み荷はごく一般的な商品であると答えた。

次の会見のとき、奉行は「イギリスがこの国を去って五〇年になる。長くこの地を訪れなかった理由を知りたい」と言った。イギリスの内乱やオランダとの二度にわたる戦争、長い航海につきまとう出費と危険が理由としてあげられた。日本人は納得したようだった。

問答はさらに続いた。

「貴下らの中で以前この国に在住していた者はあるか?」

「ありません」

「ならば、どうしてわが国にいたる航路がわかったのか?」

「海図によってここに導かれました」

「ポルトガル人の宗教はなにか? ローマ・カトリックというものではないのか? 彼ら

はサンタ・マリアという女の肖像と、サント・クリストという男子の肖像を持ち、それを崇拝するのではないのか？また、この宗教は、そのほかに幾人の聖者を有するのか？」

「われわれはローマ教についてはあまりよく知らないので、その質問には答えられません」

「イギリス人自身は何を崇拝しているのか？　やはりポルトガル人と同じように肖像を持っているのか？」

「いいえ、われわれは改革派の信徒であり、それはオランダ人と同じような宗教です。われわれは万能の神、天地の創造者以外には祈りを捧げません。神は万物に宿っています。われわれは神を表すような像を彫ったり、絵に描いたりすることはありません」

「サント・クリスト、それにサンタ・マリアとは何者なのかを説明することができるか？」

「われわれは、前者を神の子と呼び、後者を処女マリアと呼びます。しかし処女マリアには祈りを捧げません」

「オランダ人はどのようにして神を礼拝するのか？」

「すでにお話ししたように、私たちと同じように礼拝します」

「彼らはその神をなんと呼ぶのか？」

「ゴッドと呼びます」

「ではキリストとも呼ぶのか？」

「キリストとも呼びます」

「オランダ人とイギリス人はポルトガル人の宗教をなんと呼んでいるのか？」

「ローマ・カトリック教と呼んでいます」

「ではその信者はなんと呼ばれているのか？」

「法王派、ローマ教徒、ローマ・カトリック教徒と呼ばれています」

「ポルトガル人は貴下らをなんと呼ぶのか？」

「彼らの言葉では Hereyes〔異端者〕、われわれの言葉では Heretics と言っています」

ちょうどそのとき、イギリス国旗が掲げられた。間をおかずに質問が飛んだ。

「今日はなぜ旗を揚げるのか？　また到着以来旗を揚げることがなかったのはどうしてなのか？」

「今日はわれわれの安息日なのです。七日ごとの安息日には国旗を揚げるのがわれわれの習慣です」

「祈りを捧げるのは一日のうちいつなのか？」

「朝と晩です」

「オランダ人も同様か？」

「そうです」

しかし、日本人は国旗の聖ジョージ十字章のことを気にかけ、なぜそれが描かれているのか知りたがって多くの質問をした。

「この十字章は迷信とは関係がなく、宗教的意味も持っていません。わが国独特の標章です。ちなみに、わが国旗と十字章は、ポルトガルのそれとはまったく別種のものです」

「貴国はポルトガルやスペインの領土となったことがあるか？」

「ありません。わが主君は三大国の王です。ポルトガル王よりはるかに強い権力を持った王族なのです」

「それでは、その十字章は、それらのいずれかの国から与えられたものではないのか？」

「われわれは悠久の昔から十字章を有しています。少なくとも六世紀前からです」

このように説明はなされたものの、日本の役人たちは命令としてではなく、友人として個人的に、彼らに十字章の旗を揚げないよう忠告した。ほとんどの日本人は、それをポルトガルの国旗と見誤るからだった。ようやく貿易の再開を望むイギリスの申し出を受け取った皇帝から回答が到着した。

「皇帝からの勅書が届いた。貴下らの請願書と、貴下らがここにいたるまでの事情は十分考慮された。けれどもわが国における通商は認可されなかった。貴国の王がポルトガルの王女と婚姻を結んでいるからである。それが貴下らの請願が拒否された唯一の理由である。皇帝は貴下らに国外へ退去し、二度と入国せぬよう命じておられる。これは皇帝の意志である。われわれには皇帝のご意志をいささかでも変えることはできない。したがって、最初の順風が吹いたら、すぐに出帆するように。少なくとも二〇日以内に出国すること」

「貿易風が変化する前に退去するのは無理です」

「それではいつ頃なら出港できるのか？」

「四五日の猶予を。それまでには変化があると思います」

イギリス人は、せめて出帆前に積み荷を売らせてほしいと訴えた。

「それは皇帝から禁じられている。われわれもその命令にあえて背こうとは思わない。ポルトガルと同盟を結んでいたのは貴国にとって不運だった。それが障害となったのだ」

こうして、通商を復活させようとするイギリスの試みは終わりを告げた。その原因は、ポルトガルの王室との婚姻のほかにも数多くあったのかもしれない。そして、オランダ人がそうした原因を喜んで利用したのは疑いのないところである。しかし、そのほかに理由がないとすれば、イギリス排除という結果を招いた唯一の原因は、オランダが日本にこの不都合な事実を報告したことにあるのは間違いない。そしてこれは、リターン号乗組員全員の意見でもあった。

この試みが失敗して一世紀以上が過ぎた頃、イギリスはふたたび貿易再開を試みようとした。すなわち一七九一年、アメリカの西北海岸で毛皮貿易に従事していたアルゴノート号が、日本人と取り引きをしようとしたのである。しかし、この船が日本に到着するや、慣例どおりたちまち何艘もの小舟に取り囲まれ、岸との間を遮断された。得たものといえば、薪炭《しんたん》と水だけだった。それを積むと、すぐにアルゴノート号は退去したのである。

一八〇三年にはイギリス商船フレデリック号が、荷を積んでカルカッタから日本へ派遣されたが、やはり入港を拒絶され、二四時間以内に退去するよう命じられた。イギリス人がこうした無礼な扱いを受けたことについては、疑いなくオランダ人に原因がある。イギリスはインドを征服し、東洋における権力を確立していたが、その陰にはオランダの挫折《ざせつ》があった。クライヴとウォレン・ヘースティングスに制圧されて、インドに根拠地を獲得しようというオランダ人の甘い夢想はすべて消え去ってしまったのである。しかし、彼らはその望みをかなえられなかった代わりに、敵の勝利をうまく利用することによって、その通商拡大の試みを打ち砕くことができた。それは日本人の猜疑心を呼びさまし、懸念を刺激することによって達成された。日本人はクライヴ時代から今日にいたるまでのインドの動向について十分な情報を得ていたのだが、オランダ人以外の誰からそれを聞き知ることができただろうか。オランダ人は、日本人の気に入るように話を脚色して伝えた。自身の恥となることや自国が敗退した事実は伏せ、成功を収めた競争相手が、いかにも腹黒い行動をとったかのごとくにである。こうしてオランダ人は日本人の頭の中に、イギリス人の性質や野望についてひとつの観念を作りあげ、それが両国の友好関係をうちたてるうえで致命的な障害となった。さらに、不運にも、イギリス人はオランダ人に中傷されるような材料を次から次へと豊富に提供していた（やがて、日本国内で起こったある事例について、あとで詳細に述べることにする）。われわれは、ここでイギリス人の東洋での非道な行いについて弁明するつもりはないが、事実はどうあれ、オランダ側が当初から、少なくともポルトガル、イギリス、アメリカをはじめとするすべてのキリスト教諸国に日本との交易事業から手を引かせ、自国が貿易を独占しようというもくろみがうかがわれるような政策を一貫して推し進めてきたことを糾弾するものである。オランダ人は、その気高い歴史を汚すような卑屈さを代償として日本との通商の独占権を獲得していたのである。

その後のイギリス人の来訪として記録しておかなければならないのは、一八〇八年の武装船の派遣である。そろそろオランダの旗を掲げた一隻のヨーロッパ船が長崎沖に現れた。その年の一〇月に、オランダの定期貿易船がやってくる時期のことで、当時の出島の商館長であるM・ドゥーフは、バタヴィアからの定期貿易船だと思い、商館の職員を二人、その船に向かわせた。そのうちのひとりは、ゴーズマンという簿記係だった。ドゥーフの記述によると、その船には乗らず帰ってきた日本人通訳たちが報告するには、二人のオランダ事務員を乗せたボートが近づいてくると、船の方から彼らを迎えるようにボートが降ろされた、そして船のボートの乗組員は武器を隠し持っていたという。通訳を乗せた日本の小舟は、商館のボートのあとをついてきていた。そして、船側と商館側のボートが接近するや、船の乗組員が商館のボートに乗り込んできて、二人の事務員を捕らえ、むりやり船へと連れ去ってしまったというのである。そのいきさつはどうあれ、ゴーズマンとその同僚が帰ってこなかったこと、彼らが正体不明の船に拘束されてしまったことは確かだった。日本人は驚きの色を隠せず、また、日本のこの土地で居留を許され、商業活動を合法的に認められているオランダ人が、オランダ国旗を掲げた船の乗組員からこのような扱いを受けたことも、まったく理解できなかった。けれどもドゥーフは、自国がイギリスと戦争状態にあることを知っていたため、その船はイギリスのものだとただちにわかった。

長崎奉行はこれに激怒し、ゴーズマンとその同僚を連れ戻さないうちはふたたび目の前に現れるなと命じて日本人通訳を追い払った。そして、ただちにその挑戦的な船を撃退する準備に取りかかった。ところが、港の要所に配置されているはずの一〇〇〇人の守備隊員が無断で持ち場を離れているのを知って、奉行は愕然《がくぜん》とした。指揮官の姿もなく、召集できたのはわずかに六、七〇人にすぎなかった。この地点の警備を直接指揮するのは奉行ではなかったが、監督するのは彼の任務だった。そのため、この事態に気づいた瞬間から、奉行は自らの死を覚悟したのである。

その夜一一時に、ドゥーフは身柄を拘束されているオランダ人のひとりから、手書きのメモを受け取った。その内容は、「この船はベンガルからきた。船長の名前はペリューといい、水と食料を欲しがっている」というものだった。その船はイギリス船フェートン号であり、ドリューリー提督の艦隊に属して東洋上を航行していた。すでに述べたように、イギリスは当時フランスの属国となっていたオランダと戦争状態にあった。そこで提督は船長フリートウッド・ペリューに命じ、日本諸島を巡航してオランダ商船が長崎に向かうのを妨害しようとした。ペリュー船長は一ヵ月間巡航した末に、オランダ船はすでに長崎港に到達したものと考え、それを発見しようと港内に侵入してきたのだった。

ドゥーフは、日本の奉行の同意なしに水と食料を供給しようとはしなかった。そして奉行からその要求に応えるべきかどうかについて意見を求められると、ドゥーフは返答を謝絶し、相手が自国の敵と知ったからには、いかなる要求にも支援を与えるわけにはいかぬと言った。

哀れな奉行が困り果て、迷っていると、彼の第一書記官が現れてひとつの提案をした。それは、日本人の性格のある部分をとりわけよく表しているものだった。「私に策がありますす。異国船はオランダ人を不実にもわなにかけました。そのような瞞着《まんちゃく》を罰するには、どんな手段をとっても許されます。私が見せかけの友好的言辞を弄して、単身、船に乗り込みましょう。そして、船長に二人のオランダ人の引き渡しを要求します。もし引き渡さなければ船長を殴り殺し、私もその場で懐に隠した短剣で自害いたします。暗殺がわれわれの国民性に反することは承知していますが、このように不埒《ふらち》な方法でわが国に侵入し、身を守るために他国の国旗を掲げ、しかもその国を攻撃するような輩《やから》には当然の報いです。そのイギリス指揮官を罰するためなら、私は喜んでこの身を犠牲にします」。

けれどもドゥーフは、そんなことをすれば書記官はかならず命を落とし、船内に拘束されている二人のオランダ人も助からないだろうと説いて聞かせた。さらに奉行もこの意見に同意したため、書記官はその無鉄砲な計略をあきらめたのだった。

次に検討された策は、近隣諸侯の軍隊を集めて攻撃態勢を整えるまで、なんらかの口実をもうけて船を抑留することだった。しかしその日のうちに、ゴーズマンは次のような書状を携えて送還された。「水と食料を供給させるためにいったんゴーズマンをボートに乗せて送り返した。もし夕方までに戻らぬ場合は、明日早朝に入港し、港内の日本船と中国船を焼き払うつもりだ」。

ゴーズマンの話によると、彼が船に拉致《らち》されたとき、指揮官に会わせるよう要求すると、十八、九歳と見える青年のところへ連れていかれた。その指揮官は、ゴーズマンを船室の中へ入れ、オランダ船はすでに日本に入港しているのかとたずねた。そして、もし嘘を言えば厳罰だと脅したのである。ゴーズマンは、オランダ船は今年はまだ到着していないと正直に答えたが、指揮官はその返答に満足せず、彼が嘘をついていると言いがかりをつけ、港に行って確かめてみて、もしオランダ船を見つけたらおまえの命はないものと思えと言った。そうして彼は実際ボートに乗り込んで、偵察に行ったのである。帰ってくると、ゴーズマンにおまえの言ったことには間違いがなかったから許してやる、と言った。そして、要求した物資が供給されてもされなくても、とにかく戻ってくるよう言いつけ、くだんの書状を持たせてゴーズマンを帰し、もし戻ってこなければ、船内にいるもうひとりの同僚を絞首刑にすると告げた。

この話を聞いた奉行は怒りに我を忘れんばかりだったが、結局、ドゥーフのとりなしで、ゴーズマンを介して水と食料を送った。それからまもなく、二人のオランダ人は無事に送り返されてきた。日本の奉行は、政府の意志が伝えられるまで船を抑留しておく義務を果たすための策を講じようとした。しかし、この問題を解決するのは容易なことではなかったため、ドゥーフにふたたび相談を持ちかけた。これに対しドゥーフの方も、完璧《かんぺき》な戦闘用の装備を持ったイギリス巡洋艦を日本人が拿捕《だほ》するのは、不可能とは言えないまでも確かに難題だと答えた。そのとき大村侯がある案を進言し、自ら率先してそれを決行すると申し出た。日本人はその案を試みるのに必要な勇気を欠いていなかった。彼らは勇敢な民族なのである。大村侯の計略は、葦《あし》や藁《わら》などの可燃物を積んだ三〇〇艘の小舟に人を乗り込ませ、巡洋艦を取り囲んで、焼き討ちをかけるというものだった。たとえイギリス人が二〇〇艘の小舟を破壊したとしても、残りの小舟で十分目的が達せられるはずであり、漕ぎ手は、泳いで助かるだろうという算段だった。

しかしドゥーフは、別の方策を提案した。イギリス船の指揮官に翌日には水を送ると約束し、できるだけ長く船を引き止めておき、その間に、多くの小舟で石を運び、船が外海へ出るときにかならず通らなければならない狭い水路に石を投げ入れようというのである。翌日から夜にかけて、イギリス人に見つからないようこれを実行してほしいとドゥーフは言い、さっそくその命令が下ったのだが、実行されないうちに順風が吹いてきて、フェートン号は沖に出てしまったのだった。

マクファーレンの考えによれば、流血の惨事にいたらずに終わったこの事件は、日本以外の国でなら小賢しい策略として一笑に付されただろうという。しかし、不運な日本の役人にとっては、笑い話どころではなかった。王国の法が破られたからには、その決着は避けられなかった。イギリス船が出航してから三〇分後、長崎奉行は自害した。彼は日本の慣習に従って自ら臓腑《ぞうふ》をえぐり出したのである。任務を怠っていた守備隊の士官たちも彼のあとを追った。通訳者たちは江戸へ呼び出され、長崎へは二度と戻ってこなかった。オランダ人にも彼らの行く末は分からずじまいだった。そして、この「一笑に付すべき」策略は一三人を下らぬ日本人の生命を犠牲にしたのである。肥前の長官は、守護隊所属の諸部隊の最高指揮権を有する士官であり、フェートン号がやってきた当時は、強制的に遠い首都の江戸へ住まわされていた。にもかかわらず、部下の士官の過失の責任を問われ、一〇〇日間投獄されることとなった。このようにイギリスの巡洋艦の来航は、不幸な結末と、イギリス人に対する強い偏見をもたらし、それは今日でもなお苦い感情とともに日本人の記憶に残っているのである。

このイギリス巡洋艦来航事件から五年ののち、また新たな企てが試みられた。その間ヨーロッパでは戦争が続いており、そのため出島のオランダ人はオランダとその植民地との連絡はおろか全世界から遮断されていた。彼らはこの期間、日本の外でなにが起こっているのかまったく知らなかったのである。

一八一三年七月、オランダ国旗を掲げた二隻の船が港外に現れたとの知らせを聞き、彼らは非常に喜んだ。船からはオランダの秘密信号も掲げられたため、ドゥーフは、二隻の船は首を長くして待っていたバタヴィアからの定期商船に違いないと思い込んだ。商館に手紙も届けられた。その手紙には、以前の商館長であり、ドゥーフが商館に勤務するにあたって後ろ盾となってくれたワールデナル氏が秘書と医師を伴い、政府の代理人として乗船していること、またもうひとり、ドゥーフの後任としてカッサ氏も三人の助手を伴って乗船していることが書かれていた。

すぐに倉庫の管理者であるブロムホーフが、もうひとりの出島の事務員と一緒に（商館には三人しか残っていなかった)、岸を離れて出迎えに行き、戻ってくるとドゥーフにワールデナル氏は確かに乗船していること、そして以前たびたび出島にきたことのあるオランダ人の船長ヴォールマンが指揮をとっていたことを報告した。「しかし」と彼は言い添えた。「船内はなにもかも異様でした。しかも代理人は、政府からの書簡をいつものように私に預けず、直接貴方にお渡しすると言っています」。やがて船が入港した。乗組員は全員英語を話し、一七九五年以来その言語を聞き慣れてきた日本人は、船はアメリカのものであり、オランダ人がバタヴィアで雇ったのだろう、と考えた。オランダ人はこれまでもたびたび拿捕される危険を逃れるために、合衆国の旗を掲げて通商を行おうとしていたことを日本人は知っていたのである。事実を確かめるためにドゥーフ自身が船に乗り込んだが、面会したワールデナルは当惑の色を隠せないまま、一通の手紙を差し出した。このオランダの監督者はまだなにか自分の知らないことがあると悟り、商館に戻るまでは手紙の開封を慎重に謝絶した。そして彼はワールデナルとその秘書とともにすぐさま商館へ帰ってきた。

出島に着くと、ドゥーフは、ブロムホーフ、ワールデナルおよびその秘書の面前で手紙を開封した。手紙には「ジャワおよびその属領の副総督、ラッフルズ」と署名してあり、ワールデナルが日本における代理人に任命され、商館での最高権力を与えられた、と記してあった。哀れな商館長ドゥーフはまったく途方に暮れた。出島で長く孤立していた間に、ヨーロッパではいくつもの大事件が起こり、自国オランダはフランスに併合され、その植民地もすべて征服されてしまったのだ。ドゥーフは驚愕《きょうがく》のうちにたずねた。「ラッフルズとはどなたですか?」。彼は過去五年間に起こったヨーロッパの出来事について聞かされ、オランダはもはや独立した国家ではないこと、ジャワはイギリスに帰属していること、ジャワを統治しているスタンフォード・ラッフルズ卿がワールデナルとイギリス人のエインズリー博士を日本駐在委員に任命し、両人にすべてを引き渡すようドゥーフに要求していることを知った。オランダ人が長い間独占してきた貿易事業をイギリス人の手中に移すことは、ラッフルズにとって巧妙ではあったが同時に非常に危険な企てでもあった。

ドゥーフは、ただちにその要求を拒絶した。その根拠は、日本はジャワの帰属ではなく、したがってオランダがジャワの引き渡しに際して結んだ協定とはまったく関わりがないというものだった。さらに続けて、もしジャワが現在イギリス領となっているならば、その命令はイギリス当局からきたものであるはずだが、オランダ人である自分は、イギリスへの忠誠を認めず、その命令にも服することはできないと言った。明敏なドゥーフは、その船と乗組員を完全に自分の意のままにできることを見通した。彼はいま聞いたばかりの事実を日本人に話しさえすればいいのである。そうすればフェートン号事件に業を煮やしていた日本人が、その船と乗員を破滅に追い込むのは必至だった。ドゥーフは自分が有利な立場にあるのを見て取ると、それを利用して自ら策を講じた。フレシネは(日本に関する彼の著書は、一貫してオランダ人を擁護している)ドゥーフのこの行動を称賛すべき人道と愛国心の一例であると評している。一方マクファーレンは、それはドゥーフのイギリスに対する憎しみの表れであり、もしワールデナル氏が同国人でも友人でも古くからの恩人でもなかったなら、ドゥーフは日本人にその船のことを告発しただろうと語っている。われわれとしては、これら二つの異なる意見のどちらに与《くみ》することもできないが、とにかくドゥーフが忠誠心からにせよ、友情からにせよ、あるいは人道心からにせよ、日本におけ る通商利益を損なわないようにするために、どんな犠牲を払っても、ことに他人を犠牲にすることになろうとも、オランダ人の名声を純粋に守ろうと努力したという事実を記録しておくことにする。

オランダ商館にはそれまでの五年間、バタヴィアからの定期供給がなかった。その結果、この長い期間の生活を支えるために日本人に多額の負債を負わねばならなかった。ドゥーフは日本人に正体を暴露するといってワールデナルとエインズリーに恐怖を抱かせたうえで、ある協定を結ばせ、また次のような内容の約束を果たす文書を書かせた。第一に、船はオランダ人の雇ったアメリカ船であり、中立国であるアメリカの国旗を掲げて安全を確保しようとした、ということにする。第二に、オランダ人で以前の出島の長官であることが日本人によく知られているワールデナル氏も、それを認めるふりをする。第三に、ドゥーフは事実を口外しない代償として、すなわちワールデナルとイギリス人の命を救ってやる代償として、二隻の船の積み荷をいつものようにオランダ国の代理人という立場で引き取る。彼はその荷を処分し、その利益の中から五年の間に貯まっていた日本人への負債をまず支払う。残った利益は銅を買う分にあて、できるだけ二隻の船に積み込む。そして、通常よりも高い価格でイギリスの買い手に販売する。最後に、船がバタヴィアに着いて銅を売りさばいたら二万五〇〇〇リックスドル（＊1）がドゥーフの個人口座に振り込まれることという取り決めである。これらの条項によって、オランダ商館長は日本人をだますことを黙認し、真実を知らざるをえなかった通訳たちの口からも秘密が漏れないようにすることができたのである。二隻の船は荷を積み終わるとすぐに出航した。この船が出島に停泊しているのは、実際、かなり危険なことだった。というのもフェートン号事件で自害した長崎奉行の息子がそのとき江戸の役人として権勢をふるっており、もし父の敵を討つ機会が到来したことを知っていたなら、かならず実行に移したはずだからである。

スタンフォード・ラッフルズ卿の親しい知人たちの間では、彼がこの二隻の船を派遣したのは間違いであったという意見が一般的である。もしドゥーフがそのとき商館を明け渡していたならば、日本人は自分たちに何の相談もなくその引き渡しが行われたことを知るや、すぐさま出島を攻撃してイギリス人を皆殺しにしていたと思われるからである。

しかし、一八一四年、ラッフルズはふたたびカッサを乗せた船を派遣した（たぶんワールデナルは賢明にも再度自分の命をかけるようなことはしなかったのだろう）。そして、またも同じ策略に訴えた狡猾《こうかつ》なオランダ人は、前回と同様に通商上の利益を得た。そしてカッサは、ドゥーフから出島の長官の地位を奪うことに完全に失敗したのである。両者は詐術の限りをつくして相手の裏をかこうと競いあったが、ドゥーフの方が一枚上手だった。ドゥーフは出島に残り、しばらくの間は世界中のどこにも掲げられていないオランダの国旗が遠く離れた日本でのみ黙認されて翻っていたのだ。そして、結局オラニエ家が復位し、ジャワがオランダに返還され、また以前の貿易が再開されたのち、ドゥーフは長官の座を新しい後継者に譲ったのだった。

一八一八年、イギリス海軍のゴードン船長が六五トンの小型船を指揮して、また新たな試みを行った。船は江戸湾に入港してきたが、例のごとくただちに何艘もの小舟に取り囲まれた。舵《かじ》は取り外されて、武器、弾薬はすべて陸揚げされた。オランダ語の通訳一人とロシア語の通訳一人、それに英語をいくらか話す二人の者を通じて、オランダとイギリスは目下友好関係にあるのか、この船は東インド会社のものなのか、との質問がなされた。そして日本人はごく慇懃《いんぎん》に、しかしきっぱりと、贈り物と通商を断った。ペリー提督率いる合衆国の遠征隊が到着する以前のイギリスの最後の日本来訪は、一八四九年五月のことだった。それは、大英帝国軍艦マリナー号で、マチソンが指揮をとっていた。艦は江戸から二五マイルほど離れた浦賀に着いたが、特筆すべきことはなにも起こらなかった。

ロシア人

日本に拠点をおこうというロシア人の努力は、一八世紀の後半から始まった。ロシアはアジアに領土を持ち、日本領の千島列島の一部を占有し、アメリカのシトカの小さな植民地を有して、日本帝国の南部以外の各方面をうかがっていた。ロシアはひそかに自国の政策を遂行していた。おそらく時期を見計らって、アジアとアメリカの領地内に、事情が許す限り完全な交通網をつくろうと考えていたと思われる。朝鮮、日本、およびアメリカの北西海岸のアラスカ岬付近にまで広がっているアリューシャン列島や、シトカにおける強固な拠点を見ると、ロシアは自国の領土を拡張するにあたって、その範囲がけっして東半球に限られてはいないということを世界に示すような形勢にあった。強力な海軍力と太平洋の支配をめざしていたロシアにとって、東アジアと西アメリカ沿岸の港は莫大《ばくだい》な利益を見込める貿易の玄関口であり、もし日本を領有できれば、世界に比類のない優れた港を数多く持つことになり、獲得した資源によって太平洋の貿易を支配することができただろう。したがって、ロシアは、日本を領有することがほかの商業国の利益にはつながらないが、自国にとっては重要であるとの見通しを立てていたことは間違いない。ロシアが商業国家をめざすならば、その目的をみごとに果たさせるものが日本の領有だったのである。

七、八十年前、一艘の日本船がロシア領アリューシャン列島のひとつで難破した。しかし乗組員は救けられ、ロシアのオホーツクあるいはイルクーツクの港へ連れていかれた。しかしすぐには帰国させてもらえず、ロシアに一〇年間抑留された。この抑留の目的は明らかに、両国民に互いの言語を学ばせることにあった。これは些細《ささい》な出来事のようでいて、重要な目的が含まれていたのである。しかし、ついに人道的立場から、せめていまからでもこの気の毒な漂流日本人を国へ返してやろうということになった。おそらくロシア側は、彼らが入国を拒否されることを知らなかったのだろう。たとえ一〇年前に送還していたとしても、結果は同じであったと思われるが、ロシアはそうした事情をなにも知らなかった。そのうえ、その後のロシアの企てによって、遅きに失した人道的行為の弁明すらできなくなってしまった。

けれどもエカテリーナ女帝はシベリア総督に彼らの送還を命じ、彼らを手段にして両国のつながりを確立し互いの利益をはかるよう努力することを命じた。総督は、信任状と相応の贈り物を持たせた使節を彼の名前で派遣するよう命じられた。この事業にイギリス人とオランダ人を加えることははっきりと禁じられた。使節には、ロシア海軍大尉のラックスマンが任命され、一七九二年の秋に輸送船エカテリーナ号に乗ってオホーツクを出帆した。船はまもなく蝦夷島の北海岸に停泊し、そこでひと冬を過ごし、夏に同島の南部沿岸を周航して箱館〔函館〕に入港した。日本人は丁重に接したが、帰還した日本人を受け入れることは法に反するとして、その入国を拒絶した。さらにラックスマンと乗組員は外国人であるため、指定された長崎港以外に王国内のいかなる場所に上陸しても、永久に投獄されることになるとも告げた。しかし、ロシア人がこの法律を知らなかったことと、遭難した日本人を親切に扱ったことが考慮され、ラックスマン大尉らがただちに帰国の途につき、長崎以外の日本の土地には二度と現れないと約束するなら、その法律は強行しないということになった。

ラックスマンは、日本人を母国に上陸させることもできずに退去し、エカテリーナ女帝の治世にはそれ以上の試みはなされなかった。一八〇四年、女帝の孫アレクサンドルが新しい試みを始めた。クルーゼンシュテルンの指揮する政府の船を長崎に派遣したのである。

その船には、レザノフが対日特使として乗っていた。しかし、レザノフは長崎に着いて早々、託された微妙な使命には不適切であることを次々と露呈することになった。まず彼は、日本の役人と交渉を開始する際に、ささいな礼儀作法について言い争った。それは、皇帝の代理に頭を下げて挨拶《あいさつ》をすべきかどうかについてだった。次に、慣例に従って船内の武器を引き渡すことを断固として拒絶した。もっとも弾薬の方はみな日本人に渡してしまっていたため、どのみち武器を持っていてもまったく役に立たなかったのだが。そのうえ、彼は愚かにも、出島の商館にいるオランダ人を威圧するつもりで、彼らがロシア人の日本での目的を妨害しようとしていると疑っているという意味の手紙をわざわざ送りつけたのである。一方、出島を管理していた利口なオランダ人ドゥーフは、実際あらゆる策を講じて、たとえロシア人の任務がどのような形で終わろうとも、「そうなったのはこちらのせいではない」と主張できるよう、言いがかりをつけられないようにうまく立ち回り、事のなりゆきを彼自身とその同胞にとって有利に利用しようと考えていた。しかし結局ロシア船は、何事もなく長崎港に錨を下ろすこととなった。そして、躊躇と協議が重ねられた結果、ロシア側の使書に対し、江戸の皇帝より返事がくるまではこの地で生活してもよいという許可がロシア使節に伝えられた。古い魚倉庫が片づけられて接待所にあてられ、高い竹垣がめぐらされた。そしてついに彼らは、皇帝からの回答を受け取るようにと長崎に呼ばれた。一行は、幕の下げられた家並みの間を通って行った。住民たちはみな、一行を見ないようにと命令されていたのだった。そのため、ロシア人の方もなにも目にすることはできなかった。実際、この使命についてのレザノフの記録を読むと、日本人は彼を辱《はずかし》めつつぼか丁寧に接してほくそえんでいたのだと思わずにはいられない。レザノフは結局一八〇五年まで返事を待たされたのだが、ようやく届いた返事は実に理不尽なものだった。「日本皇帝よりロシア使節への命令」「かつてわが帝国は数ヵ国と通交していた。しかし、経験によって、安全策として排外主義をとることになった。わが国と外国との交易は許されない。また外国人の日本への入国も同様である」……「ロシアとは、わが国はいままでなんらの関係も結んだことがない。一〇年前、貴国はある日本人遭難者を松前に送還し、そのとき、わが国との同盟と通商を提案した。このたび貴国はふたたび長崎に来訪し、新たにその提案を行った。このことから、貴国ロシアが日本との友好を強く求める意向は明らかである。しかしわが国は、長きにわたって諸外国とのあらゆる関係を断ってきた。あらゆる近隣諸国との和平を願ってはいるが、慣習や性質の異なる諸外国と同盟を結ぶことは禁じられている。それゆえ貴船の来航と尽力は無用である」……「貴国とわが国との通交は、すべて不可能である。今後は貴国の艦船をわが海域に派遣することのないよう皇帝は望んでいる」。

レザノフは帰国し、日本人は使節一行の日本滞在中の費用を全額支払った。ロシアの使節が、日本で受けた待遇に憤り、いつか報復しようと心に決めたであろうことは容易に理解できる。レザノフは怒りを禁じえず、カムチャツカにしばらくとどまり、フヴォストフとダヴィドフという、当時アジアとアメリカ北西岸との間の交易にあたっていた二隻の武装商船の指揮官である二人のロシア海軍士官に、日本列島の最北部または属島への敵対的な上陸を強行するように命じたのである。レザノフ自身は、聖ペテルブルクに向かう途中で亡くなった。

ロシアの士官たちは、命令どおり、日本領の千島列島南部の一島を襲撃した。それまで日本は千島列島の全域を領有していたのだが、ロシアはなんとかしてその北部諸島を領有しようともくろんだのである。そしてオランダ人は、江戸幕府が領土占有を知らないのではないかという疑いを抱いていた。その島々の封侯や政府から監視役として送られていた書記官たちは、ロシアに占領された地域はたいした価値を持たず、日本の恥となるこの事件をわざわざ皇帝に報告して処罰されるよりは、内密にしておいた方がよいと考えたのではないかといわれている。これが事実だとすれば、彼らは当然政府のスパイを買収しなければならなかったはずだ。ロシアに占領された島々は、確かに領土としての価値は小さかったが、位置的には重要だった。そしてロシアがそこを欲しがったのも、まさしくその位置ゆえだった。しかしロシアの士官らは、千島南部に上陸し、村々を略奪し、村人を殺害し、あるいは拉致することによって、罪のない住民に報復したのである。それは一八〇七年のことだった。

この事件について報告を受けた日本政府は、驚愕と憤激であふれかえった。そして政府は、それがロシア皇帝の公認のもとに行われたことなのかどうかをオランダ人を介して究明しようとした。その後しばらくして、一八一一年五月に、ロシア海軍の艦長ゴローニンがスループ型軍艦ディアナ号で派遣された。千島列島の調査をするためという名目ではあったが、実際の目的は別のところにあったようで、もう一度通商関係の確立を試みようという指令も受けていたらしい（とはいえ、はっきりしたことは分かっていない）。彼はエトロフ島（シーボルトはイェトロプと呼んでいる）に上陸したが、自分では千島にきたのだとばかり思っていた。しかし彼は日本の士官と兵士に出会い、彼らからロシア人はここでも数年前のフヴォストフとダヴィドフと同じことをするつもりなのかとたずねられた。そこでゴローニンは、できるだけ早くそこを立ち去るのが得策だと考えた。彼はそれからクナシリという島へ赴いたが、ここでディアナ号は砲撃を受けた。しかしゴローニンは、この来訪の目的があくまでも友好的なものであることを示そうとした。結局、日本人の言葉にだまされて、わずかにひとりの候補生と水先案内人と四人の船乗りおよび千島の通訳をひとり連れただけで上陸した。一行は全員捕らえられ、さまざまな危険に身をさらすことになった。これについてはゴローニン自身の記録が残っている。彼らは長い間捕虜になっていた。これは明らかに、レザノフが憤激のあまり日本人に行った仕打ちに対する報復だったのであり、日本人はロシア皇帝がその襲撃を命じたのではないことを納得するまでは、捕虜のロシア人たちを釈放しようとはしなかった。ゴローニンはその地を離れる際は、今後ロシア人は日本との通商を求める無駄な試みを二度とすべからず、という警告書が与えられた。しかしながらゴローニンは、囚われの身としてさまざまな艱難《かんなん》に耐えてきたにもかかわらず、日本人の寛容と慈悲のある気高い性質を認めていた、ということは付け加えておかねばならない。

こうして、ロシアのさまざまな試みはいったん終わりを告げたのだが、ごく最近になって、またある動きがあった。そのことについてはあとで述べることにする。

アメリカ合衆国

わが国が日本との国交を求める試みを始めたのは近年のことであるため、多くを語る必要はない。一八三一年のこと、一艘の日本の小舟が流されて、しばらく太平洋を漂流したのち、アメリカ西海岸のコロンビア川の河口付近にたどり着いた。日本人遭難者は親切に迎えられ、結局マカオに連れていかれて、そこでアメリカとイギリスの住民の保護を受けた。しばらくすると、この気の毒な人たちは故国に送還されることになった。彼らの世話をした情け深い人たちは、日本の法律がいったん国外に出た日本人の帰国を禁じていることを知らなかったか、あるいは、知っていたとしても、そうした慈悲ある目的で来訪した者が、帝国の港に入港するのを拒否されるようなことはないだろうと考えたのだろう。そこで、海を渡って日本に赴くために、アメリカ商船モリソン号がキング家によって準備された。そして、純粋に平和的な目的での来訪であることをはっきりと示すために、船の大砲や兵器はすべて取り除かれた。一八三七年に出港したモリソン号の航海記録は、この船に乗り組んだ誉れ高いアメリカ商人C・W・キング氏によって発表されている。モリソン号が江戸湾に到着すると、日本の役人たちが来艦した。そして、同船が完全に非武装状態であり、防備もしていないことにすぐに気がついた。ところが彼らはアメリカ人を侮《あなど》るような態度を見せたかと思うと、翌日の早朝に砲撃をしかけてきたのである。ただちに船は錨を上げて、鹿児島へと向かった。鹿児島は九州の主要都市であり、そこでふたたび錨を下ろした。しかし、しばらくするとここでも船を砲撃する準備が始められ、船が錨を上げないうちに砲火を浴びせられたのである。結局モリソン号は、日本人を乗せたままマカオに戻ったのだった。

一八四六年には、合衆国政府から日本に遠征隊が派遣された。その任務は、できれば日本との交渉の場を持つ、ということだった。この遠征隊は、九〇門の大砲をそなえたコロンブス号とコルベット艦ヴィンセンス号の二隻から成り、ビッドル提督が指揮をとっていた。七月に遠征隊が江戸湾に到着すると、例のごとく、ただちに警備船に取り囲まれた。そのときは、およそ四〇〇艘にものぼった。数人の日本人がヴィンセンス号に乗り込み、そのうちのひとりが記号のようなものが彫られた一本の棒を船首に立てると、もうひとりが同じような棒を船尾に立てた。アメリカ人にはこの行動の意味はよく分からなかったが、船を占領するつもりなのだろうと解釈して、その棒を取り去るよう命じた。ただちに、日本人はこれに従った。二隻の船は一〇日間とどまっていたが、その間乗組員は誰も上陸せず、結局はなんの目的も果たされなかった。通商許可を求める請願書に対しては、次のような短い回答が皇帝から送られてきただけだった。「オランダ以外の国との貿易は許可できない」。

一八四九年二月、グリン提督の指揮下にあった中国海域のアメリカ艦隊所属のプレブル号は、ある連絡を受けた。それはバタヴィアへ向かう途上、日本沿岸で難破した一六名のアメリカ人船乗りが日本人に捕らえられ、拘留されているというものだった。プレブル号は、彼らの釈放を要求するために、ただちに日本へ向かった。船が日本沿岸に近づくと、接近する外国船に警告を与えるため、岬の突端から号砲が発射された。さらにプレブル号が長崎港内に入ると、そこには何艘もの大型船が待ち受けており、ただちに退去するよう命じられた。そして実際、船の行く手をさえぎろうとしたのだが、プレブル号は安定した軟風を受けてそのまま進み、たちまちのうちに船列の間を通りぬけ、恰好《かっこう》の位置に錨を下ろした。

するとまもなく、大勢の兵士を乗せた小舟の船隊がぞくぞくと到着し始め、プレブル号が出港するまで、小舟は昼夜を問わず列をなして港に入ってきた。小舟に乗っていた兵士らは、プレブル号停泊地を囲む高台に陣を張った。この高台からは、ときおり重砲の列も見えた。数えると全部で六〇門あり、どれもプレブル号の甲板に照準を合わせていた。

グリン提督は、アメリカ人の船乗りの釈放について談判を開始した。船乗りたちはすでに一七ヵ月近く拘留されたまま、残忍で非人道的な扱いを受けていた。彼らは捕らわれてまもなく、十字架を踏まされていた。十字架は「日本の悪魔」であり、もし踏まなければ命はないと言われたのである。グリン提督が捕虜の解放を要求すると、当初、日本の役人はうわべは好意的に振るまいながら、横柄にも知らぬ顔を決め込もうとした。しかし、それが通じないと悟ると、今度はのらりくらりと言い抜けをする外交策を弄し始めた。これに対しプレブル号の艦長は、いかにも海の男らしく単刀直入にきっぱりと告げた。ただちに船乗りを釈放せよ、さもなければ強硬手段を講じる、わが政府にはその市民を守る力も意志もあるのだと。これで日本側の語調はただちに一変した。どうか事を荒立てないようにと懇願し、船乗りたちを二日以内に艦に乗船させると約束したのである。この約束は忠実に果たされたため、プレブル号は帰還し、中国の沿岸の艦隊に合流した。そして、その次の合衆国政府による試みの内容が、以下の章で述べられる遠征記である。

以上が、日本との通商を開くためにこれまで文明諸国が行ってきた主な試みの概要である。なお、次ページの表では、この項の要点が一覧できるようになっている。ここには、どのような試みが同時期になされてきたかが示されているので、この事項を総括的に、よりたやすく把握していただけることと思う。

第六節
日本における産業技術の進歩と文明の水準

日本人はきわめて勤勉かつ器用な民族であり、製造業の中には、他国の追随を許さないほど優れたものもある。

年	ポルトガル	オランダ	イギリス	ロシア	アメリカ合衆国
一五四三～四五	最初の上陸				
一五五〇	キリスト教布教				
一五九七	キリスト教の迫害始まる				
一六〇〇		最初の到着			
一六〇九		通商を許可される			
一六一三			セリス平戸に到着 通商を許可される 平戸に商館を開設		
一六二三			日本から退去		
一六三六			通商再開許されず		
一六三九	日本から追放	日本人キリスト教徒の迫害を助ける			
一六四一		出島に移る			
一六七三			ふたたび通商再開を試みる		
一七九一			アルゴノート号の試み失敗		

日本に来航した西洋文明諸国と通商の試み

一七九二				ラックスマンの来訪	
一八〇三			フレデリック号の試み		
一八〇四				レザノフ大使の派遣	
一八〇七				千島を急襲	
一八〇八			ペリュー率いる フェートン号訪日		
一八一一				ゴローニン艦長 囚われる	
一八一三		ラッフルズの 試みを失敗に導く	ラッフルズ卿の試み		
一八一四		ラッフルズの 試みを失敗に導く	試みを繰り返す		
一八一八			ゴードンの試み		
一八三七					モリソン号の来訪
一八四六					ビッドル提督の来訪
一八四九			マリーナー号の来訪		プレブル号で訪日 グリン提督到着
一八五三					ペリー提督の来訪

金属——鉄、銅、金、銀をはじめ、あらゆる金属を日本人は巧みに加工する。鉄に関しては、国内の産出量はさほど多くないと思われるが、国産の鉄鉱石から鉄を抽出し、鉄製品を作っている。銅は豊富である。日本人は鉱石を処理する方法や、市場用あるいは製造用に銅を精製する方法を完璧に修得している。金もあるが、まだ未開発の状態であるらしい。今後の科学的探査によって、多量の埋蔵量が実証されるものと思われるが、いずれにしても、現在のところその用途には足りているようである。銀の採掘も行われている。日本人はまた、美しい効果を生み出すある合金の作り方も知っている。トゥンベリーは、日本でsowasと呼ばれるこの優れた技術について記している。それは金と銅の混合物で、それをtouscheまたはインクで色づけして美しい黒や青の色合いを出すという、ヨーロッパ人にはなじみのない方法である。鋼鉄も作り、刀の刃をみごとに鍛える。しかし、時計や懐中時計の製造にはあまり発明の才は見られず、ヨーロッパのモデルを模倣しているだけである。天体用器具に関しても同じことがいえる。望遠鏡などの金属部分は非常にうまく製造するが、鏡ガラスはオランダから買い、それを磨いて適当なレンズにするのである。日本人は優れた金属鏡も作る。ゴローニンは以前、大工や指物師の使っている日本製の道具を見たことがあると言っている。とくにのこぎりなどは、イギリスで使われているものとまったく変わらないという。日本人は外国から持ち込まれた目新しいものを素早く調べて、その製造技術をすぐに自分のものにし、非常に巧みに、また精緻《せいち》に同じものを作り出すのである。金属に彫刻をほどこしたり金属像を鋳造したりするのは、日本人の得意とすている。いくつかの金属工業は、大規模で秩序だった製造所で行われている。日本の銅貨には刻印が押されるところである。さらに型彫りの技術にも優れているので、日本の銅貨には刻印が押されている。

木材──木材や竹材加工において日本人と比肩しうる国民はない。日本にはまた、世界に冠たるひとつの技術がある。それは木工製品の漆塗りである。ほかの国々も長年にわたってこの分野で日本人に追いつこうとしてきたが、成功しなかった。この作業にあたっては、日本人はまず塗りに適した良質の樅や杉を選り分ける。漆は国内の多くの地方に豊富に見られる漆の樹（rhus venix）の樹液から作られる。樹に穴をあけると、淡い色のクリーム状の樹液が流れ出てくる。樹液は空気に触れるとしだいに濃く黒ずんでくる。これをなにも混ぜずに木に塗ると、よく透きとおっているため美しい木目や斑点《はんてん》が透けて見えるが、好みによっては、黒く下塗りをしてから漆を塗って、木肌が見えないようにすることもある。この下塗り用の原料のひとつは、鉱石の研磨盤の下の鉢にたまったこまかい泥滓《でいし》である。また粒のこまかい粉末木炭や、ときには金箔《きんぱく》も非常にうまく使う。さらに、その上に金銀で人物や花の飾りを施す。このようにして、大変美しい漆塗りの衝立《ついたて》、机、手箱、簞笥《たんす》その他あらゆる品々が作られる。その見本はヨーロッパやわが国でもときおり目にすることができるが、最高級のものは国外へ持ち出されることはないという。

ガラス──日本人はガラスの製造方法を知っており、いまでは無色のものから色のついたものまで、さまざまな用途に応じて作っている。以前は、窓ガラス用の平ガラスの製造方法は知られていなかった。いまでもオランダから厚い鏡ガラスを輸入してレンズに磨いているところから、国内産のものはまだ質的に劣ると推測される。

磁器――日本人は磁器製造を得意とし、中国製のものより優れているという人もいる。いまでは良質の土がとれなくなったため、かつてのようなみごとな作品は製造されていないと記された文献もあるが、ともかくもわれわれが見たことのある日本製の磁器は非常に繊細で美しいものである。

紙――文字を記したり印刷したり、また壁掛けやハンカチ、包装用にと、日本人は実に多量の紙を製造する。品質にもさまざまな種類があり、なかにはわが国の木綿布のように、柔らかくしなやかなものもある。実際、ハンカチ用の紙などは、布と間違えそうなほど丈夫でしなやかである。原料には楮《こうぞ》（morus papyritera）の樹皮が使われており、製造工程は次のとおりである。一二月に樹が葉を落としてしまうと、三フィートぐらいの長さに枝を切りそろえて束にする。それから、樹皮が縮んで、枝の両端の木質が半インチほど現れるようになるまで、灰と一緒に蓋《ふた》をした釜《かま》の中で煮る。そのあと冷ましてから樹皮をはがし、その樹皮を水に三、四時間つけて柔らかくする。黒い上皮はナイフで削り落とされる。それから粗い樹皮と良質の樹皮とに選り分けられる。新しい小枝は高級紙用に使われる。ついで樹皮をもう一度新しい灰の中で煮るが、その間たえず棒でかきまわし、ときおり水を加えなければならない。それから篩《ふるい》に入れて小川へ持っていき、そこで絶え間なくふるって上質のパルプを作り上げる。そのあとパルプを水の中にふり入れて、あらびき粉のようにばらばらにする。これを米の煮出し汁ともぐさの一種とに混ぜて、小さい水槽の中に入れ、かき混ぜてかなり粘り気を出す。それから、もっと大きな水槽に注ぎ込み、そこから取り出して簀《す》の上で漉《す》いて一枚の紙に仕上げる。これらの紙は、間に藁をはさんで積み重ねられ、圧搾して水を切る。このあと紙を板の上に広げ、日で乾かし、裁断してまとめ、束にして売りに出すのである。この紙は、わが国のものより折っても破れにくく、長持ちする。

織物——日本人が織った絹の最高級品は中国産のものより上質である。最高級品は重罪人が織ることになっている。彼らは険しく荒涼とした小島に幽閉され、財産も没収されて、労働によって生命を支えている。このような人々によって生産された絹は輸出を禁じられているという。

木綿織物も作られているが、技術的にはさほど熟練してはいない。われわれがあれこれの用途で木綿布を使うところを、日本人は先に述べたような、きめの粗い海綿状の紙を使う。日本の冬は寒いので毛織物も必要と思われるが、まったく製造されていないと思われる。実際、日本では羊も山羊も飼われていないため、毛織物を作る原料もない。

皮革——日本人は特定の動物の皮を加工するが、前にも述べたように、皮革の加工や販売に携わるのは世間ののけ者で、社会から排斥された人々である。日本人はわれわれのように靴やそのほかの履物に皮を用いることはなく、ほとんど藁で編んだ靴あるいは草履しか着用しない。日本人の服装の中で最もみすぼらしい部分は履物であるとトゥンベリーは言っている。藁で作られたものはそれほど長持ちはしないが、大量に作られるので値段が安く、帝国内のどこの町や村でも手に入る。それで旅人は、履き古したものを道端に捨てては、新しいものを途中で買って履きかえる。用意周到な人は、最初から予備を二、三足用意して出かける。こうして捨てられた大量の靴は、道の両側のあちこちに見られる。雨の日は靴の下に木の履物をつけ、編んだ藁の紐《ひも》で足にしっかりくくりつける。身分のある人々は、籐《とう》できれいに編み上げた草履を履いていることもある。

農業――先にも述べたように日本は山国である。しかし、道路が通っている場所と、木材や木炭を供給する森林地帯を除けば、ほとんどの土地は山の頂上にいたるまで耕されている。耕作に使われる動物は、馬、牛、および大型の水牛で、車を引いたり背に重い荷物を乗せて運ぶように馴《な》らしてある。雄雌の牛は田畑を耕すときに使うが、乳やバターは利用しない。山の急斜面を耕すときなどは家畜が使えないため、人力で行う。鋤《すき》も使わずに人の手だけで土地を耕すこともある。概して土地はやせているが、莫大な労働力を注ぎ込み、灌漑《かんがい》を行い、ことに堆肥《たいひ》についての知識をよく生かして農作業を行っているため、収穫量は多い。

主要穀物は米で、日本人はアジアで最良の米を作るといわれている。大麦や小麦も作られる。大麦は家畜の飼料用で、小麦はそれほど重要視されておらず、主に菓子や醬油《しょうゆ》に使用される。醬油は特殊な大豆と塩を混ぜた小麦を、地下で発酵させて作る。

米についで重要な産物は茶である。茶は九世紀のはじめに中国から入ってくる以前は、日本では栽培されていなかった。しかしいまでは大量に生産され、あまねく飲用されている。茶の栽培地以外にも、農園の垣根にはすべて茶の木が植えられている。シーボルトの言うには、上質の茶の栽培には十分な手間と熟練を要するらしい。栽培地は、不便でない程度に、なるべくその土地の農作地や居住地から離れたところにもうけてある。そうしないと、煙などの不純物によって茶の繊細な味が損なわれるからである。肥料には、乾し鰯《いわし》と芥子《けし》の種のしぼり汁を使う。採り入れは、非常に慎重に行われる。シーボルト博士は、緑茶も紅茶ももとは同じ植物だが、調整の方法が違うのだと言っている。しかし、もともと違う種類の植物だという人もいる。いずれにしても、どちらも乾燥には銅鍋ではなく鉄鍋が用いられる。

豆の種類は多く、種々の野菜も作られている。数種の食用の根菜類も、丹念に栽培されている。養蚕用や製紙用として、桑の木も多く植えられる。また琉球では、サトウキビから粗製の砂糖が作られているが、日本本土では砂糖はある樹液から作られている。わが国の農家では、食用の家畜を飼うこともひとつの仕事と考えられているが、日本の農民はたいていが仏教徒であるため、食肉のために家畜を飼うことはない。かなり以前にオランダ人が持ち込んできた羊や山羊はいまも王国内に棲息しているかもしれず、もし日本人がその飼育に取り組んでいたならかなり繁殖していたことだろう。しかし、日本の宗教が肉食を禁じていることと、毛織物の製造方法が知られていないことから、家畜はそれほど価値はない。豚もわずかながらいるが、もともとは中国から輸入されたものである。沿岸地方の農家には豚を飼っているところもあるが、彼ら自身は食べず、日本との貿易を許されている中国のジャンク船に売る。中国の水夫は豚肉を非常に好むため、日本で十分に飼育して太らせた豚が売れるのである。

園芸――日本人は、この分野においても非常に巧みである。彼らは自然の生産物を小さく育てたり大きく育てたりするすばらしい技術を持っている。小さく育てる方では、たとえば町で見かける小さな庭などには三フィートにも達しないさまざまな種類の完全な成木が植えられ、梢《こずえ》は直径三フィートほども広がっている。このような矮小木《わいしょうぼく》は鉢に植えてある場合が多い。フィッシャーは、長さ四インチ〔約一〇センチメートル。一インチは約二・五センチメートル〕、幅一・五インチ、高さ六インチの箱の中に、竹、樅、そして梅の木がすべて繁茂して、梅の木などは満開になっているのを見たことがあると言っている。大きく育てる例としては、メイランがセイヨウバラの四倍もあるような花をつけた梅の木を見たと語っているが、ただし実はつけていなかったということである。彼はまた、五〇から六〇ポンド〔約二三から二七キログラム。一ポンドは約〇・四五キログラム〕もあるかぶらを見たとも言っており、一五ポンドくらいのものはけっして珍しくないという。樅の木は巨木にさせられる木の代表的な種類である。地上から七、八フィートぐらいの高さにある枝は、柱で支えられたまま池にはり出しており、その木の周囲に直径三〇〇フィートにもわたって陰を作っているものもあると聞く。大木になるものとしては杉もあげられる。

航海――かつて日本人は自ら建造した船で、朝鮮、中国、ジャワ、台湾、および自国からかなり離れた場所へも航海していたが、ポルトガル人が追放されたとき、日本人の海外渡航も禁止され、それ以来航海術は衰退した。しかし、王国の境界内では、短路の沿岸航海が行われている。漁船は海に出るが、岸からあまり遠くへは行かない。だが沿岸貿易は盛んであり、日本人は魚をよく食するために、貿易船や漁船の数は非常に多い。羅針盤も持っているが、われわれが使うものとは違って方位は細かく分かれていない。船の構造は、設計に関しては、非常にお粗末である。数多くのヨーロッパ船を目にし、調査もしているはずの彼らが、その巧みな腕と器用さを発揮して造船技術を改良しなかったというのは奇妙な話である。しかしそれは彼らの責任ではない。実は、日本人はヨーロッパ船を模倣して、幾度か高性能の船を建造したのだが、ある特別な理由から法が介入し、民間の技術改良を遅らせてしまったのである。もしそうした拘束さえなければ、島国という条件と、持ち前のもの覚えの早さから、日本人は優秀な船乗りになっていたことだろう。彼らの船は法律に従って船尾を開いて造られているので、外海の高波を切り抜けることができない。もし切り抜けても、小型船は陸地の見えないところまでは出ていかないし、天候が荒れ始めると、たちまち港へ逃げ帰る。船の設計を規定するこの法律は、日本人を故国に留めおくために設けられているのである。

水陸での国内取り引き——日本は気候の変化に富んでいるため、種々の産物に恵まれ、また人口も多いので、国内取り引きは盛んに行われている。多くの地方は町から町へ、村から村へと何マイルにもわたって連なり、一本の街路のようになっている。ケンペルは日本の人口について、次のような報告をしている。「日本の人口の稠密《ちゅうみつ》さは、口で言い表せない。これほど膨大な人口を維持し、支えていくのはほかに類がないほど困難であり、ほとんど不可能とも思えるほどである。それぞれの街道は、町や村がほとんど連なった一本の線になっている。町や村は切れ間なく続き、旅人はいくつもの村々を通りすぎたことを知らずに歩いている。街道筋の名前は変わっていくが、何マイルにもわたって一本の街路を行くように旅をするのである。村々は合併されているが、名前だけは昔のままに残しているのである。町もたくさんある。なかでも首都は、大きさ、壮麗さ、また人口数においても、確かに世界最大の都市に匹敵するものである」。ケンペルはまた、並み足で馬を駆り、「江戸のはずれの品川から、多少不規則に曲がっている本街道を通って町の向こう端まで行くのに」丸一日かかったと言っている。

気候と産物の多様性についていえば、王国の南部は北緯二四度に達し、サトウキビや熱帯果実がとれる。北部は北緯五〇度までのびているため、温帯地方の産物がとれる。鉱物資源は大変豊富で、その製品も多い。こうした条件から、きわめて多くの人々の間での国内取り引きが必然的に活発になっている。また商品を運搬するための便としては、貨物は陸上では荷馬や荷牛で運び、道路も立派でよく整備されている。険しい山間部に道路を通さなければならない場合は、山腹にジグザグの道がつけてあり、必要なところには岩に足場が刻まれている。実際、現行の駅逓制度を確立させるためには、道路の整備は欠くべからざるものだったのである。古代メキシコ人やペルー人と同じように、配達は人の足で行われるが、なかなか迅速である。郵便夫は二人ひと組になり、なにか事故の起こったときにはもうひとりが代わりを務められるようになっている。郵便夫は全速力で走り、自分たちの受け持ち区間のはずれまでくると、次の郵便夫が待ちかまえており、近寄るやいなや郵便物を投げ渡し、受け取った者は、走ってきた同僚が足を止める前に走り出すのである。路上でいっときでも郵便夫の邪魔をして足を遅らせることはけっして許されない。帝国最高の地位にある諸侯の行列でさえ、途中、郵便夫に出会えば道を譲らなければならないのである。

交通量の多い街道筋には立派な橋を、しばしば石で建設するが、トンネルを造る技術はまだ修得していないようである。土木工学の原理はある程度理解し、応用しているようだが、工兵学についての知識は皆無である。道路のほかに、川や湖も、可能な限り国内取引きに利用されている。海に近い地域では、大部分の取り引きは河川を使って行われていると思われる。日本の河川は短いが、数マイルぐらいなら遡《さかのぼ》ることができる。帝国内のあらゆる地方の街道筋には、そここに廏舎《きゅうしや》、宿屋、茶店、そのほかの休み場所があり、距離も規則正しく標示されている。

科学的知識とその応用——少し前に述べたとおり、日本人は土木工学の知識をある程度そなえ、数学、機械工学および三角法についてもいくらか知っている。そのため、非常にみごとな日本地図も作成されている。彼らは高度計でいくつか山の高さを測り、立派な運河も建設し、水車や水力旋盤も作っている。また日本製の時計を見ると、彼らがいかに器用で巧みであるかが分かる。メイランが出島にいた頃、オランダ人に披露された日本製の時計について次のような感想を述べている。「その時計は、高さ三フィート、幅五フィートの枠にはめ込まれており、正午の位置には美しい風景が描かれていた。満開の梅と桜、それにほかの木々が前面に、後方には丘があり、その丘から流れる滝はみごとなガラス造りで表されていた。ガラス細工のゆるやかな川の流れはいくつかの岩の間を巡って風景の中央を通り、樅の林の中に消えていた。針の軸の上では天高く輝く黄金の太陽がまわり、時を示している。下の枠には昼と夜の一二時間が分けて記され、亀の形をした把っ手が這《は》うようにゆっくりと動くようになっている。梅の木に止まった一羽の鳥がさえずり、羽ばたきをして時を告げる。そしてさえずりがやむと、鐘が時を打つのが聞こえる。その間、ネズミが一匹洞穴から出てきて、丘の向こうに走り去るのである。……どの部分も精巧に造られているが、木に対して鳥が大きすぎ、空に対して太陽も大きすぎる。また、ネズミもあっという間に山に隠れてしまう」。審美眼に多少の欠陥はあるかもしれないが、この作品の器用さと巧みさは一目瞭然《りょうぜん》である。

フィッシャーも、ある日本人漁師の器用さについて語っている。その見本はおそらくいまではわが国にあるらしいのだが。活発な気性を持つ民族の例にもれず、日本人もまた珍しいものに対する好奇心が旺盛《おうせい》で、ときにはだまされることもいとわない。この漁師は、そうした人々の好奇心を利用した。猿の上半身と魚の下半身を、普通に調べただけではそれと分からないほどうまくくっつけた。それから、網におかしな生き物がかかったが、水から引き上げたらすぐに死んでしまったと吹聴し、村人たちを呼んで、その奇妙なしろものを見せ物にした。人々のだまされやすさにつけ込んでかなりの金を儲《もう》けたその男は、最初の話を脚色して、このおかしな生き物は死に際に、あることを言い残したという話をでっちあげた（それが日本語だったのか、はたまたフィジー諸島の言葉だったのかについては触れなかったが）。それは、大漁の年が数年続くということ、それと並行して、あるいはそのあとに、恐ろしい伝染病が流行《はや》るという予言だった。そして、その伝染病を逃れる唯一の方法は、その人魚に似た海の怪物の画像を持つことだというのである。これを聞いた人々はすぐに人魚の絵を買い求め、その売り上げはかなりの額にのぼった。やがて日本でこの件のブームがおさまったころ、この人魚、というより人魚まがいのものが出島のオランダ商館に売られ、次の船でバタヴィアへ送られた。そこで「世界的ヤンキー民族」たるわが投機的な同胞のひとりが、その人魚を苦心して手に入れた。その後ヨーロッパへ赴いたこの人物は、当地で本物の人魚の所有者兼見世物師を演じて大成功した。それは一八二二年から二三年にかけてのことであり、そのアメリカ人は、こうして博物学上の論争の的になっていた問題に決着をつけるとともに、自分のポケットもふくらませたのだった。われわれはつい、これこそニューヨーク博物館の所蔵品に魅力を添えている人魚と同一のものではないかと考えてしまうのである。もしそうでなかったとしても、かの日本の漁師は、人の目を欺く精巧な人魚を作ることで、フィジーの怪物の親を提供してくれたということになろうか。

しかし、日本の漁師の器用さと才能を証明する例としては、もっと驚くような、しかも信憑性《しんぴょう》のある話が、出島のオランダ人の記録に記されてある。それはドゥーフが商館長をしていた頃のことだった。イギリスとの戦争中、バタヴィアのオランダ人は敵の巡洋船を恐れるあまり、日本への定期航行に自国の船を派遣できなかった。そのため、アメリカ船をたびたび雇っていた。その一隻が出島で、いつものように銅と樟脳《しょうのう》を積んで夜中に出港しようとすると、港の岩礁にぶつかって浸水し、沈没してしまった。乗組員らはボートで海岸にたどり着き、長崎当局、オランダ商館、それにアメリカ人の船長たちは、船を引き揚げる策を相談した。まず日本の潜水夫が銅を拾いあげようと海中に潜ったが、溶けた樟脳の瘴気《しょうき》によって二人の潜水夫が命を落とした。そのため、船の荷を引き出す計画は断念されたのである。今度は船ごと引き揚げようと試みたが、それもうまくいかなかった。そのとき、キエモンという素朴な漁師がやってきて、作業費さえ払ってくれれば船を引き揚げようと申し出た。もし失敗したら、費用はいらないというのである。この男は長崎の住人ではなかったので、ヨーロッパ船を見るのは初めてのはずだった。一同はその身のほど知らずをあざ笑ったが、ほかに手だてもなかったので興味半分でやらせてみることにした。キエモンは潮の引いているうちに、入港するオランダ船を引くのと同じような小船を十五、六艘、船の両側に結びつけ、それらを互いに支柱と大索とでしっかりとゆわえつけた。それから潮の満ちてくるのを待って、日本の沿岸貿易船に乗り込んだ。その船は沈没船の船尾にしっかり結びつけてあり、満潮時を見計らって全部の小舟の帆を張った。すると沈没船は浮き上がって岩から離れ、その漁師に引かれて海岸に着いた。そこで荷が降ろされ、船の修理がほどこされたのだった。キエモンはこの手柄に対して手厚く報いられたとフレシネは伝えている。その報酬というのは、二本の刀を帯びること（これは身分の高い者の象徴である）と、オランダ帽子を紋章にすることの認可、および二本のオランダ煙管《きせる》であったと聞けば、読者は驚かれるだろう。その身分を支えるための金銭を受け取ったという記述はどこにも見当たらないのである。オランダ人とアメリカ人船長がそれを提供したのかもしれない。もし事情が違って、オランダ人かアメリカ人が日本の船を引き揚げてやったのであれば、二本の刀とオランダ帽子の絵と二本の煙管だけでは、その功労への報酬としてはあまりに不十分だと、即座に日本人に文句をつけたことだろう。この無欲なキエモンの代わりに、あの人魚を作った日本人が船の引き揚げに成功したのであれば、はたしてこれで満足しただろうかと考えずにはいられない。

医学——日本に関する文献に見られる一致した記述は、オランダ商館長が江戸へ行くと、同伴したヨーロッパ人の医師がかならず日本人医師の訪問を受け、専門的な事柄について詳細に質問されたということである。その訪問の目的は教えを乞うことだったが、彼らにもすでにいくらかの知識はあった。しかし日本の医師たちの間では、病気の診断や解剖学の研究のために死体解剖が行われることはまったくない。しかし、そうした研究の機会そのものがないわけではない。というのは、犯罪者が処刑されると、若い貴族たちが刀の切れ味を試すために遺体を切り刻むことも珍しくないと書かれた文献があるからである。しかし、死体に触れると身が汚れるという迷信がそれを阻んでいる。解剖研究が行われなければ、内科医や外科医の知識が不十分なのは明らかである。

　しかし、日本には、継続して行われてきた古代の医術があり、彼らの最もよく理解しているオランダ語によって得られる知識は、すべて翻訳されている。ヨーロッパの医師たちは、彼らが出会った日本の同業者たちのことを好意的に伝えている。シーボルト博士は、日本全国から彼のもとに集まってきた医師たちの、少しでも専門知識を広げようとする熱意を大いに称え、彼らの質問内容からその学識の豊かさが分かるとも言っている。鍼《はり》療法と灸《きゅう》療法はともに日本で発祥し、行われている治療法である。鍼療法に関しては独自の理論書があり、適用すべき症例も把握されている。日本の薬品は、主に動物と植物である。化学に関する知識はきわめて乏しいため、鉱物薬品は使用しない。しかし薬用植物の研究には熱心で、その療法は概して有効であるといわれている。日本人が調合した薬の中には大いに注目すべきものがあり、きわめて優れた効果を発揮する。その一例を、その使用と効果を目にしたティッィングが報告をしており、わが遠征隊の何人かの士官からもそうした調合薬の話を聞かされている。おそらく彼らはその見本を持ち帰ったものと思われる。

　ティッィングは次のように記している。

「遺体はその体格に合った長さと幅のある棺にではなく、高さ三フィート、上の直径二・五フィート、底の直径二フィートの桶《おけ》におさめられる。死後硬直のために手足を曲げることのできない大人の身体を、そのような小さな桶の中にどうやって押し込めるのか想像がつかなかった。この私の疑問に対して、日本人は次のように答えた。彼らは、『土砂《どしゃ》』という特殊な粉を死者の耳、鼻孔、口に入れると、たちまち死者の手足は驚くほど曲げやすくなるため、桶の中に入れることができるのだと。いずれ目の前でやって見せてくれるということだったので、それまでは私も判断をさし控えることにした。実際それはわれわれの常識では考えられないことであるため、ばかげた作りごとと決めつけてしまいかねないところだが、あるいは、なんらかの原理、ことに、最初は信じられていなかったが最近になってその効果が認められた直流電気療法の理論で、もっともな説明がつくかもしれないと思われたからである。その実験は一七八三年の一〇月に行われた。寒さのきびしい日だった。あるオランダ青年が出島の商館で息をひきとったため、私は医師に、まず遺体を洗い、テーブルの上に横たえ、窓を開け放して外気にひと晩触れさせて完全に硬直させるようにと命じた。翌朝、数人の日本人と、オランダ商館の職員数名、それに私とで遺体を調べてみると、遺体は丸太のように硬直していた。通訳のひとりで、ゼンベイという者が、ふところから、さんとく、つまり紙入れを取り出し、中から砂のような粗い粉を入れた長方形の包み紙を取り出した。それが、例の土砂粉だった。彼はそれをひとつまみ遺体の耳に、もうひとつまみを鼻孔に、そして最後のひとつまみを口に入れた。するとやがて、この薬のせいなのか、それとも私には分からない仕掛けによってか、胸の上で組ませてあった両腕が自然に下がり、二〇分もたたないうちに、遺体はすっかり軟らかくなったのである。

私はこの現象をなんらかの微妙な毒の作用によるものとも考えてみたが、土砂粉は毒などではなく、子供の眼病やそのほかの疾病時に使われる優れた薬であることが分かった。健康時でもこの粉を注入すると身体に良いということで、元気をつけ、身体に活力を与える薬として、日本人は、階層を問わず誰でもこれを欲しがる。この粉は効き目がなくなるまで何度でも使われるため、使用後は注意深く白布に包んで湿らないようにしておく。

　身分の高い人が臨終を迎えるときにも、この粉が注入される。たとえ生きながらえさせることはできなくとも、四肢の硬直を防げるため、遺体の取り扱いに携わる人々の手荒い扱いを受けないですむからである。これは、死者に過度の敬意を払う国だからこそ生じる考え方だろう。私はこの粉に興味を持ち、いくらか手に入れたいと思った。土砂はもともと弘法大師が発見したもので、その教えを実践している『きじょう』、すなわち九つの国の神道の寺院がその販売を独占しているため、粉を手に入れるためには、そこへ人を派遣しなければならなかった。初めての申し込みで入手できた粉はごくわずかだったが、それでも僧侶たちの特別のはからいによるものだった。普通は一回につき、ひとつまみ以上はけっして分けてくれないのである」

　しかしティツィングはその後、相当量の粉を手に入れて、一七八四年に故国に持ち帰った。見かけは砂のようであり、使用のために十分に調製すると雪のように白くなる。この粉は、多くの金山や銀山がある大和の国の金剛山あるいは金峯山《きんぷせん》から採れる。粉を調整する方法を、僧侶たちは秘密にしている。この方法を知り得たのは、きっと偶然なのだろう。というのも、彼らの化学に対する知識は非常に浅く、粉の調製を合理的に理解していないと断定してもよいと思われるからである。

天文学――この学問は、かなりの進歩を遂げている。彼らはヨーロッパ製の器具の扱い方を心得、その多くを日本の職人は非常にみごとに模造している。メイランは、日本の機械工の手になる性能の良い望遠鏡、クロノメーター、寒暖計、それに晴雨計を見たと言っている。日本人は月蝕《げっしょく》を正確に算出し、年ごとの暦は江戸と内裏の大学で作成される。ラランドの論文をはじめ天文学に関する著書は、オランダ語から日本語に翻訳され、非常に熱心に研究されている。日本人の時間の区切り方は、黄道帯から計算して六〇年をひと巡りとする方式で、彼らの黄道帯もわれわれのものと同じように十二宮に分かれ、ただ名称が違うだけである。日本の天文学体系については、ここでは詳しく述べる必要はないと思われる。ただ、最後に付け加えておきたいのは、日本人の天文学の体系は、ミュズカ族のものと似ているということである。ミュズカ族とは、かつてニュー・グラナダのボゴタ平原に住み、半文明社会を築いていた古代民族で、すでに滅亡した種族である。その類似性は際立っており、この両者の体系は本質的に同一のものであると考えざるをえない。

第七節

文学と美術

日本人はすでに七世紀初頭に紙を製造し、西暦一二〇六年には、中国式の木版印刷術が伝来した。帝の都は、日本における文学の中心地となっているらしく、そこでは多数の書物が作られ、多くの文人が住んでいる。さまざまな等級の学校が日本に存在していることは、昔からヨーロッパ人にも知られていた。ザビエルによると、当時京の都の内外に、四つの「大学《アカデミー》」があり、それぞれ三〇〇〇から四〇〇〇人の生徒がいたという。また、坂東の町の近くの教育施設には、さらに多くの生徒が学んでおり、このような学校は帝国中にあったと言っている。大学や高等学府は京都のほかに江戸にもあり、また長崎にもひとつあることが知られている。帝国内に学校がどのくらいあるのかはさだかではないが、現状から見て、日本では教育はけっして軽視されていない。メイランは、男女ともにどの階級の児童もみな変わりなく初等学校に通わされると報告しているため、日本には普通学校制度のようなものがあると考えられる。ただし、それが国家によって維持されているのかどうかについては言及していない。そこで生徒は読み書きを習い、自国の歴史に関する初歩的な知識を授けられる。このようにして、非常に貧しい農夫の子供にも、学ぶ機会が与えられているのである。日本の出版元からは、子供や貧しい人々の教育のために、安価で平易な書物がたえず大量に発行されている。そのため、彼らは「廉価本」を入手できるのである。裕福な者のための高級本も多いが、安価なものも含めて、刊本のすべてに、活字と同じ木版に彫られた木版画の挿絵がふんだんに入っている。これらの本をいくつか調べてみると、最近ヨーロッパやアメリカに導入された多色刷りの技術は、日本では古くから行われていたことが分かる。したがって、わが国では最近発明したばかりのステロ版印刷や、多色印刷、また大衆向けの廉価本の製作において、日本は数世紀も先行しているのである。本の分野は、科学、歴史、伝記、地理、旅行記、倫理、博物、詩、物語、百科事典と多岐にわたっている。日本人は男女ともに読書好きであり、天気の良い日には、紳士淑女の一団が、本を片手に涼しい小川のほとりや木陰に腰を下ろしている姿がよく見かけられるという。

日本の書物の価値については、はっきりした判断を下すことはできない。日本語の読めるヨーロッパ人やアメリカ人はほとんどおらず、その修得もけっして生易しいものではないからである。それに、われわれの手元にある日本の書物は、翻訳本ばかりである。学ぶ機会もほとんどなかったことから、西洋の学者の中で完全に日本語を修得した者がいままでにいたかどうかは疑わしい。確かに、クラプロートはティッィングを、またシーボルトとホフマンはクラプロートを、それぞれ日本語に関して無知であると非難しているが、われわれの知る日本人は、みんな間違っていると言っている。ともかく、言語を完全に理解していなければ、原本に表現されている情感を正しくとらえ、ましてやその底に流れる精神を翻訳しきることはできない。したがって、ある前司教が日本文学について述べた批判的な見解は時期尚早である。遠からずヨーロッパ人やアメリカ人が日本語を完全に修得する日の来ることを期待し、そのうえで日本文学について語ることにしたい。

音楽――日本の音楽の中には、ヨーロッパ人やアメリカ人に好まれそうなものはないが、日本人は彼らの音楽を熱烈に愛好している。主となる楽器は三味線というギターであり、上流階級の若い女性はみなその弾き方を教えられる。パーティに女性は不可欠の随伴者であり、そのような集まりでは女性客がかわるがわる歌をうたい、演奏をするのである。三味線のほかにもいろいろな楽器があるが、彼らの音楽は推賞できるものではない。

デザイン、絵画、印刷などの技術――この部門においては、日本人はある程度の進歩を遂げており、なかにはかなり熟練した分野もある。たとえば先にも述べたとおり、彼らは解剖学的知識を持たないために彫刻家や肖像画家にはなりえず、また、遠近法を知らないために風景画も描けない。しかし、単一の対象を表現する際の、細部の正確さと自然への真《しん》摯《し》な愛着では、日本人の右に出るものはいない。彼らの欠陥は構図にある。彼らの描く花や果実、とりわけ鳥の描写ほど美しいものはない。素描は正確で、彩色も申し分ない。彼らは絵の具も作るが、ヨーロッパの芸術家は日本の絵の具に太刀打ちできるものはないと断言しており、なかには、われわれにはとうてい真似のできない優れたものもある。日本人は絵画を非常に好み、熱心な収集家でもある。彼らは木炭やインクで大胆にスケッチし、個々の静物の描写は、前述したように、すばらしい出来栄えである。日本人は油彩画をまったく描かない。彼らの作品はすべて水彩画であり、水彩絵の具の使用法によく通じていることは確かである。印刷物は大量に出回っているが、すべて木版印刷であり、多色刷りも非常に多く見られる。銅版はごく最近紹介されたばかりだが、非常に熱心に取り入れられているため、おそらく今後も発展していくことと思われる。

すでに述べたように、日本人は花瓶や肖像を金属で鋳造し、鐘の両面を浅い浮き彫りで飾っている。

彼らは、石を切って巧みに据えているが、建築を芸術として理解しているとは言えない。宝石細工にもそれほど熟練していない。国内でも宝石の原石が産出されるが、そのカットや研磨の知識はない。そのため、男も女も、宝石はほとんど身につけていない。しかし、彼らは、われわれには作れないような宝石の代用物を持っている。それは赤銅《しゃくどう》というもので、各種の金属を混合して作られ、美しいエナメルと似たような効果を生み出している。赤銅は宝石の代わりとして、帯留め、刀の柄《つか》、箱、そのほかの装飾品に使われている。

第八節

自然生産物

鉱物資源――日本についての記述内容の正確さでは誰にもひけをとらないと思われるケンペルが、「日本の国土の最大の富、この帝国がほかの有数の国々に勝る富を形成しているのは、あらゆる種類の鉱物と金属、とくに金、銀、銅のおかげである」と述べている。金は帝国の各地で発見されている。金鉱から採掘される場合もあり、土砂を洗浄してすくい採る場合もあれば、銅と混合していることもある。この国の金の量が多いことは間違いない。一七世紀のある老スペイン人は、当時の皇帝の宮殿や貴族の館の多くが文字どおり金の延べ板でおおわれていたと書いている。オランダとの貿易が始まった頃の年間輸出額は、八四万スターリング・ポンドだったが、その後の六〇年間で、オランダ人のみを通じて輸出された総額が、二五〇〇万から五〇〇〇万スターリング・ポンドに上っている。

銀山も金山と同じくらい多い。ポルトガルは、まだ日本との通商を行っていた頃、年間、銀で五八万七五〇〇スターリング・ポンドを輸出した。

銅は日本列島各地に豊富にあり、なかには世界最高の品質を誇るものもあるといわれる。日本人は銅を精錬したあと、長さ一フィート、厚さ一インチほどの円柱状に鋳抜く。粗製の銅は丸形あるいは饅頭形《まんじゅう》に鋳抜く。

水銀も豊富にあるといわれているが、われわれの知る限りでは、輸出されたことはない。鉛も豊富にあることが分かっているが、水銀と同様、王国外には輸出されていない。

錫《すず》も、少量ではあるが発見されている。質は大変上等で白く、ほとんど銀に匹敵する。しかし日本人は錫の価値をあまり重視せず、探査をしないので、この鉱物の分布状況はほとんど知られていない。

鉄は現在三つの州で見つかっているが、たぶん他州にも存在すると思われる。日本人は鉄鉱石の精錬法を知っており、彼らが採取する鉄の質は非常に高く、そこから比類なく優秀な鋼を作るのである。

石炭――「日本は石炭にはこと欠かない。筑前と北部の諸州で大量に採掘されている」とケンペルは言っている。シーボルト博士も、石炭は日本全国で一般に使われていると述べ、採掘現場へ行ったとき、その作業も巧みに行われていたといってよいとみなしている。家庭用としては石炭をコークスにして使う。北と南の両半球の交易という観点からも、日本の石炭の価値は、以上列挙した鉱物資源の中で最も重要である。

日本産硫黄《いおう》――日本は火山国であるため、推測どおり硫黄は豊富である。場所によっては、幅広く深い層をなしているので、砂のように容易に採掘することができる。政府はこの硫黄でかなりの収入を得ている。

宝石――ダイヤモンドは発見されていないが、瑪瑙《めのう》、紅玉髄《こうぎょくずい》、碧玉《へきぎょく》などが見られ、なかには非常にみごとなものもある。しかし、日本人は宝石細工に通じていないことから、どれほどの資源があるのかははっきりとはつかめていない。

真珠――ほとんどの沿岸部で真珠が採れ、大粒で美しいものも多い。中国人は、最高級のものにはかなりの高値をつけ、それによって真珠の価値を日本人に教えた。

真珠母貝、珊瑚《さんご》、竜涎香《りゅうぜんこう》それにナフサも輸出品目の中に入っている。

森林および果樹――日本で最も一般的な樹木は、樅と檜《ひのき》である。日本人は、木材用の樹木の保存の必要性に過敏なので、この二種の木は地方官庁の許可がなければ伐採できない。

そして成木を切るときは、かならず若木を植林することが法律で決められている。杉は大木に成長し、なかには周囲一八フィートを超えるものもある。近年のことだが、長崎港に停泊していたイギリス船が、小さいマスト用の円材を調達したことがあった。そのとき手元に届いたものは、すべて長さ九六フィートくらいの杉の木だった。このことから、杉は貴重な輸出品目のひとつと考えて間違いない。

日本のオークには二種あり、両方とも良材で、ヨーロッパのものとは種類が異なっている。そのうちの一種の実は煮て食べられており、風味はよく、栄養があるといわれている。

桑は野生のものがよく繁茂しているが、利用価値が高いので、移植して栽培されている。漆の樹についてはすでに述べたとおりである。

楠《くすのき》は価値が高く樹齢が長い。シーボルトは、シャールボアが見たという樹のある場所を訪れ、一三五年経ってもまだそこにあるのを確かめている。その樹は枯れておらず、葉がよく繁り、周囲は五〇フィートもあったという。日本人は、楠の根と幹を細かく刻み、それを煮詰めて樟脳を作る。

栗と胡桃《くるみ》の木もあり、栗の木にはみごとな実がなる。胡椒《こしょう》の木、というよりその類の実をつける木もある。果樹については、蜜柑《みかん》、レモン、イチジク、梅、サクランボ、それに杏《あんず》の樹がある。しかし、梅と桜は果実をとるよりむしろ花を観賞するために栽培される方が多い。

ブドウはほとんど栽培されていない。茶の木については、前述したとおりである。

以上、日本に関するこれまでの経過と現状について、その要点と特徴を簡単に紹介しようと努めてみた。このあとさっそく、今回の遠征に話を進めたいところだが、もうひとつ、われわれには、わが国のために、あることについて語る義務があり、まずそれを果たしておきたい。

＊

ペリー提督率いる遠征隊の、その任務の遂行中に起こり、遠征隊が任務を成し遂げたあとに発覚したある出来事について付言しておくのは、真実を追求する者の義務であると考える。これから述べようとする事柄については、本来なら口をはさみたくはなかったのだが、ほかの諸国から公的な刊行物や私的な出版物が、ある目的を持って世に出されていることから、あえて一言せずにいられなくなったしだいである。その目的というのは、平和的な交渉によって従来の日本の排外政策を初めて変更させたのは合衆国であったという事実に由来する功績を、わが国とわが士官たちから奪い取ろうとすることなのである。

ペリー提督が日本への特使としてアメリカを出発したのは、一八五二年一一月二四日のことだった。わが国の政府がこのような使節団の派遣を決議したことは、出発の日より約一二ヵ月も前に世界に公表され、ヨーロッパ諸国では、この決定がさまざまに論評された。諸外国での一般的な意見は、今回の使節派遣も、これまで列強が無益な試みを重ねてきたのと同様に失敗に終わるだろうというものだった。長く日本に住んでいたフォン・シーボルト博士がこの使節派遣の関係者である一友人に書き送った意見は、とりわけ重要視された。「私の心は遠征隊とともにある。平和的手段で成功するかどうかはかなり疑問である。もし私がペリー提督を激励することさえできれば、彼は勝利するだろう」云々。この遠征の成り行きは、当然のことながら各国の非常な関心の的となった。

一八五三年七月八日、ペリー提督は、日本の商業の中心地、江戸湾に錨を下ろした。同年八月二二日には、プチャーチン提督率いるロシア艦隊が長崎に到着した。ロシアの遠征艦隊が、どのような編成であったのかさだかではないが、おそらく巡洋艦パラス号、蒸気艦ヴォストック号、砲門四八のオーロラ号、および砲門二二の海防艦ナヴァリノ号が派遣され、一隻は太平洋に、ほかの艦は表向きカムチャッカに向かうように見せかけたのだろう。一方、これは確かな話だが、その後まもなく数隻の軍艦から成るロシア艦隊がコペンハーゲンに停泊したとき、その中のある士官が、日本列島の海域に五年間とどまるようにとの命令を受けたと言っていたという。つまり、ロシアはその多大な海軍力を太平洋上および日本近海に集結させ、ペリー提督の来航を待ち受けていたのである。ロシアが自国の政策を黙々と実行に移しているのではないかと考える人々もいないわけではなかった。もしペリー提督が不幸にして平和的交渉の試みに失敗して、日本と武力衝突することになった場合、ロシアは紛争を調停することなくただちに同盟者として日本を援助し、うまくいけばその信頼関係を利用して王国内のどこかに足場を築き、時機を見計らって日本を併合しようという意図を持っていた。日本を手に入れ、その国政を掌握することを、それほどまでに重要視していた北半球の強国はロシア以外にはない。日本はロシアとアメリカの間に位置しており、太平洋が莫大な交易事業の舞台となることは必至である。ロシアは位置的に大西洋からは遠く隔てられているが、太平洋に面した日本の港を確保すれば、世界の海上権を支配できる可能性が出てくる。したがって、わが国が日本と友好関係を結び、日本に影響力を及ぼすことは、ロシアの思わくにとって大きな妨げになるだろう。そのため、ロシアは真っ先にわれわれの行動を監視するために出向いてきたのだ、と。ロシアの行動を以上のように解釈する人々もいるのである。われわれは、これが正しい解釈であるとか、ロシアがそのような政策を決定していたとか主張するつもりはない。しかし、先に述べたように、わが国の日本遠征と時を同じくして、ロシアが日本海域の海軍力を増大させたことは事実である。ペリー提督は、ロシア側の真意をはかりかねていた。一八五三年一一月一二日、ロシアの提督から受け取った手紙には、合衆国艦隊に対し、ロシア海軍と合同し、一致団結して行動することが提議されていたのである。これは、アメリカの成功が予期されているのに、自国は見通しの立たない状態であったことから、あわててとられた策だったのかもしれない。いずれにしても、ペリー提督は丁重に、しかし断固としてこの申し出を退け、その拒絶の理由を申し分なく書き記した手紙を海軍大臣宛てに送った。提督はこう述べている。

「それは、どの列強諸国とも同盟を結ばないというわが国の政策に反するものであり、また、ロシア側の協力は、合衆国の利益を促進するものではなく、ロシア皇帝の目的を利するだけであると思われるからである。しかも私には、ロシア皇帝の意図するものがまったく分からないのである」

しかし、ロシアが自国の政策を推し進め、あるいはわが国の成功を妨げるために、いかなる意図を秘めていたにせよ、ひとつ確実に言えることがある。すなわち、わが国が収めた成功には、ロシアが自国の目的のためにとった直接行動から、寸毫《すんごう》の恩恵も受けていないのである。しかしロシアは間接的にその目的を推し進めていたのかもしれない。われわれが日本から得た最近の情報によると、日本政府はロシアの目的に不信を抱いていたようである。日本政府はロシア側のアムール川流域における動きをかなり危惧《きぐ》し、できればその思わくを探るようにとの皇帝の命を受けた特使が、先頃派遣されている。日本側は効率の良い陸軍を徴集し、和船ではなくヨーロッパのモデルを模して建造した船から成る海軍をそなえることにした。造船に対する規制は撤廃され、わが国との条約調印後すぐにアメリカ船と同様の装備を持った商船が一隻建造されたのである。日本は、ロシアが目下行っている戦争についても聞き及んだ。この情報は日本人をひどく動揺させ、その結果、帝室委員会は合衆国との間に締結されたものと同じ条約を、通商を求める諸国とも結ぶ決定を下した。かくして日本は世界との通商に門戸を開いたのである。彼らはまた、イギリス提督スターリングが、日本付近に駐留しているロシアの船艦を探索していることも知っていたため、他国の侵略を防ぎ、自らが希望する厳正中立を保持する手段として、いっそう進んで諸国との条約締結に向けて動いたのである。

ただし、そのときのロシア使節の日本訪問は、条約締結にはいたらなかった。一八五三年一一月二三日、ロシア艦隊は長崎を出港し、翌一八五四年のはじめに同港に戻ってきた。その間、日本当局と数回にわたる会見を行ったが、成果がないまま二月五日にふたたび出港し、次に長崎に現れたのは四月二〇日だった。しかし、二六日にはやばやと出港し、二度と戻ってくることはなかったのである。

しかし、わが国の日本との交渉成功になんの貢献もしていないのは、ロシアに限らずほかの列強諸国についても同じである。一八五四年九月七日スターリング提督がイギリス艦隊を率いて長崎に到着した。その来訪の目的のひとつは条約締結であり、それには成功した。彼らは、日米交渉成功に貢献したような素振りを見せるようなことはしなかったが、わが国の交渉が成功したことによって、おそらくイギリスは間接的になんらかの恩恵を受けた可能性もある。とはいえ、そう断言しようというのではない。むしろ、日本がロシアの意図に懸念を抱いていたことと、ロシアが目下戦争中であることが、何よりもイギリスにとっての有利な条件となったのだといえよう。確かにわが国は、オランダと中国以外の全外国人を締め出すという、長く固守されてきた規則を、最初に廃止させることによって、他国の交渉開始をより容易にしたのかもしれないが、われわれの援助は偶然の助力以上のものではない。イギリスが締結した条約の内容については、ここで詳細に述べる必要はないだろう。それに関しては、スターリング提督の部下である士官のひとりが、イギリスの新聞紙上で次のように公表している。

「今回、日本との間に結ばれた条約には通商に関する条項は含まれていないが、これによって、今後、この重要課題についてもさらに協議を進める道は開かれた」「確かにアメリカは特使を派遣し、その成果を世界に対して大いに吹聴してはいるが、ジェームズ・スターリング卿が長崎において成し遂げたものは、その持続性から見ても、価値の上から見ても、アメリカが江戸においてあげた成果を上回るものと見てよいだろう」

このような羨望《せんぼう》が見えすいた憎まれ口に対しては、われわれはただ、彼らがいずれなんらかの「通商に関する」項目が含まれた条約を締結し、それがイギリスにとって持続的で価値のあるものとなることを心から願うとだけ言っておく。そして、こうした礼儀をわきまえない軽率さが、イギリス海軍士官一般の特徴として見られることは遺憾だとも付け加えたい。勇者には「礼節ある心に宿る気高い思慮」が求められるのである。（＊2）

しかし、オランダ人は、あろうことか公式文書によって、彼らが事実上、わが国のためにほとんどの事業を行ったと主張したのである。しかし、あらゆるキリスト教国から、二〇〇年以上日本との通商独占の確保に常に努めてきたとみなされている国が、いざ自国の独占が崩れ去ると、実はそうした独占貿易をつねづね遺憾に思っていたのであり、その廃止のために尽力してきたと言い出すとはなんとも奇妙な話である。キリスト教国は、そんなにも長い間、考え違いをしてきたのだろうか？　世界各国は、おそらく次のような気まずい質問を浴びせるのではないかと思われる。

「オランダはポルトガルを追い出すために、あらゆる策を弄したのではなかったのか？島原の砲撃に加担し、当時ポルトガル人に共鳴していた日本人キリスト教徒の根絶に手を貸したのは、オランダ人ではなかったのか？　セリスが設立し、コックスが運営した平戸のイギリス商館に住むプロテスタントに対し、彼らが退去するまで敵意をあらわにし続けたのは、隣人であったオランダ人ではなかったのか？　チャールズⅡ世の治世に、イギリスが日本との通商を新たに行おうとしたとき、国王チャールズの妃はポルトガル王の娘であることを日本政府にいちはやく告げ、それによってポルトガル人に対する日本人の根深く古い憎しみをイギリス人にも向けさせたのはオランダではなかったのか？　ペリュー率いるフェートン号が一八〇八年に長崎に到着したとき、イギリス人をひとり残らず殺害する計画を立て、それを勧めたのは出島のオランダ商館長ドゥーフではなかったのか？　ジャワがイギリス領となって、オランダの国威が一時失墜したとき、貿易商人として、また外交官としての狡猾さを発揮して、日本の役人を買収して取り入り、スタンフォード・ラッフルズ卿の派遣した二回の遠征に出島の負債を一度に支払わせるよう計り、自らも利益を得ようとしたのも、やはりドゥーフその人ではなかったのか？」

ところが今回、合衆国が、オランダ人を介することも、オランダの文書を用いることもなく日本との条約交渉を成功させてしまうと、オランダが横から差し出てきて、同国の植民大臣からの形式ばった公式文書を通じて、米国の通商のために日本を開港させるために「オランダ政府がこれまでに行ってきた、不屈の私心なき努力を世に公表する」と宣言したのである。歴史の真実を尊重するためにも、この途方もない文書について、少し論評しなければならない。

オランダの「植民大臣」の声明文は、要約すればおよそ次のようなものである。一八四四年にビッドル提督が日本を訪れた頃、当時のオランダ国王ウィレムII世は、日本の皇帝に一通の書状を送った。その中で国王は、蒸気船の導入で、日本近海における交易がますます盛んになってきたこと、そのため厳格な鎖国政策は日本に危険をもたらす可能性があることに注意を喚起した。そして、衝突を避ける最も確実な手段として、友好・通商関係を結ぶよう勧めた。さらに、日本人がオランダ人に対してこれまで示してくれた好意に感謝する意味で、日本に対して「外国人を排斥する法律を緩和するために私心なき助言」を呈し、もし皇帝が望むなら、オランダは使節を派遣し、日本がなにをすべきかについて十分な説明をしようと申し出たというのである。この手紙には、その後のオランダの、ほかの列強諸国への対応の基礎となる諸原則が書かれている、とこの文書は述べている。一八四五年、皇帝は返書を送り、丁重ながらも断固として、鎖国政策を変更する意志はない旨を伝えた。

この返書にオランダ側は満足しきっていたため、さらに勧告を重ねるどころか、一八四六年には、日本海域および沿岸の地図の制作を禁じ、難破した日本人水夫がオランダ船もしくは中国船以外の船で母国に戻ることを禁じるという日本の布告を、オランダが仲介して文明諸国に告知したのである。

それからまもなく、一八五二年に、合衆国がペリー提督率いる遠征隊を派遣することが明らかになると、オランダはただちにインド総督に命じて長崎の長官に書簡を送らせ、その中で出島のオランダ商館長と協議にあたるために信任された代理人を任命するよう求めた。その協議内容とは、「日本をその迫りくる危険から救うために、オランダはいかなる手段を提示すべきか」というものだった。そして、総督の書簡の結びには、長崎当局に対し、もし日本側があくまでも鎖国政策を貫き、その結果他国との抗争を招くことになった場合、オランダは日本を放棄することになるだろうとほのめかされていたのである。以上が、一八四四年にウィレムⅡ世が日本に送った書簡に示された原則に基づいて、日本開国のためにオランダが新たに行った努力であると言明している。なお、文書には、オランダが一八四四年から一八五二年にかけてなんの行動も起こさなかったのは、もっと良い機会を待つのが得策と考えたからだと主張されている。

一八五二年、総督から出島のオランダ商館長に、ある指示が与えられた。それは、日本政府に、とくにアメリカ人に限らず、かつて日本で平和に暮らすことのできたすべての国々の人々のために、鎖国政策を撤廃するよう勧告するようにというものだった。それとともに、オランダ商館長に日本との交渉権が与えられ、オランダ政府から条約の草案が送られてきた。そして、もし「日本においてアメリカ問題」を協議する機会があれば、総督の指示と条約の草案に従って行動するよう命じられたのである。その条約の草案とは、だいたい次のようなものだった。

第一条　現在の、日本とオランダとの関係を再確認すること。

第二条　次のような場合には、オランダ以外の国々にも長崎を開港すること。必需品および海軍物資を調達する場合、船を修理する場合、病気の船乗りを治療する場合。

第三条　オランダのほかにも、次にあげる条項を満たした条約を日本と結んだ国々は、通商を認められる。

第四条

（a）通商は長崎港に限られること。

（b）貿易を許された各国は自国の領事をおくこと。

（c）日本政府は長崎内の一区画を外国商人の居住地に指定すること。

（d）通商は、江戸、京都、大坂、堺、長崎の五都市の、特権を与えられた日本商人との間で行われること。また長崎長官がその監督をすること。

（e）日本の諸侯の代理人は、外国の商品を購入することを許され、またその領地の産物による支払いを認められること。

（f）日本政府は売買行為の方法に関する規則を定めること。かかる諸規則は長崎警察が施行すること。

（g）日本政府は外国人との通商を円滑に行うために、国庫で支払いのできる手形を発行すること。

（h）日常の経費に関しては、海外の貿易業者は、その収支に日本銅貨を用いることを認められること。

（i）日本政府は、輸入品に妥当な関税を課する権利を留保すること。

(j)通商上生じる諸問題は、通商当事国の領事と、長崎長官またはその代理人によって解決すること。

(k)外国人が犯した犯罪は、犯人の属する国の法律によって裁かれ、罰せられること。

(l)日本政府は、通商を許可された国が石炭貯蔵場を設けることのできる場所を二ヵ所指定すること。その二ヵ所は、帝国北部の蝦夷にある「好望《グッドホープ》湾」、そして日本南部のリンスホップ群島内におかれること。

第五条　以上の条項は、日本との条約締結を望むすべての外国に適用されるものであり、その条約の基本をなすものである。

第六条　これらを基本として各国との条約が締結された場合には、オランダは、最恵国に認められた一切の特権を有すること。

この草案には、「オランダ国王陛下と日本皇帝陛下が締結する条約の草案に関する覚書」と題したオランダ国王陛下からの文書が添えられていた。

それは、次のような声明で始まっている。「国王陛下は、日本帝国との通商交渉に入ろうとする諸列強の要求を満たすにあたり、日本の諸制度内に存在する困難を認識しており、もし帝国政府がこの種の合理的な要求に応じなければ、日本が不可避的に危険にさらされると予見している」。さらに続けて、「陛下は、日本への長期にわたる航海に従事して帝国の事情に通じている臣下からの情報により、外国人に対する厳格な法律を緩和するよう貴国に提議することについては、ほかのいかなる王侯よりも卓越した資格を有するものと自任している」「それゆえ国王は、オランダ国王陛下と日本皇帝陛下との間の条約を作成し、提示させる決意をした。この条約には、日本帝国の法律と古来の慣習を尊重しつつ、将来において、オランダ国王陛下の臣民のみならず、日本との通商を望む海洋国民、あるいは平和目的の航海中に遭難して帝国の沿岸に打ち上げられた外国人とも友好的な通商関係を維持しうる方途が示されている」「この精神に基づいて作成された条約を説明するため、陛下は下記の条々を記させた」。そして条約の項目ごとに注釈がつけられている。とりわけ第四条に列挙されている項目には、それぞれの理由が注釈され、全項目の実施が強く勧められている。

これらの文書はすべて、オランダ政府が、合衆国の日本遠征計画が実施されることを確かめるやいなや、大急ぎで役人たちの手で準備させたものである。それはペリー提督の出帆より数ヵ月前のことだった。

オランダの企図を察知した合衆国政府は、一八五二年七月（このときオランダはすでに条約の草案を出島に発送していた）、丁重にオランダ政府に問い合わせをし、またアメリカ艦隊が派遣されることと、それが友好的な訪問であり、その目的はできるなら鎖国政策をいくらか緩和させることであることを公式に伝えたのである。さらに、もし必要が生じた場合、わが国の目的達成のためにオランダの公式の協力が得られるよう、出島商館長に通達を出してもらえないかとも依頼した。この要請に対してオランダは、確かに通達を出すと約束した。そして、要求に応じて、一八四四年のウィレムII世の書簡の写しと、一八四五年の皇帝の返書の写しとが合衆国に提供された。しかし、このとき日本に郵送中のオランダの条約草案、および東洋のオランダ役人宛ての付随する指令のことは、アメリカ側はむろんなにも聞かされず、まったく知る由もなかったのである。

一八五二年一一月二四日、わが艦隊が出港した当時は、以上のようなもろもろの状況にあったのである。遠征艦隊が日本海域に姿を現すはるか以前に、出島のオランダ商館長は与えられた指示を実行に移し、送られた草案に基づく条約を締結するため、日本側と協議を開こうと努力していた。しかし、日本当局は、条約の協議にあたる信任委員の任命をあくまで拒否した。このような事態に際して、出島商館長は、オランダの文書の表現を借りれば、「単なる形式上の事柄のために交渉を犠牲にはできないと正当にも決意」し、ただちに長崎長官に申し入れ、直接長官と交渉をしようと試みたのである。彼はその条約草案の中の数ヵ条と、そこに付された説明文を提示し、日本側の利益になる原則と、アメリカの提案によって開かれるであろう日米協議において重要と考えられる原則を示した。というのも、オランダ商館長も日本も、アメリカ艦隊が日本来訪の途上にあることを知っていたからである。そして手紙の結びに次のように記した。「オランダ国王陛下は、もし日本政府が合衆国の提案に対し、ここに示唆された方法で対処するならば、日本の平和は維持されうると期待している」。その方法とは、オランダの条約草案に基づいてという意味である。しかし、日本人はこの試みも、過去に出島商館長が行ってきた試みと同様に扱ったのであり、かえって日本人特有の抜け目のなさを刺激したため、その提案に対するより詳細な説明と、この問題に関するより徹底した調査を要求されたにとどまった。ついに一八五三年六月、合衆国艦隊は長崎を故意に避けて江戸湾に姿を現し、オランダがアメリカ代表団に先んじて交渉に入れずにいるうちに、日本に到着した。アメリカ艦隊は長崎にまったく姿を現さなかったので、アメリカの代表と出島のオランダ商館長との間には、いささかの接触もなかったのである。

ロシア艦隊もそれからまもなく長崎に入港したが、その訪問の結果はすでに述べたとおりである。ロシアは日本との条約締結を達成できなかった。

一八五四年三月末日にペリー提督が日本との条約に調印すると、一八五四年七月二五日、オランダ政府はバタヴィアから日本に向けて蒸気艦ゼンビング号を派遣した。アメリカとロシアの蒸気船を目にした日本人がひどく興奮し、非常な関心を示したのを知って、彼らは蒸気船派遣を得策と考えたのである。ゼンビング号が停泊している間、高位の人々が同船を訪れ、実際、多くの日本人にとって知識を得る学校の役目を果たすことになった。とうとう一八五四年九月七日にはスターリング提督率いるイギリス艦隊も入港したため、各国の軍艦がひしめく光景から日本人が受けた印象は、いっそう強烈なものになった。

われわれの手元にある文書は、日本を世界に開放したことはオランダの偉大な功績であると結論づけている。それは次のような記述である。「オランダは自国の使命を理解していたため、事の成り行き上、自ら先頭に立ち、世界の利益のために、外国の諸国民に対する日本の排外政策を緩和させた。先王ウィレムⅡ世陛下の書簡は、そのまぎれもない証拠である」「アメリカ合衆国は条約によって日本帝国内の二港を自国のために開港させるにいたった。また、もうひとつの強国も同様の方法で成功を収めたようである。このような結果を目のあたりにして、海軍力の誇示がもたらした印象と効果、あるいは各国の同時期の熱心な働きかけが及ぼした影響を、われわれは否定するものでも過小評価するものでもない。しかし、われわれは、忠告や説得によってオランダが果たした役割をよく認識しておきたいと思う。まさに諸国の艦隊はわが先王陛下の予見を日本に認めさせ、国王の無私の忠告を早急に受け入れるよう促したのである。一八五二年の条約草案、一八五二年一一月二日の出島商館長の手紙、一八五三年一一月九日の長崎長官への通達、最後に前述の条約草案とアメリカが締結した協定との比較、これらはすべて、陛下の命令によってとられた手段が、ほかの諸国の獲得した成果に強く貢献したという、否定しえない事実を示している。

実際オランダは、全般的な利益、および通商の発展のために、常々日本の開港を願ってきた。私心なくこの政策をふまえて、オランダは自国のために日本におけるなんらの特権も求めようとしなかった。ただ、これらの特権が諸国に認められるにあたっては、わが国もほかの国と同様の公平な待遇を望み、それを獲得したのである」。

以上がオランダ側の発表であり、同国が主張する内容である。われわれは、彼らに正当に与えられるべき名誉まで傷つけるつもりは毛頭ない。ただ、ここには、わが国が条約を締結するにあたっての、オランダの協力の影響や重要性が、やや大げさに伝えられすぎているると言わねばならない。人や国がその独自の目的を遂げようとするとき、望むと望まざるとにかかわらず、他者の同様の目的に貢献することなしにはそれを果たしえないという場合がしばしばある。しかし、それは自分がけっして求めたわけでなく、別の目的のために行った努力の偶然の結果にすぎない。他者の成功をもって、自分の手柄だと主張することはできないだろうし、そうした偶然の恩恵を受けた他者に向かって、自分の功績を認めよと声高に要求することもできないのである。このように主張するためには、意識を持って他者に何らかの利益をもたらすか、あるいは、目的意識を持って他者に利するために何らかの損害を被っていなければならない。われわれは、出島の商館長が、アメリカ使節の日本到着前に、手元にあるオランダの条約草案をひっさげて、日本当局に条約の条項に同意させ、調印を行わせようと、その職にふさわしい誠意と分別をもって努力したことを容認するにやぶさかではない。われわれには、それを咎め立てする権利はなにもない。また、その行為が、日本人に通商条約の性格とはいかなるものかを知らせ、さらにいくつかの条項に関してなんらかの貴重なヒントを与えたこと、それによって日本人が熟慮し研究する機会を持ち、ひいてはわが国から提示された条約を考慮するための準備となったことも認めるものである。しかし、オランダの行動は、合衆国を援助する真摯《しんし》な意図に発したとはとてもいえるものではなく、ましてオランダの説得によって日本政府は長く定着していた鎖国政策から離脱したわけでもない。オランダは自国との条約交渉に努力していたのであり、日本の鎖国制度からの離脱は、かりにも条約の条項を提示するにあたっての、当然の前提なのである。

しかも日本人の祖法からの離脱という点については、記録によれば、一八四四年のオランダ国王の手紙にこの問題が取り上げられてはいるにせよ、それに対して一八四五年、日本政府は返書を送り、その中で、日本は古来の政策と慣習を放棄するつもりはないと、はっきり断言している。このときは（一八四五年）、オランダはなにも達成できなかったと思われる。そしてこの年から一八五二年にいたるまで、オランダがかりにも新たに努力したという記録はない。一八五二年にアメリカからの遠征隊の派遣が確実になったことを知って初めて、自国にとって都合よく作成された条約を、自分たちの利益のために日本に提示するという、新たな方法でその試みが行われることになっていた。それというのも、覚えておられるように、オランダの条約草案では、第四条に基づく規定に従わなければ、いかなる国も日本と条約によって通商を行うことは許されないことになっていた。もし日本が、オランダが求めたとおりの条約に調印していたなら、どういうことになっていただろうか？　結果は次のとおりであったろう。

一、オランダ一国が、ほかのすべての国々がいかなる種類の条約を日本と結ぶべきかを指図する。

二、独立国である日本は、オランダの承認なしに条約を締結する権利を奪われる。

三、オランダは、日本が締結するいかなる条約でも最恵国の地位を占め、すでに日本国内で獲得している特権、および将来の協議によって得られるであろう特権に加えて、他国が条約によって獲得する可能性のある、あらゆる種類の特権も得ることになる。もし、出島の商館長が、ペリー提督の到着より前に条約締結に成功していたとして、はたしてそれが合衆国に利益をもたらすことになっただろうか？

しかも、それだけではない。オランダ側の公文書から判断すると、日本を開国させ、条約を結ぶためのわれわれの努力に関して、オランダには心からそれを援助しようという考えなどまったくなかったと考えざるをえない。一八五二年九月二二日、オランダ人のインド諸島総督がジャワからペリー提督宛てに手紙を送り（そのとき、提督は日本への途上にあった）、その手紙の中には出島商館長宛ての文書が同封されていて、商館長の協力が必要な場合には、それを本人に手渡すようにとあった。しかしそのとき、オランダの総督は、出島商館長のもとにはオランダの条約草案が届いており、できるならそれを批准させるようにとの指示が与えられていること、したがってペリー提督が到着する前に自国との条約を締結するため、あらゆる努力がなされていることを十分承知していたのだった。もしオランダが提示した条約が批准されていたなら、出島商館長が合衆国とどの種類の協同をすることになったかについては先述した。オランダは、自国とわが国がよしとするような条約に限って交渉することを日本に許したはずである。さらに、ペリー提督宛てに書かれた総督の手紙の終わりには、オランダが誠意を持ってわれわれの努力に助力を与えたことを立証するための事実が示唆されていた。

「われわれ両国政府が現在意図している目的について、ぶしつけながら、ひとこと述べさせていただきたい。出島のオランダ商館長が日本政府との交渉を開くことに成功した場合、アメリカとオランダの協同を示唆するがごとき証拠は、この交渉を阻害することになるやもしれない。すなわち、ご承知のように、アメリカの日本遠征は、必ずしも完全に友好的、平和的な性格のものであると見られていないからである」。この最後の一文の主旨がなんであれ、日本人が、われわれの訪問の友好的性格を疑っているとほのめかしているのは、間違いない。では誰が日本に、わが国の来訪が非友好的なものであると告げたのか？　日本人が交際している唯一のヨーロッパ人、この遠征についてなにか聞き知ることのできる相手はオランダ人である。そして日本人はオランダ人からそれを聞いたのだ。すなわち、アメリカの動きを察知すると、オランダからバタヴィアの総督に対して、書簡を日本に送り「差し迫った危険から日本を守るため」にとるべき手段を協議するよう勧誘せよ、という指令が送られたのである。こうしてオランダは日本人にわれわれの訪問の危険性なるものに注意を促したのである。

ペリー提督は使命の遂行中、オランダの援助は終始求めなかった。というよりあえてそれを避けたのである。そして彼の結んだ条約は、オランダが規定していたものとは根本的に異なっていた。ハーグから送られてきた草案では、外国船が必需品を手に入れたり、船舶を修理したり、病人を治療したりするために開かれる港は、長崎港一港のみとされており、また、オランダの基本構想に沿った条約を結んだ場合に限って諸外国は「通商が認められる」と規定されていた。

アメリカとの条約では、下田と箱館の二港、およびその周辺の広範な地域が通商用に開かれることになり、さらに遭難時や悪天候の場合には、合衆国の船は日本のどこの港にも入港できることになった。もしオランダが日本との通商条約締結に成功していたとすれば、このような好条件は日本側に受け入れられなかったものと確信する。したがって、わが国は日本との条約交渉に際し、オランダの直接的間接的な助力の恩恵を受けているというよりは、むしろオランダ人の方が二世紀半にわたる出島での幽閉から解放されたのだと考えたくなる。オランダが自国の利益の拡大を追求するのはごく自然であり、当然のことでもあるが、他国が国益拡大に成功したときに、その成功に伴うわずかな功績をも認めまいとするのは、あまり品位のある態度とはいえないだろう。

あとは、フォン・シーボルト博士の特異な見解についてひと言触れておくのみである。この人物は、出島のオランダ人に雇われていた医師であり、日本滞在中の観察記録を出版している。それは、それ以前の記録をすべて合わせたよりも膨大なものである。彼の著書の価値については、すでに述べたとおりである。しかし、シーボルトの日本滞在中に、憂うべき破局を引き起こしたある事件が発生したといわれ、彼自身、心ならずも当事者のひとりとなった。日本について記述している最近の著述家によれば、そのいきさつはおよそ次のようなことだった。シーボルトは出島商館長のファン・シュッルレル大佐に同伴して江戸へ赴いた。そこで日本人の天文学者、高橋作左衛門〔景保〕が、法を犯して最新の日本地図の写しをシーボルトに渡した。その写しを作った製図家が、ある原因からその天文学者に腹を立て、彼を当局に告発した。取り調べが行われ、シーボルトと高橋が交わした書簡の提出が求められたが、その中に地形学や地理学の情報があり、加えてシーボルトが生粋のオランダ人ではなかったという事実から、この出島の医師にロシアのスパイではないかという嫌疑がかけられたのである。そのため、取り調べはますます厳しくなり、苛酷な処置がとられるおそれも出てきた。シーボルトの友人や、彼と関わり合いを持つ人々はみな投獄された。その中で、ただひとり投獄を免れたのは、政府の証人となった人物であった。彼は友情のために、証人の誓いを破り、シーボルトの身に何が起ころうとしているかを密かに彼に報せた。この警告のおかげで、シーボルトは、文書が押収され自身の身柄が出島で拘束される前に、最も価値のある文書を隠し、政府の役人に引き渡す写しを用意することができたのである。シーボルトは長崎長官から再三にわたって取り調べを受けたが、彼は日本人の共犯者の名をあげることを拒み続けた。そして無実の友人たちの身代わりとして、また犯した罪に対する罰として、余生を日本の監獄で過ごすことを許されよと要求したのである。取り調べはおよそ一年間におよんだ。ついにシーボルトは日本から追放され、高橋と彼を告発した製図家はともに自害した。以上が事件のあらましだが、これが細部まで真実かどうかはともかく、この話はヨーロッパ大陸に流布し、わが遠征隊が出発する前に上記の形で合衆国にも伝わっていたのである。

ペリー提督が司令官に任命されてのち、シーボルトは遠征隊の一員として雇われたいと申し出た。彼は日本へ行くことを熱望していたため、有力者たちを動かして、その希望をかなえようとした。しかし、ペリー提督はいくつかの理由から、ことに日本から追放されたといわれている人物を同行させることでなんらかの悪影響が生じ、自らの使命遂行が危ぶまれるような事態を避けるために、あらゆる権勢家や最高権力者の推薦を退けてでも、シーボルトを遠征隊の船に乗せることを頑として拒絶し続けたのだった。

わが国と日本との条約がついに締結され、その事実が世界中に知れわたった。それから数ヵ月後、シーボルトはボンにおいて「世界各国との航海と通商のために日本を開国させるにあたり、オランダとロシアが成し遂げた努力についての真実の記録」と題する小冊子を出版した。われわれは、著者自身のために、この出版を残念に思うのである。それは科学的にもけっして有用なものではなく、シーボルトがかつて日本について著した価値ある記述に、新しい事実を付け加えるような内容のものでもない。明らかにこの冊子は、抑えつけられ、鬱積《うっせき》した虚栄心の産物であり、二つのあからさまな目的がはっきりと見てとれる。その目的とは、ひとつは著者自身に栄誉を与えること、そしてもうひとつは、合衆国とその日本遠征を非難することである。われわれは、フォン・シーボルト博士の日本に関する大作については心から高く評価しつつ、自己宣伝のために出されたこの小冊子に極度の利己主義、虚栄心、尊大さが表れていることをただ遺憾に思うだけである。しかしながら、もうひとつの目的を遂げるために書かれた、虚偽の記述や無礼の方はこのまま黙って見過ごすわけにはいかない。この著作全体の主題と真意は冒頭に表れている。それは、その本の第三ページにある次のような一文である。

「いま、われわれは、日本を開国させたことに関して、アメリカ人にではなくロシア人に感謝しなければならない」。ごく最近まで、ロシアは日本との条約締結をまったく達成できなかったという事実に照らしてこの記述を見るとき、フォン・シーボルトがロシアのスパイではないかと疑い、彼を追放した鋭い日本人の対応はまんざら間違いとばかりもいえないのではないかと思いたくなるのである。

彼とロシアとの間に、親密な関係があったことには疑いの余地はない。この小冊子自体がそれを示している。たとえ天啓によってこれを書いたにせよ、その目的は著者自身に栄光を与えることと、彼が政治的に重要人物であることを知らしめることにあり、さらに自分のロシアに対する貢献を誇示していることや、ロシア高官からのへつらうような手紙の抜粋を載せていること、聖ペテルブルクへの召喚と訪問を認めていること、日本がロシアを世界最強国と認めていると言明していることなどの事実が示しているのは、著者と北方の大国との密接な利害関係である。実際、シーボルトの忠告によって、わが国の日本開国の試みをつぶすために、ロシア艦隊が派遣されたという説もある。もしこれが事実だとすれば、彼がわが国の遠征隊に加わることをしきりに請願した理由は、自分が同行することが、わが国の遠征隊の使命遂行に致命的な結果をもたらすことをよく知っていた、というより、確信していたからではないだろうか。

残念ながら、フォン・シーボルトが途方もない自負心の持ち主であることを示す記述は無数にある。たとえば、一八四四年、ウィレムII世に日本の皇帝宛てに手紙を書くように勧めたのは自分であるとし、王の手紙の原本は自分に託され、いまもなお手元にあるとも述べている。さらに、日本滞在中にどれほど多くの貴重な情報を得たか、またその情報を得るにあたって、いかにすばらしい機会に恵まれたかを強調し、はては彼の博識に比べれば、世界中のどの国の人々もほとんど無知に等しいとほのめかすようなことさえしている。このようにして、その小冊子を、自らが版権を有する実質的に価値のある方の著作の宣伝手段に使おうとしたものと考えられる。ともかく、この小冊子はヨーロッパの書店に出回ってはいないこと、そしてアスター図書館にある一冊は、学識豊かな図書館長がフォン・シーボルト自身から購入したものであることをわれわれは知っている。

シーボルトがロシアに対して行った貢献は、彼の著作の価値と重要性をいささかも減じるものではなかった。さらに、彼宛てに届いたロシアの著名な政治家からの手紙の一部も載せている。このように、彼が自慢げに、身分ある人の文書を公にしていることからも、この人物の持つさまざまな資質の中に、教養ある医師にふさわしい謙虚さがないことは明らかである。

ここには、シーボルトがある日本の貴族と親しくしていたことも述べられているが、彼は日本滞在中はあえて言動を謹み、貴族たちに手紙を送りつけるようなこともしなかったらしい。

わが遠征隊のひとりである一紳士宛てに書かれたシーボルトからの手紙が、いま手元にある。シーボルトは小冊子の中で、この紳士のことを、まるでひけらかすように「ミシシッピ号上のわが通信者」と呼んでいる。その手紙の次のような抜粋を読めば、すでに述べたシーボルトの欠点は、一目瞭然だろう。

「ペリー提督が、私の日本問題についての深い知識と長い経験を正当に評価しておられることについては、大変喜ばしく思っている。しかし、アメリカ遠征隊が訪日計画を組むにあたり、私を招致されなかったことは、かえすがえすも残念なことである。もし私が加われば『人道と忍耐』の精神のもとに、日本を世界に向けて開国する策を案出したことだろう。そうした策を講じることができるのは私をおいてほかにないと言っても、思い上がりではないと思われる。オランダ政府は私の見解に理解を示し、日本政府に対する合衆国大統領の平和的意図を支持しようとしている。

おそらく、交渉の申し入れはすべて拒絶されるか、もしくは日本側は最終的な回答をできるだけ引きのばそうとするだろう。日本政府は、外交協議を長引かせ、交渉相手をあきらめさせる術を心得ている。そしてまた、通商条約の申し入れを阻むような障害を次から次へともうけるのもお手のものである。彼らは、自国の法律を変えることはできないと繰り返し述べ、作法や礼儀が損なわれることの危惧、輸出すべき品々の不足、外国人が多数流れ込んでくることとの問題などを力説するに違いない。さらに、帝の承認なくしては、皇帝にはオランダ以外の国々と通商協議を開く権限は与えられていないとも言うだろう。しかも帝が、条約締結の是非を国の評議委員の意向に従って決定するだろうことは容易に想像がつく。すべては口実にすぎず、日本側が外国と親密な関わりを持つことを拒む理由はただひとつ、キリスト教を排斥することによってその堅固な体制を維持してきた幕府の存続が、キリスト教の国内への流入によって危うくなるのを恐れているためである。狂信的なグツラフとフォーカードの両神父は（いまは天国に召されていることを願う）、狭量な宣教師であり、両名の最近の行動は、日本政府の警戒心を新たに刺激することになった。日本は、この二人の宣教師に、自国に押し寄せようとするキリスト教の総体を見たのである。

大統領閣下が書簡の中で、日本の皇帝のもとへ送った使節は宣教師ではないと述べられたのは明らかに不注意であったと思われる。なぜこのように、不信をかき立てるような文言を挿入されたのか？　使節が宣教師でないのは当然のことである。また、そう断ったところで、日本にキリスト教を布教させないという保証が日本政府に与えられるわけでもない。オランダを除いては、どの海洋国も日本から信頼されてはいない。日本を世界との通商に導くことができるのはオランダのみである。オランダはいまだ私の忠告を聞き入れないが、やがて後悔することだろう。

ペリー提督には、あくまでも忍耐強く、日本政府の異議を冷静に受け止めるよう願いたい。そしてアメリカが、日本の現行の宗教や政治を乱すつもりのないことを、はっきりと言明すべきである。そうした事柄には一切触れず、ただ平和的な交渉によって通商条約を結ぶことのみを主張されよ。おそらくその提案は聞き入れられないことと思うが、それでも、ペリー提督が、日本の善良で誠実で罪なき人々と敵対するような示威行動に訴えることのないよう願いたい。それよりも、町や船舶や人民を攻撃する権限は提督に委ねられてはいるが、それを敢行するにしのびないとの意向を日本政府に示唆し、それゆえアメリカ側の提案を考慮するために一年の猶予を与え、友好的な手段で獲得しうる諸条件を武力によって達成する意図のないことを伝えていただきたい。そのうえで、適当な時機に私にご相談いただければ、合衆国政府がその目的を遂げるための策を喜んでご教示したい」

この手紙について、フォン・シーボルトはわれわれの手元にある小冊子の中で次のように言及している。すなわち「ミシシッピ号上の通信者」を通して「ペリー提督に平和的な策を講じるよう忠告したが、この勧告のおかげで良い結果をもたらす」ことができたと。わが国による協議の実際の経過が「日本問題についての深い知識と長い経験」を公言するこの紳士の自信にあふれた予言にまったく反するものだったというのは、非常に注目すべきことである。

オランダ人は、日本と通商条約を確立しえた唯一の国民であり、アメリカの努力を支持しようとしていたとシーボルトは述べている。しかし、事実は、日米条約調印が達成されたあとも、かなりの間、オランダは条約締結を果たせずにいたのであり、われわれの努力を支持したという点に関しても、すでに述べたとおり、実際はわれわれが到着する前に、自ら条約を結ぼうとしていたのであり、しかも日本側に対して、オランダが規定した以外の条約を、いかなる国とも結ばせないようにしようとしたのである。また、わが艦隊が到着してから退去するまで、いかなる方法によっても、直接的にも間接的にも、オランダと接触したことはなく、わが国が条約交渉をするにあたって、いささかもオランダの援助を求めたり受けたりしたことはなかったのである。

フォン・シーボルトは、わが国の申し入れは拒絶されるか、最終回答ができるだけ引きのばされるだろうと予言した。事実は、わが国の申し入れは拒絶されず、皇帝の死をはじめ、さまざまな事件の渦中にありながら、回答が不当に長く引きのばされることもなかった。わが艦隊は二月一三日に江戸へ戻り、三月二三日にはすべての条項がおおむね承認され、同月三一日に正式に調印が行われた。つまり、実質的に交渉が開始されてから条約が締結されるまで、約六週間しかかからなかったのである。

フォン・シーボルトはまた、交渉を引きのばすために日本側がいろいろな口実をもうけるだろうと予言した。きわめて不思議なことに、事実は、フォン・シーボルトが予想して明言した六つの異論のうち、五つについてはまったくふれられず、残るひとつについても、交渉中に主張はなされたものの、それも克服できない障害にはならなかったのである。そのひとつとは、日本の法律の不易性であった。

また、フォン・シーボルトは気持ち良さそうに自分の勧告が「良い結果」を生んだことを祝福しているが、僭越《せんえつ》ながら彼の良き助言を待つまでもなく、提督は自ら十分な方針を打ち立てており、その後に決定された一部の方針も、彼の忠告とはまったく関わりのないものであったと述べるだけで十分だろう。事実、ペリー提督は、シーボルトの手紙を目にすることさえなかったのである。

合衆国とその日本遠征を誹《そし》ろうとするシーボルトの意図については、先に述べた彼の自尊や傲慢さと等しく明白な証拠がある。わが国は、一度ならずロシアと不利な比較をされてきた。わが国の遠征の動機はきわめて利己的で、日本やほかの文明諸国の利益をいささかも顧みず、ただ自国の利益のみを追求していると非難され、その観点からわが国の態度は、もっぱら、日本を全世界に向けて開かせようとの自由な願望に発していると称するオランダの態度と対比されている。ロシアもまた、慈悲深くもオランダと同じ目的を追求し、また日本におけるロシア臣民のキリスト教信仰の自由を求めたのだとシーボルトは言う。ロシアが日本におけるキリスト教徒の保護に熱心であるということについては、われわれがとやかくいう筋合いのものではない。しかし、シーボルトが、ペリー提督にはアメリカ使節はキリスト教の宣教師ではないと明言するのは不注意だと、あれほど明確に忠告し、キリスト教流入のおそれが日本開国の唯一の実質的な障害になっていると述べておきながら、ロシアに対しては、日本ではキリスト教の話題に触れないようにとの警告がなされなかったのは、いささか奇妙に思われる。

わが国の大統領は、かくも儀礼に通じた国の君主に対して、当然用いられるべき通常の外交作法と品位ある言葉づかいに欠けていた、という非難も受けている。

フォン・シーボルトは、ペリー提督は長崎に行くことを余儀なくされるだろうということ、そして、もし日本が提督の申し入れに少しでも耳を貸すことがあれば、それは長崎以外ではありえないということを予言したにもかかわらず、提督は江戸湾において成功を収めた。それを聞いたシーボルトは気分を害し、その成功は怪我の功名だったと嘲笑的に述べている。つまり、提督は、長崎に行けと繰り返し要求するなら、それを合衆国に対する侮辱と解釈すると日本側に伝えたのだと。さらに、ロシアとオランダは、日本の希望する品々をわが国以上に供給することができ、また両国の政治上および通商上の法規には皇帝も理解を示しているのに対し、わが国の場合はそうではないので、わが国が収めた成功はアメリカにとってほとんど価値のないものだと結んでいる。

利己的といわれる動機については、われわれが日本との通商関係を望んだのは、それが自国の利益になると考えたためだということを否定はしない。それは、あらゆる聡明な国民が、他国との友好関係を確立する際の動機であるはずだ。われわれは、国から国への国益を度外視した純粋で私心のない友情を標榜《ひょうぼう》すれば、世界各国を欺くことができるという浅はかな考えを笑うのみである。日本との国交を望んだ国々はみな、明らかにそれが自国の利益につながることを予想したはずであり、また国交樹立の結果として生じる利益を期待することが、重い罪や利己主義であるとも思えない。さらに、われわれが確立せんとした国交から双方の国民に利益が生じるものと信じて、自国の利益を追求しつつ、両国を利することを望むのは後ろめたいことではない。これは利己的ではない。そしてもうひとつ、とくに述べておきたいことがある。それは、ペリー提督が日本側の委員に対し、諸外国にも日米条約あるいはそれと類似するものによって生ずる恩恵を認めるよう頼んだという事実である。そして日本の回答は、世界には数多くの商業国家が存在するため、もしそれらの国々が条約を望むのであれば、アメリカと同じように日本を訪問し、それを求めよというものだった。

わが国の前大統領（フィルモア氏）が、外交儀礼のしかるべき丁重さに欠け、主権者に対する品位ある言葉に無知であることが判明したとすれば、それは確かにきわめて嘆かわしいことである。しかし、日本の君主がわが共和政府の元首の男らしく、しかも礼儀正しい率直さに気分を害することがなかったこと、また皇帝が大統領の言辞を完全に理解したと見受けられること（それは外交上やや異例のことである）、そして委員を通じてわが大統領の行った提案に対し、友好的かつ懇篤な仕方で応答したことを回想し、われわれは安堵《あんど》している。とにかくわれわれが日本と結んだ条約は、双方にとって満足のゆくものだった。われわれの礼儀をわきまえぬ不作法は、寛大に見過ごされたのである。したがって、日本の自称宮内大臣フォン・シーボルトには、今後はもっと広い心を持って、われわれのような半文明国の人民や政府の不行き届きを取り沙汰するのをさし控えられるよう望みたい。それはわれわれの野蛮さを示すものかもしれないが、われわれは中傷者となるよりは、むしろ無骨者でいたいと思う。

さらに次の点についても、われわれは非を認めよう。まずペリー提督が江戸湾に入港し、長崎に行くのを拒んだこと、さらにこの大罪に加えて「アメリカ人はオランダ人や中国人に課せられているような拘束に従う気はなく、またその拘束をそれ以上ほのめかすのなら、われわれはそれを侮辱と受けとめるであろう」とはっきり表明したこと、あまつさえ日本人とペリー提督の間で交わされた合意のひとつとして、「合衆国市民は、オランダ人や中国人に課されているような屈辱には従わない」という項目を日本側の代表が書き記したということである。もっともペリー提督は、祖国の人々の期待を代弁したのであり、アメリカ人はみな、その結果に満足しているのである。

いまひとつ付け加えておかねばならないのは、わが遠征隊が帰還しても、オランダとロシアの両国は条約を締結できなかったということである。成功したのはイギリスと合衆国のみであったが、わが国が最初の締結国だということを、イギリスは快く認めている。述べるべきことは以上である。最後に、われわれは日本との通商条約を望むすべてのヨーロッパの列強が、イギリスやわが国と同様の成功を収めることを望み、世界の関心を集めている日本帝国が、こうして開国されたことによって文明諸国と自由に行き来し、豊かになることを願うものである。

＊1　リックスドルは当時セイロン、喜望峰で使われたイギリスの貨幣。

＊2　上記の文章が書かれてから、イギリスと日本の間の通商条約が締結されたという情報を受け取った。

第1章　ペリー艦隊、日本へ

一八五二年一一月二四日

鎖された帝国、日本

合衆国が、メキシコとの戦争終結に伴う条約によってカリフォルニア地方を獲得すると、太平洋に臨むその地の利から、国民の関心は、自然と商業分野の拡大に向けられた。わが国の領土は二つの大洋にまたがり、しかもヨーロッパとアジアの中間に位置している。したがってシナが自国を好んで呼ぶ「ザ・ミドル・キングダム（中国）」という名称は、実のところ、わが国にもふさわしいと思われた。東アジアと西ヨーロッパとの間の最短ルートが（この蒸気船時代に）この国を横切っていることからして、アメリカ大陸が、少なくともある程度は、世界の主要交通路となることは必至だった。そのうえ、カリフォルニアの領有後まもなく、同地から金が産出されるにいたって、当初、地の利によって喚起された関心は、当然のことながら、この発見によってますます高まったのである。

こうして、わが国の西海岸とアジアとの直接の交易は当たり前のこととして考えられるようになった。むろん、そこには蒸気の力が念頭にあり、それを得るための燃料が不可欠だった。そこで、文明を代表する偉大な鉱物、石炭の供給が問題になった。カリフォルニアからアジアまでの長い行程で、それをどこで調達するか。さらに当然持ちあがった問題は、われわれは遠く離れた東洋のどの国と通商すべきかということだった。中国は、ある程度は開放されている。しかし、もうひとつ、われわれの好奇心を刺激し、商業的興味をそそる、日本という未開国があった。この国の国内の法規については、実のところ、われわれはあまり多くを知らなかった。日本が数世紀にわたって事実上世界から孤立し、外国人との付き合いを排除する制度に固執していたこと、ただしヨーロッパの一国のみが通商を目的として日本に近づくのを許されていたこと、ほかの諸国が同様の特権を得ようとして再三にわたって努力したにもかかわらず、ことごとく失敗に終わっていることは承知していた。しかし、日本には貴重な産物があり、世界のほかの諸国とも通商すべきであることも明らかだった。実際、日本には諸国民の共同体からこのように自らを隔離する権利はなく、もし日本に国際礼譲に服さないものがあれば武力によって排除すべきだと公言してはばからない者もいた。

わが国の海軍士官が、この、日本との通交という問題に強くひかれたのも、当然のことであろう。彼らの関心は、誰もが簡単に到達する結論、つまり、単にそれが望ましいとか、それによって利益が得られるはずだということにとどまらなかった。彼らは、その目的を達するための最善の手段を考えていたのである。この問題については、海軍士官として、船上での長い現役勤務によって身につけるであろう経験や知識をそなえる、あらゆる人々に支えられた、それ相応の研究と冷静な考察が行われなければならなかった。

ペリー提督もまた、ほかの海軍士官や国民と同じように、この問題に関心を寄せ、ことに、検討中であるその目的を達成する可能性について考慮したのである。国全体が進んで自らを隔絶するというこの特異な状況には、なにかそれなりの原因があるはずであり、したがって、まずは、日本のこれまでの歴史を正しく把握することから始めなくてはならなかった。そしてこの目的のためにあらゆる文献をひもといて、日本の排外的な体制はその国民性の結果ではなく、はるかむかしの特殊な事情に起因するのであり、実際には、それは歴史に表れている日本民族の本来の性質と気風に反しているということが分かった。提督はまた、通交の障壁を打ち破るためのこれまでの諸国の努力をつぶさに調べ、その失敗の原因と思われる点にも気づいた。当時、入国を求めていた国々の、政治的状況における特殊事情。各国が互いに敵対し、邪魔をし合っていたこと。使命を託された人々の中に見られる、勇敢な民族を脅して自国の希望に従わせようとするような、無礼とはいわぬまでも、軽率なふるまい。追従的な卑屈さと毅然とした和解の精神とを難なく識別し、慈悲と正義は行うが、凌辱《りようじよく》的な、あるいは非道なことにはいっさい従わないという、日本人の真の性向に対する誤解。こうしたことが、それまでなされた努力のうちに大なり小なりはっきりと見出される失敗の原因であるように思われたのである。さらに、日本人が長年の間にヨーロッパ諸国についていくらかの知識を持ち、多かれ少なかれ実際に接触があったことも、ヨーロッパ諸国の努力にとって不利な条件となった。ポルトガル人は早くから内乱をそそのかすという許しがたい罪を犯し、イギリスは、一度は拠点を得たがそれを放棄し、同国国王のひとりはポルトガルの王女と婚姻し、またイギリスの士官のひとり（ペリュー）は、日本の領海内で、日本人に横暴な侵犯とみなされるようなふるまいに及んだ。ロシアは日本諸島中のいくつかの島を領有し、ほかの「併合」地域であるアムール河口を要塞《ようさい》化することによって、秘めた意図があるのではないかとの疑念を起こさせ、日本の皇帝〔将軍〕をして、「日本に対する野心がある」と言わしめたのであった。一方オランダは差別と隔離と屈辱を二〇〇年にわたって甘受したので、日本人はヨーロッパ人に関する見解を、ある程度まで、オランダ人から仕入れて形成したに違いない。

合衆国は前記の列強諸国とは異なる地位を占めていた。それは、これまでわが国が、不愉快な連想を呼び起こすような接触を日本と持たなかったからである。友好関係を開くためになされた唯一の努力（といっても、それはほとんどその名に値しないものだったが）といえば、ビッドル提督の率いる二隻の船を派遣したことのみだった。それも八日ないし一〇日間停泊しただけで、なにも達成せずに、日本人の希望に従って穏やかに退去したのである。

日本遠征の決定と艦隊の編成

ペリー提督は、詳細な調査の結果、あらゆる状況を考慮しても、日本との通商関係を確立する好機がわが国にあると確信し、その考えを、同僚の士官たち、ならびに政府の高官や身分の高い市民に明かした。やがてこの問題は公に議論され、遠征が決定されたのである。もちろんほかにも、おそらくは幾人かの政府高官も含めて、同様の結論に達した人々がいたのであり、彼らもペリー提督と同じく、この問題に関する世論の高まりを見越していたのである。事実、当時すでに、東インドに駐在していたオーリック提督のもとに、日本に赴くようにとの命令が下っていた。また、当時ウェブスター氏が長官を務めていた国務省は、派遣されたプレブル号の艦長であるグリン大佐に、日本に関する報告を寄せるよう求めた。グリン大佐は、日本とわが国との友交を確立することの重要性を痛感し、それを力説した。けれども、ただちにそのための努力を払うよう主張したのは、ペリー提督であるといっても過言ではないと思われる。いずれにせよ、オーリック提督の召還時に、ペリー提督は正式に合衆国政府に対して、今回の日本遠征を提案した。この提案は快く受け入れられ、日本との友好的な通商関係を開くために努めるという平和的な使命をおびて、彼の指揮のもとに艦隊を派遣することが決定されたのだった。(＊1)

遠征が決定されると、艦隊を編成するために、以下の艦船が選ばれた。メキシコ戦争中はメキシコ湾でペリー提督の旗艦であった、したがって彼の気に入りの船である蒸気艦ミシシッピ号、蒸気艦プリンストン号およびアレガニー号、ヴァーモント第七四号、スループ型砲艦ヴァンダリア号、およびマセドニアン号。すでに東インドの駐在地にあった蒸気艦サスケハナ号、スループ型砲艦サラトガ号、およびプリマス号も同艦隊に合流するはずだった。武装輸送船サプライ号、レキシントン号、サザンプトン号も同遠征隊に加わった。この計画に対しては、大統領(フィルモア氏)をはじめとして、ウェブスター氏、その後継国務長官(コンラッド氏およびエヴァレット氏)、海軍長官(ケネディ氏)など、あらゆる閣僚がきわめて強い関心を示した。艦隊には十分な艤装《ぎそう》が認められ、また、多くのことが提督の判断に任されることが必要となり、遠征隊の司令官には、外交上、軍事上の異例の権限が与えられた。それというのも、提督の英知と分別には各位から多大な信頼が寄せられていたからである。国務省の指令では、その活動範囲として東インド、中国海域および日本が指定されていたが、この遠征隊の最大の目的は、通商のために日本への友好的な入国を成就することと、わが国の蒸気船が太平洋を横断する際に必要な石炭の貯蔵所を、適当な地点に設置することだった。

艦隊には、できるだけすみやかに航海の準備をせよとの命令が出された。船舶の艤装に手間どって出発が遅れたことから、世間では一度ならず計画中止の噂《うわさ》が取り沙汰された。結局、建艦艤装部長がプリンストン号の装備完了を約束した期日より九ヵ月以上も経過してから、完成の報告があった。そして、その報告後も、試運転の結果、ボイラーが不完全なために、とうていその任には堪えないことが判明した。この建造と整備には、わが国ではまだ試みられたことのなかったある新計画が採用されたのであるが、その試験のために一年が費やされたのである。このプリンストン号は結局、同艦隊に参加せず、ポーハタン号がそれに代わった。

けれども、このはがゆい遅滞の間も、提督はただ手をこまぬいていたわけではなかった。プリンストン号の完成を待っている間に、セントローレンス湾内の漁業に関して、ある行き違いが生じ、この地方に武装船を派遣しなければならなくなった。そこでミシシッピ号の航海準備をし、ペリー提督が乗船して漁業地に赴き、イギリスおよびアメリカの漁業関係者相互の権利について、穏便に調停する役を務めることになったのである。提督は、この任務を政府が満足するように遂行してニューヨークに帰還すると、すみやかに東方使節が出発できるよう、あらゆる障害が除かれることを切に願ったのだった。

合衆国の日本への遠征隊派遣決定が発表されると、たちまち世界中のあらゆる文明圏から、同行の許可を求める申請が出された。ヨーロッパやアメリカの文人、学者、そして旅行家たちは、熱心に遠征隊への参加を求めた。そして、なかには、わが政府がこうした請願者の何人かを派遣せざるをえないようにするために、最高権威者から圧力が加えられたことさえあったが、ペリー提督は断固としてこうした請願をいっさい拒絶し続けた。

この拒絶理由については、ここでふれておくのが適当だろう。司令官に与えられた任務は特殊な性質のものであり、極度の慎重さと微妙な管理とを要した。彼は、これを達成するための最善の方法について独自の見解を持っていた。すなわち、成功のための基本的条件は、この任務の間、司令官が絶対的な権力を持つことであり、それにはきわめて厳正な秩序と規律とを維持することが不可欠であった。これを実現するためには、厳正な軍事的統制が必要だったが、一般人が海軍の軍律の拘束、船上での閉塞《へいそく》、雑居する船中での健康を保つために必要な衛生上の規律に、忍耐をもって服従するとは考えられなかったのである。

それに、正規の乗り組み士官を収容したあとには、快適で便利な陸上の生活に慣れた科学者や、その書物や機器を収容する余地はほとんどなさそうだった。加えて、彼らが上陸したときに、不注意や自分たちの言動のせいで現地の住民との間にもめごとを引き起こし、司令官に迷惑をかけるおそれは言うにおよばず、好奇心から、あるいは科学的調査の必要があっても、希望する場所に自由に行ったり来たりできなければ、彼らを著しく失望させることになるだろう。

しかし、拒絶の最も有力な根拠となったのは、この遠征隊の目的が学術調査ではなく、軍事、外交的なものだという事実である。両方を試みようとすれば、かえって虻蜂《あぶはち》取らずに終わることになるだろう。それに、まず第一の試みが好結果を収めれば、いずれほかの試みにも成功の道が開かれるだろう。いずれにせよ司令官は、一時に一事を行うのが最善であり、自分に実現を託された一事を、なにをおいても優先させねばならぬと考えたのである。

また、厳格な海軍の規律に従わない科学者を同行させるとなると、もうひとつ、かなり厄介な調整を要する問題が生じるおそれがあった。提督訓令は、指揮下にある人々に、艦隊の動きや、これを構成している船舶の訓練と隊内の規律に関することを、いかなる新聞や刊行物にも伝えることを禁止するよう命じており、友人への私信でさえ、これらの事柄には触れぬよう求められた。遠征隊員が保持している日記や私記はすべて、海軍省から刊行許可がおりるまでは政府に所属するものとみなされた。これらの規則の目的は、ほかの列強に情報が伝わって、わが国の使命の成功が危うくならないよう、情報を抑えることにあった。ほかの国々、ことにロシアは、合衆国が日本に艦隊を派遣することを知るや、ただちに自国艦船の日本派遣を命じたという報せが入っていた。ところで、科学者諸氏の友人や家族との通信は、彼らと司令官の間で論議を要する微妙な問題であった。提督としては、科学者の私信を見たり、書くべき内容を指示したりするようなことはしたくなかった。そのためには、こうすることが、いざこざが起こる可能性を防止し、悶着《もんちゃく》を避ける最善の策であった。

提督のこの決定には、ある職業的な心情も影響していた。彼には、海軍士官の科学的観察や研究への志向を育てたいという希望があったのである。彼らの中にはすでに科学者として名を知られている者も多かった。良い機会が提供され、観察の便に恵まれれば、士官たちは学究にもなるはずだった。たとえ最初のうちは、かならずしも見聞きした事物を学問的に説明できなくても、ほかの研究者が解釈できるように、もろもろの事実を記録することはできる。それに、そうした事実や理論は確実に士官たちの身につき、その科学的知識をより豊かにすることになるはずだ。わが国の陸軍士官の多くは科学者である。わが海軍士官たちがそうであってはならないという理由はない。

提督が、請願者の人格に関わりなく、同行を拒否することを決意した一般的理由は以上である。ただし、次のことは付記しておいてもよいだろう。すなわち遠征隊に加わることを切に希望し、遠征隊の帰還後に、この遠征に関して真実と異なることを発表した一個人(フォン・シーボルト博士)については、ペリー提督は人格上の理由で拒絶したのである。提督は外国から受け取った報告から彼がロシアのスパイではないかという疑いを持ち、また彼が日本滞在中に法を犯してその生活を奪われ、追放されたことも知っていたのである。

ペリー艦隊の出航——ミシシッピ号ただ一隻で

さて、提督がセントローレンス湾から帰還してみると、麾下《きか》の艦船はまったく航海の準備が整っていなかった。そこで彼はミシシッピ号に乗船してニューヨークを出発し、アナポリスに向かった。とりあえずこの一隻だけで出航し、指揮下に編入された艤装中の艦船といずれ合流する機会を待つのでなければ、なお数ヵ月間、合衆国にとどまらなければならないことが、すぐさま判明したのである。したがって彼は、それ以上の遅れを避け、この艦隊に属するほかの艦船もできるだけすみやかに後に続くという了解のもとに、海軍省の許可を受けてミシシッピ号で航海を続ける決心をしたのだった。

アナポリスからの出発に際しては、フィルモア大統領が、海軍長官をはじめとする高名な紳士淑女を従えて同艦を訪れ、提督と士官たちを送別した。ミシシッピ号とプリンストン号がチェサピーク湾を汽走していたとき、プリンストン号はこのたびの航海にはきわめて不適当であることが分かった。機械装置が機能しなかったのである。そこでノーフォークに到着したところで、ポーハタン号（この艦は、ちょうど西インド諸島から到着したところだった）がプリンストン号に代わることになった。

遅滞にしびれをきらした提督は、これ以上僚艦を待つ気になれず、そこで一八五二年一一月二四日、ミシシッピ号のみでノーフォークを出発し、石炭と食料の供給の便を考えて外回り航路をとり、マデイラ、喜望峰、モーリシャス、シンガポールを経由する計画で、日本への遣使の途に就いたのである。

＊1　東洋との通商関係の確立の問題は、わが国で非常に多数の人々の心を占めていたが、その論議が誰によって始められたのか、確言するのはもちろん不可能である。ただ、ある紳士（ニューヨークのアーロン・H・パーマー氏）の言によれば、当人が、少なくとも初期にその重要性を指摘したひとりであるという。

プンタ・トリスタン〔アトリストー岬〕沖を通過する
合衆国蒸気フリゲート艦ミシシッピ号

第2章

大西洋を越えて

ノーフォーク～セント・ヘレナ島

一八五二年一一月二四日～一八五三年一月一一日

初めての陸地――マデイラ島

チェサピーク岬をあとにしてからの一〇日間、南から、ついで北北東から吹く強風で、海は「のたうつ」ように荒れ狂った。さらに風向きが西に変わって激しく吹き荒れ、船は不快に翻弄《ほんろう》された。しかし、提督が高く評価していたように、ミシシッピ号は優れた性能を維持し、これまで常にそうであったようにきわめて順調に機能して、全航程を平均七ノット〔時速約一三キロメートル。一ノットは時速約一・八キロメートル〕以上で進んだ。喫水が異常なほどに深く水中に沈んでいたが、一二の汽罐《きかん》のうち八基が使用され、カンバーランド炭の一日の消費量は、約二六トンであった。

メキシコ湾流を横切ったあと、約一ノットの南西海流に遭遇した。この海流は、船がマデイラから一〇〇〇海里〔一海里は一・八五キロメートル〕以内に入るまで続き、そこで完全に途切れた。マデイラ島にいたる航程では、それ以外の海流とは出会わなかった。

ノーフォークを発《た》って一七日目の一二月一一日夕刻、陸地が見えた。この島の最北端「アトリストー岬」にさしかかると、西南西から強風が吹いていたため、海面は激しく「ローリング」していた。そこで、もっと船を舫《もや》うのに適した比較的穏やかな水域を探しながら、島の北側に沿って船を進めた。

島の沿岸を航行する間に、あちこちの風浪から遮蔽《しゃへい》された入り江に非常に美しい村々が

マデイラの町フンシャルの景色

あるのが見えた。これらの村落は、たいてい谷裾《たにすそ》の、海岸線が出入りしている場所に位置し、この入り組んだ部分が、この島の産物の積み出し港である「フンシャル」への運搬に使う小船を気軽に投《とう》錨《びょう》しておく場所になっているのだった。

その風景の美しさがいやまして、遠征隊の画家の間に、称賛と興奮とが湧《わ》き起こったのは、ちょうど雨季が終わったばかりで、山肌を下る奔流が、幾筋もの美しい滝となって流れ落ちているさまが船から眺められたときのことだった。

ここ数日にわたって風が吹きフンシャル湾も荒れていて、この港に停泊するのは安全ではないことが分かっていたので、いったんディザーターズ島の風下へ行き、そこで停泊の好機を待つことになった。

しかし、島の東南の突端を回り込もうと

したとき、風が著しく弱まって北寄りの西風になり、そのまま安全に停泊地に直行できそうになった。そこで一二日の日暮れに、船はフンシャルの町の城の背面とルー岩《ロック》が眺められる水深三三尋《ひろ》〔約六〇メートル。一尋は約一・八三メートル〕の地点に錨《いかり》を下ろした。

それからまもなく、合衆国副領事のベイマン氏が数人の石炭仲買人を伴って舷側《げんそく》に船をつけ、ミシシッピ号が次の水曜日の夜には出航できるよう、必要な石炭と水を供給する手はずを整えてくれた。翌朝（一三日月曜日）夜が明けると、さっそく石炭と水を積んだはしけ船がやってくるのが見え、水曜日の午後四時までには、四五〇〇トンの石炭と一万ガロン〔約三万八〇〇〇リットル。一（米）ガロンは約三・七八リットル〕の水のほか、多数の品物が船に積み込まれた。ここで、ひとつ述べておくことがある。石炭の仲買人たちは、もっと町に近い水深約一〇尋のところ、ルー岩で西風がさえぎられている地点に船を停泊させるようしきりに望んでいたが、提督は地勢を観察した結果、強風の中でそこから安全に出航することは小型の蒸気船でさえむずかしいと確信したため、指定の地点へ船を移動することには頑として応じなかったのである。冬期には、フンシャル港内ではどこも安全に停泊できず、強風が南東から西南西に変わるときには、停泊中の船は外海に出て好天になるまで港の外で待たなければならない。事実、島の南側に位置するフンシャルには吹きさらしの係留場が一ヵ所しかなく、しかも湾の底は岩だらけで平坦ではなかったのである。島は全体が玄武岩の塊といってよい。一一月から二月にかけて、南東や南西から強風がさかんに吹き、この停泊地は非常に危険になる。

マデイラのルー岩《ロツク》とポンティーニャ

主都フンシャル──ブドウ酒と保養の町

フンシャルの人々はいまでも客を温かくもてなす気質を持っており、なかでも遠征隊員に対して、J・H・マーチ氏ほどその美徳を惜しみなく発揮してくれた人物はいなかった。氏は三〇年以上合衆国領事を務めた人であり、その豊かな財力にまかせて、町と郊外にある邸宅に、しかるべき同国人を招いて歓待することを喜びとしていたのだった。

この町には、海岸沿いに立派な建物が立ち並ぶ一本の広い街路がある。そして、この街路と直角に無数の小路が後方にのび、遠く丘の斜面にいたっている。人口は約二万人にのぼる。この島は交易がさかんで、大部分がイギリス相手である。輸出額は、年間五〇万ポンドに達するといわれ、その主要品目はブドウ酒である。ポルトガルの植民地となった当初は、砂糖の栽培が大規模に行われていたが、西インド諸島が開拓されたあとは、それに代わってブドウ酒が主要な産物となった。

気候が健康に良いことから、フンシャルは、療養者のための保養地となっているため、この島では、居心地の良い洗練された社交界も難なく見出すことができる。当地を訪れる人の多くはイギリス人であるが、よく知られるように彼らは戸外で行うスポーツの愛好家であることから、療養者向けの交通の便をはかるため、ある珍しい方法が導入されている。

町の道路は舗装されていて、車輪のついた乗り物の使用が禁止されていたため、ごく最

フンシャルの大聖堂

近まで、病人ばかりでなく、一般の訪問者も輿《こし》やハンモックを利用していた。しかし、こうした乗り物が不便であることから、代用物として、あるものが作られたのである。それは、ブドウ酒の樽《たる》などの重い荷物を路上で運ぶのに使われる単純なソリで、それに派手に飾った車体をつけて、牛に引かせるのである。昨今はこれが流行の乗り物となっており、提督も旗艦長や副官を伴い、この乗り物であちこちに公式訪問を行ったのだった。町の中には、わが国の馬車のたまり場のようなところがあって、そこには、牛をつなぎ、客を乗せるばかりになったソリが待機している。

とはいえ、けっしてほかに輸送手段がないわけではない。馬に乗った人々も見受けられ、エスコートの騎士や馬丁《ばてい》を連れずに颯爽《さっそう》と騎馬でゆく麗人もいるが、ただし、馬に歩調を合わせて歩きながら蠅《はえ》などの虫を追い払ってやる従者がついている。ロバもよく見かける。おそらくこの島の道路では最も荷役に重宝されているのだろう。

ペリー提督の所見と確信――海軍長官との公式書簡

マディラでの停泊中、提督は、自らに委任された大切な使命について深く思いをめぐらし、自分の思慮分別に大きな信頼が寄せられているならなおのこと、国務省に、これから着手することになる処置について、彼自身の見解を明らかにしておくのが最善であると考えた。そこで提督は、海軍長官に公式書簡を送った。それをここに収録しておく。この文書は、この重要な任務についての提督の円熟した所見の記録であるばかりでなく、読者がこの遠征記を読み進めるなかで、提督の期待がどの程度まで実現したのか、また、当初の意図にどれほど近づけることができたかを確かめる手がかりともなろう。

ペリー提督より海軍長官へ

合衆国蒸気フリゲート艦ミシシッピ号
マディラ　一八五二年一二月一四日

拝啓　合衆国を発って以来、私は、今回の日本訪問によって生ずべき結果について、十分に省察する閑暇を持つことができた。未知の政府をなんらかの実務的な交渉に応じさせることに、ただちに成功する機会があるかどうかについて、心中にはいまだ疑念があるものの、私は最終的にこの大きな目的が実現するものと信じている。予備的な段階として、また容易に成しえることのひとつとして、わが国の捕鯨船そのほかの船舶の避難および物資供給のために、ひとつないしそれ以上の港をただちに獲得しなければならない。日本政府が本土にこのような港を認可することに異議を唱え、武力と流血に訴えることなくしてはそれが獲得できないならば、艦隊は日本の南の島々のうち、良港を有し、かつ水と物資の入手の便の良いひとつないし二つの島に集結地を設けて、住民を親切で温和に処遇して懐柔し、彼らとの友好関係を築くよう努めることが、まずはじめに望ましく、かつ必要な処置であると思われる。

琉球群島と呼ばれる諸島は、数世紀前に日本の武力によって征服され、日本の属領であるといわれているが、その実際の主権については、中国政府が異議を唱えている。

この群島は、日本帝国の諸侯の中でも最も強力な薩摩《さつま》侯の管轄下にある。同侯は、かつて慈悲心から来訪した非武装のアメリカ船、モリソン号を領地内のある港におびき寄せ、急遽《きゅうきょ》構築した砲台から砲撃した人物である。薩摩侯は、服従を強制するいかなる権力よりも、むしろ素朴な島民を恐れさせる威力によって、自己の権利を行使している。島民は長い間、政策上の目的から、武装を解かれているため、その意図があったとしても、支配者の過酷な圧制に反抗する手段を持たない。

さて、私の思うところ、この群島の主要な港を占拠することは、わが国の軍艦の便宜のためにも、いかなる国の商船であれ、その安全な停泊のためにも、道徳上の慣例の最も厳格な規範によって正当化されるばかりでなく、厳正な緊急性の慣例からも考慮されるべき処置である。そして、この主張は、たとえ文明に伴う悪徳が住民の間に必然的にもたらされるにしても、彼らの境遇の改善という確実な結果にかんがみ、いっそう強められるであろう。

かつて艦隊を指揮したアフリカ沿岸やメキシコ湾で、私は多くの都市や村を服従させる任務を果たしてきたが、私の有する制限のない権力を、被征服民を苦しめるのではなく、むしろ慰め、保護することに用いたため、彼らの好意と信頼を得ることはけっして困難ではなかった。そしてわが海軍が退去する際には、彼らはかつての敵に対して、感謝と好意を示してくれたものである。したがって私は、くだんの島民も、もし厳格な正義と温和な親切さをもって接すれば、信頼には信頼をもって応え、やがては日本人も、われわれを友人とみなすことを覚えるものと信ずるのである。

これら避難港を確保するに際しては、そこに寄港する船舶への食料供給の手段を準備することが望ましく、したがって現地での果実や野菜などの栽培を奨励する必要があり、この目的を達成する一助として、さまざまな種子を用意している。しかし、この目的をいっそう推進させるために、わが国の比較的簡単な農機具を数種送ってもらい、それを彼らの使用に供し、かつ贈呈するならば、当面の目的にきわめて重要な寄与をなすはずである。たとえば、普通の耕耘《こううん》機、鋤《すき》と馬鍬《まぐわ》、スコップ、各種の鍬《くわ》、脱穀機と簸穀機《はこくき》、ことに綿と種、米と籾《もみ》とを選り分けるための発明品など。

また、ハーグ駐在の代理大使フォルソム氏に宛《あ》てた私の書簡（その写しは国務省に保管されている）の問題に関しては、世界各国の政府の実情を描写した印刷物を流布させ、ことに合衆国が適正な法律のもとで非常に繁栄していることを示して、オランダの恥ずべき策謀をくじくのは良い政策であろう。

この目的を達成するために、私はすでに合衆国の市民生活と政府の状況を伝えることのできる文書、たとえば国勢調査表、郵便と鉄道の報告、インディアンおよび公有地の管理局の報告、陸海軍の記録、さらにニューヨーク州のすばらしい刊行物などを用意している。

さらに、活字と資材を備えた小型の印刷機は、オランダの虚報に惑わされている日本人の迷いを解くために考慮された情報を出版する手段を与えてくれるので、われわれの計画の推進にとって大いに効果を発揮するものと考えている。

日本政府は、現代のあらゆる言語に通じる学者を擁しており、その旺盛《おうせい》な好奇心から、このような印刷物は、許可さえおりれば、すぐに翻訳されることだろう。

このようにして、少なくともまず寄港地を確保し、労働や物資等への支払いにおいて住民との交流を規制するある種の衡平《こうへい》法が整備され、手近なところに必需品や石炭の貯蔵所を確保することができれば、帝国政府とのしかるべき友好的な理解をもたらすための、より有効な活動ができると思われる。いずれにしても、カリフォルニアと中国の間を往復する蒸気船その他の船舶は、その途上で安全な港を見出せるようになり、この交流によって、いずれはわれわれの平和的な意図がよりよく理解されることが十分に期待できるはずである。

私の見通しは楽観的にすぎると言われるかもしれない。確かにそうかもしれないが、しかし、私は成功を強く確信している。事実、成功はわが政府の命令なのであり、いかなる事情があろうとも、それは成し遂げられなければならない。国家の名誉が、そして通商の利益が、それを要求している。海洋上のわが競争相手であるイギリスの東洋における属領を目にし、イギリスの軍港が不断に、かつ急速に増加するのを見れば、当方も迅速な方策を推し進める必要に迫られている。

世界地図を眺めると、大英帝国はすでに東インドや中国の海湾、ことに中国の海湾において、最も重要な地点を手中に収めている。

彼らはシンガポールによって南西の、香港によって北東の門戸をおさえ、ボルネオ東岸のラブアン島によってその中間地点をも支配しており、これらの海域における莫《ばく》大《だい》な通商を意のままに遮断し、制御する力を備えているであろう。その価値は船舶トン数にして三〇万トン、船荷の額にして一五〇〇万スターリングを下らないといわれている。（＊1）

幸いにして日本および太平洋上の島々の多くにはいまだにこの「併呑《へいどん》」政府の手は及んでおらず、その中のあるものは、合衆国にとって重要な意味を持つことになる通商の道筋の途上に位置するため、十分な数の避難港を確保するための積極的な方策をとることには、一刻の猶予もならない。それゆえ、私は麾下《きか》に入るべきポーハタン号をはじめとする諸船の到着を待ちわびるものである。
この、忌憚《きたん》のない、非公式の信書において、私は世界中で異常な注意を呼び起こしている問題についての自らの所見を開陳した。そして、国務省におかれても、私がこれから遂行すべく提案したこの方針を承認していただけるものと信ずる。

大いなる敬意を込めて、閣下の忠実なるしもべ

東インド艦隊司令官
M・C・ペリー

ワシントン
海軍長官　ジョン・P・ケネディ閣下

この信書に対する回答が提督のもとに届くまでには、むろん、何ヵ月もかかった。しかし、その回答は、意思疎通が継続してなされていたこと、そして政府の精神と提督への信頼とを示すものであることから、これを注として付記しておく。（＊2）

マデイラを出航――貿易風に乗って南へ帆走

一二月一五日水曜日の夕方、ミシシッピ号は錨を上げて蒸気で航海を続け、カナリア諸島のひとつパルマの西方を通過する針路をとった。一七日の明け方、この島が見えた。そして、この群島の最南西に位置するイエロ島またはフェロ島の風下に達したところで、艦の両側のフロート、つまり外輪の水かき板がはずされ、火が落とされて、艦は完全に帆にまかされた。

この変更は、艦がまもなく北東貿易風の推進力の下に入ると予測されたためである。水かき板が上げられたときには、東南東から微風が吹いており、それはやがて北東貿易風となって定着するものと思われた。ところが、これがさらに南方に向きを変えて、結局、南南西からの風になったため、士官たちは仰天した。カナリア諸島の天候はうす暗くかすんでおり、テネリフ島はまったく見えず、ただゴメラ島がぼんやりと見えるだけだった。フンボルト男爵が語っていたことからすれば、これは注目すべきことだった。彼によれば、七、八月の温暖で乾燥した時期には、テネリフの峰は遠方からは稀《まれ》にしか見えないが、空がわずかに曇っている一、二月、また大雨の直前や直後には、はるか遠くからでも見えるということだったからである。これは、一定量の水分が大気中に均等に分散していると、空気の透明度が非常に高くなるという現象によって生じるのである。

ミシシッピ号がノーフォークを一ヵ月前に離れて以来、提督が観察し、少なからず驚い

クラルから見たマデイラのフンシャル

ていた現象があった。それは、北西から異常なうねりが寄せてくることであり、この波は、艦がすっかり貿易風の圏内に入るまで一時も止まなかった。それどころか、圏内に入ってからも、定期的な風によって作り出される規則正しい海面の乱れや波の不快な交差運動が生じて、その影響が感じられた。このうねりがそれほど長く続いている原因を説明するのはむずかしい。艦が通ってきた海域では、そんな波を引き起こすほどの風の猛威を経験しなかったことはまったく確かであり、一八日以降は、風はしごく穏やかだったのである。提督の推測によれば、もっと高緯度の海域は、この北西の強風の余波があり、その風は大洋全体にうねりを起こすほど長く吹き続け、そのうねりは、やや穏やかではあるが、不断に流れる熱帯のうねりにぶつかるまでは静まることがないはずだというのである。

おそらく、このうねりの影響もあって、貿易風の北の境界は通常よりかなり南にずれていたのだろう。水かき板をはずしてから二〇日まで、風は南、および西から吹き続け、ついで北、および西に、最後に北東に変わった。このとき、つまり二〇日の午前八時頃、北緯二五度四四分、西経二〇度二三分で、艦がやっと貿易風の圏内に入ったとみなすことができたのだった。この地点は、この季節における貿易風の北の境界から、異常に南にはずれていた。貿易風帯の北と南の境界は変化しうることを、考慮に入れておく必要がある。わが国の夏には、その南東部分の北の境界が最も北に寄って、北東部分は勢いがごく弱い。冬にはこれがまったく逆になる。秋には貿易風帯が最も北に寄り、春は最も南に寄る。

一二月二二日に提督は、海軍長官の命令を公布するため、艦隊の動向を母国の公共刊行物に通信したり、友人への私信の中でそのような情報に触れることを禁じる一般命令を発した。海軍長官はまた、遠征隊員の私記や日記も政府に所属するものとみなされ、海軍省の明確な許可がおりるまでは公表しないよう求めていた。

その翌日に出された第二の一般命令は、次のようなものだった。

「当艦隊の士官諸氏の才能と学識が適切な指示のもとに活用されるならば、現航海中に諸氏の観察下に入るべき芸術および科学に関するさまざまな事物を、簡潔かつ実際的に調査し解明するに足るものと思量し、かつわが指揮下にある艦内の船室にも制限があることから、私は、民間から専門家を雇い入れて、より直接的に科学に関する部門に携わらせることに常に反対してきた。

それゆえ、私は次のように要求し、また命じるものである。すなわち、各艦の士官諸氏は、その正規の勤務から割くことのできる時間の一部と、適当な休養時間を使用し、必要と思われる情報を幅広く収集すること。そして、その調査を明快に、組織立てて行うために、とくに必要な情報と関連のある種々の部門を列挙した紙を配布するので、各自、自分の趣味と性向とに最も合った部門を、ひとつかそれ以上選択すること。

全艦長および指揮官は、以下にあげる分野の研究に熱心に協力する士官諸氏に、配属各艦船の正規の任務に支障のない限り、あらゆる便宜をはかること。なお、私が士官諸氏に対し、不本意な任務を果たすことを公式に要求しているのでないことをよく理解されたい。私は、わが権限の正当な範囲内における任務のみを要求し、士官諸氏が適当とみなす限り、公務上の観点から不要と思われる調査に携わることも諸氏の意志に任せる。全般的な作業に貢献すべき各人の努力に注目することは、私の最大の喜びとするところである」(＊3)

一二月二一日、二二日、および二三日は、風は北と東から吹き続けた。そして二三日の正午頃からは、風は南寄りの東に傾いたが、夜になってさらに北に向きを変えた。二四日、船がブラヴァ島とフォゴ島と並ぶように航行していたとき、風は東北東から吹いていた。しかし、もやがかかっていたため、フォゴ島の影のほかにはなにも見えなかった。おそらくこのもやは、前述したような特異な風の状態と関連があると思われる。このことは、自然現象として記録しておくことにする。もやはこの緯度にはよく見られ、多くの人々は、「ハルマッタン」によってもたらされると考えている。これは、アフリカを横断する風につけられた呼び名であり、このハルマッタンは、アフリカを吹き過ぎるときに微細な塵《ちり》を取り込んで、はるか西まで運んでくると推測されている。提督自身も、以前の航海の際、ヴェルデ岬諸島から五〇〇海里以上西のところで、この塵またはもやを見たことがあった。一八四四年にアフリカの西岸で艦隊を指揮していたときに、彼はこの風に関連したいくつかの事実を丹念に書き記しているが、それは、この沿岸一帯では確かに最も注目すべきことだった。このもやの特異な影響については、数々の信じがたい話が伝えられている。たとえば、その乾いた微妙な特性がさまざまな病気を抑制したり治したりし、慢性的な潰瘍《かいよう》をすっかり癒《いや》してしまう、あるいは家具を壊したり、窓ガラスを割ったり、時計の動きを止めてしまうといった類《たぐい》の言い伝えである。しかし、こうした不思議な話を別にしても、この風の影響は確かにすさまじい。シロッコや、ギリシア群島のレヴァンターといくらか似ているところもある。

ハルマッタンは一二月の半ば頃に起こり、三月の下旬まで吹き続ける。シロッコのように、この風もアフリカの砂漠で生じると考えられてきたが、焼けつくような重苦しい熱気をもたらすシロッコとは違い、身を切るような冷たい風である。常に陸の方から吹いてきて、ときには勢いを増して強風となる。しかし、その期間を通じてたえず吹いているわけではなく、しばしば中断して、そのときは弱い陸風や海風がとって代わる。

ヴェルデ岬諸島とガンビアでは、このハルマッタンは、この地方に一定の季節に吹きつのる北東貿易風と合流し、一月から四月までほとんど止むことなく吹き続ける。ある仮説によれば、ハルマッタンはアフリカの砂漠や大地の上を吹き過ぎるときに大量の砂塵《さじん》を含み、それが大気中に密集して漂い、大気をかすませ、ときには太陽を陰らせて、わずか五マイル向こうの陸地さえ見えなくしてしまうのだという。確かに風と塵と、もやの深い大気があることには疑いの余地はなく、このもやはおそらく塵だけで作られていると思われる。「ハルマッタン」の季節には、この特異な現象は、大陸から四〇〇海里離れたヴェルデ岬諸島でいつでも見られ、船の帆や索具や甲板をおおうほどの量の塵がたえず降ってくる。そして、さらに七〇〇海里西でもこのような現象に遭遇することがあるといわれている。

しかし、最近の調査によれば、この風に含まれる塵の源について、やや疑問が出てきたようである。砂塵はアフリカ沿岸でも見られるため、最も近く、よく知られた砂漠がその源だと考えられたのは無理からぬことだった。しかし、エーレンベルグの顕微鏡による検査の結果は、その塵が、もっと離れたところから運ばれてくる可能性を暗示しているようだ。ヴェルデ岬諸島で採ったこの塵は、分析の結果、アフリカではなく南アメリカの南東貿易風帯に棲息《せいそく》する繊毛虫類、すなわち有機物から成っていることが分かったのである。したがってこの塵ははるか遠く南アメリカから南東貿易風によって運ばれてきたと考えられる。しかし、これが事実だとすると、このような大気現象を引き起こす風の原理には、まだ断定的な結論を下せるほど十分に理解されていない要因があると言わざるをえない。より多くの事実を収集することが必要である。エーレンベルグによる発見は非常に重要であり、これまでの一般的な仮説に疑問を投げかけるのに十分である。

セント・ヘレナ島へ舵を向ける――赤道を通過

北東貿易風は、一二月三〇日まで吹き続けた。船がちょうど北緯六度八分、西経一六度三四分に達したときに東方からスコールがやってきて、風向きは南に変わり、その後やや変化はあったが、一八五三年一月二日に北緯一度四四分、西経一一度三七分に達するまで吹き続けた。そしてこの日、船は南東貿易風に出会ったが、この風は波のうねりをもたらし、船の進行をかなり妨げた。しかし、それより前の一二月二九日には、北東貿易風は弱く不定になり、ときおり止むようになったので、ふたたび外輪に水かき板が取り付けられ、船は蒸気で運転されたが、汽罐は二つ使われただけだった。微風があって海が穏やかなときは、この二基で十分に七ノット〔時速約一三キロメートル〕の速度を出せることが分かった。しかし、逆波を伴う南東貿易風が吹き始めると、速度は四・五ノットないし五ノットに落ちた。そこでさらに二基の汽罐を使うと、すぐまた七ノットに戻った。石炭は、毎日二六トンが消費された。

マデイラを出発したときに提督が目標としたのは、どこにも立ち寄らずに喜望峰まで一気に航行することだった。帆を適切に使用すれば、石炭の積載量からいって、これは難なく達成できると思われたが、北東貿易風が、この季節にしては、通常よりはるかに北で止み、したがって南東貿易風が早くに起こったことから、提督はセント・ヘレナ島に舵《かじ》を向けるよう命令した。念のために、そこで石炭を補充しておくのが望ましいと思われたからである。

ノーフォークを出発して以来、ずっと海流を観察してきた提督の意見では、これまで艦が遭遇してきたものは海洋の表面に及ぼす風の影響に起因するにすぎず、概して、といっても普遍的な真実というわけではないにせよ、海流は、卓越風の方向に流れると言えるのではないかという。少なくとも、それは、提督の海上での長期にわたる観察と経験から形成された見解だった。しかしおそらく、風によって海面に生じる部分的な流れのほかにも、さまざまな海流があると思われた。それらの海流は、場所や深さで海水の比重に差があるために起こる。この差が均衡を破り、それをふたたび回復しようとする水の力が海流を引き起こすのである。

したがって、海面上と海面下では、ある系統の海流とそれに逆行する海流とがさまざまな度合いでたえず動いている。それについては、まだまだ完全な知識や理解は得られてはいないが、それらが存在するはずだという原則は、次のような水理学の法則から分かる。すなわち、同じ水平面にある二つの液体に比重の差がある場合、一方が他方を平均化するのでなく、両方がともに動く。この動きが海流である。

海面上の海流と逆に流れる海面下の海流については、さまざまな興味深い実験がなされており、その存在がはっきりと証明されているかのように思えるが、その方向に関しては、かならずしも確定されてはいない。実際に航海に従事する水夫たちも、海面に近い海流の深さを知ろうと努力してきたが、それはかならずしも一定ではなく、その深さを正確に測ることは、不可能ではないとしても、相当に困難なことである。

一八五三年一月三日、月曜日に、艦は西経一一度一分のところで赤道を横切った。それから七日までは、やや勢いのある風が正面から吹いてきた。この向かい風を受けた艦の動き（艦は真南に進路をとっていた）によって爽快《そうかい》になるどころか、士官室、ことに艦長室と、実に艦の後部全体がとりわけ不快なものになった。というのは、その風が煙突から出る熱気と煙を後尾にまともに運んできたからである。しかしこの風は、正面から吹いていたにもかかわらず、かならずしも艦の進行を遅らせたわけではない。蒸気船においては逆風を受けても、風のつくる逆波を受けるときほどには動きを阻害されないことに留意しなければならない。実際、蒸気船は、穏やかな海上においては、向かい風を受けることによって速度を増すことがある。それは、前方からの風によって汽罐《きかん》の通風が増すからである。

赤道を過ぎると、風と同じ方向、すなわち北に向かって三〇度西に流れる約一・五ノットの海流が見られた。

従軍牧師のジョーンズ師は、赤道地帯を通過する際に、きわめて注意深く、勤勉に黄道光を観察注記していた。黄道光の目をみはるような輝きには、乗組員全員が興味をひかれた。師は、将来、科学の進歩に役立つことを願って、その観察結果をすべて書き留めたのだった。

セント・ヘレナ島ジェームズタウン

一月一〇日の正午、艦はセント・ヘレナ島のジェームズタウンに到着した。

ここで艦は、必要からというより、むしろ用心のために石炭を補給した。乗組員用に、水と新鮮な食料も積み込んだ。

セント・ヘレナは一五〇二年にポルトガル人によって発見された。その後オランダ人の領土となったが、一六五一年に、彼らは喜望峰をとる代わりにここを手放した。ついでイギリスの東インド会社が領有し、イギリスとインドの間を行き来する船舶の停泊地となった。一七七二年にはオランダ人が一時ここを奪ったが、翌年にはふたたび東インド会社の手に落ちた。そして一八三三年まで同社が所有し、それから王室に譲渡されたのである。この島の基盤は玄武岩であり、その上に熔岩《ようがん》と岩滓《がんさい》が散らばって表面を形成している。明らかに火山島であり、遠くから見ると、洋上にそびえるピラミッド形の荒涼とした岩の塊にしか見えない。

近づくにつれてこの島は、六〇〇から一二〇〇フィート〔約一八〇〜三六〇メートル〕ぐらいの、ほぼ垂直に近い切り立った崖に取り巻かれているのが分かる。この崖は、ところどころ切れて、深い割れ目が海岸に向かって開けた狭い谷を形づくり、上はうねりながら棚状の高地までのびている。島の中央には、ダイアナ峰として知られる海抜二六九三フィートの高地がある。石灰質の分水嶺が東西に走って島を不均等に分け、北側の広くて住みやすい部分には、ジェームズタウン、ロングウッド、ブライアーズ、そして総督の夏の別荘になっているプランテーション・ハウスをはじめとする目ぼしい場所がいくつかある。島の周囲はおよそ二八マイル〔約四五キロメートル〕。ジェームズ渓谷の海側の端に位置するジェームズタウンは、この島で唯一の町および港で、人口は約二五〇〇人である。この町は、渓谷の上部まで約一マイルにわたってのびている舗装の行き届いた道路の両側に建設されている。そして、湾を見下ろすように、強力な水上砲台が設置されている。ジェームズ渓

セント・ヘレナ、ジェームズタウン

谷を上ってゆくと、ロングウッドという平地、あるいは台地に行きつく。ここは一五〇〇エーカー〔約六平方キロメートル。一エーカーは約四〇〇〇平方メートル〕の良好な土地で、海抜二〇〇〇フィートあり、南東に向かってなだらかに傾斜している。セント・ヘレナ島は、海上からは荒涼として見えるが、島内は豊かな緑におおわれ、肥沃《ひよく》な土地が、非常に多くの泉によって灌漑《かんがい》されている。ヨーロッパやアジアの果実や花々がうまく栽培され、角のある家畜、つまり羊や山羊も、立派な牧草地で養われている。大麦、燕麦《えんばく》、トウモロコシ、ジャガイモ、それに、ひととおりの一般的な野菜がたやすく生産されている。新鮮な牛肉、羊肉、鶏肉はいつでも手に入り、魚も豊富である。

気候は、熱帯地方では指折りの健康に良い気候である。プランテーション・ハウスでは、室内の寒暖計が最低六一度から最高七三度〔いずれも華氏。摂氏一六度〜二三度〕であり、六月から九月の間（冬季）は、戸外で五二度〔摂氏約一一度〕に下がることもある。ロングウッドではプランテーション・ハウスより気温は全般にやや低め、ジェームズタウンではやや高めである。夏の雨は一月か二月に降り、冬の雨は七月か八月に降る。

東インド会社は、この島を領有している間にすばらしい道路を建設し、現在の政府も、それをみごとに管理している。この道路は勾配《こうばい》があり、車、砲車、また馬や徒歩での通行にも適している。郊外に足を運ぶと耕地が見られるが、ここは南東貿易風に吹かれて島の上空に流れてくる雲が降らせる雨の恵みによってたえず緑が保たれ、渓谷におおいかぶさるように立つ荒涼とした断崖と際立った対照をなしている。実際、冬季は普通、雨が非常

ロングウッドに近い墓のある谷

に多く、ときには激流となって耕地に深刻な損害を与え、道路も一時、通行できなくなる。

こうして見てみると、身体的な快適さの面では、セント・ヘレナ島は最悪の牢獄《ろうごく》ではないことが分かる。そして、この環境が、ここに骨をうずめた、かの有名な囚人の怒りの抗議を呼び起こしたとすれば、その不満は、けっして彼を侮辱することのなかった自然環境ではなく、狭量な人々のつまらない無礼や、荒れた心を抑えるいらだちに発したものだろう。彼の心は、この隔離によって強いられた孤独と、以前の、群集と交わり人々を支配し、魔法のようにヨーロッパの運命を動かしていたこととの対照を痛感していたのだろう。彼には、舞台としての半球、玩具としての諸国民が、一種の必需品だった。セント・ヘレナでは、彼自身の心が最も重い鎖となっていたのだ。

しかし、わが艦の士官たちがこの島に興味を持ったのは、主にこの囚人への追憶であり、したがって、全員が第一の目的としてロングウッドと、かつてナポレオンの遺骸《いがい》がおさめられていた場所を訪れたのだった。

この傑出した人物が五年以上住み、そこで息をひきとったというみすぼらしい建物を眺めていると、地上の栄華のはかなさを痛感せずにはいられなかった。フランスの宮殿とロングウッドの農家、栄光のときのナポレオンと死の床のナポレオンとの対照は人に省察をうながし、無言の教訓を垂れているように思えた。しかしこの帝位を奪われた皇帝の住居は粗末であるが、亡き大人物の住居であり、俗用に使用されぬよう保護すべきものである。しかしロングウッドはその後、荒廃するにまかせられ、かつて皇帝の住んでいた住宅も、

セントヘレナのロングウッドにある古い家

いまでは普通の小屋にすぎなくなっている。この地所は王室によって島の農夫に賃貸しされ、好きなように家屋を建てることを許されたらしい。

　国家の政策として、この偉大にして野心的なヨーロッパの平和の攪乱者《かくらんしゃ》を、逃亡が不可能な場所に幽閉することが必要だったのかどうか、またこのときの処置を世界に向かって正当化したあらゆる論旨を是認するかどうかはさておいても、イギリス政府がその目的の遂行において必要以上に、あるいは同政府の意図を超えて、大きな苦しみと屈辱をもたらしたことを察することなしに、ロングウッドを眺めることはできない。今日では、イギリスの看守の人選が適切ではなかったと嘆くイギリス人も多い。

敷地を見てまわると、確かにそう思わ

ずにはいられない。指定の区域は連なる歩哨《ほしょう》の列でぐるりと取り囲まれ、住居からマスケット銃の射程内に部隊が露営し、そこに通じるあらゆる道は哨兵に厳重に守られ、海に面した敷地の端はまったく近づきがたい崖になっていて、およそ逃亡の機会などないことが、ひと目で分かるのである。イギリスの巡洋艦が島を取り囲み、要塞《ようさい》には多数の兵士が守備についているのであるから、せめて昼間だけでも執拗《しつよう》で無作法な監視の手をゆるめてもよかったのではないだろうか。安全をはかるためとはいえ、囚人に、たえず監視されていると感じさせる必要がはたしてあったのだろうか。

イギリスの内閣は、囚人を安全に監禁するよう命じた。不幸なことに、管理の方法については、細部にわたるまで看守の決定に委ねてしまったのである。

ナポレオンが眠っていた墓は、その遺骸がフランスに移されたため、人々の関心はいくらか薄れた。彼が死んだのは一八二一年五月一日である。そして一八四〇年一〇月四日に、彼の遺骸は、ド・ジョアンヴィユ公の指揮のもとに派遣されたフランスのフリゲート艦ベル・プール号に載せられ、故国に運ばれたのである。

セント・ヘレナの住民は勤勉に見えるが、艦の士官たちの経験に基づく意見を総合してみると、世界広しといえども、これほど慇懃《いんぎん》で悪辣《あくらつ》な盗っ人はいないということになる。疑いを知らない外国人を、一見、非常に親切に歓待するが、その見せかけのもてなしの代償として、きわめて容赦なく金をまきあげるのが住民たちのやり方だという。これには中傷も含まれていようが、艦がジェームズタウンに寄港している間に、ある事件が起こり、彼らの提供する親切が、ときには「見返り」を期待したものであることに疑いの余地はなくなった。この過度の親切の犠牲になったのは、わが艦の大尉のひとりだった。彼はロングウッドを訪れるつもりで、貸馬屋に馬を頼んでおいた。上陸すると、約束どおり、鞍《くら》をつけた馬が待っていた。彼が馬に乗ろうとしたとき、前日にふとしたことから出会ったひとりのジェームズタウンの市民が近づいてきて、いま乗ろうとしている馬よりはるかに優れた馬を持っていて、いつでも御用に供せるので、呼びにやりましょうかと申し出た。結局、がっかりしている馬丁には償いをして借りた馬を解約し、愛想のいい友人の馬を受け取ったが、あいにくこの馬は、解約した馬より劣っていることが分かった。しかし大尉は、数時間これを使い、迎えの馬丁にチップをやって馬を返した。

その日の晩、馬の持ち主が艦に訪ねてきたので、大尉は丁重に気前よくもてなしたあと馬の借り賃に相当するいくばくかの贈り物を強いて受け取らせた。この贈り物を受け取る様子が、大尉の目にはもっとなにか欲しがっているように思われたので、彼はたずねた。「馬の使用料を払わせていただけますか？」。すると「馬を気に入ってもらえて嬉《うれ》しう存じます。なに、貸し賃は相場の三ドルでけっこうですよ」という答えが返ってきた。さっそく支払うと、馬の持ち主は涼しい顔で、またいつでもどうぞと言い、「またこの島においでの節は、案内役をおおせつけください。半値で引き受けましょう」と抜け目のない顔で言ったのだった。それから丁重に、良い航海になるよう祈ると、大尉からの感謝のしるしである酒びんの首を片方のポケットからのぞかせ、もう一方をハバナ葉巻でふくらませてボートに乗り移ったのだった。

提督の戦略――ナポレオン奪還作戦？

ボナパルトが住んでいた当時、セント・ヘレナ島は厳重に防備を固められ、十分な守備隊が配置されて、まことに難攻不落と思われた。しかしこれは、世界の海軍に蒸気船が導入される前の話である。島の北側は厳重に守られているが、南側は強い貿易風をまともに受けるため、島に近づくことはほとんどできない。それでも、帆船が近づけないように砲台が設置されており、しかもその場所は、帆船が近づきうる唯一の航路を望む高い崖の上であるため、その目的は達せられたものと思われる。

ジェームズタウンの停泊地に近づく帆船は、海流が逆向きであるため島の東方を通り、シュガー・ローフ岬をすれすれに回る針路をとらざるをえない。そして、この岬の下で船首を風上に向けたとたんに、部分的に風が凪《な》いで、たちまち「プリンス・ルーパーツ・ライン」と呼ばれる巨大な砲台の砲口にさらされる。そこから停泊地にいたるまでは、重砲を十分に備えた砦《とりで》が続いている。西側の防備は手薄であるが、それは、潮流がこの方向にたえず走っているために、帆船が町を奇襲するのはきわめて困難であり、ときにはまったく不可能だからである。したがって、そちら側には小型砲が二つあるだけで、それを沈黙させるのは困難ではなさそうである。しかし、蒸気の助けを借りれば、適度な陸戦兵力と

セント・ヘレナのゲートから見たロングウッド

海軍力で、この島への攻撃を成功させられる公算が大きいことは容易に分かる。しかし、近づくのは西からでなければならない。島の西端の「ウェスト・ポイント」の真下はいつも波が静かであり、蒸気にたよれば、総力をここに集中することができる。

武装帆船をできるだけ蒸気船に寄せて防護しつつ密着した縦戦列をつくる。蒸気船は武装船を曳航《えいこう》し、兵員輸送船は、蒸気船の左舷《さげん》船尾側につながれることになる。上陸部隊は二隊に分けられ、町の門を突破するため、そして崖の上の砲台の背後を通って郊外に達する険しい道を攻撃縦隊が登っていくのを掩護《えんご》するために軽砲が準備されるだろう。兵士を乗せて上陸させるためのボートが下ろされ、兵員輸送船の左舷に着けられる。この二つの陸戦隊はそれぞれ別の地点に向かうはずである。

以上の準備が整い、艦船が船尾両側からの曳索《えいさく》によって、必要に応じて左舷にも右舷にも方向を変えて自由に動けるようになると、全艦隊はウェスト・ポイントに近づき、それから海図に「ロング・レッジ」と書かれている暗礁を避け、重砲が設置されている「ラダー・ヒル」の下にできるだけ近づきながら、約四分の一海里の距離を岸に沿って進む。町が見えるところまできたら繋留索によって錨を下ろし、道路の前面全体にわたる戦線を敷く。艦は右舷側で斉射しつつも、風や海流によって必要となれば、右舷または左舷に方向を変えるだろう。しかし、この航路では、船は常に風上に向かって旋回してはならないことを念頭においておかなければならない。

その間に一方の分隊は東に進んで埠頭《ふとう》から上陸し、舗装道路を進撃して、大砲で門を破る。もう一方の分隊は、艦の砲火線を避けてその西方に進み、「ラダー・ヒル」の麓《ふもと》の海岸づたいに、町の前面を防御している水上砲台の西側に上陸する。町を掌握したなら、両部隊はただちに、郊外に通じる道路の高所を確保する。丘の並びに一時的に大砲を据えれば、町と港とを効果的に制御することができるからである。

このようにして西から蒸気船によって近づく艦隊にとって唯一の障害となるのは、港を形成する小さな湾全体をにらんでいる強力な水上砲台だろう。もちろん、この砲台はこの場所を占領する前に沈黙させておかなければならないが、蒸気船によって西から接近するならば、全攻撃力をこの地点に集中することができるということを覚えておかなければならない。このように接近すれば、断崖になっている岸に常に密着していられる。主要な堡《ほう》塁《るい》は高い所にあるため、西から来る蒸気船を十分に制圧できるほど砲口を下げることができないだろう。

以上が、蒸気船の導入による海戦の大きな変化を素描した提督の説である。これに対抗できる海軍力によって防衛されていない限り、先に示されたような作戦をとれば、この島の占領は確かにさほど困難ではない。この島に防備がほどこされたときは、当時の状況における必要性をすべて満たす技術が駆使されていた。帆船によって接近してくる軍勢に対しては、現在でも難攻不落といえよう。風と潮流とは、防備が計画された際に計算に入れられた有力な援軍だったからである。しかしそれら自然の援軍をものともしない新しい原動力が出現したからには、即刻、新しい防衛態勢が必要である。これは、いずれ世界の状況に革命を引き起こすはずの、この強力な動力によってもたらされる変化のほんの一例にすぎない。

一月一一日火曜日、午後六時、ミシシッピ号は錨を上げてジェームズタウンを出港した。

＊1　一八四六年ニューヨークのハーパー・ブラザース商会刊行の『イギリス艦ディド号によるボルネオ遠征』二四章に記載されているクローフォード総督の意見参照。

＊2　エヴァレット氏（国務長官）よりペリー提督へ

一八五三年二月一五日　ワシントン国務省

拝啓　一二月一四日付の貴官の書簡は、海軍長官より当省に報告され、私から大統領に提出された。

大統領は、近づきやすい避難港を一ヵ所ないし二ヵ所確保することは、貴官の指揮する遠征隊の安全のためにきわめて望ましく、かつ必要なことであろうとの貴官の意見に同意している。もしそれが、武力に訴えることなしには日本諸島内に獲得できないのであれば、別の場所を探す必要があろう。琉球諸島ならばこの目的が達せられる見込みが大きいとの貴官の考えにも大統領は賛成しておられる。位置的に見て、この諸島は、目的によくかなっており、島民の友好的で平和的な気質も、貴官の訪問が歓迎されるという希望を抱かせるものである。

島民の了解を得て、それらの島々に一ないし二ヵ所の便利な地点を確保する際には、きわめて友好的かつ慰撫的な方針に従い、貴官の指揮下の全員に同様の行動を命ずること。食料を手に入れる場合は、十分な報酬をもって公正に購入すること。彼らについての記述にあるような、素朴で戦いを好まない島民に対して、貴官の部下に略奪および暴力行為を禁じ、万難を排してそのような事態を防ぐこと。一見して、貴官の来訪が彼らに利益をもたらすものであって、危害を及ぼすものではないことを示すこと。攻撃を受けたときも、防御と自衛の最後の手段となる場合を除き、武力を用いてはならない。

大統領は、現地人の関心を農業に向けさせるという貴官の案に賛成し、指定の農機具をヴァーモント号で送るよう命令した。各種印刷物に必要な活字と資材を備えた小型印刷機もヴァーモント号で送るよう命令した。

大統領は、貴官が自らの指揮に委ねられた計画の重要性をよく認識していることを認めて満足している。その成功は、主に貴官の思慮と手際とにかかっており、貴官の方策が貴官独自の知恵と思慮に名声をもたらし、わが国に名誉を与えることに大いなる確信を抱いている。

敬意を込めて、貴官の忠実なるしもべ

エドワード・エヴァレット

中国海域合衆国海軍司令長官

M・C・ペリー提督

＊3

提督が、この命令の中で提案しているのは、水路学、気象学、戦争用および通商用の造船技術、軍事、地質学、地理学、地球磁気学、言語学および民族学、芸術問題、服飾等、宗教、疾病および衛生法規、農業、物資供給の統計、植物学、昆虫学、鳥類学、動物学、貝類学、魚類学、磁気電信機などの部門だった。そしてこの遠征記の補遺〔原書の第二、三巻〕を見れば、士官の学識や熱意についての提督の判断に誤りがなかったことが分かる。

第3章　喜望峰をめざして

セント・ヘレナ島～喜望峰～モーリシャス
一八五三年一月一一日～二月一八日

喜望峰までの航路

セント・ヘレナを出発すると、船は喜望峰に向かう航路をとった。セント・ヘレナへの寄港は、提督の慎重な配慮からにすぎなかった。提督の意見では、マデイラから喜望峰へ行く蒸気船にとって最良、最速の航路は（燃料の石炭を十分に積んでいれば）ヴェルデ岬諸島からまっすぐにアフリカ沿岸のケープ・パルマスに向かい、それから海岸に沿ってテーブル湾にいたる航路である。

ジェームズタウンを出港すると、貿易風に遭遇した。風はほぼ南東から、ときには穏やかに、ときにはさわやかに吹いた。しかし、夜間はいつでも昼間より強くなり、細かい逆波を立てるので、船の速度は非常に阻害された。蒸気力を増すことはたやすかっただろうが、この船は一日あたり二六トンの石炭を使うと、最も経済的に最大距離を走ることが経験から分かっていた。この海域では燃料がきわめて手に入れにくく、莫大《ばくだい》な費用がかかること、また、船積みに要する労働や航程の遅れを考慮して、提督は船の運航に必要不可欠な物資の浪費を許すよりも、むしろ航程をのばす方が得策だと考えたのだった。風の方向から一ノット半〔時速約二・七キロメートル〕の潮流が押し寄せており、これが貿易風の力とあいまって、いっそう船の進行を遅らせた。

この海域での燃料供給の便としては、イギリス人がセント・ポール・ド・ロアンゴに、アフリカ海域の蒸気巡洋艦に供給するために設けている石炭貯蔵所があげられる。そこは、合衆国から石炭船を派遣するのにも便利な地点である。この数年で、ヴェルデ岬諸島のセント・ヴィンセント島にあるポート・グランドにも、あるイギリスの会社によって貯炭所が設けられ、通りがかりの汽船は、いつでも適度な補給ができるということである。

合衆国からの汽船は、この地で確実に石炭を入手できるため、まっすぐにセント・ヴィンセント島をめざし、そこからロアンゴを経てケープ・パルマスに寄港し、喜望峰にいたる航路をとることができる。しかし、それよりはるかにまさる方法は、蒸気船の合衆国出発に先んじて石炭運搬船を派遣し、石炭の唯一確実な供給を保証することである。

喜望峰を回るイギリスからの郵便船に定められた航路は、まずセント・ヴィンセントに寄港し、そこからアセンション島経由で喜望峰に向かうことになっており、それぞれの停泊地に着くたびに燃料を補給するのである。この航路をたどると（アフリカ艦隊宛《あ》ての郵便をアセンションで降ろすため、この航路をとらざるをえない）、南東貿易風の勢力圏をまともに相手にすることになる。この貿易風は真正面から吹きつけて、勢いが弱まることがほとんどなく、常に風下に一ノットから一・二五ノットの潮流が起きる。アフリカ沿岸沿いの航路をとれば、汽船は海風と陸風の恩恵を受けるし、潮流が常に南向きであることも好都合である。

一月二四日の朝九時、サルダンハ湾付近の陸地が見え、午後二時にはテーブル・マウンテンが見えた。ダッセン島の沖を通ったあと、本島とロベン島の間の水路を通過し、午後八時半に、船はテーブル湾の、深さ七尋《ひろ》〔約一二・六メートル〕のところに投錨《とうびょう》し、翌日にはさらに町に向かって移動した。

二つの灯台がはっきりと見えて、グリーン岬からの距離を正確に測ることができれば、ここは昼夜を問わず楽に入港できる。重要なのは、岬に接近しすぎると喜望峰沿岸近くに危険な岩礁があり、あまり北の方にそれるとロベン島の南端にあるホエール・ロックに乗り上げてしまうということである。テーブル湾に夜間に入港する際の詳しい指示については、付録〔原書の第二巻〕を参照されたい。

喜望峰は、一四九三年にポルトガル人のバーソロミュー・ディアスによって発見された。アフリカの大西洋岸を探検中に、この航海者は嵐で吹き流され、強風がおさまったあとに初めて見えた陸地がアルゴア湾だった。つまり彼は、知らないうちに喜望峰を回航していたのである。ディアスはその岬をカーボ・トルメントソ（嵐の岬）と名付けたが、のちにポルトガル王によって喜望峰と改名された。それはこの発見が、インドへの到達という、ポルトガルの航海者たちの大きな希望をかなえるための足がかりになると考えられたからである。そして一四九七年、もうひとりのポルトガルの航海家ヴァスコ・ダ・ガマがインド洋への航海においてこの岬を回航したのである。

喜望峰は、約三〇マイルの細長い半島の南端を形成しており、その西側は大西洋、東側はフォルス湾、北はテーブル湾になっている。テーブル湾に臨むケープタウンは、もともとは一六五〇年にオランダ人によって建設されたが、一七九五年にイギリス人の手に渡った。アミアンの和約のあとはふたたびオランダの領有となったが、結局、一八〇六年にイギリスに占領されて今日にいたっている。

ケープタウン入港

町は、石と煉瓦《れんが》で造られた頑丈な家々と、規則正しく走る広い道路とでみごとに建設されている。立派な公共の建造物や個人の住宅、そして官庁の近くの、樫《かし》の巨木に囲まれた公園などの外観は見ていて非常に心地良い。

ところが、真昼の太陽がまともに照りつけ、しかも背後にはげ山がそびえるというこの町の地勢からくる暑さは苛酷《かこく》である。埃《ほこり》っぽいうえにこの暑さのため、上陸した人々は屋内に閉じこもらなくてはならず、遠征隊の士官たちにとっても、ケープタウンは退屈でつまらない町でしかなかった。街路は舗装されていないため、真夏に吹く南東の強風が舞いあげる埃がもうもうとたち込め、歩道には砂塵《さじん》が数インチの厚さに積もっている。そのため、たえず街路の清掃員が砂埃を集めてカートで運ぶ作業をしている姿が見られる。ここでは誰もが埃に悩まされた経験を持っているため、身分や性別を問わず、みな帽子にベールをつけてかぶることを習慣にしている。この、砂塵をたててケープタウンの住民を不快にさせる南東の風は、真夏の間中吹きまくるのだが、その風が近づいたことを示すのが、テーブル・マウンテンの峰にかかる厚い白雲である。それゆえテーブルクロスと呼ばれるのだが、この雲は強風がおさまるまでそこに滞留している。風は非常な勢いで、テーブル・マウンテンの東側の土地を吹き過ぎる。もしテーブル湾内の波がこれほど穏やかでなかったなら、船舶は、この南東強風が吹いている間は錨《いかり》を下ろすことはできないと思われる。ミシシッピ号も、ケープタウンでの七日間の停泊中に、この強風を二度経験した。とにかくすさまじい風で、これが吹き始めると、港の商店がみな店を閉めてしまうほどだった。

見たところ、町は大いに繁栄しているようである。あらゆる商売がそろっており、官庁の役人たちもみな羽振りがよさそうに見える。また、賃貸料の高さをはじめ、商業が活発なことを示すさまざまなしるしが見られる。街路を立派な馬車が絶え間なく行き交い、繁栄は町全体にくまなく行きわたっているために、最下層でさえ、窮乏を知ることなく暮らしている。喜望峰は、イギリスにとって商業上、この区域一帯に駐在する艦隊の集合地としても、インド洋との間を往復する船舶の寄港地としても、非常に重要である。質の良い飲料水、新鮮な食料、果物などの必需品が手頃な値段でいくらでも手に入る。木材は乏しいが、船舶に一般に必要な品物はほとんどなんでも、ケープタウンの品揃えが豊富な商店や倉庫で調達することができる。家畜もたやすく手に入る。牛は一頭六ポンド、羊は一五シリングである。ミシシッピ号は、この値段で牛を一二頭、羊を一八頭買い入れた。

ケープタウンとテーブル・マウンテン

解放奴隷の実態と原住民との戦闘

イギリスの植民地において奴隷制が廃止されて以来、喜望峰の農業利益は損害を被っている。いくつかの植民地港町はケープタウンのようにあいかわらず栄えているが、奥地では衰退の一途をたどり、労働力が不足しているため、現在では農業が栄えている例はほとんどない。この地方の農業の状態はまた、イギリス人入植者とカフィール族との間に起こった戦争によっても打撃を受けた。この戦争では多額の公金が使われたため、商人や貿易商は潤ったが、農業に必要な労働力を奪い、地方に混乱をもたらしたので、農民は窮乏に陥ったのである。この結果、多くの農地は荒廃するにまかせられ、土壌はトウモロコシ、小麦、大麦、燕麦《えんばく》そのほかの穀物を収穫できるにもかかわらず、こうした影響で国内の消費さえ十分にまかなえなくなった。それでもまだ、ブドウ酒、皮革、獣脂、羊毛など、輸出向けの品目が生産されている。農場では牧畜が主体で、膨大な数の牛、羊、馬、ラバが飼育されている。ケープタウンでは、馬は三〇ドルから一五〇ドル、ラバは三〇ドルから七五ドルで手に入る。この地方原産の牛はいくらか水牛に似ている。羊はカラクール種で、肉の質が良いために珍重されている。たくさんの雄牛に引かれた車が町を出入りする光景は、ケープタウン特有のものである。この牛車には、七、八頭、あるいは九頭の牛がつながれ、二人の御者がこれを操っている。ペンシルヴァニアで普通に使われている車と変わらず、ひとりは車の前の方に座って、かけ声をかけながら長い鞭《むち》を使って牛を駆り立て、

南アフリカでの一行

もうひとりは、先頭の二頭の角に結びつけた綱を引いて牛を導くのである。長期旅行用の牛車はこれとはやや異なる。そちらは馬に乗った者が同行するのである。しかし車体そのものは同じである。ケープタウンの有用な動物である牛は、長い角、引き締まった体、とがった尻など、水牛の一般的な特徴をそなえている。

提督は数人の士官を伴って、コンスタンシアの、とある有名なブドウ園を訪れる機会を得たが、その際、美しい四頭の雌馬と、みごとな手綱さばきを見せる黒人少年の御者のついた四輪馬車が仕立てられた。馬車は絵のような田園風景の中を走った。あちこちに美しい別荘が散在し、樫や樅《もみ》の並木道が続いていたが、これらの樹木は種子から育てられたもので、眺めを楽しむためばかりでなく、燃料用としても、この植民地のいたるところに植えられている。実を植えてからまだ三年しか経っていない樫の若木でつくられた丈夫な生け垣も見られた。訪ねたブドウ園はあまり広くはなく、栽培状況も、訪問者の期待をいささか裏切るものであった。

所有者の語るところによれば、このブドウ園の状態が悪いのは必要な労働力が確保できないためであり、最近、合衆国から輸入したアメリカ製の農機具がなければ、ブドウの栽培を断念しなければならないところだったという。この機具というのは一頭の馬に引かせる簡単な鋤《すき》だが、鍬《くわ》を使った普通のブドウ栽培方法での五〇人分の労働を要する作業をこなせるということだった。コンスタンシアではシシリーと同じように、ブドウの蔓《つる》を地面に近いところで刈り込んで栽培し、スグリの藪《やぶ》より高くならないようにしている。ブドウ酒の味わいは、圧搾するときのブドウの実の状態で決まる。ブドウは二月上旬から熟し始めるが、三月の半ばまでは収穫されない。この頃になると、実はほとんど干しブドウのような形になり、この状態で圧搾される。コンスタンシア産のブドウ酒の値段は、品質によって一ガロンあたり二ドルから六ドルまでさまざまである。

一八四八年の調査では、喜望峰の植民地の人口は二〇万五四六人。そのうち白人が七万六八二七人、有色人種が一〇万一一七六人。これはケープタウンを除く植民地各地の総住民数であり、ケープタウンの人口は二万二五四三人である。原住民の純粋なホッテントット族はほとんど見られない。オランダ人、黒人、またはマレー人の血と混じったからである。アフリカ南端の岬を最初に発見したヨーロッパ人たちは、この地方の人口がかなり多く、原住民は、もっと北の多くの部族よりもいくらか生活状態が良いことを知った。彼らは牛や羊の群れを所有して、牧畜生活を送っていた。彼らは比較的恵まれた民族であり、家父長制のもとで諸部族に分かれ、家畜の群れをひきつれて、木の枝や棒で作った移動式の小屋を牛の背に乗せて運びながら、牧草地から牧草地へと放浪していた。しかし、これら部族の大半は、残忍なヨーロッパ人の手で滅ぼされた。ただし、わずかに生き残った者たちが、砂漠や森の砦《とりで》にこもる哀れな流浪の民となって生きのび、ブッシュマンという名で知られている。その性質はいまだに野蛮で、不快な品性と慣習を持ち、彼らを残酷に追い立ててきた白人征服者の文明の恩恵はほとんど受けていない。「しかし、われわれアメリカ人には、他国の国民が、征服した国々の原住民に加えた非道をののしる権利はない。厭《いと》わしい偽善でその行為をとりつくろうイギリス人に比べればまだしもましかもしれないが、われわれも、土着の諸部族を欺き、残忍に扱ったことについては彼らと大差はないのである」とペリー提督は語っている。

好戦的なカフィール族は、現在でもその特有の野性を持ち続け、略奪生活を続けている。彼らは多くの点で一般のアフリカ人に劣っており、エジプト人種の特徴をいくらかそなえている。黒人の中では身長が高い方で、体力もある。肌の色は褐色に近く、毛髪は黒くて縮れており、髭《ひげ》が濃い。鼻は高いが、黒人特有の分厚い唇をし、頬骨《ほおぼね》はホッテントット族のように高く、額はヨーロッパ人のように広い。フィンゴー族は、その起源をたどると、カフィール族から分かれた部族であるが、カフィール族とは多少異なり、戦闘においては活気があって勇敢だが、元来は野蛮ではなく、比較的善良な性格の部族である。フィンゴー族もカフィール族と同様、牧畜を行っているが、カフィール族よりも土地の耕作に携わることが多い。フィンゴー族は男女ともに耕作を行うが、カフィール族では、この種の労働はもっぱら女に限られている。提督はコンスタンシアからの帰途に、武運つたなくヨーロッパ人の手に落ちて、捕虜となったある酋長《しゅうちょう》とその妻のもとを訪れた。酋長は町からそう遠くない郊外の牢獄《ろうごく》に囚われていた。牢番《ろうばん》は丁重な態度で、この君主と自由に話をすることを許してくれた。酋長は二五歳ぐらいの立派な風貌の黒人で、愛する妻や腹心の部下とともに捕虜生活を送っており、この部下も同じく幽囚の身をなぐさめる伴侶を伴っていた。女たちも、夫に劣らず立派な容貌《ようぼう》をしていた。その後、遠征隊の画家のひとりであるブラウン氏がこの牢獄を訪れ、この君主とその妻のみごとな肖像を描いた。

イギリス人がホッテントット族およびカフィール族と続けていた戦争は執拗《しつよう》に長引き、多大な血と財貨とを犠牲にしてきたが、黒人の頑固な抵抗にあって、いまなお続いている。戦線全域はすでに荒廃し、平和がもたらされる望みはいくらかはあるにせよ、いかなる講和条約が結ばれたとしても、それが黒人たちに尊重されるのは、条約が彼らに都合が良い間だけだろうと、誰もが思っている。最近の戦闘は、ミシシッピ号がこの地を訪れた日に行われ、キャスカート将軍自らが率いるイギリス軍が勝ったが、カフィール族の酋長は、この戦いに六〇〇〇人の兵士と二〇〇〇頭の馬を動員したという。おそらくこの数字には誇張があるだろうが、黒人がかなりの組織を持ち、武器弾薬も十分にそなえていることは

カフィール族の酋長

フィンゴー族の女性

アフリカ人酋長ソヨロ

ソヨロの妻

よく知られている。彼らはこれまで、自分たちの家畜や、白人から盗んだ家畜によって豊富な食料を得てきたが、伝えられるところでは、未開人の軍事行動につきものの不注意と浪費から食料が不足し始めているらしい。イギリス人の話によれば、カフィール族はイギリス軍からの多数の脱走兵や、若い頃に軍隊生活を送り、いまではカフィール族にまじって暮らしているフランス人宣教師から戦術を教えられたのだという。この戦争が、この地方の農業、その他の資源に与えた破壊的な影響については、先にふれたとおりである。

ケープタウンに住む白人は主に政庁の役人、将校、それに商人や貿易商である。労働者階級は、マレー人、クーリー〔苦力〕、そして黒人から成っている。解放された黒人とその子孫たちは、身分や境遇に関しては合衆国の自由黒人たちとほとんど変わらないが、知性と風采《ふうさい》ではまったく及ばない。彼らは法を犯さない限り、いかなる拘束も受けない。好きなときに働いて、賃金を稼ぎ、侮辱されたと思えば、さっさと辞めてしまう。賃金は、一日一〇時間の労働で一ドル二五セントが相場である。

ケープタウンからモーリシャスへの航路

ミシシッピ号は、ファニュール・ホール号から石炭を補給し、牛や羊も十分に積み込み、水槽を満たして、二月三日の午前一一時にテーブル湾を出港した。港を出てしばらくすると、強い西風が吹き、その方角から大波が押し寄せた。テーブル湾を出て七時間後には、艦は喜望峰先端の沖合を航行し、そこから、ハングリップ岬の全景を見ながら緯度三七度線をめざし、岬の付近に常に吹いている南東からの強風と、それが引き起こす北や西への強い潮流を避け、南東貿易風の南の境界にあるはずの変風帯に出会うため、南東に針路をとった。

喜望峰を出発してからの三日間、風は北西から南西へと吹き、艦が南緯三六度一六分、東経二三度四〇分に達すると、北および東の風に変わり、どちらかといえば北風が、南緯三五度〇六分、東経四四度〇三分まで吹き続けた。この地点から風はしだいに南に方向を変えたため、艦の針路は北に寄り、首尾よく南東貿易風に出会った。しかし提督は、風がふたたび東に変わることを懸念し、また、艦が北へ寄りすぎてモーリシャスの風下に入り、順風の恩恵を失うことのないよう注意を払っていた。この順風は、帆船の場合と同様に蒸気船の進度をあげ、燃料も節約させてくれるのである。二月一一日から一四日までは、風は南および東から吹き続け、一四日に艦が南緯二九度三四分、東経五五度二二分に達したときから、一八日にポート・ルイスに到着するまでは、風は北および東に傾き、貿易風は途絶えた。この航海の間は好天が続き、気圧計は二九度八〇分から二九度九五分までさまざまに変化し、温度計は七四度〔摂氏約二三度〕から八四度〔摂氏約二九度〕を示し、風と同方向に、約四分の三ノットの潮流があった。

喜望峰から帆船でモーリシャスにいたる最善の航路は、ほぼ全行程を東経三五度から三八度までは東に向け、南緯二七度、東経五五度から五七度の間は南東貿易風にのって進むことだというホースバーグの意見は、疑いなく正しい。この航路をとれば、船はうまく風上に進み、貿易風が東微北《ひがしびほく》の北に向きを変えないならば、難なくモーリシャス島に到達することができる。ミシシッピ号がここを通ったときには風は北北東にまで方向を変えた。この現象は、北風および北西風がマダガスカルからブルボン(現在のレユニオン)およびモーリシャス島に向かって、またそこを越えて吹き荒れる季節としては珍しいことだった。

蒸気船の場合、モーリシャスまでこの曲線の航路をとるのがよいか、あるいは喜望峰からまっすぐにアグラス岬に近いところを回っていくのがよいかは議論の分かれるところである。提督は、蒸気船が最高速力のものでなければ、強い貿易風とそれが引き起こす潮流に接触することになる直線航路をとるのは賢明ではないという断固とした意見を持っている。両航路の差は約二四〇海里(約四四〇キロメートル)である。南航路の一段と涼しくて快適な天候という制約は度外視しても、航路の差によって向かい風と潮流とによって引き起こされる損失が償われるとは考えにくい。郵便船をはじめとするヨーロッパの蒸気艦は、普通後者の航路をとっている。そして、試みにこの直線の航路をとってみたサスケハナ号は、ミシシッピ号より速度の出る蒸気艦であったにもかかわらず、この航路に一七日を要した。他方ミシシッピ号は前者の航路をとって、一五日で到着したのである。

真夏に喜望峰を回航したことで、ミシシッピ号はひどい風を免れたが、一週間もしないうちに、ある方向からの強風を受けた。ホースバーグは、この地方の天候に関して次のように語っている。

「バンク岬の沖やその東方に嵐がある場合は海が荒れ、たいてい空が一面に暗くなる。嵐が起きようとするときとその最中には、アホウドリやウミツバメなど、たくさんの海鳥が飛んでいるのが見られる。しかし、天候の穏やかなときにはほとんど見られない。というのは、海が穏やかなときには、海鳥は海面に羽を休めて魚を捕っているが、嵐のときにはそれができないからである」

気象学的に見れば、特筆すべきことはなにもなかった。気温と水温は、北半球での同緯度の地域とかわりはなかった。気圧計は、天気のさまざまな変化を適切に知らせてくれ、非常に役立つことが分かった。喜望峰の付近と、インド洋を渡って赤道にいたる航路では、気圧計は独特の動きを示した。この航路について、ホースバーグは次のように述べている。

「バンク岬付近と、南半球の大半の地方では、水銀は北風が吹くと上がり、南風が吹くと下がる。比較的温暖な大気から吹いてくる南風は非常に希薄なので、気圧計の水銀が下がる。反対に、極地に近い凍結地帯から吹いてくる北風は比較的濃厚なので、水銀が上がる。このことは、風が南東から吹くときのために覚えておかなければならない。その風が北に変わる前と、強風が予測されるときには、水銀が著しく下がるのが何度か観察されたが、この下降は、南東風に接触して入り込み、それを追い払う、比較的温暖な空気によって生じた結果にすぎない」

航海中、ミシシッピ号は、シモンズ湾をモーリシャスに向けて出港してから一三日目になるイギリス軍艦スティクス号と遭遇して挨拶《あいさつ》を交わした。スティクス号は帆で進んでおり、エンジンから切り離された水受けを全部つけたままの外輪が、船の動きに従って回転するにまかせていた。速力はあったが、かなり風下の方に流されていた。イギリスの蒸気艦はしばしば燃料の節約のために、簡単な操作でエンジンから外輪を切り離す。この接続と切り離しの作業はわずか二、三分で完了する。合衆国海軍の蒸気艦の場合は、エンジンを取りはずすことがほとんど不可能であり、帆だけを使うための実地の方法といえば、水に浸かっている水かき板を取りはずすしかない。この作業は穏やかな天候のときにしかできないうえに、約二時間を要し、水かき板や水受けをふたたび取りつけるにはその二倍の時間がかかる。

ほかの国々や民間企業でさえ採用しているこれらいくつかの汽船の改良の利用において、わが国の海軍が多くの点ではなはだ立ち遅れていることは、残念ではあるが認めなければならない。ミシシッピ号とミズーリ号の建造によって、二隻の最初の遠洋蒸気艦がわが海軍に導入され、一時は世界最高と称えられたものの、それ以後は、海洋国としての地位にふさわしい造船の進歩はみられない。ヨーロッパのたいていの海洋国や多くの会社、そして個人でさえ、造船や艤装《ぎそう》においてわが国の汽船が足元にもおよばないほど優れた船を進水させている。この所見の例証として、わが国のサン・ジャシント号、サラナック号、フルトン号、プリンストン号などがあげられるだろう。

ポート・ルイス入港――ハリケーンを警戒

二月一八日、朝九時半、甲板から北北東の方角に初めてモーリシャスが見えた。正午には、ミシシッピ号はほぼプラヴァント岬と平行に進み、グランド・ポートを眺めながら通過した。ここは艦長パインとウィロビーの率いるイギリス艦隊とデュプレ提督率いるフランス軍との一八一〇年八月の記憶すべき戦闘の舞台となったところである。この戦いではイギリス軍が大敗を喫し、艦隊はほとんど壊滅した。この戦闘はグランド・ポートの港を形成している珊瑚礁《さんごしょう》内で行われた。海岸の砲台も戦闘に加わり、数日間にわたって続いた。

夕方早く、港口付近で水先案内人が乗り込み、ミシシッピ号は夜のうちに提督の繫留所と呼ばれる港外部に錨を下ろして繫留された。翌朝、水先案内人は、土着民のマラバール人を乗せた数艘《そう》のランチを伴ってふたたび艦にやってきた。彼らはミシシッピ号の乗組員の助けを得て繫留を終えた。それは多くの時間と労力を要する作業だった。ポート・ルイスに入港する船舶はすべて、繫留所の錨につながれている軍艦用の鎖で固定される。鎖が船上に引きあげられ、船首と船尾にそれぞれ一本ずつ取りつけられる。この作業はすべて水先案内人の指示のもとに行われる。彼は常時、ランチや曳《ひ》き綱、そして無数の人手を使って、港へ出入りする船舶を繫留したり、舫《もやい》を解く仕事に従事しているのである。船は船首を南東に向けて、船首と船尾がつなぎ留められる。それは、ハリケーンの吹いてくる方角がたいてい南東だからである。ハリケーンは普通、まっすぐに港の外に吹きぬけるので大波は立たないが、しばしば風の猛威に頑丈な繋留索が耐えきれず、船舶どうしがぶつかりあい、海岸に難破した船の残骸《ざんがい》が散らばるという、破滅的な結果を引き起こす。このような強風が港内に吹き込むことはめったにないが、いったん吹き込めば、この小さな港に恐ろしい波が押し寄せ、どんなにしっかりとつながれた、どんなに頑丈な造りの船でも難を免れることはできない。

このような嵐の猛威による破壊的な影響を避けるために、政庁はあらゆる防護手段を講じ、当局は、港務長《ハーバーマスター》であるイギリス海軍大尉エドワード・ケリーの知識とたえざる気配りの助けを得て努力している。大尉は、常に船舶の必要を満たすよう注意を払い、強風が近づく兆候があれば警告を発し、事故を防ぐためのより良い防護手段を教えている。ペリー提督は、港内規則が申し分なく整っていることに好印象を持ち、ケリー大尉に覚書を送って、ミシシッピ号が受けた便宜に対する満足と感謝の意を表さずにはいられなかった。

このような優れた秩序の事例から、わが国の灯台局も有益な示唆を得られよう。しかし、役所一般の例にもれず、この部署も、無思慮な規則に煩わされるばかりで、とかく改革と進歩をめざす動きは愚かな妨害に遭うものと思われるのである。

「プース」から見たモーリシャス

第4章　インド洋を東南アジアへ

モーリシャス～セイロン～シンガポール
一八五三年二月一八日～三月二五日

モーリシャス島——砂糖による繁栄がもたらすもの

モーリシャス島と、それに隣接するブルボン島は、一五〇五年にポルトガルの司令官マスカレーニャによって発見された。したがってこの群島は、当初、マスカレーニャ諸島と名付けられた。ポルトガル人は一五四五年にこれらの島々を正式に領有したが、植民はしなかったらしい。一五九八年にはオランダ人による踏査が行われ、オランダの元首モーリスの名誉にちなんで現在の名がつけられた。しかし彼らも、一六四〇年に喜望峰に足場を築くまでは、この島に入植しなかった。その後、ポート・グランドの沿岸に植民したが、一七〇八年、いまとなっては不明の理由でこの島を放棄したため、その年から一七一五年までにそこに住んでいたのは、オランダ人に奴隷としてつれてこられ、逃亡して山林に潜伏していた少数の黒人だけだった。一七一五年に、今度はフランス人が占領して、ポート・ルイスに植民地を作り、「フランスの島」という名前を新たにつけた。彼らは他国の介入を受けることなくしばらくここを領有していたが、一八一〇年にイギリス人によって占領された。そして、一八一四年の講和以来、イギリスの領有が続いている。

この島は、その構造から疑いなく火山島であり、珊瑚礁《さんごしょう》に囲まれている。この珊瑚礁は、おおむね海岸からそれほど離れていないところに海岸線と平行して走っており、水位の低いところはほとんど乾いたままになっているが、一一ヵ所に切れ間があるため、かなりの

モーリシャスのポート・ルイス

トン数の船舶でも通過することができる。島内の大部分は、それぞれが孤立した多くの険しい丘から成っている。ただし、一、二ヵ所、小さな連なりになっているところがある。最も高いのはブラバント山脈とバンブー連山で、標高約三〇〇〇フィート〔約九〇〇メートル〕である。

　土地は全般に土の層が薄く、それほど肥沃《ひよく》ではない。乾燥しているためである。一年の平均気温は華氏七六度〔摂氏約二四度〕ぐらいである。雨が降らないわけではなく、六月、七月、八月には頻繁ににわか雨があるが、すぐにやんでしまう。観測によれば、一年の平均降雨量は、約三八インチ〔約九五〇ミリメートル〕だという。雨季は一一月から三月ないし四月まで続き、この時期には激しい突風とともに雨が滝のように降り、しばしば雷を伴う。また、この地方ではハリケーンが、西インド諸島で遭遇するのと変わらぬ猛威を振るう。これは定期的なものではないが、五年続けてその襲来を免れることはまずない。島には、中心から沢が四方八方に分かれて流れている。しかし、これらの沢に水が満ちているのは雨季だけであり、その時期には大小無数の滝が出現するが、乾期になると、たちまち干上がってしまう。

この島は、かつては樹木が繁茂していて、いまでも原生林がかなり残っている。ヤシとサゴヤシはどこにでもあり、タマリンド、マングローブ、竹もよく見かける。ここでは、ヤムイモやカッサバ、トウモロコシ、プランテーン、バナナ、メロンなどが食料として栽培されている。また、わが国と同様に、ホウレンソウ、アスパラガス、アーティチョーク、キャベツ、豆類などの野菜も作られている。小麦や米なども生産されているが、量は少ない。島で採れる果実には、マンゴー、ザボン、パイナップルなどがあるが、オレンジ、ブドウ、桃、リンゴの品質はあまり良くない。かつてフランス人が西インド諸島の香料樹を導入したこともあったが、いまも残っているのはクローブ〔丁子〕だけである。イギリス人が領有するようになってからの主要な産物は砂糖だが、島の八分の三以上がまったく耕作されていない。サトウキビは通常の方法で栽培されているが、耕地にはひとつ特徴がある。土地の表面は、もともときめの粗い岩石でおおわれており、それがおよそ三、四フィートずつの間隔で平行して隆起線を成しているので、その合間にサトウキビを栽培しているのである。生産者の話によれば、この岩の隆起線は作物に害を与えることはなく、むしろ雑草が茂るのを防ぎ、若いサトウキビを激しい風から守り、根に達した水分を保持してくれる利点があるという。

グアノ〔海鳥の糞《ふん》が石化したもの〕が肥料として導入される以前には、一アルパンすなわち一フランスエーカー〔英エーカーとほぼ同じ。一エーカーは約四〇〇〇平方メートル〕あたり二〇〇〇から二五〇〇フランスポンドの砂糖が生産されていたが、グアノが使われるようになってからは、生産高は信じがたいほど増加した。一エーカーあたり普通は六〇〇〇から七〇〇〇ポンド、とくに豊作の年には八〇〇〇ポンドにのぼることもある。公報にも、一八一二年から現在まで、砂糖の輸出量が増加していることが示されている。一八一二年には九六万九二六〇ポンドにすぎなかったのが、一八五一年には一億三七三七万三五一九ポンドに達し、今年（一八五二年）の推定収穫高は一億四〇〇〇万ポンドである。この土地では綿やタバコも産出できそうだが、島の農家の関心はもっぱら砂糖に向いている。使用されるグアノの割合は、一本のサトウキビにつき約四分の一ポンドであり、一アルパンすなわち一エーカーあたり、約二〇〇〇本のサトウキビが植えられると見積もられている。

イギリス政府が奴隷制を全面的に廃止したことによって、奴隷を使っていたほかの植民地と同様、ここでも農業はかなりの問題が生じた。だが、しばらくすると、ある規制のもとで主にマラバール沿岸から労働者が導入されたため、農園主たちは、解放された黒人の労働力が不要となったばかりか、以前よりも安く労働力を確保することができた。ほかの土地と同様、この島でも、自由になった黒人たちは、奴隷解放とはあらゆる労働を免除されることと思い込んでいるらしく、十分な賃金が支払われる場合でも働くことをいやがり、気分しだいで勝手に仕事をやめてしまう。クーリー〔苦力〕と呼ばれる新しい労働者たちは、船荷の積みおろしだけでなく、島のほとんどどんな農作業にも従事する。砂糖園には、クーリーの大きな集落が見られる。彼らは快適な住居を与えられて家族とともに住み、供給される住居と食料の費用を差し引いた、月二、三ドルの賃金を受け取る。農園主からすれば、奴隷労働よりもこの方が安上りなのである。クーリーを保護統制するための法律は、よく配慮された細心なものだが、彼ら自身は、雇用契約の内容などほとんど意に介さない。クーリーは、好きなように仕事についたりやめたりし、イギリスや合衆国の労働者よりもはるかに自由な行動を許されている。それでも農園主の方も、こうした不都合にもかかわらず、彼らの労働のおかげで多大な利益を得ているのである。

　島の全人口は約一八万人である。このうち一〇万人近くがマダガスカルやアフリカの東海岸からきた黒人、つまり、かつての奴隷たちである。そのほかに、マレー人、マラバールから来た漁師たち、ラスカル人、中国人がいる。これらの多くは、農業に労働力として導入された人々である。白人の数は、九〇〇〇人から一万人。そのうちの大部分はフランス系のクレオールで、フランス語を話す。彼らはまた、白人の中の比較的富裕な階層を成している。モーリシャスにいるイギリス人は、ほとんどが植民地政庁の直接または間接的な関係者であるが、社交においては彼らはやや排他的である。フランス人の方も同様に頑固である。そのため、両者の間に表立ったあつれきは見られないにしても、双方と自由に

モーリシャスの人々の服装

交わっている外国人の公平な目には、彼らの間に真の調和はなく、依然としてそれぞれの国民感情を抱えているために、もしふたたび支配権がフランスの手に返ったなら、多くの者がそれを歓呼して迎えることは歴然としていた。国民性を変えたがらない多くの国の例にもれず、ここモーリシャスでも、女性は男性よりもはるかに民族的偏見に満ちていたが、それは婦人たちが新来者と交わる機会が少ないためだと思われる。

しかし、イギリス人とフランス人は、いずれも遠征隊員にはきわめて親切で丁重だった。合衆国の軍艦がイギリスのどの植民地に到着しても、士官たちはたいてい手厚いもてなしを受け、司令官は絶え間ない儀礼的訪問と、それに伴う晩餐《ばんさん》会の応酬、その他の儀式に追われて一般の住民の特徴をじっくり観察する機会がほとんどない。実際、司令官は、しばらくは公的束縛にいやおうなく服従し、ときには親切と厚遇という友好的な暴君の囚われの身になることさえあるのだ。

モーリシャスでの短い滞在の間にも、イギリス人の官吏や商人たちは、提督と士官たちをきわめて丁重にもてなしてくれ、一方、フランス人たちも、イギリス人に少しも劣らない、気取りのない親切を示してくれた。これらのもてなしには非常に友好的な感情と少なからぬ知性が表れていた。どちらも同様に手厚いもてなしだったが、両者の唯一の違いは、イギリス人は多少堅苦しく、フランス人はややくだけていたということだろうか。ともあれ、両者ともこのうえなく親切に遇してくれた。

ポート・ルイス──『ポールとヴィルジニー』の物語

首府ポート・ルイスは、島の北西の端に近い小さな湾に臨んでいる。この湾は、長さ約一マイルあまり、幅五〇〇ヤード〔約四五〇メートル〕の狭い入り江であり、その南西の端の一角に町が建設されている。街路はまっすぐだが、舗装されていない。本通りは、湾岸と平行に走っている。家屋は主に木造で、平屋建てである。人口は約二万五〇〇〇から三万人。そのうちの四〇〇〇から五〇〇〇人が白人、残りの大部分が黒人である。島の南東にあるグランド・ポートは十分な広さがあって、近隣で大量に産出される砂糖の積み込み

ポート・ルイスの広場

にはポート・ルイスより便利である。しかし、入り口が入り組んでいることはさておいても、南東に開けているので、その方角からハリケーンが猛烈に吹きつける。

読書家の中に、バーナルダン・サン・ピエールの書いた、ポールとヴィルジニーの美しい物語を知らない人はそう多くないはずである。この作者は、一七四四年にモーリシャスに駐屯していた守備隊の一士官だった。当時、島を取り囲む珊瑚礁のひとつで起こった悲劇を素材に、この興味深い小説を著したのである。

サン・ピエールのロマンチックな物語がかもし出す幻想を打ち破ることにはやや ためらいがあるが、実際は、あの嵐の情景は作者の想像力の産物であり、勇敢で高潔なポールも架空の人物である。事実は次のとおりである。一七四四年八月一八日の夜、フランス船サン・ジェラン号が、島の北東沿岸の珊瑚礁で難破した。この船にはマレーとカイヨンという二人の年若い婦人が乗っていた(二人は教育のために送られていたフランスから旅客として帰る途中だった)が、二人とも行方不明になった。このときフランスの役人がとった宣誓供述書から、次のような事実が分かった。カイヨン嬢は、遭難した船の前甲板に、ロンシャン・ド・モンタンドル氏という名の紳士と一緒にいたのを最後に目撃されている。モンタンドル氏はこのとき、彼女を助けるために、自分を信頼してまかせてくれるよう説得に努めていた。しかし彼女を救助するためには、衣服を幾枚か脱がせなければならず、カイヨン嬢は、女性としての慎みからそれを拒否した。そのためモンタンドル氏も、不運な船の乗組員の大部分とともに命を落とした。モンタンドル氏は、カイヨン嬢の恋人であったと思われる。というのは、彼はいったん舷側《げんそく》から海に飛び込もうとしたものの、ふたたび彼女のもとに戻って一緒に船を離れるよう説得し、拒絶されると、彼女のそばを二度と離れようとしなかったからである。

マレー嬢の方は、ド・パラモン氏とともに後甲板にいた。この紳士は片時も彼女のそばから離れなかった。サン・ピエールは、これらの事実をもとにして、あの物語を創作したのである。この小説が名声を博したので、島を訪れる人々はみな興味をひかれ、当然ながら、天才作家の筆によって神聖化された場所を見てみたいと願うようになった。たとえ文字どおりの真実ではなくても、ともかく心を深くゆさぶる事件を偲《しの》ぶよすがとしたかった

ヒンズー教徒の沐浴

のである。そういうわけで、ミシシッピ号の士官たちは喜んでこの島に上陸し、あちらこちらを訪れたが、奇妙だったのは、ポールとヴィルジニーの墓と島民が好んで呼んでいる場所に案内されたことだった。この想像上の人物が眠っている場所の由来はこうである。ある物好きのフランス紳士が、サン・ルイから約八マイルのところに別荘を持っていたが、その近くに例の遭難者たちのものと思われる墓があったため、自分の庭に、不幸な架空の人物、ポールとヴィルジニー（カイヨン嬢とモンタンドル氏）を偲んで、二基の記念碑を建てたのである。その目的は単純なもので、自分の別荘の呼び物に人の好奇心を刺激するものをまたひとつ増やして、もっと多くの人々の関心を集めることだった。当時のフランス人の例にもれず、もてなし好きとして評判だった彼は、そんな趣向で社交を楽しんだのであろう。この気のいい物好きな人物はすでに亡くなって久しいが、彼の作った墓碑は、荒れてはいるがいまでも残っており、訪れる人々の関心を集めている。しかし悲しいかな、訪問者たちはもはや丁重な挨拶《あいさつ》に迎えられることはない。かわりに庭園の入り口で見物料をとられ、興ざめした気分でその見世物を見学するのである。この、公衆の関心を集める場所を訪れる客から料金をとるというイギリス特有の習慣には、当のイギリス人の中にも恥と困惑を感じている人が多い。場所によっては料金をとることが妥当な場合もあるが、規定の料金を要求されるものの、そんな値打ちのない場所もある。ロングウッドの観覧でもナポレオンの墓の見物でも、セント・ヘレナ探検の紳士方から料金をとっていた。しかしこの習慣は、女王陛下の広大な領土内ではどこでも見られるものである。

嵐を支配する法則――サイクロン、ハリケーン

モーリシャスでは、インド洋のこの海域ではよくあるハリケーンやサイクロンのことをしばしば聞かされたため、提督はこれにみまわれずに同地を離れられるとは思っていなかった。ハリケーンが襲来する季節（一二月から四月）になると、モーリシャスの人々の関心や話題は、もっぱらその一事に集中する。実際、彼らはこの時期にはほとんどそれ以外のことはしゃべらないくらいである。あらゆる種類の気象器具が使われ、きわめて注意深く観測が続けられる。しかし、これほどの憂慮も根拠のないことではない。サイクロンが襲来するたびに、商人も農園主も破壊と荒廃にみまわれるおそれがあるからである。

この大気現象を引き起こす直接の原因は、モンスーンの変化による大気の平衡の乱れではないかと考えられてきた。この乱れは約一ヵ月にわたって続き、それからハリケーンが恐ろしい勢いで荒れ狂う。レッドフィールドやリードをはじめとする人々は、この暴風を支配している法則を説明しており、モーリシャスの人々は、その仮説を熟知し、理解している。モーリシャス、ブルボン、ロドリゲスの島々は、ちょうどハリケーンの通り道にあたっているため、もしその渦のひとつに巻き込まれようものなら、人命と財産が受ける被害は恐るべきものになる。

この問題に対する自然な関心と現実的な重要性から、船舶が不運にもこの猛烈な風の圏

内やその付近に入り込んだ場合、どんな対処法をとるのが最善かという議論がさかんになされてきた。そしてこれらの議論の結論はおそらく、というより疑いなく、この風を支配している法則をよりよく理解するということになるであろうが、それでも、その法則の中には、素朴で実際的な船乗りたちの頭を混乱させるものもあるということを言明しておかなければならない。彼らは、実際に嵐に遭って初めて自分の行動指針となすべき法則を見出そうとする。船上での操作には一刻の猶予も許されず、陸上で暇にまかせてじっくりと研究する者にとっては、抽象的な原理がいかに正しくても、嵐のさなかの船室は、哲学の教室とはほど遠い。とはいえ、自分の職業を理解している船乗りであれば、陸上で機会を見ては科学が明らかにしたものを学び、習得して、嵐に遭遇した際には、その知識をすぐさま適用できるようにしておくことが必要である。しかし、ピディントンの比較的新しい刊行物によってハリケーンのことがずっと分かりやすく、簡潔に説明されたこともあって、いまでは以前よりもハリケーンについての初期の著述家たちの教えを、教養のある船乗りたちは広く理解している。

この嵐を支配する法則を熱心に研究し論じたモーリシャスの住民としては、その著作で有名なトム博士、イギリスの工兵隊のフライヤーズ中尉、『真実の原理』という著作を発表してトム博士にも論評されたセジウィック氏、そしてモーリシャスの気象台に所属するクレオールの紳士、ボスケット氏があげられる。

最後にあげた紳士は、ピディントンの入門書に自ら注解をつけてフランス語に翻訳しているが、彼は、不断の注意深い気象観測によって、インド洋でのハリケーンの発生を予測することができ、そのコースを図示することができると主張している。ミシシッピ号がモーリシャスを離れる前日、彼は提督に、目下サイクロンが島から東微北《ひがしびほく》の方向に吹いていること、南方および東方に向かって通り過ぎていくだろうということを知らせてくれた。

ピディントンの入門書にある海図を参照すると、これらのサイクロンは、モーリシャスの子午線上では、南緯一〇度ないし一二度という北方まではけっして達していないことが分かる。そこで、ハリケーンの季節に島を離れて、インド方面へ向かう船舶は、北に舵《かじ》をとって、きわめて危険な群島であるカルガドスの西方をうまく通り抜け、西に開けている危険のない海を進むなら、途上に障害はないだろう。その際、北方および西方に航走するのが望ましい。この航路は、サイクロンの南西または北西の四分円の圏内に遭遇しそうな場合（ハリケーンの季節にモーリシャスからくる船にはその危険がある）にはかならずとるべきコースであり、船が十分に北に達し、サイクロンの影響圏外に出るまではこの針路を保たなければならない。もちろん、汽船はこの嵐を避ける優れた手段をそなえているが、それは巨大な脅威から逃れる賢明な航路をとりうる力があるからできるのである。

ミシシッピ号の出発にあたっては、数名の経験ある船乗りの勧告に従って迂回路《うかいろ》（モーリシャスからセイロンまでの距離は、それによって一五〇海里〔約二八〇キロメートル〕長くなる）をとり、カルガドス諸島の西を過ぎ、アガレガ島とラヤ・ド・マーラ砂州の間を抜けた。それから砂州の北端を回航し、モルディヴ群島の南端であるポナ・モルクに向かって東に舵をとり、そこを過ぎると、セイロン島のゴール岬をめざした。
合衆国を出発する前、提督の提案に従って、ニューヨークのホーランド・アスピンウォール商会は、石炭を積んだ二隻の船を、一隻は喜望峰に、もう一隻はモーリシャスに向けて出発させていたが、結果的にこの措置は賢明だった。この二隻の運搬船がなかったなら、ミシシッピ号も、あとに続いた艦隊の二隻の蒸気艦――ポーハタン号とアレガニー号――も、燃料の調達に多大な困難をきたしたことだろう。両運搬船は、ミシシッピ号より二、三日早く目的地に到着していたため、ミシシッピ号は、喜望峰でもモーリシャス島でも新しい燃料を即座に入手でき、あとからくる汽船に供給する量を残しておくことができた。（＊1）

セイロン島南端、ゴール岬に上陸

こうして約五〇〇トンの石炭と、そのほかの必要物資を積み込んだミシシッピ号は、二月二八日にポート・ルイスを出発し、モーリシャスで補給した石炭でシンガポールに達することができそうならば、シンガポールかゴール岬のどちらかに寄港して燃料を補給することにした。そして、前述のような航路をとり、一三日後の三月一〇日の夕方に、セイロン島のゴール岬に着いた。
ゴール岬の港はイギリス――インド間郵便汽船の共通集結地であり、紅海との間を往復

セイロンのゴール岬

する船だけでなく、喜望峰回りでインドや中国海域に赴く船もここに寄港する。大量の石炭と特許燃料がイギリスから運ばれ、貯蔵されている。その量は膨大であると思われるが、ここには月に約一〇隻もの汽船が立ち寄るため、その消費量は非常に多く、ときには不足するおそれがある。そのためオリエンタル汽船海運会社は、外国の軍艦には一トンたりとも供給するべからずという厳命を出し、ミシシッピ号はベンガルの政庁からわずかな供給を受けただけだった。

　ゴールの町はある半島に位置し、その半島の内側が湾曲して港をなしている。その周囲にはかなりの高さの厚い城壁がめぐらされている。町の広さはせいぜい一五エーカー〔約六万平方メートル〕ほどで、住民はこの狭い要塞《ようさい》の中に閉じ込められているわけだが、そのため海風がほとんどさえぎられており、苛酷《かこく》としかいいようのない、赤道直下に匹敵する暑さにみまわれる。しかしこの暑さは、近くのインドの沿岸ほど強烈ではない。ミシシッピ号の滞在中の最高気温は華氏八五度〔摂氏約二九度〕、最低気温は八二度〔摂氏約二八度〕だった。しかし、ゴール岬の通常の気温は七〇度から八七度〔摂氏約二一〜三一度〕ぐらいである。

この港では、ほとんどすべての新鮮な食料が手に入る。牛、豚、果物、野菜は豊富で、魚も多く、質が良い。木材もふんだんにあって、質もまずまずである。ただし、水は量的には問題はないが、質が悪い。この町の住民は、イギリスの役人と商人のほかに、黒色から薄茶色まで、さまざまな皮膚の色の小売商や労働者が入りまじっている。

ゴール岬に到着したとき、提督と士官たちは少なからず面目を失い、きまりの悪い思いをさせられた。というのは、スコットランド生まれの合衆国の通商代理人が、債務不履行の処罰として自宅に監禁されていたからである。この不幸な事態についてはいろいろと提督に報告されたが、彼は注意深く介入を避けた。そのようなことは彼の職務でも義務でもなかったからであるが、この不面目な事態が起こったことについては、その原因はこれまでの合衆国の領事制度にあるのだと考えずにはいられなかった。わが国は、自国の領事や通商代理人に多くを期待することなどできない。彼らの多くは、あらゆる点でその地位に不適格な人物であり、これまでの制度が存続する限り、国の通商利益を代表したり維持したりすることを彼らに求めるのは無理なのである。わが国の領事代理が任命されている多くの土地では、彼らの報酬が、衣服を買うにも満たない額であることは周知のことであり、その結果、彼らは、乏しい生活費を補うために、しばしば品位を欠く仕事にも手を染めなければならないのである。もちろん、このような好ましくない状態の中にも、常に立派な例外はあった。多くの領事はこれまでも現在も高い地位にある人々であり、彼らが駐在している地域の現地政府に強い影響力を行使してきた。しかしそれは領事という職より、むしろ商業上の高い地位のおかげだった。また同時に、領事の官職も、高い人格をそなえてこそ、その影響力を増すのではなかろうか。最近の議会の動きをみると、この見解が正しいこと、改革が必要であることが分かる。議会で採択された処置によって、今後はわが国の領事が駐在するところはどこでも、国民の通商の利益が威厳をもって代表されること、そしてそれが保証されるよう期待している。

セイロン島は、はるか昔からヨーロッパに知られていた。最初の報告は、アレキサンダー大王がインダス河からペルシャ湾に派遣した艦隊の二人の指揮官からもたらされたものである。この島に関する記述は古代の著述家の記録に見出される。プリニウスとプトロメウスの両人は、島の特徴や状況についての記事を残している。六世紀より以前に、ペルシャ人がこの島の沿岸にキリスト教の教会を建て、一三世紀には有名な旅行家マルコ・ポーロがこの地を訪れて、鮮やかな記録を残した。彼はその美しさと豊かさにうたれ、熱を込めて、セイロン島を世界随一のすばらしい島と称している。その約五〇年後に、イギリスの旅行家ジョン・マンデヴィル卿もここを訪ねている。

しかし、ヨーロッパ人で最初にセイロン島と密接に関わったのは、ポルトガル人だった。彼らは、喜望峰を回ってインドにいたる航路を発見した際に、セイロンの国王から歓迎を受けたのである。その頃、王の領土内には内乱が絶えなかった。ヨーロッパ人は、この内紛を利用して調停役を務め、国内に足がかりを確保することに成功し、その立場を維持することに努めた。一五二〇年にポルトガル人はコロンボに強固な要塞を築き、島民の統権を握ったが、オランダ人の後ろ盾を得た島民たちに追い払われた。ところがオランダ人は、島民との関係を友人から主人に変えた。ポルトガルとの戦争は二〇年以上も続き、ポルトガル人が完全に島から追い払われたのは一六五六年のことだった。バッティコロ、ゴール岬、ネゴンボおよびコロンボの砦《とりで》はオランダ人の手に落ち、こうしてオランダは、海に面した諸州の支配権を握ったのである。

一八世紀末のヨーロッパの戦乱中は、一時フランスがトリンコマレーを領有したが、イギリスに駆逐された。今度はイギリスがそれを元の所有者に明け渡さざるをえなくなり、結局オランダがその地を奪回して、沿岸地方を併せて領有を続けたが、一七九六年にイギリスにもぎ取られた。イギリスはアミアン条約によって、正式にセイロンの領有者として認められた。イギリスの歴史には、一八一五年に、原住民からの要望によって全島がイギリス国王の領有となり、いまもセイロンはその主権下にあると記録されている。この不幸なシンハラ人をかわるがわる支配してきた者のうち、誰が最も残忍な圧政を行ったかを判断するのはむずかしい。実際、おそらくどの支配者も、おのれの欺瞞《ぎまん》と背信についての言い逃れはできないだろう。

その昔、まだヨーロッパの支配が及んでいなかった頃、セイロン島は東方諸国のうちでも最も豊かで実りの多い国のひとつであった。住民は早くから優秀な技術をもって島の資源を開発し、巧みな人工灌漑《かんがい》によって農地の収穫力をあげた。この目的のために構築された壮大な工事の跡は、いまでも数多く残っている。

緑豊かなこの島の実情

セイロンの気候は、モンスーンに大きく影響されている。一一月から二月までは、主として北東モンスーンが、四月から九月までは南西モンスーンが吹く。しかし、この風に影響を与えて気温を変化させる、ある局地的な原因がある。島の北と南では、気候に大きな違いがあり、そのために奇妙な現象が起こっている。山の片側では多量の雨が頻繁に降るのに対し、反対側では、非常に乾燥しているため草が枯れる。したがって、一方の住民は、土地を水害から守るために全力をつくし、他方の住民は、雨を溜めた乏しい水の蓄えで旱《かん》魃《ばつ》の被害を防ごうとしているのである。

この島は比較的身体によく、死亡率が三パーセント以下という数字にも表れているように、東洋の国にしてはすぐれて健康的である。ジャングルの整備と沼沢地の排水が進めば、さらにより快適な環境になると思われる。

セイロンは優れた地理的長所を有しているにもかかわらず、植民地としてモーリシャスほど繁栄しているとは思えなかった。とはいえこの島は、東洋におけるイギリスの主要な領土に対する一種の前哨《ぜんしよう》地点であり、またゴールの港には、インドと中国の全域への情報の発信地であるので、多くの人々が訪れる。

しかし、そのあらゆる自然の好条件にもかかわらず、現在のセイロン島は意外に繁栄していない。肥沃《ひよく》な土壌と、限界などないように思われる収穫力に比して、輸出量は限られている。労働力にしても、一日一二セントで雇えるのだが、このような有利な条件のもとでも、農業利益の将来は有望とはいえない。原住民も勤勉さに欠けるわけではなさそうだが、彼らは、魚、米、ココヤシを常食としており、必要なものはごくわずかなので、生計のために懸命に働く必要には迫られないのである。

この島の生産物のうち、住民にとって最も価値があるのは、おそらくココヤシだろう。セイロンのいたるところで、見渡す限りココヤシの木のプランテーションが広がり、島中の無数の道路の両側にもこの木が植えられている。陽にあぶられて疲弊した旅行者は、この木陰で涼むこともできれば、美味で身体にも良いココナッツミルクを飲んで元気を回復することもできる。ココヤシの木はさまざまな用途に使われる。おいしいタンパク質の果肉とさわやかなミルクを含む緑色の果実は、優れた食品である。実が熟すと、核を乾かして、現地ではコペラルと呼ばれているものが作られ、そこから非常に貴重な油も搾られる。その搾りかすは、良質の家畜の餌になる。核の皮でさえ無駄にはならない。その繊維で編んだロープは、毎年大量に輸出され、殻はさまざまな家庭用品に加工される。樹液からは「トディ」と呼ばれる飲み物がとれ、蒸留すると、アラック酒になる。葉は原住民の小屋の屋根を葺《ふ》く良い材料となり、象の餌にもなる。オウギヤシも豊富にあり、ココヤシと同様、用途は多い。

セイロンのほかの主要産物は、シナモン、コーヒー、砂糖、米、アリカナッツ、宝石、石墨(おそらく世界最良だろう)、そして、そのほかの野菜や鉱産物である。かつてはこの島の名物だった真珠採取業は、産出高がひどく減少してしまった。島の人々は減少の理由を、真珠貝は自力で移動することができるので、従来の棲息《せいそく》地からどこかまだ発見されていない場所に移ったのだと説明している。しかし、減少の真の原因は、真珠貝が十分に成長しないうちに乱獲されたためであると思われる。この貝は、成長に七年の歳月を要するといわれている。真珠採取業は、一時は政府の相当な財源だった。一七九七年には、産出額が一四万ポンドもあったのである。これ以後、採取量はしだいに減り、現在ではほとんどゼロになっている。海に潜って真珠貝を採るのは、現地人に好まれる職業である。熟練した潜水夫は農業労働者の一〇倍の賃金を得ることができるばかりか、この仕事は健康を害さず、むしろ身体を強健にするからである。

セイロン島は豊かな草や、よく生長した樹木に恵まれている。その中には、ココヤシやオウギヤシのほかに、ケタル樹がある。その樹液からは粗悪な砂糖がとれ、果実を乾燥して粉にすると米粉の代用になる。大きな群葉を持つコウリバヤシは、島の名物のひとつである。この木の葉は一枚で数人が入れる木陰をつくり、蒸して柔らかくすれば紙の代用になる。原住民はこれに字を書く習慣があって、きわめて長持ちする素材であることが分かっている。美しい白い花と、赤みがかった葉をつけるシナモンをはじめとする香木も、この原産物である。だが、これらの木が発する馥郁《ふくいく》たる芳香にまつわるさまざまな物語や、島から遠く離れたところまでもその香りが漂ってくるという船乗りたちの話はまったくの誇張である。セイロン島の香木は、わが国のモクレンや、刈りたての芝の快い香りにも及ばず、ましてマディラのヘリオトロープやゼラニウムの生け垣の繊細な香りの足下にも及ばない。セイロンやモーリシャスで栽培されている花々は、実際、珍しいことに、香りに乏しい。バラ、黒檀《こくたん》、サテンノキ、ライムなどのさまざまな樹木は豊かに生育し、実用や装飾用など多くの用途に使われている。

セイロンの森林やジャングルには多種の野生動物が見られ、象、ハイエナ、ヤマネコ、熊、鹿、猿などが多数棲息している。象の数の多さは信じがたいほどで、群れをなして現れては耕地や農園を踏みつぶし、作物を貪《むさぼ》り食い、所有者に大きな損害を与えている。象は島のあらゆる未開地に見られるが、好んで農場の付近によく出没し、作物をひどく荒らすため、植民地政府は、象の尻尾を持ってきた者にはひとつにつき七シリング六ペンス(約一・八五ドル)の報奨金を払っている。ゴールの政庁事務官タルボット氏の話では、驚くべきことに、昨年は象の尻尾に二〇〇〇スターリング・ポンドを支払ったが、これは六〇〇頭の象を殺した報酬なのだという。

セイロンのポアン・ド・ゴール灯台

ある陸軍士官が提督に語ったところによると、島に滞在している間に、彼が実際に殺したこの巨大な動物の数は、六〇〇を下らないという。ミシシッピ号が到着して二、三ヵ月の間に、守備隊の二人の士官が六週間、ジャングルで狩猟をしたが、そのうちのひとり（レノックス中尉）が提督と個人的に親しくなって話したところでは、その間に四〇頭以上の象を殺したということだった。象を仕留めるには、普通、ライフル銃を使う。ハンターは、真正面から、または、船乗り言葉でいえば船尾から獲物に近づく。それは、ライフルの弾丸が効を発揮する急所は二ヵ所しかなく、そのどちらかを狙《ねら》うためで、ひとつは額の正面であり、そこを射てば弾丸は脳を貫通する。もうひとつは耳の後ろである。ハンターは象の背後から近づくことができると、大声をあげるか物音をたてる。象は音が気になって耳を前にそばだて、急所をさらす。そこを狙って無情な敵は弾丸を撃ち込み、この巨大な獲物を倒すのである。セイロンの象はインド諸地方の象ほど大きくなく、しかも牙を持つものは少ない。

　蛇は二〇種類しかおらず、そのうち毒のあるものは四種類で、コブラとティク・ポランゴが最も危険である。ティク・ポランゴは非常に狡猾《こうかつ》で、通りすがりの旅人を襲おうと、じっと待ちかまえている。アナコンダ、ボア、ニシキヘビは、牛や馬、はては馬に乗っている人を呑《の》んだなどという話が語られているが、これは作り話として聞いておけばよい。しかし、この島に特有のボアの一種がいて、それは鹿を一頭丸呑みにすることができるのだが、鹿肉に満腹して、食いすぎて動けなくなり、簡単に捕獲者のえじきになってしまう。

セイロン島のボアの呑み下す能力はこの程度だと思われる。角も含めて牛をまるごと呑み込むような巨大な蛇は、この地方では知られていない。ここで、毒蛇に咬《か》まれた場合の処置について述べておいても不都合ではないだろう。東洋では一般に、この応急処置はかなりの効果があるといわれている。それは、吐根《とこん》の粉末を水に湿らせて作った軟膏《なんこう》を、応急薬として傷口に塗るのである。この簡単な方法は、毒蛇だけでなく、サソリや、毒のある魚に刺された場合などにも効き目があったというさまざまな報告がある。

　セイロンの人口はおよそ一四四万二〇六二人と算定されている。そのうち八二七五人が白人、一四一万三四八六人は有色人種、二万四三一人は外国からやってきた居住者である。住民は、シンハラ人という原住民、主に政庁の役人と軍隊の士官や商人とその家族である少数のヨーロッパ人、黒人、マレー人、中国人から成っている。シンハラ人の容貌《ようぼう》は、予想していたほど醜くはなかった。それどころか、多くの男たちは（女はあまり見かけず、上流階級の婦人はまったく姿を見せなかったが）表情豊かで端正な顔立ちをしていて、体形は均整がとれているといってもよい。男たちの気質は優しそうで、その女性的な習慣は注目に値する。男女ともに服装が同じなので、ちょっと見たところでは男性なのか女性なのか分からないことも多い。男も髪を長くのびるにまかせ、それを念入りに手入れし、わが国の貴婦人たちでも喜んでつけそうな鼈甲《べっこう》の櫛《くし》を頭のてっぺんに留めている。

　上流のシンハラ人に共通の服装はジャケットで、彼らはこれを肌にじかに着用し、胴から下にはカラフルなペチコートを着け、脚のまわりを優美なひだで包んで足まで垂らしている。あり余るほどの髪で保護された頭には、おおむねかぶりものはつけない。しかし、一般庶民の中には額に布をターバンのように巻いている者もいる。彼らが街中に出るときにはこれを身体に巻きかえ、普通はペチコートだけの貧相な服装を補うのである。大森林をすみかとし、未開の状態で暮らしている一部の原住民は、原始的で簡単な衣服をまとっている。

疑いなくこの島の原住民の子孫であるシンハラ人のほかには、マラバール人がいる。その起源は、付近のインド沿岸にたどることができ、宗教や社会的な特徴を見ると、インドと結びつくようである。彼らはヒンズー教徒であり、その宗教とカースト制度、あるいは服装や言語にしても故国インドのものを保有しているが、シンハラ族との関わりの中で、いくらかは変化している。また、近隣の島々や大陸から渡ってきたイスラム教徒やムーア人も各地に多数住みついており、カーストに従ってさまざまな身分に分かれ、織工、漁師、商人、パン屋などを盛大に営んでいる。彼らは島の住民の中では最も進取の気性に富んでおり、よく知られている彼らの優れた技能と勤勉さを発揮して、商業上の富と、島内での影響力を獲得している。

原住民は独自の言語を話すが、書くときにはサンスクリット語かパーリ語を使う。しかし、島内のヨーロッパ人の居住区で生活したことのある原住民は、一般にポルトガル語の方言を話している。

キリスト教は、非常に早くからセイロンに伝来していた。使徒の聖トマスが伝道したの

セイロン島ゴール岬近くの仏教寺院

だと考えられているが、その真偽はともかく、その昔、ネストリウス派のキリスト教徒がペルシャの商人に伴われて渡来し、島民を改宗させてキリスト教をこの地に確立したことには疑いの余地はない。しかし、ポルトガルの航海家たちが到着したときには、六世紀にセイロンにあったといわれる教会の跡はなかった。その後、ローマ・カトリックの情熱的な宣教師であるフランシスコ・ザビエルが、熱烈な伝道と精力的な改宗の勧誘によって、初めてこの島にキリスト教を永続的に根づかせた。したがって、島民の宗派はたいていがローマ・カトリックである。もちろんイギリス当局の宗教的意向に従ってイギリス国教会も維持されている。また、ほかのプロテスタント各派の教会も、この居留ヨーロッパ人の中に信徒を有している。さまざまな宗派の宣教師が異教の民に福音を熱心に説いているが、成果は表れていないようである。それらの宣教師の中には、一一人を下らないアメリカ人がいる。各派の教会を代表する者の数は、ローマ・カトリックの宣教師が三四人、メソジスト派が二〇人、イギリス国教会一四人、洗礼派一三人である。シンハラ人の大部分は仏教徒で、一時仏教はイギリス政庁に支持されていた。仏教はこの島の代々の王によって継承されている。仏教徒から非常に敬われている聖遺物である仏陀の歯は、イギリスの国教会信徒の特別の保護下にあったし、また、仏教寺院の敬虔《けいけん》なる護持は、政略的便宜から宗教にあまりこだわらないイギリスによって担われてきた。この仏陀の歯の保護と、寺院の護持のための施与は、数年前に、キリスト教国民から異教の聖職者の手に正式に委ねられたのである。セイロンには無数の仏教寺院があり、印象的な外観を持つものもいくつかある。なかでも、ひとつ非常に由緒ある寺院があり、インド各地からも信者を引きつけるほどに敬われている。ミシシッピ号が到着したとき、港にはシャムのスループ型軍艦が入っていたが、この船は、その寺院に詣でる大勢の仏教僧侶《そうりょ》を乗せてきたのだった。

シャム王国との友好関係復元へ向けて

このシャムの軍艦との遭遇については、ひとつ特筆すべき出来事があった。もろもろの理由から、提督はこの船の指揮官に格別の厚意を示したいと考えた。この指揮官は、会っ

セイロンの仏教寺院

てみるとなかなか学識のある青年で、英語もいくらか知っていた。そこで提督は、副官のコンティ大尉をシャムの軍艦に遣わして挨拶の言葉を伝え、ミシシッピ号に招待した。シャムの指揮官はこの表敬を喜んだらしく、翌日ミシシッピ号を訪ねてきて、相当の敬意をもって迎えられた。彼は、寺院に詣でるために一緒に船に乗ってきた二人の僧侶を伴っていた。そしてこの訪問客の話から次のことが分かった。すなわち、一八三六年にロバーツ氏とピーコック号の士官がシャムを訪問したおりに非常に丁重に迎えてくれたファル・ペン・クロウ・チョウ・ヨン・ホン殿下は、王国における第二の位にある人物、つまり第二国王だということである。以前、シャム王国とわが国の士官との間に存在した相互理解が、バラスティア氏の訪問により損なわれていたため、提督はそれを回復しようと、国王にコルト式の美しいピストルと次のような手紙を送った。

合衆国軍艦ミシシッピ号
セイロン島、ゴール岬
一八五三年三月一四日

最も崇高なる殿下

私はこの港で、みごとな型と構造を有し、練達にして勲功を有する士官に指揮される、シャム王国所属の軍艦に出会ったことを幸福に存じております。

一八三六年に、殿下が故ロバーツ氏と合衆国船ピーコック号の士官たちにほどこしてくださったご親切を想い起こしつつ、精巧なピストル一挺《ちょう》をご受納くださるようお願い申し上げます。これは、その構造と使用法とを十分に理解しうる技術に通じた高位の官吏に献呈するようにと私に託されたものであります。

アメリカでは、殿下は科学のあらゆる部門に通じておられるとの名声を博しておられることから、コルト氏のこのささやかな贈り物をお受け取りいただきたく、謹んで進呈申し上げます。

私は、殿下がシャムの船をアメリカへ派遣されるよう望んでおります。貴国の士官諸氏はアメリカにおいて、友情と名誉ある歓迎を受けられることをお約束できます。シャムの国旗を掲げたあらゆる船に、私の権限でなしうるあらゆる助力と支援を提供することは、私の常にこのうえない喜びであります。

深い敬意を込めて、殿下の最も忠実なるしもべたる名誉を有する

東インド、中国、日本海域合衆国海軍司令長官

M・C・ペリー

ファル・ペン・クロウ・チョウ・ヨン・ホン殿下へ

提督はこのようにして、ロバーツ氏がシャム王国と合衆国との間に結んだ条約を復活させることができるかもしれないという望みを抱いて、率先してシャムとの意思疎通をはか

ろうと努力したのである。実際、ロバーツ氏の結んだ条約は、イギリスが同国と結んだ条約同様、死文化し、まったく効力を失っていた。イギリスは、ジョン・デイヴィス卿とジェームズ・ブルック卿が、合衆国の方はロバーツ氏についでバラスティア氏も努力を払ったが、慇懃《いんぎん》に断られていた。しかし提督は、もう一度試みれば、はかばかしい結果が得られるかもしれないと考えた。また、彼は政府から何通かの白紙の信任状を託されていたので、交渉が順調に始まりそうなら、その権限に基づいて信任状を使うつもりだった。シャムの両国王と多くの士官たちは英語が分かる。そして提督のひとつの目的は、シャムが船舶を合衆国へ派遣し（シャムは軍艦と商船の両方を持っている）、わが国の制度や資源などを調査することによって、友好的な通商関係の確立に向けて動くよう仕向けることだった。

その後、提督はこの書簡に対する丁重な返書を受け取った。この返書と、提督が苦心して得たらしい個人的な情報から見て、諸般のやむをえない事情さえなかったなら、彼はシャムに赴いていただろうと思われる。

提督は、シャムのスループ型軍艦の艦長、ムン・クロウ・サル・コウンにも、儀礼用の軍刀と『ボウディッチの航海書』を贈った。

セイロンからシンガポールへの航路

ミシシッピ号は三月一五日朝、ゴールを離れ、港を出ると、ニコバル諸島の南端にある大ニコバル島に向けて舵をとった。この島とスマトラの北端に横たわる小島や岩礁であるプラウ・ウェーとの間を通過しようという意図からだった。二〇日に大ニコバルが見え、先に述べたような航路をとって船はマラッカ海峡に入り、マレー沿岸に向けて舵をとった。その方面は天候が比較的安定し、空もそれほど曇っていないと思われた。

幸運にも海峡の通過中は天候に恵まれ、アルア諸島の見えるところにある北砂州と南砂州との間の入り口で、夜間に錨《いかり》を下ろさざるをえなくなったことが一度あっただけである。提督には、マラッカ海峡の航海が、海図から予想されるほどには危険ではないと思われた。とはいえ、この航路はやや入り組んでいるので、まったく危険がないわけではない。

しかし、船にはいつでも投錨《とうびょう》できるという利点がある。ただし、この海峡では、場所によっては水深のかなり深いところに投錨しなければならない。最も危険な水路が二ヵ所ある。すなわち東西水道といわれている水道、それからフォーモサ砂州とその向かいにあるピラミッド形の岩礁との間で、中央砂州の北端にある狭い水道である。最近、「トゥー・アンド・ア・ハーフ・ファゾム・バンク」に灯台船が投錨されることになったため、第一の難所は比較的安全になった。第二の難所もフォーモサ岬の高い陸地のおかげでかなり安全である。晴れた日には、この岬の方位とそこまでの距離が、水道の中央の位置を示してくれるからである。

シナ海に向かう場合の水先案内人はペナンで、その逆の航路をとるときにはシンガポー

マラッカ海峡でイギリス軍艦が礼砲をもってミシシッピ号に敬意を表す

ルで雇うことができる。ミシシッピ号はペナンに寄港する時間的余裕がなかったため、水先案内人を雇わなかった。確かに、正確な海図を用意し、用心を怠らず、必要なときに錨を下ろす予防策を講じておけば、水先案内人の役割は、岬や島の名前を教えたり、海流や潮流を説明したりするぐらいのことである。実際、たいていは無責任な原住民の水先案内にあまりに頼りすぎるため、船長自身の判断にまかせておけばその経験と思慮によって避けられるような危険にさえ陥ることになりかねない。この海峡を通過中に、ミシシッピ号は、イギリス軍艦クレオパトラ号が、小型の蒸気艦に引かれて反対の方向に向かっているのに出会った。近寄ったとき、大きい方のイギリス軍艦が、礼砲をもって提督の艦旗に敬意を表した。

ミシシッピ号もただちに同数の礼砲で挨拶に答えた。

マラッカ海峡では、潮の干満による潮位の差が普通一二から一四フィート〔約三・六～四・二メートル〕あるが、同緯度にあるほかの地方ではほとんど変化がないということは、注目に値する事実である。この点ではシンガポールの潮の干満は、マラッカ海峡の場合と同じである。

マラッカ海峡からいわゆるシンガポール海峡に入ると、無数の島々が現れ、そのため水路は多様に、また複雑になってくる。しかし、ホースバーグの水路誌の指示は完全で明確なものであるため、その指示に忠実に従いながら適切な注意と判断とを加え、測鉛をたえず使い、いつでも錨が下ろせるように準備しておけば、それらの島々に乗り上げる危険はあまりない。

ミシシッピ号も、そのように慎重を期して込みいった航路を無事通過し、三月二五日、ついにシンガポールの港に到着した。

＊1　「ホーランド・アスピンウォール商会が、海軍省との契約を忠実に履行すべく、熱心に、また精力的に努めてくれたことで、私は非常に恩義を受けた。もし同商会の迅速で有効な助力がなかったら、私は指揮下の汽船の行動を管理するうえで、深刻な困難に陥ったことだろう。こうして豊富な供給物資を自由に処理できたことで、私は、それなしでは両輪汽船が無用の長物となってしまう燃料の

ための心痛から解放されたばかりでなく、数隻の外国の蒸気艦にも、その時点ではほかの供給源からの入手が不可能であったこの必須の物資を提供して、きわめて十分に好意を示すことができたのである」——提督の日誌より抜粋。

第5章　中国海域へ入る

シンガポール～香港～黄埔～広東

一八五三年三月二五日～四月下旬

シンガポール——さかんな通商と町の繁栄ぶり

シンガポール港は、あらゆる国の船舶のための大集合地である。ここには、中国、シャム、マレー、スマトラ、そして欧米のさまざまな商業国からの船舶がへさきを並べている。交易のために持ち込まれた世界中の産物のすべてが、シンガポールに見出される。この賑《にぎ》わいを見ると、シンガポールを自由港にした政策は十分に正しかったことが分かる。なんの束縛も受けることのないここでの交易の繁栄ぶりは、ほんの数年前にシンガポールを自由港と定めた、開けた考えを持つ進取的な人々の楽観的な期待をもしのぐほどである。

この土地自体の生産物は乏しく、わずかな数の船で小口の取り引きをする程度の供給量しかなかったにもかかわらず、シンガポールは自由政策の施行によって、一躍巨大商業市場にのしあがった。その通商は、中国、インド、東洋海域にある諸島、オーストラリア、ヨーロッパおよびアメリカを網羅している。規模の差こそあれ、ほとんど世界中の商業国の船が、常に賑わいをみせるこの港をめざしてやってくるのである。

中国との交易は非常に活発であり、中国船によって行われている。ジャンク船は北東モンスーンとともにシナ海からやってきて、積み荷の茶や絹などの産物を小売りしながら港にとどまり、南西モンスーンが吹き始めると、ほかの場所へ航海する準備のために帰国するというように、定期的に訪れては交易を続けているのである。それは、進取の気性に富む多くの中国移民とともにドルや、茶、絹、磁器、煙草、桂皮、南京木綿、オウレン、それに中国人らしい巧みな細工が生かされた、気の利いたたくさんの「小間物」など、大量の積み荷を運んでくる。そして代わりに、有害なアヘンや、食用にするツバメの巣、さまざまなヨーロッパ製品などを持ち帰る。

シンガポールの町は、船舶が通れないほど狭い海峡によってマレー半島と隔てられたひとつの島の上に建設されている。かつて、マラッカ王国とも呼ばれたマライ王国の首都は現在の町の位置にあった。その古い町は一二世紀に建設されたが、ジャワの一族長に征服され、この族長は王宮をマラッカに移した。それ以後、人口と富はしだいに減少し、一八一九年にイギリスが占領したときには、もはやかつての町の名残をとどめず、海賊が出没する場所にすぎなくなっていた。海賊は、近隣の島や水路と同様に、この場所を、イギリスやオランダの船に追われた場合の安全な隠れ場としていたのである。現地人はいまでも、さまざまなマレーの軍帆船や海賊船、それに普通の帆船の模型を売っているが、いずれもきわめて美しく、優雅な形をしている。提督はこれらの帆船の模型の美しさに心を打たれ、祖国のニューヨーク・ヨットクラブにひとつ送ることにした。

町の外観からは、その繁栄ぶりがありありとうかがわれる。すでに述べたように、港には常に船舶がひしめき、裕福な商人たちで賑わっている。船荷の倉庫はいたるところで見られるが、主として港の前面や埠頭に沿って建てられている。主な商人たちは、湾に臨む場所に、間取りの十分な風雅な邸宅をかまえている。この繁栄の地に居を定めた人々の住

マレーの帆船

宅、つまり、町や郊外にある植民地政府の官吏や商人たちの瀟洒《しょうしゃ》で便利な住宅と、中国人の風通しの悪いむさ苦しい住居やマレー人のみすぼらしい長屋とでは雲泥の差がある。中国人やマレー人は普通、郊外の道路や小路に近い沼沢地を選んで、杭の上に木造の家を建て、出入りのためににわか作りの橋をかけているのだが、それはしばしばたった一枚の板でしかない。

通りすがりに見ただけでも分かるほどのシンガポールの繁栄は、賢明で精力的なスタンフォード・ラッフルズ卿の尽力によるところが大きい。彼は上層部から多くの反対を受けながらも、彼の信じる植民地の行政計画を実現させるという確固たる目的を遂行したのだった。ミシシッピ号が訪れた当時の人口は八万人と推定されるが、この数字は、イギリスの領有後、この地の人口が飛躍的に増加したことを示している。それ以前は、シンガポール全島の人口は、二〇〇人程度にすぎなかった。住民は、ユダヤ人、中国人、アラビア人、マレー人、そして近隣諸国の土着人である。ヨーロッパ人の数は最も少ない。中国人が最も多く、六万人を下らないといわれる。彼らは職人、漁師、労働者、当地の小売商人などであり、この勤労階級が植民地の活発な通商に大いに寄与している。

シンガポールに住んでいる雑多な民族は、それぞれの風俗習慣や独自の礼拝の形態を持ち続けている。中国人は辮髪《べんぱつ》を垂らしてアヘンを吸い、神像の前で香をたく。アラビア人はターバンをつけて預言者の名を唱え、モスクでひれ伏す。一方ヨーロッパ人は髭《ひげ》を剃《そ》り、ロンドン産の黒ビールを飲み、教会の会衆席に座るのである。それぞれの国の民はたいていそれぞれに礼拝の場所を持っていて、中国人の寺院もあれば、イスラム教徒のモスク、キリスト教徒の教会もある。これらの宗教が、ときに奇妙な混乱をみせるのは、宗派が互いに混じりあった結果だろうと思われる。提督が中国の寺院を訪れた際に見かけたものもそのひとつだった。その寺院の奥には人間の形をした醜怪な悪魔の像があったが、その前に聖母子の像がおかれていたのである。これはどう見ても奇妙な取り合わせだったので、提督は、こうした正反対のものがなぜ一緒においてあるのか考えてみずにはいられなかった。その意図が、悪魔に翻弄《ほんろう》される母子を表すことなのか、それともその逆なのかは定かではないが、その魔王像の明らかに不愉快そうな表情からすれば、この悪魔は心安らかで

シンガポールのモスク

はなく、意に沿わぬ状態であるように見受けられた。しかし、いずれにせよ、中国の寺院に持ち込まれたこのキリスト教の人物像は、ポルトガル人によって早くからこの地にローマ・カトリックの教えが伝えられていたこととなんらかの関連があるのは確かなようだ。

ミシシッピ号がシンガポールに滞在した期間はごく短かったので、現地のヨーロッパ人の社交界に顔を出す機会はほとんどなかった。ただ、現総督および陸軍司令官との間には、訪問と挨拶《あいさつ》が交わされた。また、合衆国領事との間にも、ある公式の事務上の交渉があったが、それ以外には、提督とヨーロッパ人居留者との交流はなかった。しかし、ある中国商人は、純粋な親切心でわが艦隊の士官たちと親交を結び、士官たちはその商人の邸宅に招かれ手厚いもてなしを受けたのだった。ワンポアという名のこの紳士は慇懃《いんぎん》な物腰の学識の高い人物で、英語にもかなり通じ、流暢《りゅうちょう》に話した。島でも随一の美しい別邸は広々として住み心地が良く、趣味の良い調度がそなえられ、各部屋にはたくさんの骨董《こっとう》品や美術品が飾られていた。住居は、広大で快適な庭と農園に囲まれ、そこには、実用や鑑賞用のさまざまな島の植物が立派に栽培されていた。動物や珍鳥も飼われ、ニューギニア産のヒクイドリやカンムリバト、珍しい純白のクジャクなども見られた。このように、提督が食事に招かれ夜を過ごしたワンポア氏の邸宅は、人の目を楽しませ、生活に楽しみを与えるあらゆるものに取り囲まれていたが、さまざまな贅沢《ぜいたく》品の中でもとくにすばらしかったのは、ワンポア氏の乗馬用に飼われていた美しいアラブの白馬だった。その均整のとれた姿と色つやの美しさ、羊のように扱いやすい気質には、提督もいたく感心したのだった。

軍事的、また地理的にも、シンガポールはイギリスにとって非常に重要である。この拠点と海軍力によって、シナ海への入り口を押さえることができる。この位置は商業上でも大いに有利であり、スマトラ、ボルネオ、シャム、カンボジアおよびコーチシナなどの近隣諸国の貨物集散地になっている。

新しい事業を手がけ、成就させる手腕に優れたスタンフォード・ラッフルズ卿のおかげで、イギリス政府と東インド会社は、この価値ある領有地を獲得したわけだが、その手順が公正なものであったことも付言しておかなければならない。ラッフルズ卿は実際、ジョホールおよびシンガポールの王《ラジャ》から、この島の主権と領地とを規定の金額と年金とによって購入したのであり、その支払いも適正に行われてきたと信じられる。これは、一般に、立派な国々を暴力によって平然と奪い取り、その住民を社会的にとはいわないまでも政治的に隷属状態におくヨーロッパ政府の中では、きわめて希有なことである。従来のヨーロッパの侵入者たちによって祖国から追われ、領地を略奪された父祖たちに比べてどんなに良い待遇を受けたかを顧みれば、王がラッフルズ卿との取り引きを自慢にしたのも当然のことだった。

現在の王は、大勢の妻子とともに、イギリス人の住む町から約一マイル離れた現地人の村に住んでいる。提督は王とは会わなかったが、学識のある立派な若い王子が提督に敬意を表するために来艦した。父王はおそらく、王としての威厳からして、まず提督の方から出向くべきだと考えていたと思われるが、用務上の事情にはばまれて、表敬訪問は行えなかったのである。

東西貿易のかなめ

シンガポールはイギリスの郵便船にとって、寄港地、また石炭貯蔵地として重要な拠点となっている。新事業に積極的で財力もある東洋汽船海運会社は、町から約二マイル半のところに新港を建設し、埠頭、石炭置場、倉庫、作業場そのほかの建物を含む、巨大な石炭貯蔵所を設置した。これは、ほかのイギリスの植民地施設に比べても誇りうるものであり、単なる世辞ではない。シンガポールは、インド、中国、オーストラリアおよびヨーロ

ジョホールの王《ラジャ》（シンガポール）

ッパの定期航路の途上にある。イギリスやオランダの何隻かの汽船は、香港、ペナン、バタヴィア、上海、カルカッタ、マドラス、ベンガル、ボンベイ、セイロン、モーリシャス、喜望峰および紅海などを経て、ヨーロッパやアメリカとの間をたえず行き来して郵便を運んでいる。

シンガポール港では、船舶に必要なたいていの物資が適正な価格で手に入る。水は良質で、この土地の役人である港務長《ハーバーマスター》が管理している貯水タンクから供給される。しかし石炭については、ミシシッピ号は一ポンドも購入することができず、その必要量をまかなえないのではないかと懸念される理由があった。ラブアン商会となんらかの取り決めを結ぶことができなかったからだ。というのは、同社の統制下にあった炭鉱からの全採掘量が、毎月一〇〇〇トンの供給契約を結んだ相手である東洋太平洋会社によって使い尽くされていたからである。だが、ミシシッピ号にとって幸いなことに、香港における東洋太平洋会社の石炭が欠乏し、それを補うための量を輸送する船舶を調達することが困難であったため、シンガポール駐在の同社代理人は、香港での返却を条件として提督に二三〇トンを貸すことに同意したのだった。この措置は双方にとって好都合なものであり、ミシシッピ号はシンガポールで必要な量の石炭を補充することができ、東洋太平洋会社の方も、運搬費をかけずに、中国における主要貯蔵所での必要量を確保したというわけだ。

シンガポールの主な輸出品目は、錫《すず》、ナツメグ、砂糖、薬品、鼈甲《べっこう》、それに、近隣諸国からのこまごまとした商品である。イギリス植民地には、シンガポール島だけでなく、付近の海域に散在するたくさんの小島も含まれる。本島のシンガポール島は、長さ約二五マイル〔約四〇キロメートル〕、幅一五マイル、その面積はおよそ二七五平方マイルである。島内は、それほど高くない丘と浅い渓谷が地形に変化を与えている。海岸線は低く、マングローブが生い茂っているが、ところどころ海水が河流の六、七マイル奥まで入り込み、その両岸から水があふれて、付近に沼沢地を形成している。遠征隊の画家たちは、そのような河流のひとつ、ドゥロング川の特徴ある景色を描いた。

イギリスがシンガポールを領有した当初、島は森林におおわれ、まったく開拓されていなかった。現在は、町の付近からかなり奥地の方まで開墾されているが、それは主に、中国から渡ってきた勤勉な移民たちの努力によるものである。ここでは米、コーヒー、砂糖、そしてその他の本来より暑い地方に育つ農産物が収穫されるが、その収穫量は島内の消費量を満たすほどではない。熱帯の果物はすぐに大きくなり、なかでもマンゴスチンはよく育っている。しかし、その風味は話に聞いていたほどは良くなかった。おそらく船の滞在中はまだ食べ頃の時期ではなく、熟しきっていなかったのだろう。ほかにナツメグの栽培も、ココヤシやオレンジその他の熱帯果実と同様にかなり成功している。

島には、さまざまなヨーロッパ産の動物も輸入されている。ここで使われている馬はずんぐりした気の荒い種類で、大きさの割にはすばらしく丈夫である。この馬は一般に、島に普及している簡易な馬車につながれ、一日あたり手頃な料金を払って町中で雇うこともできる。台に乗って手綱をとる御者は稀《まれ》で、たいていが馬の先に立ち、毎時六マイルから七マイルの速度で馬と一緒に走っている。これは、動物愛護の面では明らかに良い方法である。これなら馬に対して思いやりを示すことができ、馬が一歩進むごとに御者は二歩進まなければならないので、酷使しすぎるようなこともない。しかも、いやおうなしに一種の仲間意識が生まれ、御者は「驚くほど優しく」馬を扱うようになるのである。

島に棲息する虎の脅威

この土地に棲息《せいそく》する動物の種類はおおむねマレー半島と同じで、多くはそこから移ってきたものである。ことに虎はこの島が好きらしく、大陸と島とを隔てている海峡を泳いで渡ってきて、多数棲《す》みついている。これらの虎は根っからの野獣であり、通りかかる人を容赦なく襲い、木材を伐採したり米の栽培のために土地を開拓しようと密林に入る不運な中国人や原住民を捕らえて腹を満たす。信頼できる筋によれば、この凶暴な動物の犠牲になる者が出ない日は一日もないという。提督は最初、この話には懐疑的だったが、総督代理と軍司令官からもそれが事実だと聞かされたので、信じないわけにはいかなくなった。彼らの語ったところでは、そのような事件は日常茶飯事なのだが、法律上必要とされている検死の手間と費用を省くために、多くの場合は報告されないのだということだった。しかし、法的形式に従うなら、「虎による死亡事故」は毎日報告されているはずなのである。

虎は、一度人間の肉の味を覚えると、鹿や猪の肉よりも人肉を好むようになり、その好

シンガポールのジュロン川

物にありつこうと躍起になるといわれているが、どうやらそれは事実らしい。シンガポールの住民、ことにジャングルや森林の中に身をさらさなければならない貧しいマレー人や中国人にとって虎がきわめて危険だというのは、この獣の人肉に対する強い渇望のためである。また、虎はとくに中国人の味を好むという説もある。

人食いにふける未開人が、その特異な恐ろしい食べ物を熱烈に愛好するようになるという事実をよく確かめると、この虎の話もさほど驚くにはあたらない。スタンフォード・ラッフルズ卿の語るところによると、マレー人のバッタス族という一部族は、マレーの虎のように互いに喰い合い、ほかのどの食物にもまして人肉を好むという。バッタス族は読み書きができ、古代から法典も作っているため、まったくの未開人の範疇《はんちゅう》に入れてしまうわけにはいかないが、卿によれば、戦いのないときでも、バッタス族の間では、毎年六〇人から一〇〇人が喰われているということである。

この島には虎のほかに鹿や猪、それに猿、ペッカリー、ヤマアラシ、ナマケモノなど、数種の小動物がいる。鳥類は豊富で、非常に美しい種類もある。蛇類はそれほど多くはないが、なかに猛毒を持つコブラがいる。水牛は、シンガポールに特有の動物である。大きさはアメリカの牛に近く、同様に耕作に使われたり、車の轅《ながえ》につながれて御者に引かれたりしている。御者は、水牛の鼻孔の軟骨に通した輪または革紐《かわひも》に結んだ一本の綱を握るのである。この動物の皮は粗く、サイの皮に似ている。水牛はほぼ牛と同じような姿をしているが、頭部だけはまったく違っている。厚い皮膚は丈夫そうに見えるが、蠅《はえ》に悩まされ、

シンガポール近くのマレー人の墓

それを避けるために、餌を食べるとき以外は水の中に浸かっている。たぶん、このために水牛という名がついているのだろう。

マラッカとスマトラ付近の海で見られる二種の注目すべき動物については、これまで多くの研究がなされてきた。ラッフルズの記述によれば、それは原住民からイカン・ラジャールと呼ばれているセーリング・フィッシュと、ヴァレンティンによって記され、長い間人魚として語り伝えられていたジュゴンの二種である。しかし、提督が住民から聞いたところによると、これらの魚は絶滅にはいたっていないまでも、数が激減してしまったという。近くの沿岸とマラッカ海峡付近で採集された貝類は、大量にシンガポールに持ち込まれて売りさばかれる。遠征隊は、そのすばらしい標本もいくつか手に入れた。

スマトラ、マレー半島および付近の海域にある島々の住民はすべてマレー族である。この種族は、インド諸島だけではなく、南洋諸島のいたるところに広く住んでおり、総じて南洋諸島の原住民はインド諸島の原住民と起源は同じだと認められている。両者の体質、風俗、言語の類似性はこれを裏付けていると思われる。

シンガポールから香港へ——南シナ海の航行

ミシシッピ号は、必要な燃料を積み込み、三月二九日にシンガポールを出発した。そして中央の水道を通り、「ペドラ・ブランカ」という岩の上に立つ灯台付近を通過した。これは、コーチシナおよび海南《ハイナン》沿岸に達するためにとられた航路である。シナ海の航海については、すでにさまざまな刊行物の中で言及されているので、多くを語る必要はないだろう。しかし、概してボルネオおよびバラワンからコーチシナにいたるまでの海には無数の珊瑚《さんご》礁《しょう》や浅瀬や島があるため、危険が大きいといえる。これらの浅瀬や岩礁の多くは海面下にあり、かつて海洋学上の調査が行われた際には、水深は誤りなく記録されており、船舶が通過できるだけの深さがあると報告されてはいるが、微小な建築家ともいうべきサンゴ虫が将来島となる土台を築く速度は非常に速く、二年から三年もたてば、調査時の特徴や水深がすっかり変わってしまうことを忘れてはならない。このような障害物があるために、ことに嵐の際にはシナ海の航海には危険がつきまとう。にもかかわらず、毎年数千の船舶が、あちこちの水路を通って無事に航行しており、難破する船はごくわずかである。

海面を流れる潮流は卓越風の影響を受けるが、潮の干満は世界のほかの地方と同様、ここでも、人知を超えたある神秘的な法則に支配されている。コーチシナ沿岸の潮の干満の差は六フィート〔約一・八メートル〕から一四フィートまでさまざまであり、干満の時刻とその時間の長さはまったく不規則である。この沿岸における緯度一二度の地点では、二四時間にわずか一度しか干満がない。これまで、熱帯には潮の干満がほとんどないと言われてきた。また、緯度の高いところは低いところより干満の差が大きいとされているが、低緯度の地域でもその差が大きいところはいくらもある。緯度二二度に位置するキャンベイ湾の、満月と新月のときの干満の差は三〇から三六フィートであると、ホースバーグは記している。彼の記述によれば、スーラットの停泊地でも二〇から二一フィート、ボンベイ湾では一五から一七フィートの差があるという。さらに熱帯のマータバン湾では、満月と新月のときの干満の差は二三から二四フィート、そしてラングーンの砂州では二〇から二一フィートである。赤道から二度半以内のところにあるギャスパー海峡では、地域的な原因から、大潮のときの干満の差はときに一六から一七フィートに及ぶ。しかし赤道にこれほど近い地点では稀なことである。以上はみなホースバーグの記述からの引用であるが、これらの例は熱帯でも著しい潮の干満があることを示している。

提督はコーチシナ海岸で、二四時間に一度しか潮の干満がなかったことを観察したが、それもやはりホースバーグが報告した類似の例と一致する。彼はこう述べている。「たいていの場所では潮の満ち干は二四時間以内に二度あるが、熱帯地方の場合はどこでもそうであるとは限らない。東洋の島々には二四時間以内に潮の干満が一度しか起こらないところが何ヵ所かあるからである」。熱帯から遠く離れたところでも、二四時間に一度しか潮の干満が起こらない例は多い。ファン・ディーメンス・ラントの南岸でも干満は二四時間に一度だけだが、その北岸のポート・ダーリンプルでは二度起こる。ところで、ミシシッピ号が赤道圏内を航行している間は、毎日のように、朝夕に黄道光が燦然《さんぜん》と光っていた。この現象にとくに注目し、研究対象としていた従軍牧師のジョーンズ師にとっては、観察を続ける絶好の機会となった。

四月六日の朝、航行中に、見渡す限り無数の漁船が浮かんでいるのをみとめた。船尾楼から見ると、少なくとも二六九艘《そう》の小船が数えられた。漁船団は二艘ひと組になって、互いに約九〇尋《ひろ》〔約一六〇メートル〕の間隔をとりながら間に網を張って帆走していた。それらの船の艤装《ぎそう》は奇妙で、二本か三本のマストに四角い帆がついており、少し離れたところから見ると、横帆やトップセイルのように見える。彼らはこれを上げたり下ろしたりして、相手の船に速度を合わせている。捕獲しているのは地中海のイワシに似た小魚で、網を使う漁法も同じである。

この漁船団に出会ったことで陸地に近づいたのが分かり、実際、午前一〇時半には、陸が見えてきた。ミシシッピ号はさらにマカオの錨地《びょうち》に向けて舵《かじ》をとり、暗くなってきたところで、ひとまずラドロネス諸島の島陰に錨《いかり》を下ろした。翌朝、船はマカオの錨地まで進み、陸地と連絡をとったあと、香港に向けて舵をとった。そしてその日の日没の頃に、ついに香港に錨を下ろした。

香港到着――ついに僚艦と合流

そこには、スループ型砲艦プリマス号とサラトガ号、そして、輸送船のサプライ号が停泊していた。ミシシッピ号が投錨《とうびょう》すると、プリマス号とサラトガ号はいつものように礼砲を鳴らし、ミシシッピ号の大砲も返礼した。しかし、サスケハナ号はどこにも見あたらなかった。政府から提督の旗艦に指定されていたこの船が、中国駐在合衆国弁務官マーシャル氏、公使官付書記官のパーカー博士、広東駐在合衆国領事フォーブス氏を乗せて二週間前に上海に向けて出港してしまったことを知ると、日本に向かう前に彼らと会うことを切望していた提督は非常に驚き、落胆した。このうえは、プリマス号を上海に差し向け、サスケハナ号の指揮官ブキャナンに、提督がミシシッピ号で到着するまでそこで待つようにという命令を伝えるしか方法はなかった。幸い、上海は日本に向かう航路からさほど大きくはずれてはいないため、提督はミシシッピ号がさらに北上する準備が整いしだい、サスケハナ号を追う心づもりだった。

翌日、慣例どおり港内の砲台や他国の軍艦と礼砲が交換され、ついで各国の士官との間に親しく挨拶が交わされた。ことに、フリゲート艦カプリシューズ号に長旗を掲げていたフランス海軍のロクモーゼル提督とペリー提督とは、公私にわたって大いに愉快に交流した。イギリスの提督F・ペリュー卿は留守だった。いうまでもなく、アメリカ海軍の士官たちは、在外イギリス当局の文官、陸海軍の武官からあらゆる機会に厚遇された。提督は次のように語っている。「長い間の外国での勤務のうちに、私が厚遇を受けなかったためしは一度もなかった。実際、合衆国政府を除くあらゆる国の政府は自国の士官たちに公式の饗応《きょうおう》に使う接待費《テーブル・マネー》を潤沢に与えているため、士官たちにとって、その金を使ってもてなすことは義務であり、また喜びであることも間違いない」。

ミシシッピ号の香港滞在はごく短かったが、その商業の繁栄ぶりは十分に見てとれた。ただし、観光の点ではさほど魅力的なところではない。旅行者の中にはこの町を鮮烈に描写している者もあるが、目を奪われるような景色はどこにもない。むしろ、ここにあるのは活気のある風景だといえる。海岸には中国の小船が連なり、港には各国の船舶がひしめき、中国人たちが、道路工事をはじめ、発展していく町に必要なさまざまな労働に精を出している。一八四一年にイギリスが香港を領有したときには、現在のヴィクトリア市がある場所は、荒涼とした不毛の地にすぎなかった。いまではそこに一万四六七一人もの人々が住んでいる。また、商業用の倉庫やドックや桟橋、商船隊もこの地の物質的繁栄を物語り、社会的、文化的、宗教的な発展は、会館、図書館、学校、教会などの建物に表れている。異教崇拝がさかんであることも見てとれる。香港には中国人の三つの寺院と、イスラ

東端から見た香港の景色

香港の少年理髪師

ム教徒のモスクがひとつある。

島の北には山々が連なり、その裾は海近くまで迫って狭い土地を残しており、それに沿ってヴィクトリアの町が二、三マイルにわたって広がっている。インドと香港との間では大量のアヘン取り引きが行われており、アヘンは香港に輸入されてから、海岸伝いに中国へ密輸される。

香港は大部分が岩地で土地がやせているので、農耕はあまり行われていない。しかし南部は北部よりいくぶん土質が良く、南にはある程度作物が育つ唯一の渓谷もある。水は豊富にあり、質も良い。気候は暑く、雨と暑気とに交互に襲われるために、沼沢地方では腐敗が進み、健康に有害である。南側では南西モンスーンが空気を浄化して快適にするため、比較的健康には良いのだが、良い港がないことから、イギリス人は北部に住まざるをえなかったのである。

労働者階級と小売商は主として中国人であり、彼らは常に金儲《かねもう》けに余念がない。毎日、街頭のいたるところにある市場で中国商人が通りかかる外国人を呼び込み、巡回職人たち

香港の中国寺院

が忙しそうにまわって歩く光景が見られる。彼らは独特の服装と奇抜な道具で人目をひく。わが隊の画家は、香港の少年理髪師の肖像をいきいきと描いた。

香港から広東（広州）へ——提督の心の広東とのギャップ

ミシシッピ号は、香港を発《た》ってマカオへ、ついで広東河〔珠江《チュージャン》〕に沿う黄埔《ワンポア》に錨を下ろした。広東河には砂州があるため、水先案内人と中国の小舟を雇わなければならない。湾曲する河の両岸や砂州に案内船として待機している小舟は、一回一ドルで仕事を請け負うため、「ドル・ボート」と呼ばれている。広東と取り引きをするあらゆる大型船の停泊地である黄埔は、広東市から約一二マイル隔たった広東河に臨んでいる。そこには特徴のある塔が建っており、中国人たちは、宗教的な理由からこれを崇拝しているようだが、外国船にとっても、それを利用して方角を測り、舵をとったり錨を下ろしたりすることができるため、有用な陸標になっている。

そこから広東まではボートを利用しなければならなかったが、その旅はけっして快適なものではなかった。提督はその河の風景にいたく失望し、泥だらけで浅いと述べている。両岸にはほとんど民家の一軒も見られなかったが、広東に近づくと、水上生活者の船が五重にも六重にもなって岸につながれ、半裸のみすぼらしい人々が住んでいるのが見えた。一行はこの流れの両岸にある貧しく不潔な住居の間を抜け、商館や、外国の商人たちが住んでいる区域を通って、旅行者が上陸する地点に着いた。それから、この地区には快適な宿がなかったため、紹介状に書いてあった人の家に連れていかれ、丁重に迎えられてそこに宿泊した。

広東の第一印象は、まったくの失望だった。期待しすぎたせいもあっただろうが、提督は、この地に関する書物の鮮やかな描写から、旅行者にもっと強烈な印象を与えるような街を想像していたのだった。書物から予想されたのは、色鮮やかな旗で飾られた無数の小舟が活発に行き交う光景だった。そして、提督が思い描いていたのは、河の両岸につながれ、水に漂う美しい家に、色とりどりの衣装をまとったたくさんの人々が住む美しい眺めだった。また、屋根を重ねてそびえたつ塔の話、いくつもの高台に立ち並ぶ快適な邸宅の広がり、絵のような橋がかかっているこぢんまりとした屋敷に住む中国人が、柳の木陰でのんびり釣りをしている風景など、どれもわれわれがこれまでに親しんできた物語や、子供の頃に楽しんで見た絵のイメージがもたらした空想だった。

しかし、少年時代の想像力あふれる空想というものは、えてして大人になってから味気ない現実によって打ち砕かれてしまうものである。この場合もやはりそうだった。美しい絵のように群れ集う人々や、幸福な生活はどこにもなかった。小舟や人々、塔や小島や橋や樹々は確かにあったが、同時に、不潔さや喧噪《けんそう》、貧困と惨めさ、虚偽や悪事もはびこっていた。要するにそこは、静かな満足や牧歌的な素朴さにあふれた絵とはほど遠いところだったのである。

提督が、数人の士官を伴って広東を訪れた際に宿を借りたのは、合衆国領事にしてラッセル商会の社長でもあるフォーブス氏の屋敷だった。フォーブス氏はちょうど留守だったが、その同僚のスプーナー氏のはからいで、丁重なもてなしを受けることができた。その屋敷は当地では有名で、その主人も中国人の信望を集めていたため、街で買い物をしたときには、品物をフォーブス氏の家に届けてくれと言うだけでよく、店主もふたつ返事で承知してくれるのだった。この、中国人の親切と信頼とは、ほかのあらゆるアメリカ人の家に対しても同様であっただろうと思われる。

外国人が住んでいる河岸の比較的狭い土地は、その広さは限られているものの、非常に居心地の良い場所である。その区域は全体で四エーカー〔約一万六〇〇〇平方メートル〕にすぎない。外国人の商人たちは、自分たちの仕事場であり居住地でもあるこの土地の後方に大きな建物を建てて住んでいるが、前方の半分以上は美しい庭園になっている。その中央には英国国教会の教会があり、ところどころに立つ高いポールには各国の国旗が翻っている。それぞれの庭には遊歩道が設けられ、灌木《かんぼく》や、花樹で飾られて、朝のすがすがしさや宵の涼しさを楽しむ憩いの場所となっている。市の一方には中国人の粗末な低い家のすぐそばにヨーロッパ風の三階建てや四階建ての建物がそびえ、他方には河に浮かんだ舟の上に大勢の人々が生活しているという特異な眺めは、やはり旅行者を驚かせる。外国人は自分たちの住居と会社を商館《ファクトリー》と名付けているが、土地の者は行《ホン》と呼んでいる。これは、商業関係の建築物や倉庫を表す一般的な中国名である。

From nature by Heine. Figures by Brown.
Lith. of SARONY & Co. New York

黄埔の仏塔と錨地

広東市の郊外にすぎない外国人居住地区には、大きな建築物や公共の建物はほとんどないが、街路や家屋や市場などは、普通の街並みと変わりはない。外国人はたいてい、前述した庭園に隣接し、新旧の中国街があるその区域だけしか訪れない。

欧米人がときおり訪れる当地で唯一のホテルは新中国街の近くにあるが、かなり低級なしろものである。したがって、外国の商人が旅行者を立派な私邸に招待するのは（すでに述べたように）当地の親切な慣習であり、訪問者はみな温かい歓迎を受け、気前よくもてなされる。新旧の中国街のほかにも狭くて不潔な裏街があり、豚横町《ホッグ・レーン》という呼称もあながち不適当ではない。そこにはきわめて放埒《ほうらつ》な人々があふれかえり、外国人水夫たちの卑しい食欲を満たしたり、低級な強い酒や危険な刺激物を提供しているのである。

外国人居住地区からは直接郊外へ出る馬車道や歩道がないため、居住者たちはもっぱら河を利用し、夕べになると船足の速い小舟を漕ぐ。河の対岸にある河南の島上には一マイルにおよぶ歩道がのびていて、仏教寺院に通じている。しかし町の周辺には見るべきものはほとんどなく、その寺院にしても、ほかの寺と比べてとくに変わったところはない。遠征隊のある士官がこの寺院を訪れた際、豚の群れが供物として飼われているのを目にしたが、非常に栄養が良いらしく、豚は立つこともできないほど丸々と太っていた。この神聖な豚や、人々がそれを敬っている様子は（なんとなく陰気な気分にはなったが）珍しい眺めだった。

広東は広東省の首府であり、ヨーロッパ人が省の名前からとってつけたものであるが、

広東の古い中国人街

それは間違いであった。省の名前であるにすぎないのだから、その名で呼ぶのは実際は誤りであり、正しくは広州府という。同市は珠江、すなわちと真珠の河と、珠江の支流である北江との二つの河に臨んで建設されている。珠江、つまり真珠河あるいは広東河の河口はボッカ・ティグリス〔虎門《フーメン》〕と呼ばれている。この名は、大虎島の丘の頂の輪郭が虎の頭に似ていることに由来している。一見したところではそうは思われないが、よくよく観察してみると確かに似ていることが分かる。この河は、河口と両岸の数ヵ所に設けられた中国の砲台によって守られている。しかし、砲台は白塗りの壁に囲まれ、穏やかな外観を呈しているため、それほど物々しくは見えない。ことに虎門の砲台などは、丘の麓《ふもと》から頂まで白壁がずっと続いていて眺めが良い。片側には「龍洞」、反対側には「娘靴」というように、さまざまなおもしろい名前のついた砲台が見られる。絶好の位置に設置されているものもいくつかあるが、全体の構造は、堅固な施設というよりむしろ示威のためのものである。

この河には海賊が跋扈《ばっこ》していて、漁師もときにはその仲間となり、砲台の目前でさえも平気で略奪を行っている。略奪しようとして外国人の襲撃に失敗すると仲間同士で襲いあい、外国人ばかりか、同胞をも容赦なく殺戮《さつりく》して奪いとる。ミシシッピ号がマカオから広東河の停泊地である黄埔に向かう途中のこと、曳航《えいこう》していた二艘の中国船のうち一艘が舵をとり損なって浸水すると、もう片方の船は事故に巻き込まれるのを恐れて索を解き、そのまま進んだ。そのときたまたま蒸気船の方に乗っていた船の持ち主が、黄埔に着く前に海賊に襲われそうで心配だと言った。それは、いわれのない不安ではなかった。事実この船は、ミシシッピ号が離れてからわずか二、三時間後に、海賊に乗り込まれ、略奪されたのである。ミシシッピ号が香港に滞在している間にも、この軍艦の目と鼻の先で、海賊行為が数回にわたって繰り返された。陸上の略奪者の方はどうかといえば、これもニューヨークやロンドンの海千山千の盗人やスリにもひけをとらない。ある日の夕方、日没の頃に、ミシシッピ号の海軍大尉のひとりが帰艦するために雇った小舟に乗り込もうとしたところ、あっという間に大勢の賊に取り囲まれ、懐中時計をもぎとられそうになった。幸い、彼が丸々と太っていたせいで時計は無事だったが、鎖の方はまんまと持ち去られてしまった。

河口から広東までの距離は約三二海里だが、大型の船舶は黄埔の錨地から先へは進まない。そこから広東の外国人居留地までの一〇海里には小舟が使われる。広東郊外には河や水路があちこちに流れ、魚が豊富にとれ、市内では毎日、品数の豊富な市が立つ。

広東市の南にある沖積地はよく開墾され、田圃《たんぼ》や菜園になっている。北と東の高地には樅《もみ》などの樹木が植えられている。市の一部には城壁がめぐらされ、その区域はさらに東西に走るもうひとつの壁によって分けられている。このうち北の方は城内あるいは旧市街と呼ばれ、主として有力な満州人の家族が住んでおり、南の方の城外または新市街に住んでいるのは、おおむね土着の中国人の子孫たちである。街路は狭くてコルク抜きのように曲がりくねっているうえに、多くの住民でごったがえしていっそう窮屈になっている。市内で公認されている乗り物は輿《こし》だけだが、おうおうにして二台の輿がやっとのことですれ違うようなありさまである。

広東は、中国と欧米との大規模な貿易の中心地として大いに重要である。年間の取り引き高は、数年前で八〇〇〇万ドルと推定され、その大部分はイギリスと合衆国の商人によって行われたものである。

広東の魚市場

第6章　中国を離れ琉球へ

マカオ・香港～上海～那覇

一八五三年四月下旬～五月二六日

マカオでの丁重な待遇

広東を去る際、提督はラッセル商会のスプーナー氏から、同社がマカオに所有する壮大な邸宅を使ってほしいという申し出を受けていた。そこで提督は、三名の士官とともにその豪奢《ごうしゃ》な邸宅に腰を落ち着けた。一行は、衣食の方は当然自分たちでまかなわなくてはならないと思っていたので、隊の士官のひとりが必要な品物の調達を同家の使用人頭にこと細かにたのむと、すぐにそろえてくれた。そのうえ、非常に驚いたことには、われわれが帰艦する際に、使用人頭は通常の心づけ以外は一ペニーも受け取ろうとはせず、自分の雇い主は、この家を使ってもらえることを常に喜ばしく思っているので、提督とその一行が次回マカオを訪れる際にも、ぜひここに滞在するようにと言ってくれたのだった。

このような邸宅に迎えられた賓客は、非常に愛想の良い応対を受け温かい雰囲気を味わう。大切な客には、惜しげもなく親切を示すのが東洋の商人の習慣なのである。実際、賓客は自由気ままにふるまい、必要なものがあればなんでも言いつければよいといったぐあいで、希望があればすぐに応じてもらえる。主人はいろいろなことで自らの手を煩わすことなく、たいていの時間は大切な仕事に使う。そして、家の中の雑務については執事長に任せ、執事長は、生活上のあらゆる便宜をはかることをその義務としている。これらの邸宅には買弁《ばいべん》という便利な雇われ人がおり、買い物の際に振り出した手形や客の不意の出費の支払いをすべて行う。もちろん客は、支払われた金額をかならず払い戻すのであるが。東洋の商館でこうした贅沢《ぜいたく》を楽しんでいると、実際、サービスの行き届いたフランスのホテルにいるような気分になる。欲しいものを言えばなんでもまかなってもらえるところは同じだが、東洋の商館では使用人への心づけのほかにはなにも払う必要がないのに対し、フランスのホテルでは、あらゆる便宜に対してあとで容赦なく代金を請求される。

時代に取り残された町

現在のマカオは旅行者にとって興味をひくようなところではなく、もはや昔日のマカオの亡霊にすぎなくなっている。貿易や取り引きはほとんど行われていない。港はさびれ、昔の豪奢な商館や倉庫も比較的閑散としている。ここに居留するポルトガル人もあまり見かけず、活気を失って暇そうに見える。ときおり、高い帽子と雪のように白いローブをまとったパルシー教徒や立派な風采《ふうさい》の商人、若い信徒の群れをひきつれたイエズス会の神父に出会うことはあるが、彼らもまた、衰えゆく街の過去の名残にすぎない。

マカオは、かつては東洋でも指折りの市場として栄えていた。一六世紀の後半にここを領有したポルトガル人は、たちまちこの街を中国をはじめとする東洋諸国との広範な通商の中心地に仕立てあげた。そもそもは、ランパサオン〔一種の同業組合〕に属する数人のポルトガル商人が、休息し、濡れた貨物を乾かすためにこの地に立ち寄り、仮小屋を数軒建てることを許されたのが発端だといわれている。しかし、中国の旅行家ユクはこれとは違った説を唱えている。すなわち、長い間この付近の沿岸を荒らしまわっていた悪名高い海賊を捕らえたポルトガル人たちが、その優れた功績に対する見返りとして、皇帝からこの地に居を定めることを許されたのだというのである。この植民地は、はじめはちっぽけなものだったが、しだいに発展し、一時は堂々たる商業地となった。それは、マカオが当時握っていた、東洋通商の独占権によるところが大きかった。しかし、いまではすっかり衰退し、交易地としては取るに足りない場所となっている。

街はマカオ島の南側の半島に位置している。港付近は傾斜地になっていて、海に臨む高台に華麗な白い家が立ち並んでいるのは、なかなか絵画的な風景である。昔の商人たちの邸宅は、いまでは手入れは完全に行き届いていないものの、その部屋の広さや調度の豪華さが、かつてのポルトガル商人の栄華を物語っている。付近の丘やプラヤを巡る散歩道を歩くのは、訪問者にとって、楽しく、良い運動になる。ふだんはものうげなこの街も、夏になるとやや活気を取り戻す。広東や香港に居留する外国人たちがビショップ湾で海水浴をしたり、海辺の健康に良い空気にふれて英気を養うためにここにやってくるからである。

マカオ港は大型の船舶の停泊には適していないので、大きな船は街から数マイル離れた停泊地に錨《いかり》を下ろすことになる。しかし、商業活動はまったく見られないにしろ、中国の蛋家《たんか》舟が旅行客を乗せて陸と広東や香港の汽船との間をあちこち行き来するのは賑《にぎ》やかな光景である。色鮮やかな服を着た中国の少女が、湾内のゆるやかな波に揺られて舟を漕《こ》い

マカオの蛋家舟

蛋家舟の少女

マカオの中国人女性と子供

でいるのは美しい眺めであり、湾を一望できるプラヤの高台から遠く望むその姿は、まるで妖精《ようせい》のようだが、しだいに近づいてくるにつれ、それはもっと現実的で粗野な姿になっていく。

カモンイシュの足跡

カモンイシュの洞窟は、同名のポルトガルの詩人が『ルシアド』という作品の一部を書いた場所とされ、各地からマカオを訪れる人々がみな関心を持って足を運ぶ場所である。この洞窟は内湾の縁の小高い丘の頂に位置し、絵のような風景を呈している。大きな花崗《かこう》岩《がん》が集まって複雑な形の岩の塊になり、それが自然の洞窟を形作っているのである。入り口からは広々とした周囲の田園が眺められる。バンヤン、エンジュなどの東洋特産の樹木の葉群が集まったこんもりとした森がその岩屋を囲んでいる。その周囲には曲がりくねった小道に沿って、樹木やツタや花をつける灌木《かんぼく》が植えられ、丘の中腹まで美しい庭園になっている。たくみに配置された人工の台地は、眺望を楽しんだり木陰で休んだりする場所として旅行者に好まれている。

洞窟の上には円堂が建っていて、そこからうっとりするような眺めを楽しむことができる。大理石の記念碑にはブロンズの胸像と記銘があって、詩人カモンイシュの優れた才能と徳が刻まれている。

マカオの中国寺院

マカオにあるカモンイシュの洞窟

カモンイシュの洞窟——裏側

カモンイシュがこの地を訪れたのは、身分の高い女性への執拗《しつよう》な求婚が原因でポルトガルから追放されていた間のことだった。彼は立派な家の出ではあったが貧しい風来坊としか見られず、相手の両親がこの詩人との縁組みを快く思わなかったのである。一五五一年に彼はインドのゴアに渡り、ここで『インドの不合理』という本を書いたことでふたたび悶着《もんちゃく》を起こしてマラッカに追放された。この流浪の旅の間に詩人はマカオが気に入ってたびたび立ち寄り、好んでここで暮らした。そしてこの洞窟を隠遁所《いんとんじょ》とし、「心地良い独居」の中で傑作『ルシアド』の構想を練ったのだった。カモンイシュはのちにポルトガルに戻ったが、惨めな暮らしの果てに病院で亡くなった。

島の内陸部はもっぱら中国人によって耕作され、さまざまな野菜が産出されて街に供給されている。人口は約二万人で、そのうちの一万三〇〇〇人は半島や町に住んでおり、それらの住民の半数以上が中国人、奥地の住民はすべて中国人である。しかし、町の統治権はポルトガル人が握っている。町には大学やいくつかの教会をはじめ、ポルトガル人の教育、慈善、宗教関係の施設があるが、中国人も、独自の施設や寺院を持っている。

ミシシッピ号、上海へ向け出航

四月二八日の夕方、ミシシッピ号はふたたび航海に乗りだしたが、遠征隊の通訳に任命された広東のS・W・ウィリアムズ博士の到着を待つために、サラトガ号はマカオに残った。次の行き先は上海だった。

香港から揚子江《ようすこう》の入り口にいたるまでの中国沿岸の航海は、どの季節でも困難で一筋縄ではいかない。海岸に近づくと、頻繁に霧がたち込めるうえ潮の干満や海流も不規則なため、慣れない者にとっては厄介なのである。しかし、幸い停泊地には事欠かない。ときには強い海風にさらされるような位置に停泊しなければならないにせよ、島や暗礁の間をやみくもに漂うよりは錨地《びょうち》に泊まる方がよい。天候に恵まれれば、島から島へと沿岸を安全に首尾よく航行することができるが、時期によっては一帯に霧がかかるために、その利点を生かせないこともある。サスケハナ号とミシシッピ号が香港から上海まで航行する間も、子午線観測のための太陽を見ることはなかった。

商業都市上海にいたる通路である揚子江の入り口には両岸とも浅瀬があり、水先案内なしでは危険である。北側には北砂州という浅瀬が本土から西方へ約六リーグ〔一リーグは三海里で約五・五キロメートル〕にわたってのびており、南側には南砂州という浅瀬がそれと平行して、南側の同じくらい岸に近いところから突き出している。浅瀬の端は本土からは見えない。この二つの浅瀬の間の水路の幅は二海里ほどだが、外国船に入り口を示す灯台や小舟、水路標識、ブイなどはない。ギュッツラフ島という小島が、この水路の方向や水路へ入るためのその他の方向を示す唯一の指標である。付録〔実際には原書未収録〕でこの水《ノーティ》路誌《カル・リーダー》について言及してある。

揚子江内の潮の干満は平均約一〇フィート〔約三メートル〕であり、そのための船舶は、行き当たりばったりに水路へのコースをさぐらなくてはならず、往々にしてこの姉妹の砂州のひとつに乗り上げてしまうのである。上海通いの船の難破事故は多いが、いまなおこの弊害を除去する対策はなにも講じられていない。ミシシッピ号でこの河を訪れた提督も、入り口を示す適切な陸標と水路標識が設けられなくては、小型船はともかく、艦隊の船舶にとっては寄港地として不適当であり、海軍兵站《へいたん》基地としても不適当であると考えざるをえなかった。サスケハナ号、プリマス号およびサプライ号もすべて進入の際に座礁した。サプライ号にいたっては北砂州に乗り上げたまま二二時間も経過したのち、天の助けか風向きが変わったため、なんとか全面的な損傷は免れたのだった。ミシシッピ号は水先案内があわてたために水路からはずれ、南砂州の上の、船の喫水よりも一フィート浅い一九フィートの水深のところまで乗り入れたが、幸い停船することなくエンジンの力で抜け出した。上海に定住し、この地の貿易拡大によって多大な利益を吸い上げている富裕な外国商人たちは、その莫大《ばくだい》な財産のいくばくかを献上して、航海の危険を減じるよう力を尽くすべきである。しかし、なかには、この切実な目的を遂げるために寛大に出資しようとしている紳士たちがいることも記しておかねばならない。事実、この河を上下する船舶を曳航《えいこう》するための船が一艘《そう》発注され、合衆国で建造中である。

上海――商業都市としての高い将来性

上海は、揚子江の一支流である黄埔《ワンポア》江の左岸に建設されている。黄埔江の河口付近には、かつて外国商人が収容艦や商船の停泊地を設けていた呉淞《ウースン》の村落がある。上海の入り口にあたる黄埔江の岸辺ほど殺風景なところもないだろう。曲がりくねった河の両岸は、どちらも沖積層のだだっぴろい平原が単調に広がっている。この、米や穀物を豊富に産出する肥沃《ひよく》な耕作地は、農業に携わる者の目には有望な眺めと映るが、山も丘もなく、無味乾燥さをやわらげる一本の樹木すらない、ただただ平坦な風景は、詩的な観察者をひどく落胆させるのである。

上海市の正面には埠頭《ふとう》が築かれ、外国人商人の倉庫や豪華な邸宅が立ち並んでいる。これらは、イギリスとの間に起こったアヘン戦争終結後に建てられたものである。上海には広くて舗装の行き届いた道路や美しい庭園、また世界各地で見られるようなあらゆる娯楽や便利な施設がそろっている。二つのゴシック風の教会は、ひとつは英国国教会の、もうひとつはアメリカのプロテスタントの監督派のものであり、いずれも、この地での布教の努力の実りとして、キリスト教徒たちに、この信仰の発展への希望を抱かせる。

提督は、上海に滞在中、アメリカのラッセル商会の賓客となったが、その邸宅はマカオのときと同様にすばらしく、欲しいものはなんでも満たされた。これらの邸宅の便利さは文句のつけようがなく、設備も申し分がないため、滞在客は、まるでわが家にいるように、何不自由なく贅沢を楽しむことができるのである。次のようなちょっとした出来事にも、客の要望に対する細かな気くばりが表れている。ソーダ水はお好きですかと丁重にたずねられた提督は、自分の欲しいのはサラトガのコングレス鉱泉から湧《わ》き出るミネラル・ウォーターだけだと答えた。すると翌朝、なんと召使がその瓶を携えて提督の部屋に現れたのである。艦が上海に滞在している間中、ひっきりなしに晩餐《ばんさん》会と舞踏会が催され、士官たちはいたるところでこのうえなく親切な饗応《きょうおう》にあずかった。

原住民の住む市街は、外国人商人の住む郊外とは著しい対照をなしており、郊外の居住区域もみすぼらしいことときわまりない。厳密な意味での上海市街は城壁で囲まれ、中国のたいていの都市と同じような外観を呈している。土地はきわめて広く、人口稠密《ちゅうみつ》である。中国人の住む市街の典型として、ここも通りが狭くて八ないし一〇フィート以上の幅はなく、ゴミゴミした路地が交錯している。この路地をたどると小さくて狭苦しい家の裏に出

アメリカ領事館と上海港

る。彼らは汚れた空気とあらゆる不潔なものに囲まれて暮らしている。その様子からして、住民の習慣もあまり好ましいものとは思われない。ふだん町で見かける男女を一瞥《いちべつ》しただけでも、ことわざにある「神に次ぐもの」に対する敬意が欠けていることがはっきりと見てとれる。提督の滞在中は、反乱軍の襲撃があるらしいということで、商店の品物はみな安全な場所へ移されて空だったため、市場はどこも活気がなく、わずかに原産の織物を見ることができただけだった。

　上海の日常的な商売は昔から繁栄しており、広大な中国の内陸各地と取り引きが行われている。この都市の背後に広がる土地には莫大な人口が集中しており、南京をはじめとするいくつかの大都市の数百万の住民との通商や活発な貿易活動は、内乱によって中断されるまではさかんに行われていた。上海の商業の規模は、ロンドンも含めて世界のどこの地区にも劣らないといわれている。

上海近郊の土地はよく耕作され、見渡す限り肥沃な大地が四方に広がって、木綿、米、小麦、大麦、大豆、ジャガイモなどを豊かに産出している。市街の市場では牛肉、羊肉、飼鳥や猟鳥の肉、魚、あらゆる野菜が手頃な値段で豊富に手に入る。猟鳥ではキジ、ヤマシギ、タシギがとくに多く、魚では、季節にはシャッド〔ニシン科の食用魚〕がよく出まわるが、大きさも風味も良く、合衆国で見るより大きなものもある。ただし、わが国の川で捕れるものより味はやや落ちる。果物は中国人が栽培に無関心であることから、種類が少なく品質も良くないが、サクランボを味わってみるとなかなかおいしく、桃も良質だといわれている。中国のさまざまな工芸品は、上海に近い蘇州の名高い絹織物をはじめとして、通常はすべて上海で手に入る。内乱のせいで、提督はこうした工芸品について、ほとんど人から伝え聞くことしかできなかったが、平和時であれば、品物は広東よりも上海での方が入手しやすいということである。

イギリスとの戦争の終結後、外国との商取引は飛躍的に拡大しており、有利な条件がそろっている上海は、やがては中国貿易の大部分を占めることになるだろうというのが大方の見方である。

上海の人口は二八万人と推定される。この地の中国人たちは、広東や香港の同国人よりも高い階層に属しているように思われる。しかし、彼らもやはり疲れを知らぬ働き手、根気のよい商売人であり、これが中国人の生得の素質であることに疑う余地はない。

提督の道台訪問と中国の政情

同市に滞在中、提督は、道台《タオタイ》、つまり同市の知事兼司令官である人物から、アメリカ領事館へ、ついで艦の方へも訪問を受けたため、こちらからも答礼のため出向いたが、それは興味深い訪問となった。道台は儲《もう》かる役職だが、けっして楽ではない。多くの職務の中でもとくに大変なのは、外国人居留者の利益と行動を監督することであり、外国人の気まぐれや、ときおりその代表からつきつけられる無理な要求と、皇帝の独断的な命令の間に立って、政府と外国人双方に対する義務を公平に果たすよう努力しなければならないのである。また、そのほかにも、地方の租税を安全に送り届ける責任を負い、沿岸を荒らしまわる海賊からこの上海の通商を保護するという骨の折れる任務も遂行しなくてはならない。彼の公式訪問は、その名誉ある地位にふさわしい華麗な行列と儀式を伴ったもので、銅鑼《どら》の響きによってその到来が告げられ、道台は天蓋《てんがい》つきの輿《こし》に堂々と座し、部下の官吏を従えていた。この役職は、中国の一般的な慣習では九色のボタンの最高級のひとつを獲得した人物に授けられる。官帽につけられるこれらのボタンは、等級によって色が異なり、役人の位が見分けられる。役人になるためには文学に卓越していなければならないため、普通、道台は中国文学に精通しており、孔子《こうし》や孟子《もうし》の書をすらすらと引用することができる。

提督が道台を訪問した際には二〇人の士官とアメリカ領事が同行し、この儀礼の重要さを配慮して、全員が正装して赴いた。着飾った一行が輿に乗り、領事館から城壁内の市の中央にある政庁に到着すると、三発の礼砲（中国人の、このような儀式の際の礼砲は三発までである）と楽隊の演奏に迎えられた。道台は門口で出迎え、提督が輿からおりると、付き添って謁見室に案内した。随行員たちはうやうやしくそのあとに従った。提督は中国の礼儀に従って、道台の傍らの、床から一段高くなった壇に着席した。

政庁に入るときと退出するときに、一行は開け放たれたひとつの部屋を通った。部屋の壁には中国の天帝の力強い巨大な肖像が飾られ、赤いクッションのついた大きな木製の椅子が壁に沿って並べられていた。部屋におかれた卓には、竹片の入った入れ物がとりつけてあったが、この竹片は、中国の裁判官が、刑の執行人に犯罪者を打つ回数を指示するために手から投げるものである。それで、その部屋が裁判に使われる広間だということが分かった。

茶、酒（シャンペンもあった）、菓子などの飲食物が次から次へと出された。一時間ほどのち、提督とその一行は来たときと同じ儀礼に従って退去した。ふたたび輿に乗り込み、長い行列を作って、上海の狭い街中を人込みを分けながら通りぬけ、ようやくアメリカ領事館に到着したのだった。

ペリー提督が上海にいた間に、いまなお進行中の革命は激しい勢いで進んでいた。その後に新しい展開があって情勢はまた大きく変化したが、当然のことながら提督はこの内乱に深い関心を抱き、調査結果を記録している。それをここにあげておくのも無駄ではないだろう。一八五三年五月の日付にはさっそくこう記されている。

「中国の政情は目下、非常に不安定である。帝国全土が、強力な革命の支持を主張する扇動の渦中にあるらしい。その国土の半分は、遠い昔、現王朝によって地位を奪われた旧中国人を代表すると称する反乱軍〔太平天国〕によって占拠されている。反乱軍を率いているのは非常に聡明な人物〔洪秀全〕で、なにかに失望したか、または文学上の学位試験（中国では非常に貴ばれている）でなんらかの不正があったと思い込んだためか、世をすね、たちまち不満を表明して、ついには公然と反旗を翻すにいたった。最初は数名の追随者がいただけだったが、時を経るうちに大勢の者が軍に加わって諸州を席巻し、いまでは大都市南京を手中に収めるまでになっている。

　この人物は既成の宗教を非難し、無数の仏教寺院を破壊するようになった。彼はアメリカのモルモン教に似た信仰を持ち、たえず神と霊的に親交し、神の子として認められていると吹聴している。無知にして無法な追随者たちはこの偽りの啓示を信じ、彼はこれらの部下とともに、この宗教的術策によって大きな勢力を得たのである。彼はまた、キリスト教に対しては親しげにふるまい、あらゆるキリスト教国が、同じ信仰を持つゆえに彼を助けて中国帝国から現在の簒奪者《さんだつしゃ》の一族を追放し、まことの天の子、十戒を信ずるもの、古き中国王朝の後裔《こうえい》を玉座に据えるべきことを主張している。この人物は自ら帝冠を要求するそぶりは見せていないが、その公言する宗教の教義からして、時いたれば偉大な地上の王国に君臨する意図は容易に想像される」

このような内紛によって引き起こされる騒乱状態の中で、多大な利害が関わっている外国人商人が自分たちの財産の安全について憂慮するのは当然のことである。したがって上海在留のアメリカ商館は、中国駐在合衆国公使ハンフリー・マーシャル閣下に書簡を送り、上海港で危険に瀕《ひん》している自分たちの財産は公正に見積もっても一二〇万ドルにのぼること、それは明らかに保護に値すると考えられること、海軍撤退の噂《うわさ》があるが、それが事実だとすればその保護が失われてしまうと訴えたのだった。ペリー提督は、中国におけるアメリカ市民の利権を考慮し、同時に遠征隊の主要目的をないがしろにしないために、この地の同国人とその財産を守るべくプリマス号一隻を残していくことに決めたが、そのほかに自らの使命に支障をきたすようなことや、中国の問題に立ち入るようなことはしなかった。提督は、中国政府に公式の会見を認めさせるべく軍艦を一隻貸して白河河口まで乗せていってくれるようにというアメリカ弁務官の要求には応じなかったのだが、それは政治上の理由からだけではなく、持てる海軍力をすべて日本遠征に集中する必要からでもあった。

ミシシッピ号は五月四日に上海に到着し、それから一七日までの間は主に、旗艦となったサスケハナ号への提督の乗り換えや、通常どおり、航海に必要な石炭や食料の積み込みに従事していた。さらに、異例のことではあったが、今回は、琉球《りゆうきゆう》諸島で使うための中国の「銅銭《キャッシュ》」（＊1）五トンあまりが同艦の積み荷に加えられた。

いよいよ琉球へ――プリマス号を上海に残す

一八五三年五月一六日月曜日の朝、ミシシッピ号は河を下り、提督は翌日サスケハナ号でそのあとを追った。一方プリマス号は事変の経過についてしばらく様子を見るために残され、指揮官には、上海におけるアメリカの利権が保障されるめどがつきしだいあとを追うようにという命令が与えられたのだった。

出発の日はいつになく晴れわたり、開墾されて果樹園と穀物畑になっている河の両岸が、これほど青々と美しく見えたことはなかった。あらゆるものを明るく輝かせ、楽しげに見せる晴朗な日と、どこまでも広がるさわやかな大気を打つ心躍らせる楽隊の響き、河岸で見物する人々の群れ、それに、この遠征の偉大な目的である使命を遂げようとする隊員たちの熱意とがあいまって、上海からの出港は活気あふれるものとなった。

すでに述べたように、ミシシッピ号は、新しく提督の旗艦となったサスケハナ号に先立って出発していた。また、北砂州で座礁したものの、幸いに損傷を受けることなく脱出したサプライ号も加わった。いまや琉球をめざして航行する艦隊は、サスケハナ号、ミシシッピ号、サプライ号、それに、ちょうどこれらの艦が出港するときに出会い、あとに従ったカプリス号で構成されることになった。プリマス号は前述のように、アメリカ人の財産と利益を保護するために上海に残った。また、サラトガ号は通訳のウィリアムズ博士の到着を待つためにマカオに残っていた。これら二隻もやがて艦隊のあとを追い、琉球で合流することになっていた。

サスケハナ号は揚子江の河口に達すると、錨《いかり》を下ろしてそこに三日間停泊した。ミシシッピ号とサプライ号も、その両側に投錨《とうびょう》した。石炭を河口まで運搬してミシシッピ号に積み込ませるために雇ったアメリカのラッセル商会のジャンク船は、指揮官や士官たちが監督していたにもかかわらず、北砂州に乗り上げた。ミシシッピ号の停泊地点から約六海里向こうにギュッツラフ島が見え、その先には長くでこぼこしたラッグルズ諸島が見えた。天候は、晴れたり降ったりで、太陽が出ていないときには景色がことに陰鬱《いんうつ》に見え、気分が沈んだ。揚子江の濁流は、霧深い大気を通して漏れる黄色い光によってなおいっそう濁って見え、退屈な停泊地に足止めをくっている身にはこの眺めが悲観的に映り、物憂い気分が呼び起こされて、みなここを出発することを強く望んだ。

しかし博物研究家たちには、陸からやってきて船の周囲や中を飛びまわる小鳥の群れを観察し、興味を満たすよい機会となった。画家のハイネ氏は、ムクドリに似た数羽の鳥をうまく捕らえた。淡い茶色をした優美なハトも一羽捕らえた。また、ミシシッピ号の数人の水兵が捕らえた美しいカワセミも一羽持ち込まれた。その羽根はきわめて豪奢で、魅惑的な多彩な色を持っていた。長い嘴《くちばし》は鮮やかな赤で翼は黒、体は美しい青で、柔らかい首は白っぽいクリーム色だった。

サスケハナ号は、五月二三日午後一時にふたたび出発し、ミシシッピ号はサプライ号を曳航して続き、全艦は大琉球島の主港である那覇《なは》に向かった。そして夕方の六時頃までには、漁師がまばらに住んでいるサドル諸島の下方を過ぎ、浅瀬のない広い水路になっている島の北に向けて舵《かじ》をとった。その夜は晴れわたって満月が出ており、穏やかで心地の良い気候だった。サスケハナ号はミシシッピ号に先行して約一海里の距離を保ちながら、ちょうどよい速度で進んでおり、一方カプリス号はかすかな南西モンスーンを受けて、やや隔たった距離を保ち、夜のとばりがおりるまでは遠くにその姿が見えていた。

　ミシシッピ号はサプライ号を曳航していたにもかかわらず、トップセイルのおかげで急速にサスケハナ号に近づいてきていた。そのためサスケハナ号の船首にはトップセイルが上げられた。その効果はすぐに現れ、ミシシッピ号がたちまちはるか後方に引き離されてしまったため、サスケハナ号はふたたび、相手がある程度近づくまで待たなければならなかった。サスケハナ号の機関は、石炭の消費量を毎時一トンに制限し、ミシシッピ号のわずか半分の速度で運転されていたが、それにもかかわらず、モンスーンの規則的な微風に助けられて七・五ノットで進んでいた。航路が南方に向かうにつれて気候はみるみるうちに暖かくなり、海面は湖水のように静かになった。航海中、乗組員は定期的に船尾に招集され、戦闘準備に必要な演習がひととおり行われた。五月二五日の朝には、乗組員が部署についたあと、一般命令第一一および第一二が読みあげられた。第一一命令は、琉球を訪れた際に艦上で守るべき規律に関するもの、第一二は、どこで日本の住民に会った場合も友好的な関係を保つこと、また遠征隊はあらゆる友好的な手段を用いて彼らに接し、緊急の場合以外は武力に訴えないことを命じたものだった。夕方になると、ミシシッピ号から、陸が見えたという合図があった。ついで、サスケハナ号の船首のマストにいた水夫からも同様の報告がなされた。諸艦は速度を落とし、終夜、海岸に近づいたり遠ざかったりして航行した。それより前にサプライ号もすでにミシシッピ号から切り離され、帆を張って自力で航行していた。五月二六日朝七時半、約二〇マイル先にまた陸地が見えた。さらに進むと、その北端は海から徐々に高くそびえる断崖であり、南方が深く切れ込んだ岬となっている長い島であることがはっきりと見分けられるようになった。艦隊がこの島のそばを通過する際には、緑の森がはっきりと見え、その向こうにはさらに別の島があった。サスケハナ号はその島に舵を向け、ミシシッピ号もそのあとに続いていたが、サプライ号の姿はまったく見えなかった。夕方になって那覇に到着し、マカオからやってきて那覇港の沖で合流したサラトガ号とともに入港した。ミシシッピ号の士官ベント大尉によれば、那覇に入港する際、提督は大尉がかつてプレブル号で来訪したときの経験を参考にしたということである。

＊1　「銅銭」は小額貨幣で、一ドルのおよそ一〇〇分の一二の価値である。

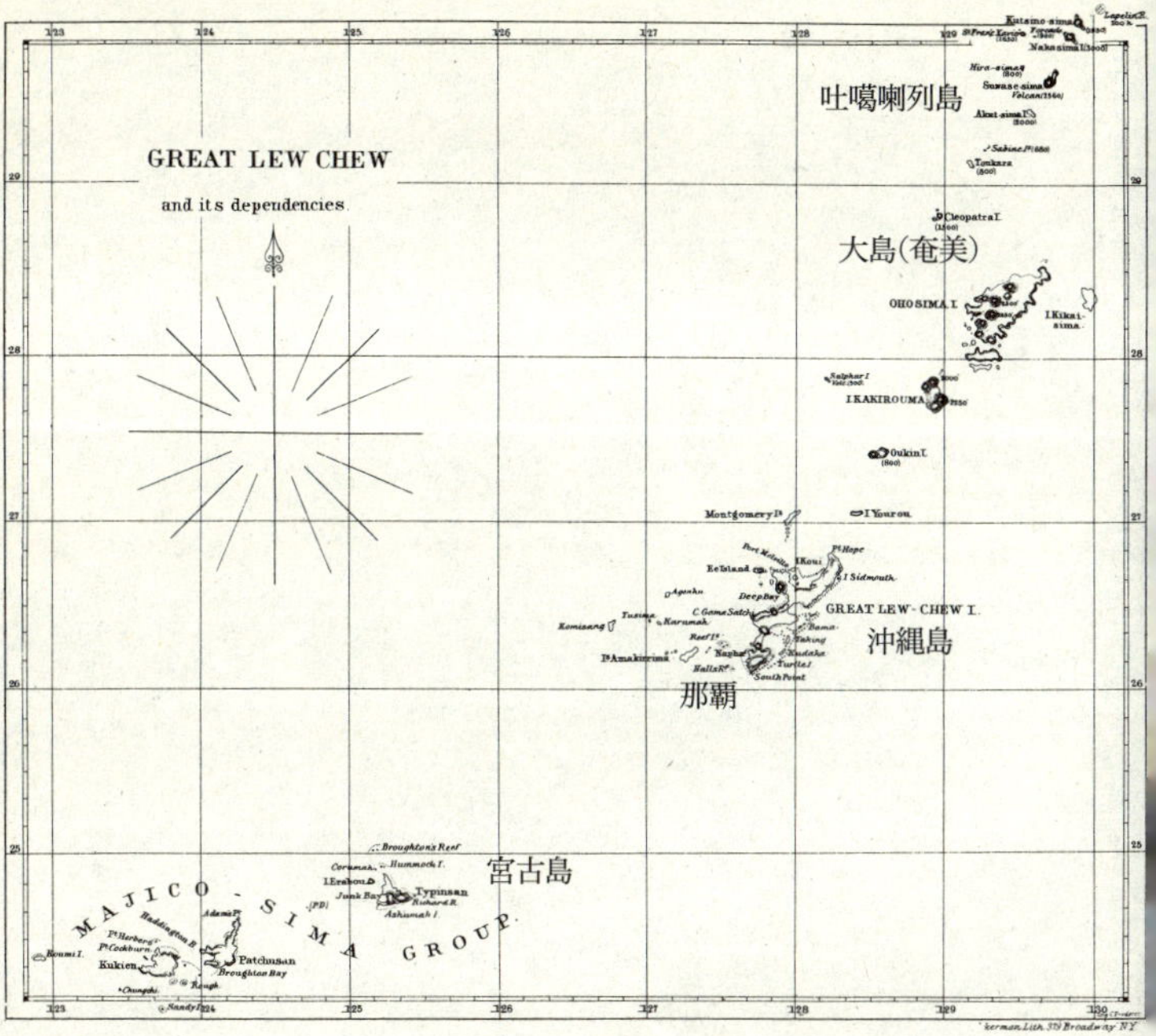

大琉球島および周辺諸島海図

第7章　大琉球島那覇への初訪問

一八五三年五月二六日～六月四日

艦隊の那覇入港

五月二六日木曜日に、艦隊は大琉球《りゅうきゅう》島の主要港である那覇《なは》港内に静かに停泊した。もしこの琉球（島民は Doo Choo と呼ぶ）が実際に日本の属領であるとすれば、ここは遠征隊が初めて日本の領土に接した地点ということになる。琉球群島は三六の島から成るといわれ、互いに相当の距離をおいて九州と台湾との間に横たわっている。その範囲は、北緯二四度一〇分から二八度四〇分、グリニッジ東経一二七度から一二九度までである。

琉球がどの国に属するかについては、いまなお議論が続いている。日本の薩摩《さつま》侯の属領だと言う者もあれば、中国の属領ではないかと言う者もある。日本国に属しているのはほぼ確実らしいが、中国に貢物をおさめていることにも疑いの余地はないため、いくらかは中国にも従属しているのだろうと思われる。言語、習慣、法律、服装、道徳、風習および通商関係などから見ても、やはりこの見解に落ち着く。しかし、この問題についてはまたあとで述べることにする。

大琉球に近づいたとき、まず二〇海里〔約三七キロメートル〕あまりの距離で島が見えた。そして、いろいろなものが判別できるほど近づいたときには、この島は非常に心を誘う外観を呈していた。以下は遠征隊のある士官の筆になる描写である。（＊1）

「海上から眺めると、この島の海岸は緑が美しく、鮮やかな緑の森や耕地があって彩り豊かである。雨のためにその風景の色彩はなおいっそう輝きを増し、豊かなイギリスの風景を思い起こさせた。水際からすぐに隆起している丘は島の中心に向かってしだいに高くなっており、ところどころ唐突におもしろい形の岩山が突出していて、かつて火山活動があったことが分かる。丘陵の頂に沿って杉か松らしい森が広がり、傾斜地は菜園や穀物畑でおおわれている。丘の北側はさらに高くなっており、また海岸は岬が二ヵ所突き出し、その間が深い湾か入り江になっていることを示している」「三時には、艦が島にかなり近づいたので、湾の奥の那覇の町がはっきりと見えた。その正面にアベイ岬と呼ばれる岬〔旧名・崎原崎〕が突き出していた。岬は森でおおわれ、突端のところに岩山がかたまっていたが、そこにある苔《こけ》むした小塔と扶壁とがこの岬の名〔Abbeyには大修道院の意がある〕の由来であることは明らかだった。丘にはところどころ白い斑点《はんてん》が点在していて、はじめは住居かと思われたが、やがて石灰岩の墳墓であることが分かった」（＊2）

艦隊が入港すると、町の北の、奇妙な形に突き出した岩の上にある一軒の家のそばの旗ざおに、突如としてイギリス国旗が揚がった。その家は、宣教師のベッテルハイム氏の住居だった。彼はユダヤ教からの改宗者で、イギリスで結婚し、信心深いイギリス紳士たちやイギリス海軍士官たちの庇護《ひご》のもとに五、六年前からこの島に住んでいたのだが、琉球人たちはこのことをまったく快く思っていなかった。アベイ岬を過ぎると、内港の入り口と、そこに停泊しているたくさんの大きな日本船が見えてきた。例の旗ざおの下には、艦隊の動きを監視している二つの人影があった。また、望遠鏡を通して、多数の人が白い傘をさして町から逃げていくのも見えた。

艦隊が投錨《とうびょう》して二時間とたたないうちに、雨にもかかわらず、二人の役人を乗せた小舟がやってきた。甲板に上がると、彼らは何度も深々と頭を下げ、長さ約一ヤード〔約九一センチメートル〕の和紙をたたんだ赤いカードを差し出した。中心的な人物は、非常に美しいグラスクロス〔以下芭蕉布《ばしょうふ》〕でできた鮭色のローブをまとっており、もうひとりの衣服は、型は同じだが青色だった。頭には長方形をした萌黄色《もえぎ》の冠をかぶり、腰のまわりには青い帯を締め、足には白い履き物をはいていた。鬚《ひげ》は薄いが黒くて長く、年の頃は三五歳から四〇歳ほどのようだった。容貌《ようぼう》は日本人と同じで、顔色は濃いオリーブ色だった。彼らが何者なのか、その訪問の目的がなにかすぐには分からなかった。彼らを迎えたとき、サスケハナ号にはひとりの通訳も乗っていなかったからである。そこで、代わりに提督が雇っていた中国人の召使が呼ばれた。この中国人は和紙に書かれた文字を読み、この来訪がチン・チン〔請々〕、つまり艦隊の到着を祝う挨拶《あいさつ》にすぎないことを理解するに足る説明をした。しかし提督は、あらかじめ決めてあった計画どおり彼らと会うことを拒絶し、高官の訪問しか受けないと伝えたため、彼らはおとなしく帰っていった。この二人は疑いなく、状況に応じて当局がとるべき政策と対応を決定する必要から、見知らぬ来訪者をできるだけよく観察し、来訪の目的を確かめるために遣わされたのだった。

彼らが立ち去るか立ち去らないかのうちに、ベッテルハイム博士が日本の小舟に乗って艦を訪れた。彼と島民との関係はうまくいっていなかったため、博士は艦隊の到着を喜んで迎え、少なからぬ興奮が態度に表れていた。彼は提督の部屋へ案内され、二、三時間ほど話し込んだが、この会見で彼は、今回のアメリカの遠征についてはまったく聞き及んでいなかったこと、那覇に外国船が入港したのは一年半ぶりであること、遠征隊の来訪を、我を忘れるほど喜んでいることを語った。彼の舟の水夫たちにはグロッグ酒とビスケットがふるまわれたため、ほろ酔い機嫌になった彼らは舟を出すと、この宣教師を三海里（約五・五キロメートル）も離れた海岸まで連れていこうともくろんだのだった。

翌日の二七日、海岸の緑はひときわ美しく輝き、乗組員はみなその風光に心をうたれた。七時頃四艘《そう》の小舟が岸を離れ、艦に贈り物を持ってやってきた。そのうちの一艘には前日の二人の使者が乗っており、贈り物の目録と思われるカードを携えていた。鮭色の長衣をまとっていた男の方は最初の訪問の際に、名をワン・チャ・チンと名乗っていた。おそらく琉球の発音ではワン大人、すなわち「ワン閣下」ということであろう。持ってきた贈り物は、牛一頭、豚数頭、白山羊一頭、鶏数羽、野菜と卵だった。しかしそれらの品物は固く拒絶され、一行も乗船を許されなかった。彼らはしばらく待ったあと、結局町へ帰ったが、その表情には明らかに懸念と不安が表れていた。このとき数艘の小船が港を出て、日本本土をめざして北へ向かうらしいのが艦から見えた。そのうちの何艘かは、大きな船をじっくり観察して好奇心を満足させようとするかのように、艦にごく近いところを通り過ぎた。それらは中国のジャンク船にやや似ており、ジャンク船と同じように、航路を見通すかのように二つの大きな目が舳先《へさき》に描かれていた。わが艦隊の威容が多くの小舟を大いに驚かせたことは疑いない。これまで那覇ではこの半分の規模の艦隊さえ現れたことはないはずであり、おそらく幾艘かの小舟は、琉球に艦隊が現れたという報告を携えてすでに日本に派遣されていたことと思われる。

島内踏査隊を編成

ベッテルハイム博士を迎えるためにボートが派遣された。博士はミシシッピ号のジョーンズ牧師、通訳のウェルズ・ウィリアムズ氏と一緒に提督と朝食をともにした。司令官はこの島の踏査を決定した。それは三つの隊から成るもので、二隊は海へ、一隊は島内へ派遣されることになった。前者はおのおの東部と西部の海岸を調査し、後者は島内をくまなく踏査し、動物、鉱物および植物の標本を収集する手はずだった。提督はまた、海岸に家を一軒手に入れることにし、銀板写真術を委託してあった画家のブラウン氏に、材料を準備してその家に住み、仕事を開始するよう指示した。

二七日に提督はマスターズ・メイト〔科学・芸術関係の仕事を担当するため、下士官相当の位を授けられた文民〕たちが船長用の軽艇で港内を漕《こ》ぎまわることを許可したが、上陸することや島民と接触することは禁じた。ベイヤード・テイラー氏もこの一行に加わっていたので、この記録については彼の申し分のない筆にゆだねるのが最もふさわしいだろう。(＊3)

琉球にあるベッテルハイム氏の邸宅

「乗組員はオールの使い方をまったく知らない中国人だった。したがって海が完全に穏やかでなかったなら、この小旅行は失敗に終わったことだろう。やや苦労はしたものの、われわれは彼らに、うまく息を合わせて漕ぐようにさせ、どうにかこうにかボート用の水路と北の水路を分けている珊瑚礁《さんごしよう》に向かって進んだ。潮はほとんど引いていて、近づくにしたがって水は非常に浅くなった。しかし、群葉のような森の間をうねっている狭い水路を見つけ、海面から一フィートほど出ている海綿状の岩の上に上陸することができた。そこには小さな水たまりがいくつも水面を連ねており、蟹《かに》、巻貝、ヒトデ、トゲウオ、そしてきわめて濃い青色の魚が多数棲息《せいそく》していた。われわれは岩礁にくっついている美しい貝殻を数個見つけたが、魚を一匹でも捕らえようという努力は無駄に終わった。そのうち潮が急速に引き始めて船が乗り上げるおそれが出てきたため、帰艦しなければならなくなった。しかし、われわれはしばらく珊瑚礁の岸にもたれ、不思議な海中植物の美しい色や形状に見とれていた。珊瑚礁は円形の堤のような形を成し、まるで秋の森におおわれた小さな丘の連なりのようで、その中に澄んだ深い水をたたえていた。青、紫、薄緑、黄、白が華麗なぼかし模様になって波間にひらめき、崖の縁にはさまざまな形状の植物が群生し、海面下を流れる潮流によってできた谷に垂れ下がっていた。そのような水路や珊瑚の森の間を、まじりけのないラピスラズリの矢のように、青い魚があちらこちらと行き交い、目のくらむようなエメラルド色をし、尾と鰭《ひれ》の間が金色をした魚がアラビアの物語に出てくる緑の鳥のように手をすりぬけていった。ほの暗く深い水底にはときおり大きな褐色の魚が見え、あたりに棲《す》む明るい色の小さな魚を待ち受けているかのように珊瑚の森の入り口付近をこっそりとうろついていた。水は、その深さを見誤るほどに澄みきっていて、まるで蔓《つる》植物の天蓋《てんがい》に腰をおろしているような気がしたり、また、向き合う二つの山頂の間にぶらさがっているような心持ちになったりするのだった。詩や寓話の題材となるあらゆる海の驚異のうちでも、この眺めは最も美しいものだった」

「われわれは、首尾よくみごとな珊瑚の標本をいくつか採った。その枝の先は柔らかくて粘りがあり、きわめて不快な臭いがした」

琉球政府要人の訪艦

三〇日には当局の要人がその日のうちにサスケハナ号を訪問しようとしているという噂《うわさ》

が艦内に広まった。通訳のウィリアムズ氏は、サスケハナ号に移って待機することになった。またそのおりに立ち会ってもらうよう、一艘のボートがベッテルハイム博士を迎えに行った。

その前日、コンティ大尉とウィリアムズ氏が上陸し、ある人物を訪問していた。このとき両名はこの人物を那覇の知事だと思っていたのだが、あとで市長であることが分かった。二人は、非常に丁重で友好的な態度で迎えられたが、市長は、贈り物を断られたことを大変残念に思っていると述べた。そこでコンティ大尉は、そのような艦への贈り物を受け取らないのはわが国政府の一貫した慣習であること、（この慣習に従って）断ることは、相手の好意に対して恩知らずなふるまいを返すようで、提督や士官にとってしばしば心痛の種となること、この場合も、けっして無礼をはたらくつもりではなかったことを説明したのだった。

一時頃、琉球の高官たちを乗せたごくありふれた伝馬船が一艘、サスケハナ号に横づけされた。艦の水夫たちはみなすでに制服を着、艦内では訪問者に敬意を表するため、また印象的な効果を与えるための準備が整っていた。まず、下級役人が一人、高官の書簡を持って舷門《ギャングウェイ》をあがってきたので、通訳のウィリアムズ氏がそれを受け取って読んだ。その役人が自船へ帰ってから数分して、今度は琉球王国の摂政である威厳のある老人が、二人の役人に付き添われて姿を現した。艦長のブキャナン氏とアダムス氏が舷門で迎えると、摂政は、琉球式に挨拶をした。両手を胸で組み、身体と膝とを深々と曲げて、相手に対し頭をやや後ろに反らすのである。国王は一一歳の幼年で、しかも病身であるため、代わってこの老人が執政しているということだった。ほかに六人ないし八人の役人と、一二人ほどの随員たちも摂政に続いて艦上に現れた。そのとき三発の礼砲が発射されたため、琉球の役人の中には、仰天して膝をついてしまう者もあった。

訪問者たちに見られた際立った特徴として、ひとつには一行が落ち着いて厳粛であったことがあげられる。強い好奇心や警戒心を抱いていることも明白だったが、それでも彼らは重々しい態度を崩さないよう注意を払っていた。訪問者たちは艦長室に迎えられ、それから艦内を案内された。一行はあらゆるものを厳粛な態度で見てまわった。しかし、無関心をよそおっていた彼らも、どっしりとした蒸気機関を目にしたときばかりは、さすがになにか自分たちには理解しがたいものと出くわしたという様子をありありと表した。しかし彼らは中国人よりも飲み込みが早く、容貌も親しみやすく、服装も小ぎれいである。

このときまで彼らは、まだ提督には会っていなかった。提督はひとり威厳を保って、自分の船室に残っていた。あまり気安く俗人の目にふれるのは提督としてふさわしいことではない。しかし、これは当座の政略にすぎなかった。提督がふだん、艦隊の士官や水兵たちの前に現れるのは珍しいことではなかったのである。訪問者たちは、これから提督のもとへ案内することを告げられ、その船室へと導かれた。ちょうど摂政が階段の最上段に達したとき、清冽《せいれつ》な大気をうちふるわせて楽隊の演奏が始まったが、威風堂々としたその老人は、楽隊には一瞥《いちべつ》もくれずに通り過ぎた。彼にとっては、それは疑いなく重大な会見だ

那覇の高官

ったのである。提督はこの賓客を迎え、手厚くもてなした。そして、摂政との一時間半の会談の間に、双方の間に友好と親善が確かに取り交わされたのだった。立ち去るとき摂政は舷門までうやうやしく護衛され、船を離れる際には、到着のときと同様の礼がつくされた。

摂政と提督との会見ではさまざまな事柄が話し合われた。提督は賓客に対し、来訪の返礼として、翌週の月曜日（六月六日）に首里市の王宮を表敬訪問しようと述べた。そのため摂政とその顧問の間でしばらく相談や議論が起こったが、提督はすでにその日に王宮を訪ねることに決めているのでかならず実行するときっぱり宣言した。彼はさらに、この艦隊の司令官としての、またこの地域における合衆国の外交代表としての階級と地位にふさわしい待遇を期待しているとも付け加えたのだった。相手側はこれにおとなしく従うわけではないにせよ、その旨を明らかに理解して帰っていったのは確かだった。

初上陸で目にした町の様子

この訪問は、士官たちにとって非常に愉快な結果をひとつもたらした。それは、ただちに上陸の許可が与えられたことだった。しかしそれと同時に、どんな場合であれ、彼らが出入りして島民に不愉快に思われるような場所には踏み込んではならないということも申し渡された。士官たちはさっそくこの許可に乗じ、一隊（テイラー氏もそのひとりだった）は、ベッテルハイム博士の旗ざおが立っている岩の麓《ふもと》に上陸した。海岸は、豊かに植物が茂った珊瑚岩で、波打ち際から約二〇ヤード〔約一八メートル〕のところから島民の田畑になっており、それぞれが珊瑚の壁や、ユッカやサボテンの密生した生け垣で仕切られていた。テイラー氏は、琉球への最初の上陸について次のように記している。「数群の琉球人が、われわれが上陸するのを見守っていたが、こちらが近づくにしたがってそろそろとあとずさりした。髪にさした銀色のかんざしから比較的身分がいいと見分けられる者たちは、こちらに向かって丁寧なおじぎをした。身分の低い者たちは、茶色い木綿か芭蕉布の着物を一枚着ているきりで、子供たちは素裸だった。彼らの住居は、きわめて貧しい家でもよく整頓《せいとん》され、こざっぱりしている。たいていの家は高い珊瑚の塀に囲まれた狭い耕地の真ん中にあり、タバコ、トウモロコシ、サツマイモなどがびっしりと植えられた畑も見られる。

郊外の曲がりくねった小道をしばらくたどっていくと、那覇から首里にいたる広い舗装道路に出た。それは、イギリスのマカダム工法〔砕石舗装〕の道路にも劣らないほど立派な公道だった。両側の珊瑚岩の塀は、きわめて正確に接合されている。建設にはモルタルは一切使われていないが、石が非常にうまくはめ込まれているので（イタリアのキュクロプス式の塀〔シシリー島の石積みの塀〕の工法とよく似ている）ちょっと離れてみると、ひとつの固まりのように見える。われわれはここで、ミシシッピ号とサラトガ号の乗組員たちと出会った。島民は群がってわれわれが通り過ぎるのを見ており、近づくとあとずさりして、後ろからぞろぞろくっついてきた。彼らは明らかにわれわれを監視する特務をおびた数人に指揮されていたのだった。群衆の中には風格のある老人たちが大勢いて、顎鬚《あごひげ》を豊かに垂らし、威厳と落ち着きをそなえていた。しかしこちらが話しかけようとすると、彼らはそそくさと引っ込んでしまうのだった。家々の戸はみな閉ざされ、女たちはひとりも見かけなかった。屋根は立派な赤瓦《あかがわら》で葺《ふ》いてあり、この屋根と、街に点在する樹々の暗緑色の群葉、上にサボテンの植えてある壁、そしてときおり目にするシュロやバナナの木という風景は、シシリーの街を思い起こさせた。

那覇の人口の密集している区域に入ると、道路は規則正しい段になって低い丘の麓を過ぎ、日本船が停泊している内港に達した。この港から、水位が低くてほとんど干上がった入り江、あるいは河口が島の東方にのびている。町の市場はこの区域にある。そこも街路と同じように閑散としていて、ただ二、三の大きなテントに人が住んでいるきりである。このテントには小さな窓がひとつあり、入り口は閉ざされている。われわれが（手まねで）水を乞うと、人々はそのテントへ行って、小アジアのトルコ人が使うのに似た木製の四角いひしゃくに水を汲んで持ってきてくれた。道を下って日本船を見に行きはしなかったが、私はほかの数人とともに入り江の縁に沿って歩いていった。道々二人の警官――とわれわれには思われた――がつきまとい、こちらが立ち止まるたびに、海岸へ戻る道を行くよう身振りで示したが、そう促されると、かえってもっと先まで行きたくなった。それまで目にした町はどの家も戸を閉ざし、店も閉まっていて、小間物を売る露店商人などは、

那覇の街路、琉球

琉球の小作人

並べた品物をそのままにして大急ぎで立ち去ってしまうのだった。入り江に沿って半マイルほど歩くと、やがて本通りのひとつらしい道路に出た。島内の風景はきわめて美しかった。土地は隆起して険しい丘になっており、その頂は、レバノン杉に似た形の、見たことのない種類の松の林でおおわれていた。丘の斜面は鮮やかな緑の野原になっていて、ところどころに風雨にさらされて白くなった古い墳墓があった。島の植物は、熱帯と温帯のものが入りまじっていて、私がこれまでに見たどの地域よりも種類が豊富だった。水源の近くに、粗削りだが頑丈な造りの石橋がかかっていて、その上を数人の島民が琉球の小馬に乗って郊外へ向かっていくのが目にとまった――その小馬は毛がふさふさしていて小さく、おそらく中国種だと思われる」

「われわれは、ある寺院の中へぶらぶらと入っていった。壁の陰から数人の、おそらくは婦人たちがこちらをじっと見ていたが、われわれが入っていくと、急いで姿を隠した。寺院の庭には立派な木立があったが、二艘の細長い小舟のほかには、とくに興味をひかれるようなものはなかった。この小舟は香港では『百足船《むかでぶね》』と呼ばれているもので、祭り用に造られている。われわれがその上に腰をかけて休んでいると、島民が周囲に群がり、たちまち親しくなった。とはいっても、その態度はやはり礼儀正しかった。彼らはこざっぱりとした青や鮭色の芭蕉布の長衣を着ており、（不潔な中国人とは対照的だったからか）これまで見てきたどの民族よりも清潔であるように思われた。われわれから身を隠す暇がなかった露店商は、積みあげた粗末なチーズケーキの傍らに座っていた。その中には女たちも何人かまじっていたが、みな年老いて、おそろしく醜かった。女たちの服装は男と変わらないが、かんざしを二本ではなく一本しかさしていないので見分けがつく」

島内踏査の開始

五月三〇日には、島内と東海岸を調査するよう命じられた一隊が、その任務を遂行すべく出発した。調査隊は、士官四名、水兵四名、中国人のクーリー〔苦力〕四名の計一二名で構成されていた。サスケハナ号からはテイラー氏とハイネ氏が、ミシシッピ号からはジョーンズ牧師と軍医補のライナー博士が参加した。隊の指揮権はジョーンズ師に委ねられた。石炭が産出するかどうかはきわめて重要なことだったため、彼にはとくに島の地質を調べるよう指示された。テイラー氏の方は記録を担当し、この旅のことを詳細に書き記すよう命じられた。この任務の遂行には五、六日を要すると思われたので、その分の食料と一張りのテントが支給された。一行は短剣とカービン銃と各自一〇発の弾薬で武装した。しかしそれは武力に訴える状況を想定してのことではなく、調査隊が防衛手段を持っていることを現地人に示しておくのが賢明だろうという考えからであり、また、鉄砲や弾薬は、鳥や獣を捕らえるためにも必要だったのである。

この日提督は、艦隊の二人の士官に通訳をつけて上陸させ、家を一軒借り受けるために当局との交渉にあたらせた。彼らは上陸して、合衆国ならさしずめ「タウンホール」と呼ばれそうな建物に向かった。そこは泊村にある、一般の訪問客を受け入れるところで、宿泊用に、約三〇畳の畳が敷かれ、給仕は茶や煙草も出してくれる。しかしこの建物は、そのほかにもいろいろな目的に利用されているようだった。文人たちはここに集って意見を交わし、場所があいていれば宿泊することもできる。士官たちは、到着するとさっそく主だった役人のひとりを呼んだ。一時間ほどして、その人物が現れてうやうやしく挨拶をした。茶と煙草（きまって最初に出されるもの）が片づけられると、士官たちは日本の役人に訪問の目的を知らせた。すると相手は即座に、アメリカ人が島内の家に住むのは絶対に無理だと言明した。しかし士官たちは、かつてイギリス海軍のホール艦長が、かなり手間取った末についに島に家を手に入れたことを知っていたので、そのことを引き合いに出して、自分たちも家が必要なのだとだけ言った。しかし相手はたくみな論で、克服しがたい種々の障害があることを説明するのだった。それから、今晩二、三人のアメリカ人が個々に泊まってはいけないかとたずねると、アメリカ人が島内の家に泊まることは一切許されないという答えだった。なおも頼むと、役人はややいらだって席を立ち、士官たちが座っているそばへ来て、通訳（それまでの交渉はすべて通訳を通じてなされていた）の助けをかりずに次のように言い、士官たちを驚かせた。

「みなさん、琉球の人、非常に小さい。アメリカの人、そんなに小さくない。わたし、本でアメリカ人のこと、ワシントンのこと読んだ――大変良い人、大変立派な人。琉球人はアメリカ人の良いともだち。琉球人はアメリカに、なんでも欲しい物、あげます。アメリカ人は琉球に家を持つこと、できません」

"Gentlemen, Doo Choo man very small, American man not very small. I have read of America in books of Washington—— very good man, very good. Doo Choo good friend American. Doo Choo man give America all provision he wants. American no can have house on shore."

以上はほとんど彼の言葉どおりである。士官たちは、彼はおそらくベッテルハイム博士から英語の知識を学んだのだろうと推測した。

せめてその晩だけは一行のうちの二、三名を泊めるようさらにくいさがると、役人はどうか那覇市長と相談させてほしいと言った。彼はしばらくの間席をはずし、おそらく、那覇から三マイル〔約五キロメートル〕離れた首里の王宮へ行き、執政と相談をしてきた。「さて」（役人が戻ると、士官のひとりが言った）「今晩、ここに泊まらせてもらえますか？」。すると、役人は丁重なおじぎをし、語気を強めて答えた。「だめです」。しかしわが士官たちは、家を手に入れるようにとの命令にあくまで従う決意だったので、通訳とともにひとりの士官がそこに残り、提督から呼び戻されない限りは、ここに泊まっていくことにした。そしてもうひとりは旗艦に戻って事のしだいを報告した。士官と通訳はその晩畳二畳を占め、残りの場所に島民たちが寝た。誰かが述べていたように、力ずくでその建物を占拠したわけではなかった。二人は一夜を琉球人に囲まれて町の家に泊まったのであり、強引な行為はただそれだけだった。翌日、提督は病気の士官とその従兵とをここへよこし、前の晩に泊まった二人は艦に戻ったのだった。（＊4）

隊員の上陸については、当局側は明らかに当初から反対だった。これは予期していたことで、これまで島を来訪した人々のあらゆる記録から、艦隊はその反応をあらかじめ予想していた。しかし、士官たちはあえて上陸して那覇の町や郊外を散策した。これは島民にとっては少なからず興味と好奇心をそそられる出来事だったらしく、群れをなしてついてきた。そして、士官たちが通り過ぎるときには、丁寧に低く頭を下げた。しかし、いくら丁寧なおじぎをされても、士官たちはたえず密偵の目が光り、行動を逐一監視されていることを十分に察知していた。女や子供は役人たちから、アメリカ人が近づいてきたら恐れをなしたように逃げるよう教えられていた。要するに、琉球人の交際態度の特徴は、猜疑《さいぎ》のこもった慇懃《いんぎん》さだった。しかし、泊村に宿泊した病気の士官は可能な限り島民と親しくなった様子で、島民たちも確かに親切だった。住民たちは本来は無愛想ではなさそうだが、士官たちはいろいろな経験を重ねるうち、しだいに、彼らが素朴だとか人なつこいとか気楽につきあえるとはどうしても思えなくなってしまったのだった。ベージル・ホール大佐が間違ったことを書いたのか、そうでなければ、それ以後、琉球人の気質が変わったのだろう。ホール氏の述べているところによれば、島民は武器を持たず、貨幣のことさえ知らず、素朴で柔順で正直、支配者と法には実直に従い、互いを大切にして、利己心から他人を傷つけたり、悪事を働いたりはけっしてしないという。艦隊の多くの士官もそうした美質を期待しながらこの島に赴いたのだが、残念ながら徐々に夢がこわれ、結局、琉球の人々も、ほかの土地の人々と気質的に変わりはないということを認めざるをえなかった。

琉球の商人

おそらく、密偵制度が際立った特徴をなしている政体のせいで、下層階級にも狡猾《こうかつ》さと虚偽が生まれたのであり、わが士官たちは確かにそれを認めたのである。琉球人は強力な武器など見たこともないふうを装い、そういうものをおおっぴらに持ち歩くこともないが、ベッテルハイム博士は、琉球人の所有する銃器を見たことがあり、彼らはそれが島外の人間の目に触れないようにしているだけだという。とはいえ、彼らが心から平和を愛する人々であることは間違いない。貨幣についていえば、琉球の人々は金銀の価値を非常によく知っており、中国の「銅銭《キャッシュ》」で取り引きをしている。銅銭は、一二〇〇ないし一四〇〇個でスペインの一ドルと等価である。彼らには非常に抜け目のないところもあり、艦隊の主計士官が銅銭の価値を決めようとした際には、貨幣交換問題でも「聡《さと》い」ところを見せた。ホール大佐は、当時彼らがイギリス金貨に手を触れようともしなかったと述べているが、わが国の一〇ドル金貨や五ドル金貨は躊躇《ちゅうちょ》なく受け取ったのである。総じて琉球人の気質には多くの優れた点があるのだが、彼らの最大の欠点は、生活を支配している不幸な統治制度によってもたらされたものと思われる。

訪問期間中、艦隊の士官たちは勤勉に水路測量の有益な調査に携わり、その結果を、この遠征の記録の一部をなす海図にすべて書き記した。港内でのボート操縦訓練もいくつかの班の専門業務の一部となった。その間に水兵たちは上陸して、士官たちの監督のもとで教練を受けた。これらのことから、提督が常にあらゆる出来事に対処できるよう、すべての部署をきわめて規律ある状態にしておこうと決意していたことが分かる。

六月四日土曜日、島内を踏査するために派遣された一行が無事帰還した。その活動の成果については、次の章で述べることにする。

＊1　中国でサスケハナ号に乗り込んだ有名な旅行家、ベイヤード・テイラーのこと。この紳士が遠征隊に加わったいきさつについて、提督は次のように詳述している。

「私が上海に到着すると、ニューヨークのある地位の高い友人からの紹介状を携えたベイヤード・テイラー氏が待っていた。私の知るところでは、彼は以前からこの艦隊に加わりたいと切に願っていた。というのは、それ以外に日本を訪問する方法がなかったためである。

彼はその書状を差し出して同行を願い出たが、私はこの申し出を固く拒絶し、遠征開始にあたって民間人の参加を一切認めないという決断を下したことを告げ、これまで艦隊に同行した者のなかで、船員雇用契約書に署名しておきながら、海軍法規のあらゆる拘束や罰則に服した者が少なかったこと、また適当な船室がないため、遠征隊に参加すればほかの非戦闘員とともに多くの不便や不自由をしのばなければならないこと、さらに海軍省の一般命令によって公の刊行物または友人らとの私的通信も禁じられていること、航海中のあらゆる覚書や記録は、すべて政府に帰属するために私が預からなければならないことを説明した。しかし、それでも彼は、艦隊に加わることに伴うあらゆる困難や不便を十分に承知したうえで、なお参加を請願した。

このように執拗な懇願を受け、彼の紳士的で謙虚な態度に好印象を抱いたため、私は不本意ながらついにこの申し出を承諾し、彼はサスケハナ号に乗り組んで、ハイネ氏やブラウン氏と同室することになった。それから短期間のうちに彼は艦隊のあらゆる人員の尊敬を集め、また、たえざる観察とそれをまめに書き記す習慣によって、日本および同諸島での最初の短い滞在期間におけるさまざまな出来事を記録するうえで有用な人材となった。この貢献を彼は心から喜んで行ってくれた。これらの手記が私の報告を準備する際に役立てられたことによって、その功績は認められたと信ずるものである。

私の公式通信に述べられた諸事件を説明するいくつかの事柄は、私の同意を得てテイラー氏によって記され、合衆国で刊行するために彼によって本国に持ち帰られた。それらの記述は、彼の最近の著作に使われている。彼の日記の原文は、光栄にも私に委託された。彼の諸記録も無論、特殊任務を遂行するために詳しく記述された他のあらゆる人員の記録と同様に、私に引き渡され、遠征隊の公式の記録に加えられた」

*2　テイラー氏の記した日記より引用。海軍省の命令に従って、ほかの士官の日記とともに提督の手に委ねられたもの。

*3　琉球への訪問に関する記述の主要部分は、テイラー氏の日記から得たものであること、また、なににもまして優れた記述である彼自身の表現をわれわれがしばしば採り上げることは喜ばしいことであったことを、ここで彼のために述べておきたい。提督はわれわれがテイラー氏の記述から得ることを望んでいた。というのも、提督自身の日誌は、遠征のこの部分についていくつかの点で十分な記述を欠いており、短いコメントしかつけていない話題の展開については、テイラー氏にまかせていた。そして提督はテイラー氏の記述が正確で綿密であることを知っていたのである。提督はテイラー氏の尽力に報いるため、この点について言及するようとくに指示していた。

＊４　われわれの手元に提督に宛てた琉球執政の書状とその翻訳があるので、翻訳の方を琉球の書簡様式の見本としてここに記しておく。ただし、彼らが自分たちのことを哀れむべき卑しい者、顧みるほどの価値もない者のように表現するのは、この島の役人がわが士官たちに書状を送る場合の一貫した習わしだった。これはもとから定着している政策のひとつであるらしい。というのは、ヴィクトリア朝の大僧正が訪れた際にイギリス士官に宛てて書かれた手紙も、やはり己を卑下するようなものだったからである。以下の書状は、提督が首里の王宮を訪問する際の二つの目的に関するものであり、また、遠征隊が上陸して使うための家の入手についても述べてある。彼らはこの二つを阻止するために懸命になり、さまざまな策を弄した。

作成された嘆願書。

琉球の執政にして高官たる尚大謨は、ここに、重要事項について緊急に嘆願するものである。今月の二一日（日付の表し方は、むろんわれわれの方式に言い換えてある）、私は、閣下が当月三〇日の一〇時に首府を訪れ、執政の訪問に返礼することに決したという達しを口頭において受けた。また、那覇市長鄭長烈も、閣下が当月三〇日の一〇時に首府首里を訪れ、王城にて執政の訪問に返礼することを決定したという閣下の書状を二六日に受け取り、これについて、しかるべき方法によって明確に取り決められることを望んでいる。

さて、この小国の首府および町々が中国の地方首府とまったく異なることは誰の目にも明瞭である。ここには王宮があるのみで、会堂、官舎、市場、商店もない。また、今日にいたるまで、外国からの使者が王宮に足を踏み入れたこともない。昨年の二月、イギリスのある将軍が公式書簡を携えて訪れ、王宮に入ってそれを手渡すことを切望した。わが高官たちは、別の場所でそれを渡すよう再三にわたって説得したが、同将軍はそれを拒否して王宮に押し入った。このときには若き王と皇太后をはじめとして下級役人、さらには人民にいたるまですべての人々が、警戒と恐れから、心身を損なってしまった。皇太后は今日にいたるまで、医師たちはいまだに治らないこの恐怖病に対し、肉汁や薬を投与しているが、いまだに癒えることのない病に脅かされている。また役人たちもそのことでまことに心を煩わし、憂慮を抱いている。ついては、貴国の支配者は偉大な親切と広い同情の心とを持ち、人道と仁愛を重んずる方であると聞きおよんでいるので、役人たちは閣下に対し、貴国の元首のそのような人道と慈悲、そして人々への大いなる愛を謹んで体現され、皇太后の事情と重病のことをよく考慮し、王宮への返礼訪問を中止されるよう切に願うものである。もし閣下が返礼を必要とお考えになるなら、どうか王子の宮邸にお越しいただき、そこで親しく挨拶をされるようお願いする。居住のための家の貸与の件については、当月二四日に那覇市長を通じて事情を明らかに説明したとおりであり、二六日には閣下より次のような返書を受け取った――「艦隊の士官そのほかの乗組員たちが上陸して散策する際に拠点とする場所がなく、貴国には宿屋もないため、雨や悪天候に見舞われ、あるいは足止めをくって夜までに艦に帰れなくなれば、民家に飛び込まない限り、寝場所がない。乗組員は琉球語が分からないので、一杯の水を手に入れることさえままならない。これらの理由から、一軒か二軒の家を必要とするものであり、もし別の目的で利用することがあっても、それは平和的、友好的な性質のものであり、とにかく家を手に入れることは必要不可欠なのである。那覇市長は、すでに水兵らが居住している建物は公館（番所）、つまり公会堂であり、もし士官たちがほかの建物を指定するのであれば、随意にそこへ移動してよいと言っている」。それで私は、現在占拠されている建物が、官吏や警察官の公務上の会議に使われる公会堂であることを知った。ほかに使用できる場所を選ぶとすれば、聖現寺という寺院を、艦隊停泊中の住居として提供することができる。仮の住居としてそこに移る命令を出されることを願うものである。そうすれば、王も当局もみなそのご親切に大いに感謝するものである。これは重要な嘆願である。

咸豊第三年第四月二七日（一八五三年六月三日）

最初からこの建物の使用を願い出ていたなら、簡単に許可されたことだろう。そこは、ホール艦長が来訪したときにもイギリス人に使われたものと思われる。ところで若い王子についてだが、さまざまのかなり有力な根拠から、多くの人々はこれを架空の人物ではないかと疑っていたと言えば、読者は驚かれるかもしれない。皇太后の病気の話を信じた者も誰ひとりいなかった。実のところ、皇太后が実在するのかどうかさえ、アメリカ人には定かでなかった。

第8章　大琉球島奥地踏査

一八五三年五月三〇日〜六月四日

ペリー提督率いる艦隊から派遣された一団による大琉球島奥地踏査の記録

▽一日目（五月三〇日）那覇〜キャンプ・ペリー（首里東方）

記録によれば、ペリー提督によって定められた出発日は五月三〇日月曜日となっている。経路は、島を横切って東海岸にいたり、海岸線に沿って北上し、島内を通って帰還するというもので、われわれはできるだけそれに沿って、指令どおり六日以内に帰還することを命じられたのだった。必要な品をすべてそろえ、紙挟み、製図用具、鳥類を料理する道具なども入れて運びやすいように荷造りをし、一〇時頃上陸し、拠点として選ばれた宣教師のベッテルハイム博士宅に向かった。当局には、この計画を前もって知らせてはいなかった。付き添いや密偵の監視なしに行動させてもらえないことは明らかだったため、ベッテルハイム博士は人をやって、誰か道案内として同行する役人をよこしてくれるよう依頼したのである。しかし、一時間あまり待っても誰も来なかったため、那覇《なは》の町を出る頃までには案内人が追いつくだろうと考えて、とりあえず出発することにした。実際、首里に通じる道と合流している本通りに達するか達しないかのうちに、長い白鬚《しろひげ》をはやした立派な風采《ふうさい》の人物が、黒い鬚をはやした色の浅黒い青年の役人を二人伴ってやってきて、一行に加わった。物見高い島民たちも群がって、われわれが那覇市を出るまであとからついてきた。

隊員は各々武器のほかに雑嚢《ざつのう》を持っていたが、約一二〇ポンド〔約五四キログラム〕の重い荷物は四人のクーリー〔苦力〕に分けて持たせることにした。海兵のテリーとミッチェルが先頭に立ち、テリーは旗を持った。海兵のスミスとディヴィスは荷物のあとについて行き、探検中はずっとこの順序が保たれた。しかしクーリーたちは、半マイル進むか進まないかのうちに、荷物の重みで押しつぶされそうだと手まねで訴えた。もう少し辛抱させようとしたが、人数を増やさなければ、たいして遠くまで行けないことは目に見えていた。そこでジョーンズ師は、われわれのお目付け役らしいその立派な風采の老役人に、さらにクーリーを四人提供してくれるよう頼み、帰ってから金を払うと約束した。那覇の町の北のはずれで三〇分待つと、身体があいていた四人の現地人が、竹ざおを持ってやってきて荷物を引き受け、中国人たちを助けてくれた。そこでわれわれは首里に通じる本道を進み、アーチ形の橋を渡って、泊村から流れている塩水の川を渡った。やじ馬はほとんどここで引き返したが、一二人ほどは、なおもついてきた。どうやらそれらは、役人たちの従者か部下のようだった。

橋を渡ったあと、ある草地を通った。そこには第二紀石灰岩特有の破岩が散在しており、一面に松の木立があった。それから、道は丘の麓《ふもと》をめぐった。丘の正面には、巨大な石で建造した寺院があった。その寺は、インドイチジクまたはエジプトイチジクの群葉に似た葉をつけた大きな樹木に囲まれていた。完全なアーチを形づくる竹垣の下を小路が通って丘の中腹まで続いている。右手の田圃《たんぼ》には芒《のぎ》のある稲が穂をつけている。ライナー博士によれば、この稲は南方諸国では見られない種類だという。やがて広々としたところに出ると、稲穂が波打ち、野菜も一面に植えつけてあった。平野にはいたるところに稲が植えられ、あちこちにある丘陵も、ほとんど頂上まで段畑になっている。水は人工の運河によって、入念に畑から畑へと引かれている。小川の縁には密生したバナナの垣があり、島一面に点在する円丘は、琉球《りゅうきゅう》松の林におおわれていた。この松は、群葉が平たく水平に重なっている様子がレバノン杉によく似た美しい樹木で、おそらく新種だと思われる。そして、この風景の中に華麗な熱帯植物がところどころにあって、どことなく豊かなイギリスの風光を思い出させるようでもあった。島の首府、首里は一群の丘の南西の斜面に沿って広がり、そこに近づくにしたがって、両側の眺望は美しさを増した。家の連なりはなかば群葉に埋もれるようにして、延々一マイルにわたっている。要塞《ようさい》あるいは太守の邸宅は、中央の高いところに位置を占めている。

その日は曇っていて薄暗く、いまにも雨が降り出しそうだった。また、高いところへ登るにつれて冷たい風が吹きつけるようになった。頂上近くで、高い木造の門をくぐった。門の上には中国文字が二つ記されていた（「中央の丘」または「権威ある場所」という意味の文字である〔中山門のこと〕）。そして、首里市の本通りに入った。この道路は広くて美しく舗装されており、両側に高い城壁が連なっていた。主だった邸宅はほとんどすべてこの城壁と庭園の樹々の中に隠れていた。城門に達すると、われわれはすぐに旗を広げ、小銃の先に結びつけた。町に入るときには、曲がりくねった幹や節だらけの枝や密生した暗緑色の群葉をつけた古木の美しい林に心をひかれた。それから五〇歩も行かないうちに、同行していた役人たちが、右手にある建物に入るよう手で合図した。われわれはいったん立ち止まり、部下とクーリーたちを残して中へ入った。そこは公館〔この場合は首里王府の御客屋〕、つまり旅行者の休憩所だった。しかし、琉球にはほかに旅行者はなく、むしろ政府の役人の休憩所といった方がよかった。公館はトルコの旅宿《カーン》に非常によく似ているが、身分のある人々にだけ利用されているために、それよりはるかに清潔で豪華だった。この、われわれが案内された家は、上流階級の私邸のような建物だった。主な部屋には非常に立派な柔らかい畳が敷いてあり、三方を広いベランダで囲まれていた。この建物に付属して台所と召使用の離れがあり、小さな庭の前にソテツとイノカルプスに似た木が植えられていた。灰色の長衣を着たひとりの紳士が、われわれを丁重に迎えた。そしてきわめて優雅な物腰でわれわれに向かって叩頭《こうとう》をした。椅子が運ばれ、中国風にいれた茶《ちゃ》が小ぶりの茶碗《わん》で出された。給仕は手まねで、まずジョーンズ師にそれを供するよう指示されたので、そのときから彼は役人たちに、一行の隊長と認められるようになった。茶をすすめるときも、かたづけるときも、彼らは跪《ひざまず》いて給仕をした。われわれはほんの数分そこにいただけでまた出発したため、案内人たちはいまだわれわれの目的がつかめず、驚き、また当惑したのだった。

那覇を出発するとき、われわれは島人たちの表情に疑惑と危惧《きぐ》が表れたのに気づいたが、それは先へ行くにしたがっていっそう色濃くなった。彼らは抗議はしなかったが、こちらの行動を疑わしそうにじろじろ見ていた。したがって公館を出たあと、帰路につかずに市街をまっすぐに突き切るコースをとると、護衛たちの顔が曇って警告するような表情が浮かび、好奇心から周囲に集まってきた人々の顔も険しくなった。われわれはまもなく林の中にそびえたって全市を見下ろしている巨大な城壁の下にある要塞の門に達した。扉は閉まっていたが、もし開いていたとしても、あえて入るつもりはなかった。その丘の北側と東側の斜面はみごとな古木が生い茂り、その木陰に曲がりくねった道が縦横に走っている。そして中腹には、扇を手にした現地人たちが腰をおろしていた。太陽は一瞬、暑くまばゆく照りつけ、この豊かな公園のような風景に光と影のくっきりとしたコントラストを与えて市松模様をなし、林の深いところまで光を投げかけて池の水面を照らした。池はほぼ一面に浮かんだある種の百合の葉でおおわれ、緑の芝生のようだった。われわれは要塞の下を通って東側に出た。そして、しばらく検討した末に、市の郊外を東南東に向かう舗装道路を進むことにした。角を曲がるたびに、役人の斥候《せっこう》が先に駆けてゆき、行く手にいる住民を追い払った。したがってわれわれの行くところはどこでも、疫病神が通ったあとのように閑散として静まりかえっていた。たまたま出くわした人たちはみな慇懃《いんぎん》におじぎをしたが、どこか沈鬱《ちんうつ》でとりすましたような態度だった。しかし、それはわれわれへの悪感情からというよりは、人道にもとる政府の人民に対する監視からきていると思われた。

首里の北側には野生の植物が豊かに茂っている。ところどころに繁茂するコヤシから、この土地の気候が熱帯性であることが分かる。首府の郊外の東側は、主として藁《わら》で葺《ふ》かれた竹小屋から成っている。住民はみな姿を隠していて、入り口には竹を割って作られた簾《すだれ》が下げてある。丘陵に沿った東南の道をとり、首府を出てひとつの尾根に達すると、そこから西海岸の長い海岸線が見え、那覇港に停泊している艦隊も見えた。ここからは、誰も踏査していない土地に足を踏み入れることになるため、いよいよ旅の本当のおもしろさが味わえる。これまでの来訪者の踏査の境界は首里までであり、首尾よくこの首府の中へ入れた者もほとんどいなかったのである。したがってわれわれは、前途に広がる展望に大いに活気づき、憮然《ぶぜん》とする案内者たちの機嫌をとるよりは、さらにいそいそと歩を進めたのだった。

首里から一マイルほど行くと、道はさらに東に寄り、木々が密生する森を抜けると丘の上に出て、そこから東側に海を垣間見た。松の木立の中に、建設されてまだ一年もたっていないらしい寺があり（まだ祭壇も像もなかったからである）、時刻もちょうど一時になっていたので、そこで少し休憩することにした。住民が何人か水を持ってきてくれ、湯を沸かすための薪も集められて、やがて茶と堅パンを味わった。役人たちにも茶をすすめたが、あまり欲しくなさそうだった。しかし、中国人より働きのよい琉球人のクーリーたちは、堅パンを腹いっぱい食べた。彼らの話では、ここはピニョ〔辧《びん》ヶ《ぬ》岳《たき》〕というところだということだった。ハイネ氏はその風景をスケッチした。彼はまた、ライフルで的を撃って、われわれを見物しに集まってきた四、五十人の島民をびっくりさせた。三時にピニョを出発してすぐ、舗装道路が途切れて、泥深い道になった。土は鉛色の、泥板岩の風化した堅い粘土であり、この島では初めて見る土質だった。半マイルも進むか進まないかのうちに島の分水嶺《ぶんすいれい》に達すると、眼下に、東に向かって壮大なパノラマが開けた。太平洋が水平線をなし、島から突き出している二つの岬の間には広々とした水面が望まれたが、それはバロウ湾〔バロウ湾は金武《きん》湾であるが、ここでは中城《なかぐすく》湾〕らしかった。われわれのいるところと海との間には、丘が連なって円形闘技場のような形をなし、それぞれの丘は頂の部分まで耕地になっているため、まるで鮮やかな青緑の衣をまとっているように見えた。斜面には丁寧に段がつけられ、土地の傾斜を利用して灌漑《かんがい》用の雨を集めるようになっている。耕作は、中国の場合と同じように根気よく、丹念に行われる。これらの絵のような丘は、風景の輪郭に多彩な変化を与えながら、約二〇マイル〔約三二キロメートル〕にわたって広がっている。西方には、これまで通ってきた郊外の区域がすべて見わたせ、はるか西北にはブロートン岬〔残波岬〕と思われる半島も見える。ハイネ氏は東側の眺望を、私は西側をスケッチした。

われわれはふたたび行動を開始し、海抜約六〇〇フィート〔約一八〇メートル〕の分水嶺を降りた。粘土質の下り坂は湿っていて非常に滑りやすく、クーリーたちは何度も、荷物ごと転倒した。低い丘陵の間にある谷間を通り抜けると、半円形の平地に出た。その幅は約二マイルで、湾の周囲に広がっている。反対側には、林に埋もれるようにして草葺き小屋の村があった。偵察の役人たちはすでにわれわれの前方に来ており、住民たちは家に引っ込んだままだった。役人たちは、われわれが湾の先端にある大きな村に通じる道をとるだろうと思い込んでいたが、ふいに北へ曲がったため、畑地を走りぬけてわれわれよりも先にその道に出ようとするのが見えた。左手の丘の麓には、いくつか村があったが、非常に密生した林が散在しているため、ほとんど視界からは隠れていた。私は多くの植物を採集したが、その中には、仏桑華《ぶっそうげ》〔ハイビスカス〕の一種で、鮮やかな深紅の花をつけたものもあった。われわれのとった道は稲田の中を通っていて、非常に泥深かった。灌漑用の小川のひとつにかかる橋の上で休んでいると、例の案内役の老人が二人の副官を伴ってやってきて、そろそろ艦に帰る時刻だと身振りで示した。まもなく日が沈むが、われわれには寝る場所がないというのだった。われわれは（やはり身振りで）あと五、六日は帰艦せず、さらに北へ進むつもりだと答えた。すると役人たちは非常に驚き、またとまどったようだった。われわれから目を離さないようにすることが彼らの任務のひとつだったからである。老役人は遅れないように懸命に歩いていたが、ぬかるみで足を滑らせ、上衣の後ろの方を汚した。これにはおおらかに笑っていたが、結局、長旅になりそうだったため、一緒に歩くことをあきらめた。それから彼らは西を指さして、その方向に今夜泊まることのできる公館があると言った。しかし、われわれはほぼ北東に進路をとり、五時半には湾を見下ろす丘のひとつに到着した。頂に松の若木に囲まれた開けた土地があったので、そこで野営することにした。木を切り倒すことは拒まれたため、クーリーたちが使っていた竹ざおを結び合わせてテントの支柱を作った。丘の斜面の下方に村があり、入り用なものを役人に伝えるのに多少手間取ったが、そこから鶏四羽、卵四〇個、薪二束を手に入れることができた。一行の中国人のひとり、アシンは自分では琉球の言葉を話せると言っていたが、結局、ほかの技能と同じように、ろくに役に立たないことが分かった。しかしその仲間に、英語は話せないが中国語を書くことのできる者がいたので、彼の書いた文を示して意思疎通をはかると、ペーチン〔親雲上《おやくもい》／位階の名称〕がどうやらそれを判読した。この老人は銅《キャ》銭《ツシュ》もドル貨も受け取ることを拒み、ここではどちらも通用しないが必要なものは何でも提供すると言った。中国人は——おそらくは自分たちの利益を考えてだろうが——代わりに堅パンで支払うのはどうかと提案したが、自分たちの必要を満たすのがやっとだったので、とりあえず必要な品物を受け取り、帰ってからあらためてペーチンと代価を決めることにした。

村人が薪を持ってくるのが遅かったので、われわれはたき火の明かりで夕食をとらなければならなかった。私はまだ明るいうちに、湾をスケッチしておいた。湾は奥深くて広々としており、入り口に横たわる岩礁で守られていたが、水面の様子からみると、浅すぎて軍事上の目的には役立ちそうもなかった。湾の奥には大きな村がひとつあり、数艘《そう》の漁船が停泊していた。夜になると、野原に点々と灯火が見え、いくつかはあちこちに動いた——おそらく村と村との間を行き来する人々の提灯だろう。役人たちは、なにがなんでもわれわれとともに居残ることにしたようで、村人に命じて竹ざおと筵《むしろ》を持ってこさせ、われわれのテントのそばに仮小屋を作った。彼らはいやな顔ひとつせず、やむをえない状況に辛抱強く耐えたのだった。われわれは寝る前に、午後九時から午前五時まで二時間交代で

琉球探検隊――夜営

四人の見張りをたてることを決めたが、現地人の下級警官たちも、夜通し火を焚《た》いてこちらを見張っていた。われわれは最初の一〇マイルの行進でかなり疲れていたが、蚊にひどく悩まされ、その夜は半時間以上眠ったものはほとんどいなかった。

▽二日目（五月三一日）キャンプ・ペリー～具志川

未明に起きると、現地人はすでに活動を始めていた。好天を約束するような朝だった。われわれが起きると、すぐにペーチンと部下たちがやってきて丁寧な挨拶をした。朝食を作って食べ、テントをたたみ、荷造りをするのに約二時間を要した。準備ができた頃には、昨晩いったん帰った那覇のクーリーたちは八人とも顔をそろえていた。キャンプ・ペリー（この場所をわれわれはそう名付けることにした）を出発すると、険しい丘を登って北へ向かう小道を進んだ。その頂をめぐり、険しい急勾《きゅうこう》配《ばい》の丘に囲まれた谷を下った。深い谷底には大きなバナナの木が垂れ下がった小川があり、この広い袋小路のような谷から海に向かって流れていた。われわれは、水をいっぱいにたたえた水田の間の、沼草の生えている畔《あぜ》を通って谷を渡ると、若松の林の間を縫う湿って滑りやすい道を通り、峰までの長い道を骨折って登った。調査隊はいまや、この島を縦走する分水嶺に達したのだった。それからこの峰に沿って北西に方向を変え、丘や草原をいくつも越えた。森をなしているのは主に松だったが、なかには目新しい、花をつけない灌《かん》木《ぼく》も数種見られた。ときおり島民の小屋の前を通り過ぎた。たいていは二、三軒がかたまっていたが、このようなへんぴな地区にさえもわれわれが来ることが知らされているらしく、住民たちはみな姿を隠していた。いくつかの小屋をのぞいてみると、内側には煙ですすけた部屋がひとつあるきりで、調度もごく粗末なものだった。二つの小屋には、地面から六インチ〔約一五センチメートル〕ほど高いところに竹のすのこが床のようにおかれ、その上に琉球人が寝床として使う厚い畳が敷いてあった。

ジョーンズ師はひと足先にテントを出発していたが、まだ姿は見えなかった。小川が西へ向かって流れ、樹木の茂っている深い峡谷まで来たとき、正しいコースはもっと東寄りだということに気づいた。ふたたび松林に踏み込み、稲田を通り、草深い開けた高地に出ると、そこから半マイルほど南に、現地人の一群に取りまかれたジョーンズ師の姿が見え

竹藪村から見た那覇

た。まもなくわれわれはまた湾を望む分水嶺に達し、壮麗な景色を堪能した。分水嶺は、すでに見たように東海岸にごく近く、そちらへ下る道は西海岸へ下る道よりもはるかに険しい。こちら側の土地はさらによく耕されていて、穀物もずっと豊かである。下方の山裾《やますそ》は美しい琉球松の林におおわれ、ところどころに穀物や野菜の段畑があり、麓の平地は約一五マイルにわたって稲穂で黄金色になっている。散在する村落を数えてみると一二ほどあり、なかにはかなり大きな集落もあった。北の方には長い半島があって、われわれが湾の端だと思っていたところよりはるかに先までのび、島の南東に向かって突き出している。われわれがまだバロウ湾〔金武湾〕に達していないことがこれで明らかになった。この半島がバロウ湾の南境をなしていたのである。クーリーを休ませるために松の木立の陰で休憩する間、ハイネ氏はワタリガラスを撃ったが、それはヨーロッパで見る種類より嘴《くちばし》が太かった。分水嶺の北側には、ほぼ円形をした大きな墓があった。そこから、やや西に曲がっている道を二マイルほど進むと、松林の中にそびえ立つ奇妙な形の岩山に出くわした。その頂は鋭いのこぎりの歯のようで、峰より七〇から八〇フィートも高くそびえていた。第二紀石灰岩でできたその奇岩は、風化してハチの巣のようになっており、目をみはるようなおもしろい眺めを呈していた。ハイネ氏はそれをスケッチし、ジョーンズ師が地質を調べている間、私はそのてっぺんに登ってみたが、頂が尖《とが》っていて足元はきわめて不安定だった。そこは島のこの地区の最高峰だということが分かり、両方の海岸をかなり遠くまで見わたすことができたので、私は旗を持ってくるよう命じ、岩のてっぺんでそれを翻し

バナー・ロック

た。その間部下たちは下で礼砲を撃ち、三度、歓呼の声をあげた。われわれはこの岩を「バナー・ロック」〔旗岩〕と命名した。現地人たちはわれわれの行動をどう解釈すべきか分からないようだったが、困ったような様子はまったくなかった。

そこよりやや北にあたる、東側の湾の奥と西側に深く切れ込んだ入り江との間、ブロートン岬と西方のメルヴィル港〔運天港〕とを隔てている半島との間で、島は急に狭まっていた。私はこの地点の幅を、約四マイルと判断した。南西には、八マイルから一〇マイル彼方に首里が見えた。風景は豊かで変化に富み、丘陵はどこも松林の衣をまとっていた。岩の上に、わが国の温室で見かける「サクラランン」の花が咲き誇っているのも見つけた。鮮やかな緋色《ひいろ》のタチアオイや大きな黄色い花をつけたゼニアオイの一種も見られた。

分水嶺に沿ってさらに進むと、あたりの様子は、しだいに荒涼としてきた。一様に黒っぽい石灰岩の大きな塊が、ときに道の上に張り出し、あるいはまるで自然の激しい変動で投げ出されたかのように、行く手の坂にころがっていた。丘陵は東の方へ曲がっていたため、南側の斜面に、深い亀裂のある巨大で四角い石の塊が、ほとんど麓に達するまで連なっているのが見えた。それらは、おそらく高さが五〇フィート、表面は少なくとも一〇〇フィート四方ほどあり、頂には木々や灌木が密生していた。ここには火山活動の痕跡がないため、これらの個々の岩の塊がなぜ規則正しく散らばっているのか、もとの場所からどうやってこれほどの距離を運ばれてきたのか理解しがたかった。

われわれが下を通った険しい岩山の東側には墳墓が点在し、なかには岩の前に建てられて、現在の住民の墓と同様に白く塗られているものもあったが、そのほかの墓は岩を削った中に作られていて、かなり昔のものであることは明らかだった。湾を見下ろすと、大部分は浅く、場所によっては小さな漁船でさえ、海岸から半海里以内には近づけそうにない。水際には近くまで整然と稲田が並び、潮が流れ込まないよう堤防で守られている。また、たくさんの三角形の石造りの堰《せき》が水の中にのびているのが目にとまったが、これは間違いなく魚を獲る簗《やな》であろう。

バナー・ロックを出発してから一時間もしないうちに、われわれは古代の城塞《じょうさい》を発見して驚いた。城塞は、中央分水嶺の支脈の頂上に、湾を望むように位置を占めていた。その

琉球の墳墓

輪郭は不規則だったが、ほぼ北東から南西の方向を向いていた。ある部分は完全に保存されていたが、別の箇所は蔓《つる》や灌木がのびほうだいになっていて、土台となっている自然の岩とほとんど区別がつかなかった。アーチ形の門をくぐると、道は樹木の茂る段丘へと通じており、その上に慰霊碑に似た石造りの建築物があった。さらに石段を上ると、もうひとつの門に達した。門を抜け、広い前庭を通って城塞の内部に入った。そこには木々が贅沢《ぜいたく》に生い茂り、一隅に立派な私邸があった。わがペーチンはすでに到着しており、主人（中国人のクーリーたちは「日本領事」と呼んでいた）がうやうやしく案内してくれた。

その日は蒸し暑く、二、三杯の琉球茶が気分をさわやかにしてくれた。それから外壁の土台になっている台地に戻って木陰に足を止め、部下たちに昼の食事と休憩をとらせた。岩に刻まれた急な階段を下りて北側へ出ると、城塞のすぐ下に洞穴があり、その底に冷たい清らかな水をたたえた池があった。この場所には繁茂する群葉がびっしりと垂れ下がり、太陽の光も届かなかった。

食事が用意される間、ジョーンズ師は城塞のおおまかな見取り図を描き、部下たちは測量をした。以下はその寸法で、かなり正確なものである。

材料は石灰岩で、立派な構造の石造建築だった。石材の中には一辺四フィートの立方体の石もあり、非常に丁寧に削られ、継ぎ合わされているため、モルタルやセメントは使われていなくとも、耐久性は十分であると思われた。この建造物には、注目すべき点が二つあった。ひとつは、アーチが二重になっていて、下の方は二つの石をほとんど放物線状に削って中央で合わせたもの、その上は第一図のように、楔石《くさびいし》を使ったエジプト式のアーチになっているということである。

もうひとつの特徴は、稜堡《りょうほ》の代わりに石造の四角い突出部があって、前面が凹状になっていることである（第二図）。これは、砲弾を防ぐというより、その威力をくぼみの中心に集めて受け止める構造なのだろう。とはいえ、この城塞は鉄砲類が琉球に伝わるよりはるか以前に建てられたものに違いなかった。隊の中国人たちはこの場所をチン・キンと名付けた。これは主要な要塞という意味の中国語である。

われわれは、一時半にふたたび行軍を開始した。この頃にはすでに多少疲れていたペー

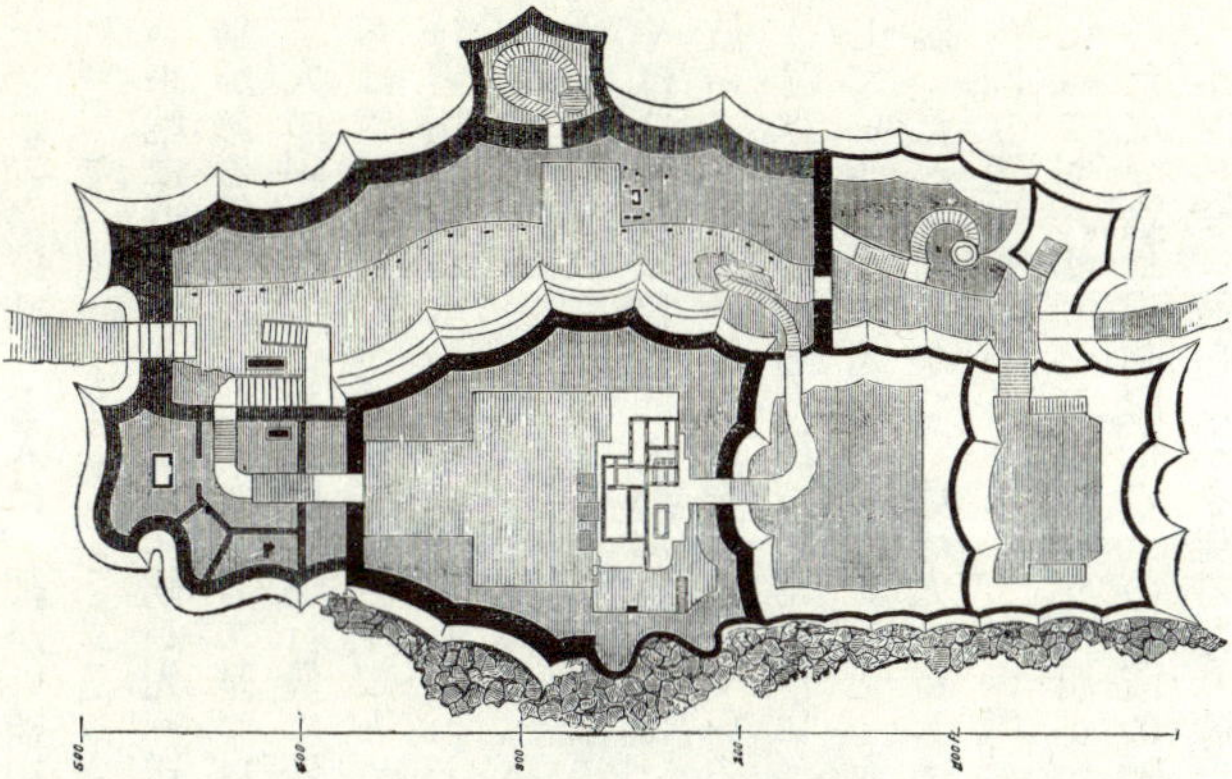

中城《なかぐすく》の平面図

長さ……二三五歩
幅……七〇歩
基底部の壁の厚さ……六～一二歩
上部の壁の厚さ……一二フィート
斜面に沿って測った外壁の最高部……六六フィート
内壁の高さ……一二フィート
外壁の角度……六〇度

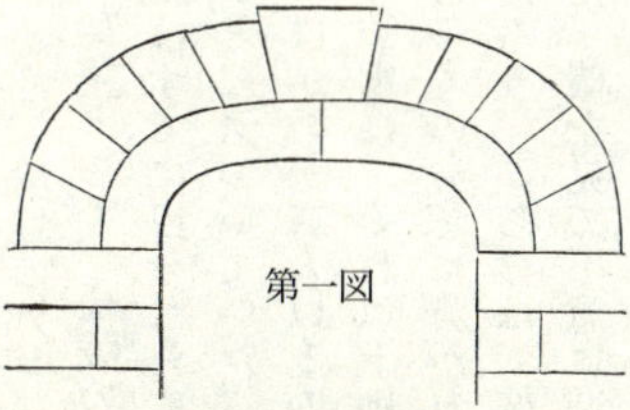

第一図

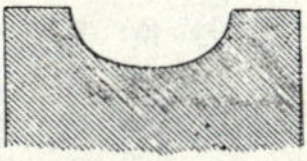

第二図

チンの「喜屋武《きやん》」老人は、細かい監視の任務は部下にまかせ、琉球のカゴ〔轎《きよう》／おおいのない輿《こし》のこと〕に乗ってあとからついてきた。進路がふたたび下って、丘陵の麓の人家の多い平地に近づくと、また斥候が先へ送られた。われわれはすでに自分たちに対する偵察活動がある整然としたシステムに基づいて行われていることに気づいていた。喜屋武とその二人の副官は、この旅行の随行員に任命されていたが、ほかの一二人以上の従者や助手たちは、われわれが通過する区域ごとに交代した。彼らの監視は、それ以上は考えられないほど用心深いものだった。もしわれわれが、できるだけ多くの分隊に分かれて行動したとしても、やはり現地人の護送隊につきまとわれたことだろう。こちらは、彼らをひきずりまわして疲れさせることも、逃れることもできなかった。機を見て不意に進路を変えてもやはり彼らは目の前にいた。これは、油断のない排他的な体制がもたらした行動だったが、彼らはまるでわれわれを尊重している風をよそおっていたのだった。

私は好奇心から島民の日常生活についての知識を得たいと思い、彼らが家の中で仕事をしている様子でも見られないかと、何度も不意に小屋へ入ってみた。たいていは誰もいなかったが、何軒かで、琉球人の貧しい生活を垣間見ることができた。監視人たちが別の村へ回り道をしているうちに、私は城の付近で裏道へそれ、竹囲いの中へ入ってみた。そこにはこぢんまりとした住居が五軒あった。戸口には筵が下がっていたが、人々はみな、ついたての陰や、藁屋根の下の物置に隠れていた。私がのぞいたとき、そこには老人と子供しかおらず、彼らは私を見るなり膝をついて床に額をこすりつけた。とある平地の村の小

中城の内部

屋には、老婆と一二歳ぐらいの少女がいたが、二人とも膝をつき、哀願するように、また敬意を表すように手を差しのべた。英語でではあったが、私が親しく挨拶をすると、彼らは元気づけられたようだった。もしその瞬間に密偵のひとりが現れて彼らを追い出さなかったら、小屋の中の様子をもっとよく観察することができたはずだった。

豊かに実った稲田に下っていくと、初めてサトウキビが発見され、モロコシあるいはアワ、それに、合衆国では「ブルームコーン」として知られる三種類の穀物が植えられていた。道は、沼のような水田に突き出すようにのびており、われわれは松林でおおわれた緑豊かな枕地を進んだ。そのすぐ近くには、樹木と竹のアーケードに埋めつくされるようにしてひとつの村落があった。村に入ろうとしたとき、二つの奇妙な石が立っているのに出くわした。大きい方は四フィートほどの高さで、その特異な形から、すぐにリンガ、すなわち男根崇拝の表象だと思いあたった。それをスケッチしたハイネ氏も同じ考えだった。それは、斑岩《はんがん》のような非常に堅くて黒っぽい石でできていた。われわれは、これを崇《あが》めている現地人から話を聞こうとしたが、その表象がただ「イシ」と呼ばれているということしか分からなかった。日本にも中国にも琉球にも、このようなヒンズー教の特徴と思われるものがほかに存在している形跡はない。したがって、もしこれが実際に男根崇拝の表象であるとすれば、この石が発見されたことはきわめて奇妙だと言わざるをえない。その日の午後のうちに、同様の石がさらに二つ見つかったが、うちひとつは横だおしになって壊れていた。このような遺物がある一方では、二マイルほど隔たった背後の丘の斜面一面に穴が掘られ、エジプトやシリアの墓を簡素にしたような岩の墓が作られている。現地の案内人に、それらが何であるかをたずねたところ、「魔神の住処」と答え、われわれがそれに注意をひかれたことをおもしろがっているようだった。ここでは、中国人と同様に、祖先の墓が神聖なものとされていることからして、前記のような事実は、古代には別の種族もこの島に住んでいたことを示しているように思われる——その種族が、ジャワかまたは同じような遺物が残っている島々から男根崇拝を受け継いだのかもしれない。

稲田にいたアオサギのつがいを撃ち損じたあと、われわれは進路をほぼ真北にとり、美しい村をいくつも通り過ぎた。家々はバナナの樹で囲まれ、小道の上には竹のアーチがか

Drawn from Nature by Heine, Figures by Brown.
Ackerman Lith. 379 Broad

琉球、中城の古城跡

かっていた。ある家の中では、女が原始的な構造の織機で芭蕉布を織っていた。私が戸口に近づくと女は手を止めたが、私が手まねで促すと、また仕事を続けた。杼《ひ》は反物の幅よりやや長く、それを手ですべらせるのだった。ライナー博士は、丘の麓で亜炭のかけらを見つけた。それは石炭に似ていたが、あいにく、そこには石炭が埋蔵されている様子はなかった。荒涼とした丘を、長い時間をかけ、苦労して登ると、開墾された高地に出た。そこには三、四頭の牛が草を食《は》んでいた。那覇を出発して以来、初めて見る家畜だった。馬はときおり見かけたが、数は少ないようだった。二つの湾の間にある分水嶺は、まだ三マイルほど先だった。日暮れも近く、一行はみなかなり疲れていたが、野営する前に、とにかくバロウ湾の見えるところまで行くことにした。やがてわれわれは分水嶺の西斜面にある大きな村に到着した。村は周囲をバナナ園で囲まれており、松林が高く塔のようにそびえていた。丘の頂を削って作られている深い洞門を通りぬけると、目の前にバロウ湾とその彼方の山々のすばらしい眺望が開けた。バロウ湾の南岸までは約三マイルあり、その中間に、奇妙な岩の列が、孤立した四角い岩塊となってそびえ、廃墟《はいきょ》の町の城壁や塔のように立ちはだかっていた。そこから眺める風景には南の湾よりも樹木が多く、丘の輪郭もそれぞれ丸みをおびていて、より穏やかな起伏をなしていた。われわれは、地質的にこれまでとは違った特徴を持つ地帯に来たようだった。

テントを張ろうとしていると、役人たちが、少し先に公館〔番所〕があると言い、そこへ行くようにと熱心にすすめたため、われわれは小銃と荷物を背負ってふたたび出発した。

中城城塞跡——北側

しかし、それからまた悪路を二マイルも歩くはめになり、傷ついた足と痛む肩でやっとバロウ湾に下る道までたどり着いた。丘の斜面には険しい岩が点在して絵のような風景を呈し、目の前には、バナナの樹と竹にすっかりおおわれた大きな村があった。村の上には高く険しい岩がそびえ、その中央には亀裂が入り、上に四角い岩が載っていて、まるで荒廃した塔のようだった。われわれは、村を縫うようにして日陰の小道を進んだ。やがて、村のはずれの、湾の美しい眺めを見下ろす場所に建つ、樹木に囲まれた美しい公館に着いた。そこでは高官とおぼしき人物がわれわれを迎え、さっそく小ぶりの茶碗に入った上質の茶をすすめてくれた。柔らかくて厚い畳や設備、その建物の居心地の良さは、強行軍の疲れを十分に癒《いや》してくれた。水の入った土瓶が、四角い木製のひしゃくを浮かべて供された。奥には厨房《ちゅうぼう》があり、部下たちが料理をするのに好都合だった。日が暮れるとペーチンがやってきて、たいそう真心のこもった挨拶をした。ただちに卵と鶏とが提供され、前に野営したときと同じように、代価を支払おうとしても一切断られた。村人たちはわれわれに並々ならぬ好奇心を抱いたらしく、暗くなると公館の周囲にめぐらされた塀の上からのぞいていた顔の数がにわかに増え、二〇〇や三〇〇はあろうかというほどになった。われわれの周囲では火が焚かれ、さらにあちこちに持ち運ばれる松明の赤い光とが樹木の暗緑色の葉むらに映えて、まばゆく瞬いた。

前の晩と同じように夜番がおかれた。今回は蚊にそれほど悩まされなかったので、かなりゆっくり休むことができた。中国人たちはみな疲れはてていた、もしくはそのふりをしていた。というのは、その日、荷物を運んでいたのはほとんど琉球人のクーリーばかりだったからである。彼らのがまん強さや気質の良さ、それに優れた持久力によって、役立たずで横着な中国人の面目は丸つぶれになった。そういう者たちを同行させたわれわれの方も無思慮だった。現地人たちは見張りを続け、翌朝、日の出前に起きてみると、五〇人から六〇人がたき火のそばで夜を過ごしたことが分かった。役人たちが夜番をおいたのは、われわれがこっそり現地人に近づいたり、現地人の方がわれわれを悩ますのを防ぐためのようだった。

琉球、中城の古城跡

▽三日目（六月一日）具志川〜金武

ジョーンズ師は、一行を乗せて湾を横断してくれるボートを頼んだが、一艘も手に入らなかった。公館のある村の名は「ミシクヤ」〔具志川《ぐしかわ》〕といった。われわれは小さな列を作って行動を開始し、平地の歩きやすい道を選んで一、二マイル奥へ進んだ。あたりの土地はよく耕されていたが、作物はおおむね豆やサツマイモに限られていた。村はどこも小道にかかる高い竹のアーチの背後にすっかり隠れていたため、警察の斥候たちは、われわれの先回りをする必要はほとんどなかった。ひとりの案内人が、列の先頭を走った。しかし、彼は常に島の中央に通じる左側の道をとり、われわれを首里に連れ戻そうとしているのが明らかだったので、われわれはついに、樹木の生い茂る孤丘の麓で立ち止まって相談をした。いまや右手には、バロウ湾の北にある荒涼とした山脈が見えていた。コースが、われわれのめざす湾の奥から逸《そ》れているのははっきりしていた。そこでわれわれは、案内人や役人の抗議を無視して方向を変え、その丘の頂上を東の方へまわった。そこには、柔らかい石灰岩の洞穴が二つあった。ここの眺めは、松林と田園とが美しい調和をなしていた。その特色と、一面に広がる深い緑色とが、南ドイツの風景に似ていた。

谷底には小川が流れ、岸に沿ってパンダヌスつまり偽パイナップルが林立していた。われわれは靴をぬいで川を歩いて渡らなければならなかった。ここには、白い小さな花と明るい緑色と乳白色のまじった葉をつけた灌木、強い芳香を放つ黄色の実をつけた木、それにユリ科の植物で、花はキンギョソウに似ているが白い色で、濃いオレンジ色のギザギザの唇弁《しんべん》がついているものもあった。平野のとある村では、梅、オレンジ、きわめて小さくて光沢のある葉をつけたバンヤンの新種も見つけた。小川を渡ると、芳しい松林を突き切り、鬱蒼《うっそう》とした森の中へ入った。そこでは小道はまだ雨で湿って滑りやすく、枝々が頭上で交差して永久的な木陰を作っていた。この原生林の中には花はほとんどなく、それ以上に鳥も見かけなかった。実際、島民が鳥を獲らないことを考えると、島全体に鳥がこれほど少ないのは奇妙だといえる。その日はよく晴れて暑く、樹木は木陰を作ってはくれたが、海風をさえぎった。森の植物はほぼ熱帯のもので、光沢のある葉がびっしりと茂った灌木《かんぼく》や豊かなシダ類から成り、その間から松林がそびえていた。細い小道があちこちで分かれ、遠くに見えるきこり小屋に通じていた。二マイル以上登ってひとつの峰を越えると、道はしだいに広くなり、西側の低木や松林が一面に生い茂る丘の向こうに眺望が開けた。この地帯はアメリカの荒地のようだった。窪地《くぼち》には沼があり、われわれはこのあたりに生息するという猪を探し始めた。また、東側を見ると、バロウ湾の奥付近に来ていることが分かった。われわれはクーリーを休ませるために半時間休憩したのち、ふたたび出発した。休憩中に、随行の役人たちが現れた。みな疲れているようだったが、いつものように親切で愛想が良かった。彼らの気苦労や疲れの原因はすべてわれわれにあることを考えると、こちらの勝手な行軍にどこまでもついてくる彼らの辛抱強さにはただただ感心せざるをえなかった。

またひとつ丘を過ぎ、大きな樹木のアーチの陰になった、よく踏みならされた道を通って、小ぎれいな村を通り抜けた。家々はかなり大きく、裕福な様子がうかがわれた。木々の中には一五フィートを越すものもあり、一面にクリーム色の花をつけ、ナツメグの香りを放っていた。この美しい村からは、松の並木道がバロウ湾の奥にある狭い平地へとのびていた。その一帯に植えられた稲は非常に貧弱で、まだ穂が出ていなかった。樹木に囲まれた大きな村が、海岸から半マイル奥まで広がっていた。われわれは海岸へ通じる小道を進んだが、先を歩いていたジョーンズ師は村へ入っていき、丁重に迎えられ、二度も茶と煙草でもてなされた。彼が時計と携帯用の顕微鏡を見せると、村人たちはたいそう驚いた。その村の名は「イシッァ」〔石川〕といった。

われわれは塩水の川を歩いて渡り、丘の麓の松の茂る小山の上に昼の間キャンプを設けた。ジョーンズ師はまだ到着していなかったので、木のてっぺんに旗をしばりつけ、合図の鉄砲を撃った。湯を沸かす間、私は部下たちと海水浴をした。きわめて塩分の多い海水で、乾いたときに、白いこまかい結晶が埃《ほこり》のように顔一面にくっついていた。この地点で、ジョーンズ師は初めて片麻岩《へんまがん》の地層を水際に発見した。一行中の現地人たちは茶を三杯飲み、堅パンをくれと言った。どうやらそれが気に入ったらしかった。出発前に彼らとルートについて相談した。われわれはバロウ湾の北岸のある地点で、日本製の琉球地図の写しには「カネヤ」と記されているところへ行きたいと思った。役人たちはその地名には聞き覚えがない様子だったが、ここから三〇里つまり一〇マイル先の「カンナア」〔漢那〕というところに公館があるというので、できればそこまで行くことにした。

琉球、那覇付近の村

現地人のひとりを道案内にたてて、一時半に出発した。道は湾に沿っていた。われわれは深い砂と貝殻の中をカーブや枕地に沿って二時間あまり歩いた。浜は狭く、ことに砂の照り返しがまぶしかったため、非常に骨の折れる行軍になった。パイナップルに似た実をつけたパンダヌスの密生する生け垣が続いている。左手の山々は自然のままで、開墾されていなかった。ところどころに山の中腹へ登る小道があり、海岸の道を行けばわれわれの本来の目的地から逸れてしまうことは磁石を見れば明らかだったが、案内人はほかの道をとろうとしなかった。二時間後、われわれは大きな村落に着いた。「イシッァ」からの案内人はそこで代わりの者と交代して引き返した。付近の入り江には、三、四十トン積みの二本マストのジャンクが停泊していた。われわれは、バロウ湾の北の端に近づいており、湾の南にある細長い岬と、湾の入り口に防波堤のように横たわる四つの島とを一望することができた。バロウ湾は、その入り口以外はきわめて浅そうで、大型船の停泊地としての価値はあまりなさそうだった。

道はようやく北へ曲がり、険しい丘へと続いた。そこを登ると、樹木が豊かに茂る、起伏のなだらかな台地に出た。それまで通り過ぎてきた山々の輪郭はちょうどキャッツキル山地〔ニューヨーク州東部の山地〕のようで、その景色には、熱帯に近いことを思わせるようなものはなにもなかった。やがて、広々とした松並木の街路に入ると、その先に瓦屋根の立派な建物が見えた。案内人はその道をどんどん進み、竹がアーチをなす村の入り口を入っていったが、私は不意に、ひとつの敷地内へ滑り込んだ。そこには庭の真ん中に広い家が建っており、その傍らに小さな仏教寺院があった。私の動きはすばやかったのだが、家の戸口にはことごとく筵が下げられ、人影はなかった。家の前には一〇フィートぐらいの丈の植物があり、円錐形《えんすいけい》の大きな赤い花が咲いていた。私がそのひと房を折りとろうとしているところへ随行の役人のひとりがすっとんできて、ブニョー〔奉行〕——彼はジョーンズ師のことをそう呼んでいた——はもう先へ行ってしまったと言い、身振りと言葉でそこを立ち去るようにとせきたてた。それで私はこの役人のあとについて村を通り過ぎ、公館に着いた。そこは、いままで見たどの公館よりも大きくて立派だった。まるで瀟洒《しょうしゃ》な私邸のようで、庭は刈り込まれたジャスミンの生け垣に四角く囲まれ、召使や従者用の離れもあった。庭にはいくつもの菊の列（日本人はこの花を大いに尊ぶ）と、桃の木が二本、そして風変わりな形に刈り込まれた一本の太い椿の木があった。われわれは母屋の柔らかい畳に腰をおちつけたが、ペーチンとその従者たちは別棟を使った。そこで入手できた食料は、塩漬けの魚とサツマイモ、それに塩漬けにした土地のネギだけで、鶏も卵もなかった。住民たちは、この村の名を「チン」〔金武〕と呼んでいた。これは中国語で、正しい名前でないことは明らかだったが、それしか分からなかった。われわれが到着すると、部屋の間のふすまが取り去られ、茶が運ばれてきた。琉球人たちは忙しく立ち働いていろいろと世話をしてくれたが、「ミシクヤ」のときと同じく、ここでも終夜、緊張をゆるめることなく監視がついた。そして今度もたき火が焚かれ、周囲に護衛が配置され、好奇心にかられた住民たちがわれわれをひと目見ようと、藪《やぶ》や塀の後ろからのぞいていた。最初に夜番に立ったハイネ氏はたき火のところまで出てゆき、懐中時計などの珍しいものを見せたので、たちまち村民たちが周囲に群がった。しかし役人が現れ一言なにか言うと、彼らはすぐまた四方に散り、二度と近づこうとしなかった。夕方、私は那覇から連れてきた少年のひとりに銅銭をひとつかみ与えようとしたが、そばに二人の仲間がいたため、彼はしきりにそれを断った。しかし折を見て彼がひとりになったときにもう一度すすめると、身振りで感謝を示しながら受け取った。

ペーチンは、一行よりかなり遅れて夜になってから到着し、すぐにわれわれを探して挨拶をしに来てくれた。老人と同僚たちはこの行軍をすべて日誌に記録し、それを書きつけた巻紙がすでに五、六ヤード〔約四・五〜五・五メートル〕の長さになっていることが分かった。ここには蚊はほとんどいなかったため熟睡できたので、夜番のために起きるのがいささかつらかった。朝食には、さんざん探してやっと肉のかたい老鶏を二羽手に入れたが、われわれはそれを塀の上や藪ごしにこちらをたえずじっと見つめているおびただしい目の監視のもとで食べた。こちらが見返すと頭はいったん引っ込むが、目を離すとすぐまた現れるのだった。

▽**四日目（六月二日）金武〜恩納**

われわれは四日目の旅を開始した。そろそろ帰りのことも考えておかなければならなかった。しばらく協議したのち、さらに少し海岸に沿って進み、それから方向を転じてメル

琉球踏査隊の夜営地

ヴィル港の方に向かって島を縦断し、夕方には現在の野営地と同緯度の、西海岸の一地点へ到着することに決定した。出発にあたって、役人たちは西へ行く道をとるようにと熱心に要請した。しかしわれわれはほぼ真北にあたる道を進み、まもなくひとつの丘に着いた。そこからは、すばらしい田園風景が四方に広がっていた。背後に、バロウ湾の北にある岬が横たわっている。前方の海岸線は北東に向かってのび、はるか向こうの岬へと続いている。自然林におおわれた山々の稜線《りょうせん》は海岸と平行に走り、海のすぐそばに細長い耕作地を残していた。北の峰のひとつから煙がひとすじ立ちのぼっており、われわれは山火事ではないかと考えた（あとでそれが正しかったことが分かった）。

ジョーンズ師は、約六マイル彼方の二つの峰の谷間に分け入って、東寄りの北の方向に進むことを決定した。われわれは、底を塩水の川が流れている深い峡谷を渡り、しばらく海岸に沿って進んだあと、草木の生えていない長い峰を登り、森林へ分け入る道をたどった。進むにつれて自然林はますます鬱蒼としてきた。道は狭くて湿って滑りやすく、途中で見かけたのはきこりだけで、粗末な斧《おの》で木を伐り倒していた。やがてわれわれは樹木でおおわれた円錐形の峰に到着した。そこを登るのはかなり困難だったため、私はクーリーたちと麓で待機した。その間にジョーンズ師、ライナー博士、それにハイネ氏が登っていって周囲を見わたした。彼らは木に登って枝を何本か切り払い、そこから島の中央の壮大なパノラマを眺め、ハイネ氏はそれを木の上でスケッチしたのだった。このときまで小道はだんだん細くなり、ほとんど見失いそうになっていたのだが、まっすぐに峰を越えていることが分かった。登り道はまるで階段のようになっていたため、われわれは手と足の両方を使って頂上にたどりついた。荷を運んで登った琉球人のクーリーたちの労苦も並大抵ではなかった。全員が喉《のど》の渇きに悩まされていたため、私は水兵のミッチェルや中国人やクーリーと一緒にひと足先に出発した。小道はいまや消えかかり、何ヵ月も誰も通っていないように見えた。小さい竹の一種が、日光を通さないほどに密生して道をふさぎ、毛におおわれた赤い大きなクモがそこに無数の巣を張り渡している。上りと下りを繰り返して押し分けるように進み、なにも通さないかのように見える低木の間を這《は》うようにして二マイル近く歩くと、ようやく道はやや広くなり、西の方にシナ海の一部が現れた。北の方のいちばん近い峰の中腹には、火事になった森がはっきり見えた。一〇エーカーほどの空地に、焼け焦げた木の幹が散らばっている。下りの道は非常に滑りやすかったが、しだいに広くなり、自分たちのいる位置もはっきり分かるようになった。われわれはメルヴィル港の南にあたる深い入り江の奥に近づいていたのであり、本島の右端から北西に細長く突き出している岬によって、その入り江から隔てられていたのだった。そして眼前には、この岬の沖合にある「シュガー・ローフ」〔伊江島《いえじま》〕と呼ばれる奇妙な島の峰が見えていた。この地点は島の西斜面にあたり、ほぼ全体が樹々でおおわれ、耕地は山あいの平地と海に向かって開けた峡谷に限られていた。

小道をたどると、一ヤードほどの狭い岩棚の上を横切った。両側には深さ一〇〇フィート〔約三〇メートル〕以上の裂け目があり、そこを過ぎると、今度は谷底へ下っていった。

谷間には冷たい清水が流れていた。われわれはその水を貪《むさぼ》るようにして飲んだあと、その先にある峰を登った。さわやかな風に吹かれながら腰をおろし、ほかの隊員たちを待った。ジョーンズ師は谷で良質の花崗岩《かこうがん》を見つけた。また、そのあと、はるか下った岩の多い谷間の入り口では幅の広い花崗岩の層を発見した。われわれがたどっていった唯一の小道は海岸沿いのある村へと続いていたので、そこで昼の休憩をとることにした。民家の周囲には花をつけたバナナの木がふんだんにあり、家と家との間の路地にはつやつやしたイノカルプス〔福木〕の生け垣があって、一〇フィートの高さの塀のようになっており、その外側には竹を裂いて編んだ小ぎれいな囲いがあった。村の近くには、木の柱で支えられ、床が高くなっている茅葺《かやぶ》き屋根の建物が三つあった。それらは倉庫のようで、穀物を地面の湿気から守るために床を上げた構造になっているのだった。建物の下は木造の台になっていて、日陰の休み場所とするのに好都合だった。村人たちは、サツマイモと小皿に盛った塩漬けの魚とカボチャを持ってきた。彼らが提供したのはそれだけだった。しかも、ペーチンが到着するまでは、われわれと接触しようとしなかった。村人たちはみなお上の指示を待っていたのである。こちらの足が速かったために彼はおいてきぼりをくったのだったが、一時間ほど遅れて到着すると、いやな顔ひとつせず、さっそくわれわれの必要なものを調達する仕事に取りかかった。ペーチンの従者たちは暑さよけにバナナの葉を頭に巻きつけ、口々に疲れたとこぼしていた。

われわれはこのニイコマ〔名嘉真《なかま》〕という村を二時半頃に出発した。ここは今回の行程

谷間と穀物倉庫

の最北の地点であり、メルヴィル港からは八、九マイルしか離れていないはずだった。そこまでは低地だったので、もう一日余裕があればこの港まで行けたことだろう。役人たちは砂の上に線を引き、海岸沿いに首里にいたる道がついていること、約二〇里先に公館があることを手まねで説明した。われわれは砂浜に沿って歩き、石ころの多い岬を越えた。ほぼ海岸線に沿い、さほど遠くへ逸れることなく進んだ。鋭く入り組んだ湾や入り江は、ところどころ美しい絶壁となって海に臨んでいる。それより低いたくさんの岬の沖合には、豊かな草木でおおわれた岩の小島があった。左側の樹木の茂る山々は前日バロウ湾の北側で裾を通ったその同じ山々だった。斜面の下の方は一部耕作されているが、われわれの進んできた本道は常に海に近く、半マイルにわたって深い砂や貝殻の中を通ることもしばしばだった。風景は絵のように美しく、シシリーの海岸を思わせた。われわれは「シュガー・ローフ」島の内側に、白い帆をつけた二艘のボートを発見した。部下たちは艦のボートだと言ったが、そうではなかったことがあとで分かった。

午後の蒸し暑さの中でも、琉球人のクーリーたちは重い荷物を担ぎ、遅れないように歩調を合わせた。一方、怠惰で不平ばかり言っている中国人たちは、のろのろとあとからついてきた。現地のクーリーたちはだいたい一二歳から一六歳ぐらいの少年だった。不思議なことに、彼らは重い荷物を持って頻繁に荒れた脇道を通ってもまったく汗をかかず、酷暑の中でも一滴の水も飲まなかった。彼らの快活さ、機敏さ、忍耐力はクーリーの鑑《かがみ》であり、常に快く従い、けっして表情や言葉に不満を表さなかった。案内の役人たちも旅行中二、三度しか水を飲まなかった。茶は疲労回復のための一般的な飲み物のようだった。どこで休むときもかならず茶が出され、隊長のジョーンズ師には村落を通る際に頻繁に供された。一度、あるひなびた漁村でミズ、つまり冷水を乞うと、彼らがユと呼ぶ熱湯を持ってきたので、われわれが飲むのを断ると、村人はたいそう驚いていた。

美しい海岸沿いに一〇マイルほど進むと、島でも指折りの風光明媚《めいび》な地点にたどりついた。それは、バロウ湾の背後にそびえ立つ峰の麓の丘陵の間に開けた美しい谷の入り口にあたる、松やバンヤン樹やサゴヤシが生い茂る険しい岬の上に位置する村だった。清流が谷を縫って流れ、谷は鮮やかな緑におおわれて、その上に美しい松林があった。それは、ほかの国ではめったに見られないのどかな魅力をたたえた一幅の絵のようだった。この旅行中に最も私の心を打ったのは、細長いこの島を囲む実に変化に富んだ風景だった。われわれは少なくとも四つの区域を通過したが、それぞれがみな独自の特徴を持ち、互いにまったく異なっていた。この島には熱帯林、北方の原生林、ドイツのような渓谷、地中海のような温暖な海岸が同居していたのである。

村はどこも大きくて繁栄しており、イギリスの田園のように整然として、垣根がめぐらされていた。われわれは中国の不潔さと汚ならしさを見慣れてきただけに、琉球の村の行き届いた清潔さと秩序とに、いっそうさわやかさをおぼえたのだった。岬の突端の絶好の場所に位置する公館は、心奪われるような美しいたたずまいを見せていた。赤い瓦が日の光に照り映え、羽状のサゴヤシの並木が囲壁につややかな葉を投げかけ、床には柔らかい畳が敷かれている。庭にはたくさんの赤い花が鮮やかに咲き乱れ、畳の上に置かれた石の水鉢には、きれいな水がたたえてあった。その快い落ち着いた眺めは、われわれ疲れた旅人の心をなぐさめてくれた。

私はテリーに命じて星条旗を掲げさせると、日が沈んでしまわないうちに、急いで美しい谷のスケッチに取りかかった。その間にハイネ氏は公館の外観のスケッチに精を出した。私が崖のそばに腰かけていると、膝まで届きそうな真っ白な顎鬚《あごひげ》をはやした風格のある老人が近づいてきたが、私をじっと見ると、低く腰をかがめて礼をしただけで去っていった。この村の名はウンナ〔恩納《おんな》〕といった。このあたりではまだ鶏は手に入らなかったが、村

琉球ウンナ近くの公館

人たちが二匹の小さな鮮魚にカボチャ一個とキュウリを何本か添えて持ってきてくれた。砂糖も豚肉も底をつき、手持ちの食料品といえば、茶、コーヒー、それに堅パン少々が残っているだけだった。

琉球人たちは公館の敷地内で火を焚き、そのうちの六人は終夜火のまわりに腰をおろしていた。

▽五日目（六月三日）恩納〜北谷

翌朝はどんよりとした天気で、山の上に霧がかかり、いまにも雨になりそうだった。われわれは日の出前に海水を浴びたので、その日を歩く元気を取り戻した。朝食にはオキザヨリに似た二匹の長いウナギのような魚、小ナス数個、カボチャ二個、それにひと籠《かご》のサツマイモが提供された。これらの珍味を料理して食べるのに時間がかかったため、出発は八時になった。われわれは従者たちとよく相談をした。彼らは、首里までは九〇里あり、那覇に到着するのには三日かかると言った。それは、現在地についてのわれわれの認識と相容れないものであった。われわれは命令どおり、翌日の夕方までに着くように那覇をめざしてみようと決めた。

ウンナ村を過ぎ、半島を通ってある深い湾に着いた。潮は引いていたので、湾の縁沿いの砂浜ではなく、珊瑚《さんご》のかけらが散らばる湾内の海底を歩くことができた。二、三フィートの深さの水の中を、まっすぐに対岸へ進んだ。一時間半ほど進んだとき、アシンという中国人クーリーが身体の不調を訴えた。あとで分かったのだが、酒を飲み青桃を食べたのが原因だった。彼の荷物は琉球人のクーリーが担ぐことになり、彼は喉を三ヵ所打って応急治療を施したが、打ち方が強すぎて鬱血《うっけつ》が生じた。逆の刺激を与えるのは、あらゆる疾病に用いられる中国の通常の療法で、非常に効果がある。われわれは、ある漁村の付近までやってきていた。ジョーンズ師はカヌーを一艘手配して、二人の中国人を艦に送り帰そうとした。しかしペーチンは、思いとどまるよう頼んできた。というのは、そうなると役人のひとりが随行せねばならず、彼らは貧弱な舟に身をまかせることを恐れたのである。役人たちは粗末な轎《きょう》を持ってくると、それで病人を那覇へ運ぶようにとすすめたが、それまでには病人の症状はかなり回復し、自分で歩けると言った。カヌーを使う必要がなくなったことが分かると、役人たちは満足げな表情になった。

そうこうしているうちに、残りの隊員たちは荷物を持ってどんどん先へ進んでいた。その朝は非常に暑く、海岸の白砂の照り返しをまともに顔に受けた。われわれは、入り江から入り江、岬から岬へと果てしなく歩き続けるのに疲れ始めた。推測どおり、われわれはいまやバロウ湾と背中合わせの位置にいたのであり、首里はほぼ真南の方角にあった。しかも道は海岸沿いに続いており、あたかもわれわれをブロートン岬の突端へ連れていこうとしているようだった。この道を進んだことで、行程はひどく長引いていた。それに、命令に従うとすれば、島の中央を通って戻るべきだったのである。役人や案内人たちは、こちらが質問するたびに海岸沿いの道をさし、奥へ進む道をとらせないよう極力用心していた。そのためわれわれは疑念を抱き、彼らの目的は、島の奥地を見せないようにすることなのではないかと推量した。やがて丘陵に登る踏みならされた小道に出ると、われわれはあらゆる抗議を無視してその道をとった。少しすると、竹とバンヤン樹でおおわれた美しい村に着いた。その彼方には深い峡谷があり、底に横たわる池に通じるかすかな細道の跡がついていた。役人たちはまた、明らかに海岸へ出ると思われる小道を行くように懇願した。そして谷間をさして「ミズ」と叫び、その水より先には道はついていないと言おうとしているらしかった。しかし、対岸に小道の跡が見えたため、われわれは気乗りがしない様子の役人とクーリーたちを従えて下りていった。その池は村に水を供給する水源だったが、私が島で見たうちで最大の松の木の林に囲まれていた。普通の松はせいぜい四〇フィートだったが、そこにある松は七、八十フィートもの高さがあった。というのは、まもなく、実は彼らわれわれが役人に抱いた疑念は当たっていなかった。

は一行の便宜を考慮していたのだということが分かったのである。そこから道は分岐している峡谷の方へと入っていった。峡谷の幅は二〇フィート足らずだったが、その底は稲田になっていた。両側は土と軟らかい岩から成るほぼ垂直の壁になっていたため、歩くのに、膝まで泥に浸らなくてはならなかった。部下のスミスが深みにはまってしまったため、琉球人が三人がかりで救い出した。ようやく丘の頂に達したが、そこは自然林でおおわれ、向こう側の高地にしか道がついていないことが分かった。われわれはかなり骨折ってそこまでたどりついた。その、とうに使われなくなった道は結局われわれを後方の海岸に導いたため、もうその道からはずれることはできないように思われた。クーリーたちは稲田を通るのに非常な苦労をしたにもかかわらず、あいかわらず上機嫌で仕事をこなしていた。役人たちはわれわれの困却を見て、内心、意地悪く冷笑しているのではないかと私は思った。そのあと白砂の上を歩くと、疲労が倍加した。そこで、すでにわれわれは最後の入り江の奥に到着していたため、ジョーンズ師が到着したところで、ふたたび奥地に入ることにした。海岸線はその入り江からブロートン岬にいたるまで、ほとんど真西の方向に走っているようだった。

ジョーンズ師とライナー博士とは、部下のディヴィスとスミスを伴って南方の山脈に通じる細道を進み、私は海岸に沿って進んだのち、水兵のミッチェルを伴って彼らのあとを追った。ハイネ氏はテリーと琉球人のクーリーを従えてなお海岸を進んだ。ミッチェルと私は、非常な苦労をして先頭の一団が通った道へ到着した。そして、密生した雑木のまじった松林を通りぬけ、約二マイルの間急坂を登ってついに分水嶺の頂に達した。東にはバロウ湾の全景が眺められた。一方、南には、先日われわれが悠々と往復してきた岬がはるかに望め、三日前にバナー・ロックの上から眺めた深い入り江も見えた。しかし島の奥地全体はいっそう荒涼として、前方約一〇マイルにわたって、人の手の入っていない森林が横たわっており、われわれの進んできた道は、あまり人が通ったことはなさそうだった——その道からは、ほかにも小さい道が分かれていたが、先行した一団が枝を折って道しるべを残しておいてくれた。私は非常に急いで登ったために、暑さと体力の消耗で疲れきっていた。それで、木の葉のたまった泥だらけのくぼみから水を汲んで飲んだところ、悪寒と熱とが交互に襲い、心臓に圧迫を感じて、力が出なくなった。先発隊が、すでに頭上にそびえる高い峰の頂上に達したのが見えた。道は両側が深淵になっている壁のように狭い岩棚を横切り、ついで岩の段を上っていた。その険しい登りで、残っていたわずかばかりの力を使い果たしてしまったため、ふたたび歩けるようになるまで、しばらく横になっていなければならなかった。バロウ湾の上にはたちまち雨雲が広がり、この高い台地から立ち去るようにと警告しているかのようだった。道はそこから数マイルにわたって原生林の中を通り、南に向かっていたが、琉球人たちは別の道を行くようにと指でさし示した。それは、ほとんどいま来た方向へ戻るような道であり、彼らは、そこを行けば公館に出るというのだった。荷物の来る様子もなかったので、結局われわれはまた海岸の方向に歩を進めることになった。途中、珍しい谷間を通った。その谷の最も狭い部分は、なんらかの自然の激変によって上から落ちてきた岩の塊でふさがれていたのである。谷底を流れる小川は約五〇ヤードの間は地表から隠れていたが、ふたたび洞穴の口から姿を現した。

ついに雨が降ってきた。二、三時間降り続いたため、道が滑り、歩きにくくなった。われわれは深い森の谷間にある、おとぎ話に出てくるような村を通り、松林でおおわれた高地をよぎった。道はしだいに南に曲がり、結局はまっすぐに岬の上を通っていた。行程の大部分は荒涼たる自然林であり、丘と丘の間には沼のような窪地があった。猪の足跡を何度か見かけた。現地人の話では、このあたりには猪がたくさんいるとのことだったが、残念ながら、一頭も見ることはできなかった。やがてペーチンと二人の琉球人が林の下にうずくまって雨を避け、煙草をくゆらしているのを見つけ、やっと荷の行方が分かった。それからまもなく「チャンダコサ」〔山田越し、喜名《きな》番所〕の公館に到着した。ハイネ氏とクーリーたちはすでに到着して、われわれを待っていた。ハイネ氏らが到着したときには、建物の中にひとりの人物と従者がいたため、それがほんとうに公館なのか、それとも役人の邸宅なのか分からなかった。しかし彼らはすぐにそこを空けてわれわれに提供してくれたのだった。その敷地内には、少なくとも一〇〇人ほどの現地人が群がって、ハイネ氏が鉄砲で的を撃つのをびっくりして眺めていた。彼らが最も興味をひかれたのは、狙《ねら》いの正確さ、次には火を使わないこと（島民たちは、日本の火縄銃しか見たことがなかったのである）、そして銃尾に弾丸を込めるということだった。彼らは火薬の性質や短剣の使い方を知っているようだったが、この探検の間、武器はいっさい見かけなかった。那覇と首里には日本の守備隊が駐屯しているということだったが、もしいたとすれば、われわれを警戒して避けていたのだろう。

すぐ後ろからやってきたペーチンは、すでに三〇里を歩いたこと、首里まではまだ六〇里あり、翌日のうちに到着するのは無理だと教えてくれた。しかし、さらに二〇里行ったところに公館がもうひとつあることが分かったので、一、二時間休んでから夜のうちにそこまで進むことにした。人々が二羽の鶏とたくさんの卵とキュウリを持ってきてくれた。空腹で疲れていたわれわれにはその食事は格別にうまかった。

四時半にふたたび出発した。道は広くてよく踏みならされており、両側の松並木が日陰を作ってくれた。道は南西の方向に向かって、海岸から二マイルほど奥に、海岸線と平行についていた。あたりの田園は広々として起伏があり、四マイルにわたる松林があって変化に富み、歩いていると気持ちが良かった。やがて深い峡谷に出た。そこには島で見た中で最も大きな川が流れており、道はその川にかかった三つのアーチのある大きな石橋の上を通っていた。その橋の大きさと、自然石の堅固な橋脚は注目すべきものだった。橋脚には、洪水にそなえて一〇フィートから一二フィート突き出した三角形の橋台が内側に取りつけてあった。草木の繁茂する峡谷の両側は絶壁になっており、川の上に突き出した裂けた石灰岩層の下には、海に向かって古い時代の墳墓が五つ六つ立っていた。ある岩層の下からは、清水がほとばしっていた。ハイネ氏は、この、静けさと絵のような美しさが際立つ場所をスケッチした。島民たちは、その川を「フィジャ」〔比謝《ひじゃ》川〕と呼んでいた。

チャンダコサ〔山田越し、喜名番所〕

海を見下ろす高台に立ったとき、われわれははるか南西の、一五から二〇マイル隔たった沖合にわが艦隊を見つけて心から驚いた。これで活気づき、決められた時間内に那覇に到着できるという確信を持って、足を速めて喜び勇んで進んだ。すでにあたりは暗くなり始めていたが、公館はまだ見えなかった。道は海岸に近づいて土手道になり、豊かな稲田の中を通っていた。黄昏《たそがれ》の中で出会った島民たちは、われわれの姿を見ると、みな逃げ出した。七時半、二七マイルの行軍で疲れ果てた琉球人の伝令が先に走っていってひとつの門に入った。門の真上に、大きなバンヤン樹が高くそびえていた。われわれはそのあとについていったが、明かりのともった公館が見えると、一斉に祝砲を撃った。召使たちはすでに茶碗をのせた盆を持って待っており、慇懃《いんぎん》な老紳士がベランダでわれわれを迎えてくれた。この夕べほど、琉球の畳を柔らかく感じ、砂糖を入れない琉球茶でリフレッシュしたことはなかった。すぐに卵、キュウリ、米、鶏が運ばれてきた。部下たちはそれでスープを作ったが、味は申し分ないとわれわれには思われた。

その夜遅く、老ペーチンが姿を現した。われわれと同様、彼も疲れているはずだったが、あいかわらず丁重で愛想がよかった。琉球人護衛兵の一隊はバンヤン樹の下で火を焚いて、そこで夜を過ごす準備をしていた。われわれの部下たちは疲労の色が濃く、翌日の旅も困難なものとなることが予想されたため、いつもの夜番はとくに免除した。現地の護衛たちが十分に警戒態勢をとり、誰も付近に近づけないようにしてくれていたので、夜番をおく必要がないと思われた。四方に広がったバンヤン樹の梢《こずえ》にたき火の赤い光が閃《ひらめ》き、その周囲に群がっている人々の浅黒い顔が浮かびあがって、幻想的な独特の情景を呈していた。すでに眠っているべきなのに、床につかずに私は長いことそれを眺めながら腰をおろしていた。

▽六日目（六月四日）　北谷～那覇

公館の屋根瓦を打つ雨音で、たびたび眠りが妨げられた。明け方に起きてみると、空は曇り、道は水浸しになり、すさまじい嵐になっていた。ペーチンとその一行は、「ピコ」〔北谷《ちやたん》〕――彼らは公館をそう呼んでいた――に翌日までとどまるようにと懇願し、足をたたいてみせてどんなに疲れているかを訴え、泥で滑って転ぶまねもしてみせた。しかし、われわれは譲らず、荷を運ぶために新しいクーリーを呼びにやった。そして距離についてもう一度協議した。彼らは、首里までは六五里、那覇までは三〇里あると言った。これはでたらめだったが、おそらくわれわれの会話を通訳した中国人の無知から誤りが生じたのだろう。クーリーたちは雨にそなえて、ローマの牧夫の羊皮の衣のような茫《ぼう》々とした草のジャケットをまとい、われわれはグッタペルカ〔樹液を乾燥させたゴムのようなもの〕と油布のポンチョで身体の一部をおおった。朝飯を食べるのに手間取ったので、テントを撤収して出発したのは九時半だった。みな、しばらくは前日の行軍で身体が痛くて動かせなかった。雨はやや弱くはなったが、まだ降っていた。道は、あるときは水浸しかと思うと、今度はどろどろにぬかるんでいた。われわれは泥に足をとられそうになりながら、苦心して進んだ。入り江の奥をまわり、南西の丘陵を登った。それから一時間して、また深い谷間に出た。その底を流れる広くて深い川は、疑いなく海の入り江になっており、そこに二つの大きな橋がかかっていた。われわれは足を止めて一時間の休憩をとったので、ハイネ氏はその場所をスケッチすることができた。私は、橋脚についている大きな三角形の突出部が、海に面した側についていることに目をとめた。島民たちはこの谷、あるいは川を「マチナトゥ」〔牧港《まきみなと》〕と呼んでいた。

このときには雨はすでにやんでおり、ときおりぱらつくだけになっていた。道の状態も良くなった。それから一時間歩くと道が分かれていた。左側は丘を登って首里に達する道だが、われわれは丘陵を越えて那覇に向かう道をとった。風景はしだいに見覚えのあるものになり、やがて松林でおおわれた高台から、港とアメリカ艦隊を見下ろすにいたった。幅の広い塩水の川を渡り、もうひとつの峰を横切って、那覇と相対する泊村へ下った。そして午後二時には出発点であるベッテルハイム博士の家に到着し、ここでわが威厳あるペーチンと二人の副官に別れを告げ、旅行中に調達してくれた食料品に対してなにがしかの代金を支払うために再会することを約束した。

六日間にわたるこの行程の距離は、推定するところ、約一〇八マイル〔約一七三キロメートル〕である。われわれは島の半分をやや超える範囲を歩いたのである。那覇の南端（そこはごく狭い区域である）とメルヴィル港の奥の北部と、同港の両側の区域とは、日をあらためて踏査することになった。（＊1）

マチナトゥ〔牧港〕の橋と土手

ジョーンズ師の報告書

一行が帰艦してすぐ、ジョーンズ師は視察してきた事項に関して提督に以下のような報告を提出した。

「われわれが今回の琉球踏査において発見した古代の王城、すなわちチュン・チン〔以下中城《なかぐすく》〕について記す前に、島の地質について若干述べておきたい。この両者は互いに関連しているのである。

那覇より北では、普通の粘土質の露岩が見られ、密質なものと泥板岩質のものがある。そして非常に注目すべき特性をもつ第三紀石灰岩の岩脈または隆起層がそこかしこを横断している。バロウ湾に達すると、粘土質の岩はそこでとぎれ、そこから滑石様の粘板岩が続いていた。しかしその下には、やはり石灰岩脈が露出していた。われわれが到着した最北端、すなわち島の西側、那覇の北四二マイルにあるニイコマ村において花崗岩の丘を通ったが、岩質はきわめて柔らかく、容易に切ることができる。この花崗岩はほぼ灰色がかっており、白色の部分も多く、黒色の雲母の美しい六面体の結晶が散らばって美しい外観を呈していた。

滑石様の粘板岩は南から一〇度西に走り、西に六〇度の傾斜を有していた。そこには石英そのほかの硬質の諸成分が混じり、鋭いのこぎり状のエッジとなって露出し、その上を歩くのはきわめて困難である。

粘土質の岩は、この島にひとつの著しい特徴を与えている。バロウ湾の南にある円丘はすべてこの岩から成っている。軟質で外界の作用を受けやすいため、裂けて垂直の面が露出している箇所がしばしば見られ、その谷の頂から美しい滝がかかっているところも多かった。粘土質は島の土壌の主要成分をも成している――雨天の際には粘着性の強い粘土となる。

しかし、この地方の主要な特徴を成すものは石灰岩脈である。これは北から五〇度東および北から六〇度東のところで島を横断し、峰をなし、城のような形でそびえ、古い建築物の廃墟に非常によく似ていて、近づいてよく見なければ岩山とは分からないほどである。その岩はおおむね粒状をなし、なかに海棲《かいせい》動物の化石が混じっていることも多い。岩質が密なものも多いが、硬質ではあっても総じて多孔状であるため、風雨で汚れると、ちょうど熔岩《ようがん》のような外観を呈し、実際、われわれもしばしば熔岩と見誤った。多孔性であるために外界の作用を受けることが多く、その結果、海岸や湾岸では波に浸食され、また、より硬質の小石がその中に入り込むと、摩擦で鍋形の穴があき、穴と穴との間にはギザギザしたナイフ状の縁を作る。琉球では道路の舗装にこの多孔岩が使われている。しかし、もっぱら泥を防ぐために舗装がなされているのではあるが、旅人にとってけっして心地の良いものではないものの、粘土質の泥道よりはまだこの舗装がましである。

行程の第二日目（火曜日）の正午頃、両側が険しい懸崖《けんがい》となった石灰岩の稜線の上を歩いていた。私は先頭に立っていたが、行く手にあるものが立ち現れた。はじめ私は、道に横たわる自然岩だと思った。しかし、やがて窓かそれに類する口のようなものが頂にあるのが見えてきた。近づくにしたって、それが荒廃した中城であることが分かって大いに驚いた。

建築者は、互いに十分に接近してそびえる二つの垂直な峰の面を利用していた。自然岩の断崖の上に城壁を設けて城の周囲に高さを加え、城全体をかなり高くしているのである。城の一隅もまた、この岩の険しい面によって防護されている。私の通った道は主城の外郭に沿って通じていたが、堡塁《ほうるい》の中を通っていた。その道は非常に厚い城壁に穿《うが》たれた門を入って別の門から出ている。城壁は琉球で見るごく普通の様式で、建築上キュクロプス式累石《るいせき》法と呼ばれているものである。ただしここに使用されている石は、古代ギリシアのキュクロプス式塁石法による原型よりもはるかに小さい。中城の建造者は城壁を内側に傾斜させている。それは琉球における城郭建造上の様式であると思われる。首里にある王城においてもこのような城壁を見た。

帰還後、私はベッテルハイム博士を通じて、中城がかつて王宮であったことを知った。昔、琉球には七つの王国があり、おのおのが王城または神殿を有していた。中城はそのひとつである。その後王国の数は三つに減り、さらに今日のようにひとつだけ残ったのである。

私が香を焚く場所として印（a、a'など）をつけた地点〔この図は原書未収録〕は、小さいかまどのような建築物を示し、それらは寺院にも公館にも設けられ、ベッテルハイム博士の語るところでは、紙を燃やすところだということである。琉球人はイスラム教徒のように、紙に尊い名を書いてそれを拝む。その紙が足で踏まれたり汚《けが》されたりしないように、このような小建築物において燃やすのである。

琉球の地質に関する簡単な説明を終わる前に、われわれがニイコマ村の真南にあたる海岸に沿って、新しく形成されたばかりの無数の岩片の上を通ったことを語らないわけにはいかない。これは、海岸の小石と珊瑚の破片、あるいは偶然入り込んだほかのものとがともに炭酸石灰（おそらく珊瑚礁を洗い流したときに生じるものだろう）のために膠着《こうちゃく》し、堅い密な岩となったものである。この岩は厚さ約一フィートにすぎず、それを形成した場所である砂の上にテーブルのような片岩となって横たわっている。私はセイロン島内のゴール岬の真西にあたる海岸でも、これと同じように最近形成された立派な砂岩を見たことがある」

＊1　この記録はベイヤード・テイラー氏の手になるものである。この人物は前述のように、ペリー提督の命を受け、探検隊が経験した出来事を日記に記して提出したのだった。

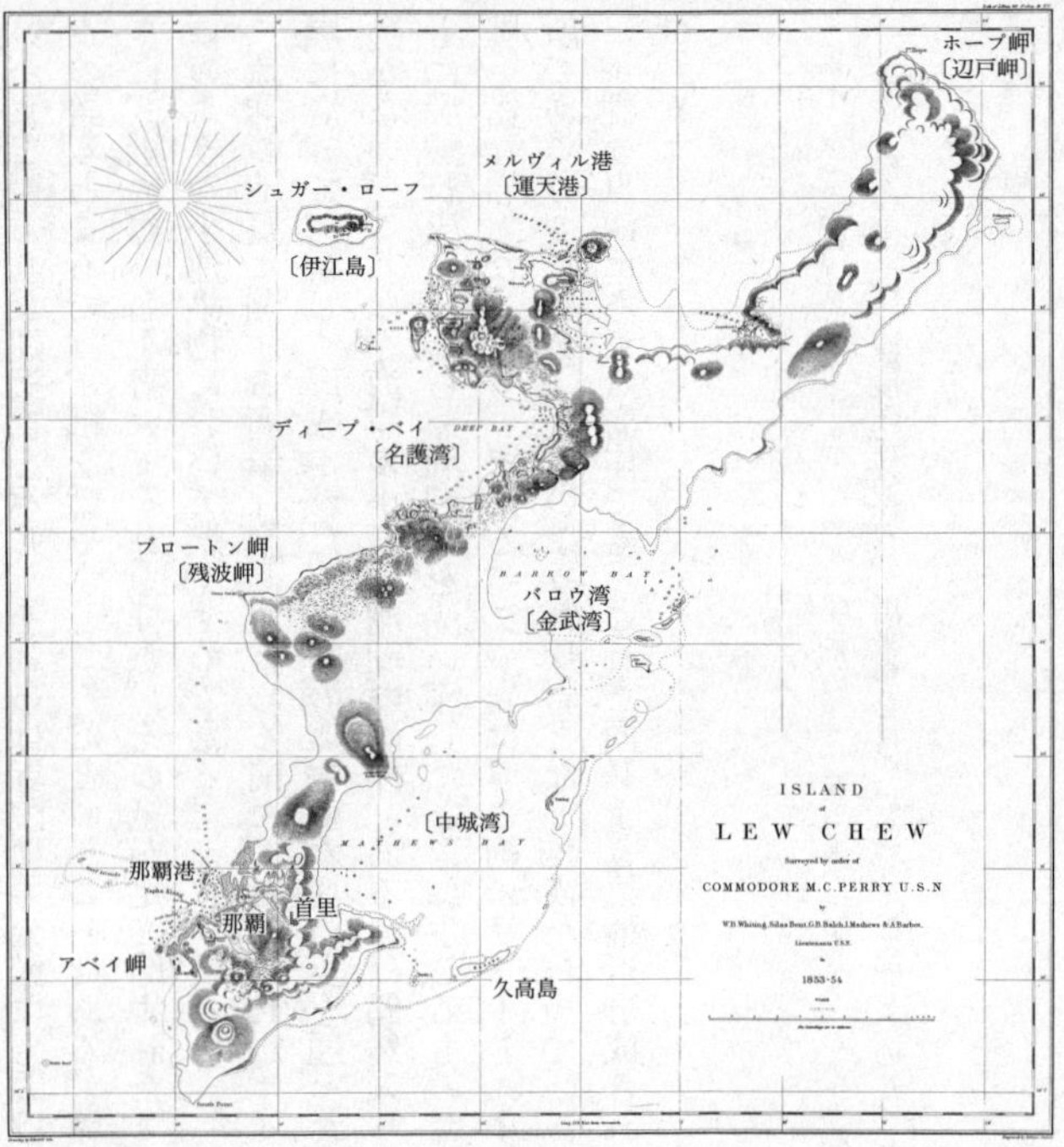

No. 3

大琉球島海図

Sugarloaf E.N.E. dist.5 m. 伊江島

Reef Island E.by S.½ S.　Abbey P^t.E.S.E.　Table Hill S.E.by E

アベイ岬

Entrance to Napha H^r. dist 10 m.

那覇湾入り口から

第9章　琉球王宮を訪問

一八五三年六月六日～一四日

王宮訪問を阻止しようとする琉球当局の試み

摂政の訪問の返礼に王宮に赴き、かつ王宮以外にはどこにも訪れるつもりはないという提督の決意は、琉球《りゅうきゅう》の顕官《けんかん》である摂政から黙認されたものと思われた。だが実際は、摂政はやむをえず譲歩したにすぎなかった。提督には自分の決意を実力で押し通すだけの力があったので、摂政は対抗しようのないことには表向き慇懃《いんぎん》に応じておくのが賢明であると考えたのである。

だが、そんなことでは、この恐るべき王宮訪問をなんとか阻止しようとする役人や部下たちの動きまで止めることはできなかった。このような理由で、彼らはさまざまな小細工や術策を弄《ろう》してきた。しかし、その手口はあまりに稚拙すぎて、創意も工夫もないものだった。

最初、彼らは提督に首里ではなく那覇《なは》を訪問してほしいと懇願してきたが、それが断られると、次に司令官をだまして摂政と会見させ、これをもって訪問の返礼とみなそうとした。この計画の推進役だった那覇市長は、指定された訪問日の数日前に大宴会を催し、提督を招待した。摂政がこの宴会に臨席し、その主催者になる予定だったのである。

この招待は、宴会当日、輸送船カプリス号が上海に出発することになっているため、提督はその場を離れることができないという理由で、丁重に拒絶された。琉球人は提督が出席しないことを知ると、提督のために用意した宴会をなんとか無駄にすまいと、用意しておいたたくさんの御馳走を艦に届けることにした。礼儀上、この御馳走を艦上に運ぶことを許したので、上甲板にはたちまち鶏、魚、野菜、果物で作ったさまざまな料理が並ぶこととなった。しかし、政策上の考慮から、提督は姿を見せないのが良いと判断した。

次にとられた策略は提督の情に訴えることだった。琉球側は王宮ではなく王子の宮殿を訪問するよう要求してきたのだが、その理由は、皇太后がイギリスのある海軍士官が王宮を訪れたときのショックで一年前から病気になっているということだった。このイギリス人士官はパーマストン卿から琉球政府に宛《あ》てた書簡を提出するために、王宮に入ることに固執した。このような王宮に対する冒瀆《ぼうとく》がふたたび繰り返されるなら、皇太后は命を落とさないまでも、病気がさらに悪化する、とほのめかされたのである。

提督は皇太后の病気については一言も信じず、このような策略や詐謀《さぼう》がはかられるのは、日本政府が琉球人の周囲に始終つけている密偵を満足させるためにすぎないと確信していたので、この哀切なる懇願に対し、以下のように返答した。かつてイギリス女王の一士官が拝謁を賜った場所に赴くのは自分の義務であり、予定された訪問中に皇太后が王子の宮殿に遷るのは望ましくないと思われるなら、儀仗兵《ぎじょうへい》や楽隊の随行する王宮訪問（まったく平和な）は、皇太后の心を慰め、楽しんでもらうことができるだろう、さらに、皇太后がお望みなら、同行する部下の学識豊かな医師たちが、喜んでその技能を尽くし、皇太后の健康回復のお役に立つことだろうと応じた。

提督の王宮訪問

提督の決意を翻そうと練ったすべての術策が失敗に終わり、ついに指定しておいた摂政訪問の日が訪れた。政策上、見た目を豪華にする必要があったので、外観を堂々としたものにするため特別な苦心が払われた。その日は涼風をともなう曇天で明けた。朝のにわか雨がやむと、空は青く澄みわたり、日暮れまで自然の景色はこのうえなく新鮮で美しかった。

出発の時刻は九時と定められていた。すぐに旗艦から合図が出て、ほかの艦のボートも一斉に出発した。岸に近づくにつれ、陸地は非常に美しい景色を現した。上陸地点に選んだ場所は首里の王宮から二マイルばかりのところにある泊村という小村だった。提督はほかのボートが岸に向かったのち、将官艇に乗り出発した。陸地に着くと、上陸地点近くの道路脇にある木立の下に海兵隊員が武装し、整列しているのが見えた。正装した士官たちが数団に分かれて、木陰に集合していた。小舟に乗っている人々は櫂《かい》を漕《こ》ぐのを止め、行列を興味深げに眺めていた。陸では何百という島民（多くは上流階級）がまわりに立って、明らかに目の前の光景にいたく感動し、興奮していた。

艦長であるブキャナン中佐、リー中佐、ウォーカー中佐を従えた提督が、海兵と砲兵の列の間を通り抜けると、即座に行進の隊形が整えられた。ベント大尉指揮のもとアメリカ国旗をつけた二門の野砲を先頭に立て、すぐその後ろにサスケハナ号乗り組みの上級見習士官（ベネット氏）が通訳のウィリアムズ氏とベッテルハイム博士とともに行進した。次には海兵隊少佐ゼイリンの指揮するミシシッピ号の軍楽隊と海兵隊一個中隊が従った。そのあとに提督が、乗り組みの大工が当座のために作った轎《きょう》に乗って続いた。轎はこの場にふさわしく恐ろしくもったいぶった、大きくて堂々としたものだが、ペンキとパテを塗りたくった代物で、ニューアーク製やロングエーカー製のものほどピカピカではなかったが、確かに行列の中ではひときわ目を引いた。ただ轎につけてある赤と青の掛け布はそれほど美しくはなかったが、琉球人をびっくり仰天させるような轎ではあった。八人の中国人のクーリーが、四人一組でかわるがわる担いでいた。その両側には護衛として海兵隊の一団が行進した。ひとりのハンサムな少年が小姓役に選ばれ、中国人のまかない方とともに当座の提督専用従者になった。

アダムス参謀長、コンティ大尉、ペリー氏がこの轎の後ろに従った。次に王子と皇太后のためにととのえた贈り物を運ぶ六人のクーリーが、海兵隊の縦列に護られて行進した。それに続いて、ブキャナン艦長、リー艦長、シンクレア艦長を先頭にした遠征隊の士官たちが従兵を伴って進んだ。次がサスケハナ号の軍楽隊で、最後尾に一個中隊の海兵隊が行進した。総勢二〇〇人を超える行列だった。

行列全体は整然として、絵に描いたようだった。しかもその日の美しさ、丘陵や青々とした田畑、軍楽隊の愉快な楽の音は、祝典を生き生きと盛り上げた。土地の人たちは道路の両側にぎっしりと群がり、このきらびやかで珍しい行列を見つめていた。行列の後ろからも群衆がついてきて、武装した海兵隊がいるのに、まったく恐れる様子もなく、目の前の光景をうきうきしながら見ているのがはっきりと見てとれた。行列が狭い小道を通るとき、住民たちは最前列にいるものは跪《ひざまず》き、次の列は中腰になり、最後列は立ったままで、誰もが行列を見られるようにした。行列はあっという間に村を離れ、首里の南にある広々とした平坦な郊外に出た。ここは絵のように美しかった。陸稲が風にそよいで波のように優美になびき、丘の中腹や林は暗緑色の葉が鬱蒼《うっそう》と茂り、木陰の涼しい静かな場所を知らせ、はるか彼方に首里の家並みの屋根が陽光を受けて輝き、町をおおう密生した木々の群葉の間から、まばゆい光の点をあちこちに放っていた。琉球松の林の下には住民がうれしそうに集まり、また別の場所でも見ようと、われわれの前方にある稲田を区画する畝《うね》を走っていく人の姿も見えた。その間、軍楽隊の奏する音楽が、この光景全体の上を漂って遠く四方に流れ、心地良い行進による興奮をいっそうかき立てた。行列が首里の丘を下ると、長い間単調な艦上生活に閉じ込められていた士官と兵たちは、南方や西方一面が豊かに耕されている風景にすっかり魅せられ、喜々として周囲を眺めた。

上陸地で提督を出迎え、首府に案内するように任命された役人は、先週、踏査隊と奥地に同行したペーチン〔親雲上《おやくもい》〕だった。行列が首里の城門に着いたとき、従者を伴った琉球の高官連の一群に出会った。全員がいちばん立派な芭蕉布《ばしょうふ》の長衣を着用し、赤や黄色のハチ・マチ〔鉢巻き〕、すなわち独特な琉球帽をかぶっていた。老摂政と彼の厳かな三人の

ペリー提督の首里訪問、琉球

従者が城門のところに出て挨拶《あいさつ》すると、向きを変え、行列とともに市内に入っていった。行列は歩みを止めず中央の門を通り抜け、本通りを行進した。摂政や高官の従者たちが、あとにぞろぞろと続いた。あるものは傘を捧《ささ》げ持ち、あるものはチョウ・チョウ〔重箱〕すなわち食物箱や帽子入れ、そのほかの品々をかついでいた。中央の門には中国文字の銘があったが、ウィリアムズ氏の翻訳によれば「統治府」〔首里〕という意味で、平民はこの門の下を通ることを禁じられていた。

本通りはどちら側にも高い壁が巡らされていて、通りの両側のところどころに小道が分かれていた。現地の役人は通りから見物人を追い払っていたが、左の脇道に入るひとつの小路だけは例外で、そこには群衆が群がっていた。提督が王宮に行くのを妨害する最後の手段が実はこれだったのである。摂政の邸宅はこの人の群がる通りの入り口からさほど遠くない場所にあった。ここで摂政は通訳を通し、行列をひとまず摂政の家に進め、軽い食事でもとるよう勧めたが、その真意をすばやく見抜いたウィリアムズ氏は一顧だにせず、行列は王宮の門へとまっすぐに進んでいった。摂政は自分の策略がうまくいくと思っていたのは明らかだった。なぜなら王宮の門は閉まっていたからである。しかし、門を開けさせるための使者が急ぎ遣わされ、提督の接待の準備が行われた。入り口に到着すると、砲兵隊と海兵隊は整列し、提督と随行員はそこを通って城、すなわち王宮の中へ歩いていった。部隊は捧げ銃《つつ》をして、国旗を垂れ、軍楽隊は「ヘイルコロンビア」を演奏した。

最初の門を通ると、上の方に第二の城壁と入り口が見えた（というのは、建物が崖すなわち高い岩の上に立っていて、崖が建物の土台の一部になっていたからである）。この第二の門は高いところに位置する王宮の外庭への入り口になっていた。この庭は家屋に囲まれていたが、おそらくその多くは召使など王家の使用人のために建てられたものだろう。しかし、東側には、中国の接待門に似た入り口がもうひとつあった。この門は二つのアーチでできていた。提督は身分が高いので、それに対する敬意のしるしとして右側のアーチを通り、王宮の中庭らしき場所に案内された。中庭は八〇フィート四方ほどの広さがあり、砂利と大きなタイルを交互に菱形《ひしがた》にして舗装されていた。その回りには非常に簡素な平屋建ての木造建築が建っていた。接待のための大広間は北側にあり、その反対側にある建物は、庭から中を見られないよう、すべて幕でおおわれていた。

提督は謁見の広間に案内され、右手にある部屋の上座の椅子についた。士官たちが提督に続き、階級順に提督の隣に一列に並んでいる椅子についた。この椅子は黒い木に漆が塗られたもので、わが国のキャンプ用の腰掛けのようなものだった。部屋の奥には提督の随行員が二列になって立った。部屋の左側には摂政が三人の主だった顧問官とともに座り、その後ろに従者が二列になって立った。通訳は、提督の隣という部屋の上座ではあるが、提督と摂政の中間に立った。こうして全員が所定の場所に落ち着くと、あたりを見回してみる余裕ができた。壁には「馥郁《ふくいく》たる宴の気高き構え」という意味の中国文字〔高牖延薫〕が書いてある、大きな赤い額がかけてあった。ところで、この文句は馥郁たる香りも饗宴《きょうえん》もない外交や国使応接の広間にではなく、むしろ饗宴の場にふさわしく思われる。

いたましくも病と称せられる皇太后はもちろん姿を見せず、摂政に政治を任せている王子の姿もなかった。互いに挨拶をすますと、食事が運ばれてきた。非常に薄いお茶の入ったカップが賓客に出され、煙草盆が部屋中に配られ、ひどく堅いショウガ入りひねりクッキーがテーブルに出てきた。これを見ても、こちらが王宮によもや訪れてくるとは思っていなかったことは明らかだった。たぶん、摂政が策を弄して提督を自分の家に招き入れ、王宮への訪問は阻止できると思っていたのだろう。だから一行を歓迎する用意などまったくしていなかったのだ。やがて提督は、摂政と彼の三人の同僚をサスケハナ号の艦上に来るよう招待した。提督は一両日中に那覇を離れる予定だが、一〇日後にはまた戻ってくるので、出発前でも、戻ってきてからでも都合の良いときにいつでも迎えるつもりである、と言った。摂政たちが訪問の日時についてはそちらに任せると答えたので、提督は戻ってきてからの方が都合が良いと応じた。この答えに摂政たちは表面上は満足そうにうなずいた。次の儀式は、荘厳な中国の儀式で使用されるのと同じような、大きな赤い紙を何枚か摂政が取り上げることだった。このとき摂政と三人の同僚が立ち上がり、前に二、三歩進み出て、深々とお辞儀をした。提督と士官も全員立ち上がり、お辞儀を返したが、このお辞儀にどんな意味があるのかあまりよく理解できなかった。とはいえわれわれは、相手にひけをとらぬよう礼儀を表面に表そうと心に決めていたのである。

それから提督は、艦にあるもので必要なものや、欲しいものを摂政に差し上げようと申し出、こちらにとってもそうするのはうれしいことである、と付け加えた。これに続いて

首里城での応接

すぐ、四人の高官がまた立ち上がり、前に進み出て、以前と同じようにお辞儀をした。会見はしだいに退屈になっていった。どういうわけか琉球の高官たちがひどくそわそわしているのが見た目にもすぐ分かった。

摂政邸での歓待

約一時間後、摂政は立ち上がり、これから自分の家に来てもらいたいと提督に申し出てきた。これは理屈にかなった誘いで、快く応ずることができた。そこで行列を整え、王宮に来る途中で入るよう勧められた道まで行進した。摂政の邸宅は広々としていて、中央の大広間と庭園に向いて開かれている棟があった。大広間とこの棟とは狭いベランダだけで仕切られていた。床はみごとな畳が敷き詰められていた。アメリカの訪問者をここでもてなすため周到な準備が行われていたのは一目瞭然《りょうぜん》だった。中央の部屋に四つ、各棟にも三つのテーブルがしつらえてあり、テーブルには御馳走が満載されていた。部屋に入るとすぐ、賓客たちは席に着くように言われ、提督はブキャナン艦長、アダムス参謀長とともに右側にあるいちばん上座のテーブルにつき、摂政と彼の同僚がその左側に座を占めた。各テーブルの隅々に箸《はし》がおいてあり、真ん中にはサキ〔酒〕（琉球人のつくる発酵飲料物）を満たした土製のポットがおかれ、そのまわりに四つの樫《かし》の木で作ったカップと、四つの大きく粗末な中国製のカップ、同じ材料で作った不格好なスプーンと四つの茶碗《ちゃわん》があった。

どのテーブルにも、ひとつひとつ大きさや形の違う二〇個くらいの皿がおいてあった。御馳走がどんな材料でできているのか、いまでもアメリカ人の誰も分からないものがあった。多分、豚だったろう。けれども、紅色に色づけして薄く刻んだ茹《ゆで》卵、巻いて油で揚げた魚、冷たい焼き魚の切り身、豚の肝のスライス、砂糖菓子、キュウリ、からし、塩づけしたハツカダイコンの葉、こまぎれの赤身の豚肉を揚げたものなどは、西洋人にもよく分かる料理だった。最初に、お茶が出され、次にフランスのリキュールの味がする酒が、非常に小さな杯に注がれた。一方の先が尖《とが》った小さな竹の棒が出てきたとき、爪楊枝《つまようじ》と勘違いした者もいたが、これはスープからミートボールや練粉のだんごを取るために使うフォークの代用品だった。あとに続く七品もスープ主体で、さらにその他の品とあわせ、計一二品から成る食事が供された。残りの四品とは生姜《しょうが》パン、モヤシと若いネギで作ったサラダ、さらに籠《かご》に盛られた暗紅色の果物らしきもの、これは実は柔らかい砂糖の塊で、その上に薄い粉練りの皮をかぶせて作った手作りのだんごだと分かった。ほかに炒めた卵と香ばしい味のする白い細長い根をうまく混ぜ合わせた料理があった。

この御馳走の献立が珍しかったので、遠征隊の紳士たちはきわめて礼儀正しく、心して食事をいただいた。一二番目の料理のあと、さらに一二品が供されることが分かったが、一同は謹んで辞去することにした。王宮での饗宴で供される料理の品数は一二と定められているのに、二四通りも出るというのは、わが国の人間に二倍の敬意を払おうという気持ちが込められていたのである。琉球人は西洋文明の慣習にまったく通じていないはずだが、それにもかかわらず、乾杯の習慣や、その際に所感を述べる習慣は実によく理解しているようだった。実際、堅苦しい儀式は抜きにして、親しげにごく気軽に杯を上げた。八種類のスープが出される間、酒は自由に回された。提督は固形食が出てくるのを見計らい、立ち上がって、母后と若き太守の健康のために乾杯しょうと申し出、「琉球人の繁栄と、アメリカ人との末長い友好のために」と言葉を添えた。この言葉が翻訳されると、摂政は大変満足そうな様子で、立ち上がると琉球の礼式で杯を乾した。茶さじ一杯ほどの小さな酒杯を一気に飲んで、杯を伏せるのがここでの礼なのである。次に、提督が摂政と彼の同僚の健康を祝して乾杯の音頭をとると、今度はお返しに摂政が提督と艦隊の士官の健康を祝福した。この頃には、日本人の役人のぎこちなく、不安気な様子はすっかりなくなっていた。彼らがどうして不安げな様子をしていたのか、士官たちには分からなかったが、たぶん密偵が監視していて、言動がすべて上役に報告されることを懸念したためだろう。しかし、饗宴は続き、最後には両者の間に最善の感情の交流がもたらされた。

摂政の通訳を務めていたのは、三年間北京で教育を受けた板良敷《いたらしき》〔朝忠〕という若い琉球人だった。彼は少し英語を話すこともできたが、会話は中国語で行われた。この若者はアメリカの歴史や地理の知識も多少はあり、ワシントンの性格や行動についてもかなり知っていて、「非常に偉大な高官」と呼んだ。この不朽の人物、その無比の清廉は世界の全人類の誇るべき遺産となっている人物、わが国の国父の名誉ある名が知られていない場所がどこにあるだろう？　ワシントンの名はアラビアのテント、中国の村、琉球の木陰、日

摂政邸での歓待

本の都市、南アジア、そして北極海の沿岸にも聞こえている。西方キリスト教国のすべてがその名を知り、あらゆる人々がその名を讃えているのだ。

ようやく宴が終わり、アメリカの賓客たちは出発した。行列は前と同じ順序で編成された。下級の日本役人が城門まで護衛し、今回も老ペーチンが先頭に立っていた。丘を下ろうとしたとき、四頭の小型馬が空身で丘を登ってきて、馬丁《ばてい》に引かれて行列の後尾についた。何人かの若い士官がこの馬の騎乗に挑戦した。馬は栗毛で、体は非常に小さいくせに、ことのほか癇《かん》が強かった。疲れを知らずに勢いよく蹴《け》ったり跳ねたりし、しかもかなり気が立っているので、この日にふさわしく神妙にさせようとしても、最初のうちはそんな努力を歯牙《しが》にもかけなかった。臆病《おくびょう》な動物らしく慎み深く、おのれの身分をわきまえて行列の後ろからおとなしく行進させようといろいろやってみたものの、なにをやっても怒りだし、言うことをきこうとしなかった。馬どもは育ちの悪さをまる出しにして後脚を蹴り上げ、好き勝手に暴れまわった。しかし士官たちは、この一筋縄ではいかぬちび馬がアメリカ人の行列の一員として行儀良くふるまうよりは、こちらの方をおもしろがった。

丘を下ったのは正午近くだったので、太陽が行列の正面からもろに照りつけて、ひどい暑さだった。しかし、樹木の茂った斜面に着くと、快い海風が吹き、湾の上にボートが静かに浮かんでいるのが見えた。ボートの乗組員は木陰で数組のグループに分かれ、行列の来るのを見守り、合衆国を代表する「老提督」にふさわしい尊敬が払われたかどうかを確かめようと待ち構えていた。ボートにはすべてアメリカ国旗が翻っていた。水兵たちはこの旗に最大限の敬意が払われたことを確かめて満足した。二時半までに、行列のすべてが艦に乗り込んだ。事故や厄介な変事が起こって、この訪問旅行の喜びや成功が台無しになることもなく、王宮への公式の大訪問はこうして終了したのである。この成功は提督が下した賢明な決断のおかげであり、その決意を琉球人に伝え、それを厳密に実行したことは特筆すべきことだった。自分の公言した意図をこのように固く守りぬいたことで、その道義的影響はただちに現れた。東洋人と交渉するときには、常に慎重な考慮の末に、それを実行する決意を相手に伝えるというのは、提督が周到に練った計画の一部であった。しかし、ひとたび伝えたからには、表明した目的を確実に実行に移すことを、すぐさま相手方に思い知らせたのである。提督の成功は、この単純な方法によるところが大きかった。提督は虚偽によって相手をだますことはなく、相手に対しても虚言や術策を弄して自分の目的を変更させることができるなどと考える余地を与えなかった。もちろん、相手は提督が決意を翻すことはなく、争ったりしたら一大事になることはすぐ理解した。提督の全外交政策はいかなることにも真実を貫くことにあった。すなわち口にしたとおりのこと、約束したとおりのことを実行したのである。もちろんこのやり方は、真実を明かさず、明かすとすれば欺くためという相手側の常套《じょうとう》手段を打ち破った。

　この訪問に関連して、提督の目を引いたいくつかの細かいことは、琉球人の風俗習慣を教えてくれるものとして、ここに記しておく価値がある。まず琉球人が非常に清潔だったことである。提督は首里について次のように語っている。「これほど清潔な都市を私はいままで見たことはない。一片のごみや塵《ちり》も見ることはなく、中国のあらゆる都市の汚なさとは非常に異なっている」。

行列の通った道路は大変みごとに敷設されていた。きちんと組み合わせた珊瑚《さんご》岩《いわ》で念入りに舗装され、表面は人手によってか、たえず人の足で踏まれるためか、磨かれて平坦になっていた。

行列の両側に並んで立っていた農民たちは、最下層の琉球人だったためか、垢《あか》じみて、ひどくみすぼらしい身なりをしていた。多くが裸で、身につけているものといえば腰のまわりの小さい布切れだけだった。また、奇妙なことに、この珍しい光景に目を奪われていた何千人もの人々の中に、女性の姿が見えなかった。したがって、集まった群衆は平民の半分にすぎなかったことになるが、これほど大勢の人間が集まったところから見て、この島の人口はかなり多いと推測できた。たぶん、労働者階級と思われるこれらの人々は、日々の労役の報酬としてのわずかな食料とひどい扱いに甘んじているのだろう。ぶらぶらしているのは僧侶《そうりょ》、そして密偵や警吏の一団であり、彼らは街道に群がって、あらゆることに昼も夜も目を光らせている。

提督は上層階級の慇懃で丁寧な態度や、こちらに示す見かけは心のこもったもてなしにおおむね満足していた。琉球人が心の底では不誠実だったとしても、ともかく優秀な役者であることは間違いない。摂政の饗宴に供された料理の調理技術に関しては、賓客がまったく見たこともない取り合わせの御馳走があったのは確かだが、総じて味がよく、とても

Drawn from Nature by Heine. Figures by Brown.
Ackerman Lith. 379 Broad

琉球、泊村の寺院

おいしいもので、中国料理より勝っていた。摂政の饗宴では、新しい料理が出されるたびに、招待側の摂政や同僚の高官たちは立ち上がり、賓客の健康を祝して小さな杯を乾した。また摂政は、新しい御馳走を食べ始めるときには、いつも提督に合図を送ってくれた。王宮での謁見に皇太后は姿を見せなかったが、皇太后は重病であるとの摂政の説明を、提督はまったくの作り話だと確信していた、皇太后は架空の人物ではないかと疑っているものもいたが、本当に実在していたとするなら、皇太后と侍女たちは几帳《きちょう》のすき間から西洋の異人をのぞき見して、この珍しい見世物に打ち興じていたのかもしれない。ともかく提督は王宮を訪問するまで皇太后が亡くなることはあるまいと確信して、美しい鏡と多くのフランス香水を王宮に贈り、また王子、摂政、那覇市長その他の高官にも用意しておいた贈り物をおいてきた。

提督が王宮を訪問したときにほのめかしたように、予定どおり琉球島をしばらく離れることになった。東経一四一度付近で東方に横たわるボニン諸島〔小笠原諸島〕の調査をするためである。この島々にはいくつか調査したい点があったが、同諸島へ出発する前に(それについては適当な場所で述べる)、琉球への最初の訪問のときに遭遇したさまざまな出来事の記述を終えなくてはならない。提督の上陸を迎え、首里まで同行した老ペーチンは、すでに述べたように、模範的な忍耐と善良さで、探検隊と一週間にもわたる退屈な旅行を(間違いなく密偵の長として)ともにしたペーチンと同一人物だった。従軍牧師のジョーンズ師は、提督の命令でテイラー氏とハイネ氏とともに、この老人への贈り物を携え、それに自分たちからの贈り物として広東絹のハンカチを数枚加えて上陸し、ベッテルハイム博士の邸宅でペーチンと会った。そのときはすでに十分に話はついていたはずなのに、以前訪問したときと同様に、たえず監視につきまとわれた。灰色の衣服を着た五人の男がアメリカ紳士たちのあとをつけ、先発した警吏が人民に道に出てこないよう警告した。そのため人々は外国人が近づいてくると蜘蛛《くも》の子を散らすように逃げていった。とくに女性は外国人に姿を見られるのを不安に思っていたようだ。しかし、たまたま見かけた二、三人の女性はかなり醜かった。

琉球に滞在している間、陸海の軍事教練と演習はすべて毎日規則的に実施されていた。那覇港は二日間にわたるボートの総点検で賑《にぎ》わった。水兵を満載した完全艤装《ぎそう》のボート一七艘《そう》、一二ポンド砲と二四ポンド砲を載せたボート五艘がサスケハナ号から漕ぎ出し、士官たちの検査を受けた。それはすばらしい光景で、琉球人は強い好奇の目で見つめていた。彼らはこの静かな港の中で、このような光景をこれまで一度も目にしたことがなかったのだ。

艦隊が出発する前、主計官たちを陸上に派遣し、琉球島の財務官と決済をさせ、そのときまでに提供された物資の支払いを済ませた。提督の命令を受けてコンティ大尉と通訳のウィリアムズ氏が同行し、アメリカの綿製品を中心にしたたくさんの贈り物を持参した。琉球人は過去の習慣に習って、供給物資に対する報酬を受け入れるのをためらっていたが、それは許されないことであり、アメリカの軍艦は物資の供給を受けたすべての国の国民に必ず支払いをすることを理解させた。しばらく説得したのち、船舶に提供したあらゆる物資に対する報酬を琉球の財務官に受け取らせ、贈り物も手渡すことができた。提督は、船舶に提供した物資に対する支払いを受け取らないという古い習慣を（たぶん初めて）破ったことは、ひとつの重要な点だと考えた。今後、来訪者と受け入れ国は対等な立場に立ち、どちらも優位性を主張することはできず、また外国人に恩恵をほどこしてやったという理由から排他的政策を実施することもできなくなるだろう。

銀板写真家のブラウン氏とドレーパー氏は泊村のはずれにある家に居住していた。本書の挿絵のいくつかは、この非常に有能な二人の成果である。サラトガ号乗り組みのスコット氏（傷病兵）は別の家に住み、現地人とも親しく付き合っていたので、簡単に多くの物資を調達することができた。一本の検潮竿《けんちょうざお》が立てられ、ボードマン士官候補生が二人の部下とともに、検潮竿のそばに建てたテントに露営し、規則的に観測を行った。艦隊滞在中の潮の干満差は平均ほぼ六フィートだった。

ボニン（小笠原）諸島への航海

六月九日、ようやく一時的に琉球を離れる準備がすべて整い、その朝、サスケハナ号はサラトガ号を曳航《えいこう》してボニン諸島に向かった。

ミシシッピ号とサプライ号は那覇にとどまった。提督が先任士官リー中佐に命じたのは、当局および住民との交際にはできるだけ忍耐強く、親切を尽くし、島民との最善の友好関係を培うこと、また、いまかろうじて保たれている調和を予期せぬ事件で損なうことのないよう、すぐれて規律ある人物以外は上陸を許可しないよう配慮することだった。

サスケハナ号は南の水路を通過し、アベイ岬〔崎原崎〕を回って、琉球島の南端を通る航路をとった。この島の南端は起状に富み、絵のように美しかったが、東岸や西岸ほど土地は肥沃《ひよく》ではなく、あまり開墾されているようには見えなかった。その日の午後の航海中に琉球は水平線の下に沈み、艦は八ノットで北寄り東の航路を進んでいった。最初は、西南から微風を受けていたが、まもなく風はやんでしまった。しかし、艦はやがてモンスーンの勢力圏内に入り、風が帆をふくらませた。両艦の前帆は下ろされており、蒸気艦のサスケハナ号はサラトガ号を曳航し、三つの汽罐《きかん》しか使用しなかったが、九ノット半の速力を出した。

強い潮流が東方から流れていたが、南西モンスーンがあいかわらず吹いていたので快調に航行できた。艦内の単調な海上生活を乱すようなことはなにも起こらなかったが、ひとつ、海上陸上を問わず生活の流れそのものを遮断する出来事があった。サスケハナ号に死者が出たのだ。ウィリアムズ氏は通訳として琉球で艦隊に加わるために中国からやってきたとき、今後の活動に役立つのではないかと考え、かつて自分の師だった老中国人を連れてきた。しかし、この老人の余命が尽きようとしていることはすぐさま明らかになった。彼はアヘンの犠牲者だったのだ。老中国人はアヘン吸飲の習慣をやめようとしていた。だが、その無理がたたり、さらにはサラトガ号上での船酔いも加わってすっかり弱ってしまった。薬を飲んでもなんの効果もなく、衰弱しきり、見るからに痛ましいほど痩《や》せこけてしまった。死ぬ一週間前の症状が最も哀れだった。骨格全体の関節が始終動いているように見え、顔は死体のように黄ばんで、頬《ほお》の肉がそげて骨と皮ばかりになった。目は狂気に満ちて無表情であり、精神状態は半ば狂っていた。やがて訪れた死は、この哀れな老人にとっても、また老人の死を見守る人々にとっても救いだった。死の翌日、艦上では心を打つ光景が繰り広げられた。水葬である。提督をはじめ士官や大勢の乗組員が死者を囲んで立ち、従軍牧師が「大地と海原が死を断つ」日が来るまで、その肉体を海底に委ねたのである。

アヘン吸飲者の恐るべき末路の姿ほどおぞましいものはないだろう。それはアルコール中毒患者の忌まわしい、嫌悪すべき結果よりもはるかに恐ろしい。アルコール中毒が原因の震えや幻覚をともなう振顫譫妄《しんせんせんもう》症も実に恐ろしいものだが、この年老いたアヘン吸飲者の断末魔はそれよりずっとおぞましかった。艦に乗り組んでいる中国人のふるまいも実に不快なものだった。彼らは死にゆく同国人にいささかの同情も示さなかった。死ぬ前の一両日、提督の召使のひとりを除けば、老人に近づくものはひとりもいなかった。臨終の夜、艦長は二人の乗り組みのクーリーに部屋に残っているよう命じた。彼らは命令には従ったが、病人からいちばん離れた部屋の隅に座り、一度も近づこうとしなかった。結局、病人に必要なものを与え、死に際に付き添っていたのは数名の操舵手《そうだしゅ》だった。

ボニン諸島に向けて航海中、乗組員はときおり演習のため船尾に召集された。夜に一度召集されたとき、灯火と青い光でサラトガ号に夜の信号を送ったことがあった。「古参水兵」以外の者たちはこのような光景を見るのは初めてで、そのときの印象は目新しくおもしろいものだった。季節風をいっぱいに受けた幅広い帆を青い光が照らし出すと、いくつかの部署についている水兵が全員まばゆい人工の光の中に浮かび上がった。灯火は日光のように明るかったが、その光景はこの世のものとも思えず、この情景に驚くべき効果を与え、夜の演習という特別な雰囲気ともあいまっていやがおうでも強く印象づけられた。この演習の翌朝（日曜日）は涼しくさわやかだった。艦は穏やかな海原を軽快に航行し、乗組員全員が洗濯した幅の広い青色のカラーと雪のように白いズックの上衣を身につけているのを見るのは、気分が良かった。一方、艦内のすべてのものが祭日らしく整頓《せいとん》され、非番の乗組員が牧師の臨時説教壇――巻き揚げ機――の周囲に集まり、その日の礼拝に参加するため五点鐘を待っていた。「艦とともに海に沈み行き、大海原に埋もれる者」にとくにふさわしい光景だった。艦はそのまま順調に航行を続け、六月一四日の午後一〇時、ボニン諸島のひとつピール島〔父島〕にあるロイド港〔二見港〕の港口沖合に到着した。その前に、サラトガ号は曳《ひ》き綱を解かれ、先頭を進むように指令が出されていた。捕鯨船に違いない二艘の船が両側に見え、北側の一艘はアメリカの旗を掲げ、サスケハナ号の方へ向かって動き始めた。たぶんこの遠隔の地に母国の巨大な蒸気艦の一隻が出現するという珍事の意味を知りたかったからであろう。ピール島、バックランド島〔兄島〕、ステープルトン島〔弟島〕の三島がボニン諸島の主要部分をなし、互いに身を寄せ合って横たわっている。これらの島々には高い断崖があり、岩が多かった。琉球のように美しい緑色ではなかったが、やはり絵のようにとても美しかった。島から両艦に向かって水先案内人がやってきて、まもなく無事にロイド港に錨《いかり》が下ろされた。

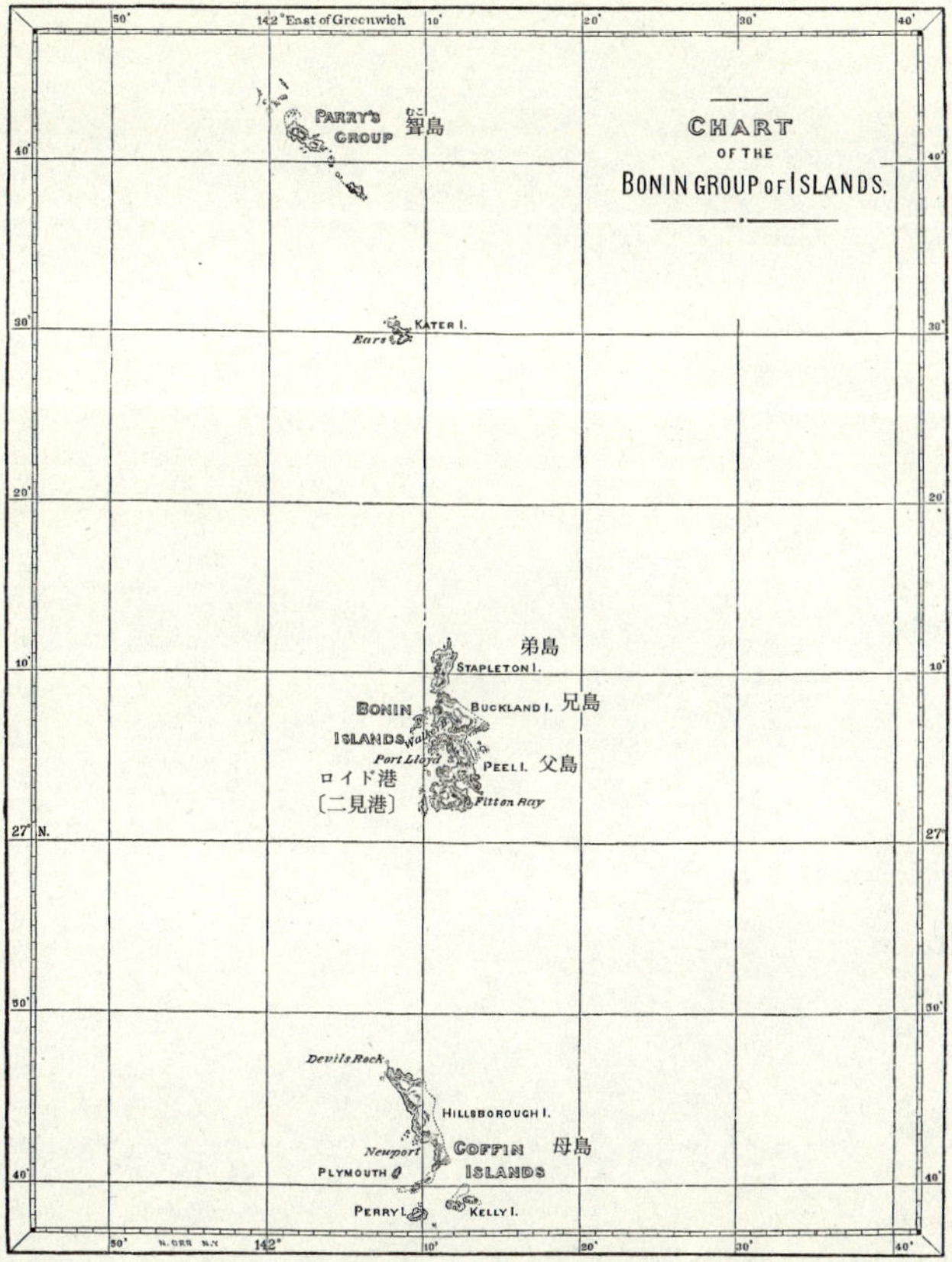

ボニン諸島〔小笠原諸島〕海図

第10章　ボニン（小笠原）諸島の踏査

一八五三年六月一四日～二三日

発見の歴史と占有権

ボニン諸島〔小笠原諸島〕は日本近海にあり、ほぼ南から北へ北緯二六度三〇分と二七度四五分の間にのびており、群島の中央線は東経一四二度一五分あたりである。同諸島には一八二七年、ビーチー大佐が訪れている。大佐はいかにもイギリスの探検家らしい謙虚さと公平さをもって、まるで自分たちが初めて実測したかのように、島々に名をつけている。彼のつけた島名は、北部の群島はパリー諸島〔聟島《むこじま》列島〕、三つの大きな島から成る中部の群島にはそれぞれピール〔父島〕、バックランド〔兄島〕、ステープルトン〔弟島〕、南部の群島はベイリー群島〔母島列島〕となっている。そのときビーチー大佐は自ら口にした次の事実をまったく無視している。「南部の群島は、一八二三年にコフィン氏という人物に指揮された一艘《そう》の捕鯨船が停泊したところである。彼こそこの島とわが国を最初に結びつけた人物であり、その港に自分の名前をつけた人物である。しかし、群島にははっきりした名称がつけられていなかったので、私は天文学会前会長のフランシス・ベイリー閣下にちなんでその名を同群島につけた」。(＊1) 彼はまた、ピール島の主港をロイド港〔二見港〕と名付けた。

一八二七年にたまたま同群島を訪れた人物が、以前からすでに知られており、早くも一七世紀には信頼できる記述もなされていた同群島に、いとも気前よく名誉ある名称をつけたのである。ケンペルによれば、はやくも一六七五年には日本人はこの島々のことを知っており、人のいない島という意味のブナ・シマ〔無人島《ぶにん》〕という名称が記述されている。われわれが参照したこの旅行者（ケンペル）の報告によれば、一六七五年頃日本人は偶然に非常に大きな島を発見した。すなわち一艘の日本の帆掛け舟が嵐のため八丈島からそこまで流されたのであるが、彼らはその場所が日本の里程で八丈島から東へ約三〇〇里の距離があるものと計算した。漂流者はこの島の住人には出会わなかったが、真水はたっぷり供給され、草木、ことにアラックの樹が繁殖している非常に居心地の良い肥沃《ひよく》な島だということが分かった。しかも、このアラックの樹が生育するのは暑い国々だけだったので、この島が日本の東方というよりは南方にあるものと推量された。日本人はここが無人島であることに気づいたが、海岸で信じがたいほどたくさんの魚と蟹《かに》を見つけた。「なかには四フィート〔約一・二メートル〕から六フィートにも達する蟹もいた」。ペリー提督は、ケンペルの記述や、注で示した日本人著者の記述が同島の状況を正確に説明していることを認めた。次の引用文に言及されているアラックの樹、つまりビンロウジュはピール島〔父島〕にある。（＊2）

ケンペルが言うところの四から六フィートに及ぶ巨大な蟹というのは、おそらくこの島にたくさんいるアオウミガメと間違えたのだろう。ほかの記録によると、日本人がボニン諸島を発見した年は、いま引用したばかりの著者の記した一六七五年よりはるか昔に遡《さかのぼ》る。いずれにせよ、イギリス人がこの島々を先に発見したと主張する権利はまったくない。日本船が偶然に訪れてボニンを発見したことを証明するため、アメリカ人の住民であるセイヴォリー氏が提督に次のように話したことを伝えておこう。それによれば、一三年前、約四〇トンほどの一艘の日本船が悪天候のため日本の沿岸から流され、ロイド港〔二見港〕に入港したというのである。この船は冬の間、ボニンにとどまり、春になって帰途についた。この船にはわずかな魚の干物しか残っていなかったので移民たちから無償で食料を分けてもらった。ほかにも、この出来事の八年後、ステープルトン島〔弟島〕の沖合を巡航していたフランス船が海岸に火を発見し、その地点にボートを派遣したところ、難破した一艘の日本船と、絶望的な状態で生き残ったわずかの人数の乗組員を発見した。フランス人は彼らを船に収容してロイド港に運び、さらに親切にも彼らを日本列島のどこかに上陸させるために島を去っていった。この話は、サスケハナ号の士官の一隊がステープルトン島を訪れたとき、偶然この難破した船の残骸《ざんがい》を見つけたことで事実と確認された。その残骸はわが乗組員が上陸した小湾で見つけたものだ。難破船は大きな銅釘と数片の銅板によって固定されて、部分的に船体を保っていた。これらの材料やそのほかの証拠品から、これが日本船であり、しかも船材の両端がほとんど擦り減ったり腐ったりしていないので、難破船がそれほど古いものではないと判断できた。

コフィン船長の国籍は記されていないが、その名前から判断するとおそらくアメリカ人であり、そうだとすれば、間違いなくナンタケット島の出身者である。コフィンはボニン諸島の一部を訪れ、自分の名をつけた人物であるが、その同じ場所を、はなはだ奇妙なこ

カナカ人の村、ボニン諸島

とにビーチーが占有して、慎み深くもベイリー群島なる名を与えたのである。この島々を当地の住民は南部諸島と呼び、ずっとボニン諸島に属するものと見なしてきた。それはロイド港の南約二〇海里〔約三七キロメートル〕にある。ようやく一八二七年になって、イギリスの探査船ブロッサム号を率いるビーチー艦長が同諸島を訪れ、イギリス国王の名において占有を宣言し、イギリスの名称をつけた。だが、住民たちには実のところイギリス国王の主権などあずかり知らぬことであり、イギリスの艦長が勝手に名付け親になって与えた島名を認めていない。たとえば、ビーチーは、北部諸島中の二つの島にバックランドとステープルトンというたいそう立派な名前をつけたが、住民はそれをまったく無視して、それぞれ山羊島、豚島と呼んでいる。イギリス人が来訪してボニンを領有したとき、来訪の年月と占有行為を銅板にきちんと刻み、樹に打ちつけたのだが、この銅板と樹はどこかにいってしまい、イギリス領有の証拠といえば、付近にある丘陵のひとつにイギリスの旗がときどき掲げられることのみである。この国旗掲揚の役目は元来、たまたま同地を訪れる遊歴のイギリス人に任されていたが、いまでは船が到着したときに掲げられる合図にすぎないと思われている。住民はいかなる政府も認めず、自分の面倒は自分で見られるのだから、外国の統治は必要としないと宣言している。

ビーチー艦長が訪れた翌年、ロシア海軍のルートケという艦長が同島に到着し、先輩イギリス人とまったく同じようにここを占有し、さもなくばわがものとするための仰々しい所作をとり行った。

日本人がボニン諸島の最初の発見者であることはまったく明らかである。おそらく日本人は同諸島に植民したが、のちに放棄したのだろう。かつてのスペイン、ポルトガル、オランダの航海者たちがボニン諸島をよく知っており、また後年にはアメリカ人、イギリス人、ロシア人もときおりここを訪れていたかもしれない。ひとりのスペイン人が来訪したという事実は、同諸島がときおりアルソビスポ、すなわち大僧正と呼ばれることがあることからも明らかだと思われる。住民のひとりは、自分が同地に到着したとき、ロシア人が最初に来訪したと記された板が一本の樹に取りつけられていたことを記憶していると述べた。ヨーロッパ諸国民はいずれもこれまで同地を植民しようとしなかったのである。一八三〇年、数人のアメリカ人とヨーロッパ人が、サンドイッチ諸島〔ハワイ諸島〕に住む幾人かの原住民（男女）を引き連れてボニン諸島にやってきた。

この冒険の指導者は五人で、マサチューセッツ州のナサニエル・セイヴォリーとアルディン・B・チャピンという名の二人のアメリカ人、リチャード・ミリンチャンプというイギリス人、チャールズ・ジョンソンというデンマーク人、そして五人目はマテオ・マザロというジェノヴァ人だった。以上五人のうち、ペリー提督が同島を訪れたとき、生存していたのはアメリカ人のナサニエル・セイヴォリーひとりだった。ミリンチャンプもまだ生きていたが、ラドロネス諸島〔マリアナ諸島の旧称〕のひとつグアム島に居を移していた。ジェノヴァ人マザロは亡くなっていたが、彼の未亡人の若く美しいグアム原住民はセイヴォリーと結婚し、子供をもうけていた。セイヴォリーは、小さいがある程度の作物のとれる農地を耕作し、同地によく現れる捕鯨船との間で、自ら収穫したサツマイモやサトウキビから蒸留したラム酒の取り引きをしている。この事業はみごとに成功して、一時は数千ドルもの蓄えができるまでになった。彼はその金を土の中に埋めておいた。ところが、三、四年ほど前に一艘のスクーナー船がアメリカの旗を掲げてやってきたが、その船には役立たずのならず者が何人か乗船していた。彼らは親切ごかしにセイヴォリー老人にとり入って、心を許した老人から事業成功の自慢話を引き出し、この成功の証《あか》しである貯金のありかまで聞き出した。数ヵ月間、この悪党たちはセイヴォリーと非常に親しく付き合い、すっかり信用させてから、まずこの恩人の金をすべて盗み出し、家から二人の婦人を奪って連れ去り、帳簿まで持ち出して、恩人の財産をめちゃめちゃにして島を立ち去ったのである。幸いにも正義はすたれず、罪人どもはその後ホノルルで逮捕されたが、さらわれた女性たちは現在の境遇にまったく満足していると述べて、帰りたいとは思わないと言明した。盗まれた金を取り戻すことができたかどうかは定かではない。

ピール島（父島）

ボニン諸島は土地が小高く、険しくて岩が多く、明らかに火山によって形成されたものである。島々は緑の草木におおわれ、熱帯植物が繁茂して、海岸の水際から丘陵の傾斜へと這《は》い登っている。海岸に沿って、あちこちに珊瑚礁《さんごしょう》がある。島々とその付近の離れ岩は、かつて自然がもたらした激しい変化で、さまざまな奇怪な形になっており、城や塔に見える岩や、奇妙な動物に似た岩が、巨大で恐ろしげな姿をさらしている。無数の運河のような水路が、岩の崖の側面のところどころに口を開いているのが見えた。水路はまるでのみで削ったような様相を呈しているが、これは明らかに火山活動の過程で、熔岩《ようがん》が流れ出したときに形成されたもので、その出口となったのがこの水路であり、雨季に山々の側面から海に流れ下る奔流によってたえず磨滅され、浸食されてなめらかになったのである。これらの溝、すなわち運河状の水路の中には、時間の経過や水流にあまり影響を受けず、いまなおごつごつした形をとどめているものもある。その形は階段と非常によく似ているので、見上げると人の手で堅い岩を刻んで作った登山道ではないかと思うほどである。ロイド港内にある通称サザンヘッドに非常に珍しい自然の洞窟あるいはトンネルがあり、そこから向こう側の海岸に向かって玄武岩の中を貫通している。入り口の幅は約一五フィート、高さ三〇フィートであるが、中に入るとすぐに天井は四〇から五〇フィートの高さになり、あたかも人の手で作られたような形をしていて、建築家がいうアーチ状になっており、要石《キャッスル・ロック》さえ見ることができる。水はたっぷりあってボートで端から端まで行き来することができる。ほかにも洞窟あるいはトンネルが五つ六つある。そのひとつは少なくとも五〇ヤード〔約四五メートル〕はあり、港の境界となる岬を貫通していて、たえず住民のカヌーがそこを通っている〔明治時代に崩落した海蝕洞《かいしょくどう》〕。

地質学的には同島の岩層はトラップ質で、さまざまな外形と鉱物学上の特質を持ってい

ボニン諸島ロイド港の自然のトンネル

る。柱状玄武岩や角閃石《かくせんせき》、玉髄《ぎょくずい》が見られる。過去の火山活動を示すものはいたるところにあり、ピール島に住む最古老は、いまでも年に二、三度は地面が揺れるのを感じると話している。これは地震が起こることの証拠である。

ロイド港（ビーチーの命名によれば）はピール島の西側、ほぼ中央にある。船の出入りが簡単で、停泊地の水深は深いが、安全で便利な港といえるだろう。船舶は普通、一八から二二尋《ひろ》〔約三三～四〇メートル〕のところに投錨《とうびょう》する。ビーチーの海図によると、同港は北緯二七度〇五分三五秒、東経一四二度一一分三〇秒にある。けれどもこの位置は間違いだと思われる。なぜなら、サスケハナ号の艦長が行った二度の観測によれば、経度は東経一四二度一六分三〇秒であることが判明したからだ。すなわちビーチーの測定より五マイル〔約八キロメートル〕東寄りである。最も安全な停泊地は港の奥にあり、水深と方向転換や綱を操れる余地をとることに注意すれば、そこまで艦を簡単に進めることができる。同港の入港に関するビーチーの水路誌は十分に正確である。この水路誌は、提督自身の観察とともに付録〔原書の第二巻〕に載せることにする。

薪と水はふんだんに入手できる。しかし、薪は乗組員が伐採して、生木のまま艦に持ち帰らなくてはならない。水は流れる小川から得られ、水質は良好である。建築用材はそれほど多くなく、住民がいまより少しでも増え、もっと多くの家屋の建築が必要になれば、すぐに尽きてしまうだろう。最良の木材はジャマナと野生の桑である。ジャマナはブラジルやメキシコのアメリカ杉にそっくりで、非常に耐久性がある。

ロイド港とその付近の海にはすばらしい魚が豊富で、釣りまたは網で捕ることができるが、海岸に連なる珊瑚礁《さんごしょう》が多いため引き網を操れる場所は少ない。引き網に絶好の場所は湾の深部にある「テン・ファゾム・ホール」〔大村湾〕の浜辺で、海岸からのびている珊瑚礁の近くにある。魚の種類はそれほど多くはなく、サスケハナ号の引き網で捕れた魚は五種類だけだった。ボラ、二種のスズキ、ダツ、普通のエイで、なかでもボラがいちばん多いようである。サメは非常に多く、まだ小さいときには、珊瑚岩の間の浅いところに出没するので、鉄鉤《てつかぎ》で追いかけ、つかんで岸に引き上げることができる。

みごとなアオウミガメがたくさんいて、艦ではこれを大量に貯えた。ザリガニも多い。

有殻類は非常に多いが、珍しいものはなく、シャコガイを除くと食用になるものはない。もっとも、これも非常に堅くて、消化しにくい。甲殻類は広く分布しているが、陸ガニがとくに多く、大きさ、形、色は実にさまざまである。なかでもいちばん多いのは一般に「海賊」として知られているヤドカリである。海岸付近のいたるところで、この動物が奇妙な住処を背負って歩いているのを見ることができる。この住処は選んだものではなく、たまたま手に入れたものらしい。「海賊」は自分の家を持たずに、他人の家を失敬するのでこの名がつけられている。ヤドカリがとりわけ家として好むのはラッパガイ、ホネガイ、ナツメガイの貝殻だが、これらは一・五インチ〔約四センチメートル〕そこそこの長さで、自分の寸法にちょうど合っている。しかし、なにかの手違いでこのような好みの部屋が見つからないときは、「海賊」は手近な隣人の、多少は住みやすそうな家に入り込む。この動物は、たとえ頭が入らなくても、とにかく自分の尾を押し込める快適な一隅が必要なのだ。なぜなら、尾は柔らかく、いつも保護しておく必要があるからである。このように、「海賊」は動き回るとき、頭とはさみはいつも外に突き出しているが、尾の部分だけは拝借した貝殻でおおっているのである。この動物が他人の住処に入り込むとき、いきなり先住者を乱暴に追い払うのか、それとももっと穏便に、自然死または事故死で空家になるのを待ってから占拠するのかは、いまだに分かっていない。「海賊」は大食漢で、行く手にあるもので食べられるものなら、なんでも貪欲《どんよく》につかみとる。

海鳥と陸鳥とを問わず、鳥が少ないことを、誰もが不思議に思った。陸鳥の種類は四、五種足らずであり、そのうちいちばん大きい種はカラスとハトで、ほかの鳥は小さい。カモメなどの海鳥はほとんどいないが、ボニン諸島に接近するとき、際立って美しい羽を持つ、異常に大きなウミツバメが幾羽か見られた。

四肢動物には羊、鹿、豚、山羊、さらに無数の猫と犬がいる。猫と犬は穏やかな家畜としての性質をいくらか失い、密林の中に迷い込み、住民たちはもったいをつけて野獣などと呼び、犬を使って追い立てる。ステープルトン島では、かつて何人かの移住者が連れてきた山羊が驚異的に増えたので、豚と一緒にほかの島々にも移されたほどである。ペリー提督は繁殖させる目的で、ピール島の北側に雄牛と雌牛を二頭ずつ放した。また北の島には五頭の尾の太い上海の羊（そのうち二頭は雄羊）と六頭の山羊を放した。

ピール島はボニン諸島で人の住む唯一の島であり、ペリー提督が訪れたときの住民の総数は三一人にすぎなかった。そのうちの三人ないし四人は土着のアメリカ人、ほぼ同数のイギリス人、ひとりはポルトガル人であり、残りはサンドイッチ諸島出身者とこの島で生まれた子供たちである。移住者たちは手頃な土地を開墾し、かなりの量のサツマイモ、トウモロコシ、カボチャ、タマネギ、タロイモ、数種の果物を収穫していた。果物の中で最も多いのはスイカ、バナナ、パイナップルである。以上の産物と、飼育されているわずかの豚や家禽《かきん》は、水などの供給を受けるためたえずこの港に寄港する捕鯨船に、いつでも売る用意ができている。サスケハナ号が同港に停泊した数日間、三艘の捕鯨船、すなわち二艘のアメリカ船と一艘のイギリス船がボートで居留地と行き来して、かなりの供給品を持ち帰った。これらの品は船に積んである品物と交換して手に入れるのが普通だが、なかでも交換品としてとりわけ火酒を欲しがる移住者がいる。労働力が不足していなければ、ずっと広い土地を耕作することができるだろう。現在、開墾されている土地は島全体で一五〇エーカー〔約六〇万平方メートル〕足らずで、しかも土地は移住者から離れたところにある。すなわち、普通開墾地は渓流が真水を豊かに供給してくれる海に面した谷口か、港付近の台地にある。土質はきわめて良く、同緯度にあるマディラ諸島やカナリア諸島の土壌に非常によく似ている。ブドウを栽培するにはうってつけの土地で、小麦、タバコ、サトウキビ、そのほか多くの価値ある植物の栽培にも適している。事実、すでに移住民たちは自分たちで消費するだけの砂糖と煙草は生産している。

ピール島に住むこのわずかな人たちは幸せで満足しているように見える。ヨーロッパからの人々は文明の利器と慰安に囲まれた暮らしをすることに成功している。ある小屋には部屋が五つ六つもあり、壁に中国の花をかけ、一、二脚の椅子とテーブル一脚をおき、青ペンキでたっぷりと壁を塗装して、色鮮やかな石版画を飾った部屋は、自分の居心地のためだけでなく、贅沢《ぜいたく》な趣味とさえ思えてくる。

サンドイッチ諸島人、あるいは現在の航海者や商人にカナカ人としてよく知られている人々は、生まれ故郷の島とそっくりな生活をしている。ほとんどが故郷の村と同じようにヤシの葉で葺《ふ》いた小屋で、一ヵ所にかたまって住んでいる。住民たちはこの過ごしやすい気候とほんの少し働けば欲しい食べ物や飲み物をすべて恵んでくれる豊饒《ほうじょう》な土地の上で、静かでゆったりした生活を送っていて、この環境を変えるつもりはさらさらない。アメリカ人やヨーロッパ人は、気立てが良くて堅実なカナカ人の女性を妻にしている。

ピール島奥地踏査――テイラー氏の報告

ペリー提督は短い訪問期間中、ピール島についてできるだけ多くの報告を手に入れようと考えていたので、奥地に踏査隊を派遣することにした。提督は目的達成のため士官と部下を選抜し、二隊に分けた。一隊はベイヤード・テイラー氏が、もう一隊は軍医補のファース博士が指揮をとった。

踏査隊はしかるべき武器と装備を調えて、六月一五日の朝早く出発し、この日一日を踏査計画のために充当することにした。テイラー氏の率いる一隊は八人編成だった。まず、テイラー氏の行程に従って旅行記を記すことにしよう。テイラー氏の報告は提督に提出され、自由に使用することができる。この一行はベイヤード・テイラー氏、画家のハイネ氏、士官候補生ボードマン氏、機関士補ローレンス氏、主計長付司厨長《しちゆうちよう》ハンプトン氏、海兵隊員スミス、水夫デニス・テリー、中国人クーリー一名である。ピール島は長さ六マイル〔約九・六キロメートル〕にすぎないので、適切に配分した二隊でこの狭い地域を探検するのは一日で十分だと思われた。港のすぐそばからのびているピール島の北部は軍医一行に割り当てられた活動区域で、南半分は次にその行程を記述する踏査隊の活動に委ねられた。

朝日が昇ると隊はサスケハナ号を離れ、岸の方にボートを漕《こ》ぎ出し、湾の奥にある給水地に向かった。この地点に到着すると、全員ができるだけ公平に荷物を担ぐため、各自に食料と武器が配られた。上陸した地点で出会ったひとりのカナカ人に、道案内として隊に同行するよう頼んだが、断られてしまった。しかし、ある小道を教えてくれた。彼が言うには、この道を進めば、丘を越えて約三マイルのところにあるカナカ集落に出るとのことだった。一行はただちにその方向に進み、野生の熱帯植物におおわれた、険しく滑りやすい道をたどった。ヤシの類が繁茂し、その中には商品になるサゴが取れるサゴヤシ〔小笠原にはサゴヤシの類は分布しないのでノヤシの誤認と思われる〕も生えていた。寄生植物が枝から枝へ花飾りのように垂れ下がり、この緻密《ちみつ》なネットワークで樹々を織り合わせて、ひと足ごとに歩みを妨げ、頭上をおおって茂る密林の葉むらから滴る朝露で、みんな肌までずぶ濡れになった。土壌はロイド港付近や同島のほかの地域と変わりなく、トラップ岩の破片や草木の腐敗物でできているようだった。トラップ層の岩はしばしばごつごつした岩かどを険しい丘の側面から突き出し、岩の裂け目には花弁の先端が淡い黄色で、にぶいオレンジ色の大きな花をつけた美しいハイビスカスの一種〔モンテンボク〕が咲いていた。高さ三〇フィートもある巨木から雨のように降った白い花〔ツバキ科の固有種ヒメツバキだと思われる〕が、地面のあちこちに散っていた。

道は丘の稜線《りょうせん》に向かい、頂上に進むにつれて植物はますます多くなる。ついには天辺で広がるヤシの葉、密生した木の幹、すき間なくからまった蔓《つる》の網が太陽を隠して、道は深い陰におおわれ、この暗がりの中ではどちらを向いても二、三十フィートより先はほとんど見通せなかった。ときには道をたどるのも困難だった。稜線まで登って向こう側に流れ落ちる小川のほとりにたどり着いたとき、おびただしい数の陸ガニがばらばらと四方に散った。一行が近づいてくる足音に、驚いて隠れ場から飛び出してきたのだ。

丘の頂上は幅一マイル半ほどの起伏のある平地で、深い谷々で刻まれていた。下方に深い渓谷が口を開けている丘の反対側の傾斜は非常に険しく、木から木へとぶらさがりながら降りなければならなかった。険しい山並みにはさまれて渓谷は、ところどころの裸岩を除けば、びっしりと草木におおわれ、岩崖に鬱蒼《うっそう》と生い茂る熱帯植物の叢林《そうりん》を通って丘のあらゆる斜面から落ちてくる水流が岩床を走る光景は野趣あふれていた。

ここで一行は小川を渡ると、大変豊かに生育したタロイモ畑に出くわし、そこをまっすぐに突き進んでいくと、先の方にあった野原にたどり着いた。しかし、この方向に進むのは不可能と分かったので、タロイモ畑を通って引き返し、もとの小川に戻った。こうして、もと来た道をたどって行くと、住居のありそうな谷に続いているのが分かった。あちこちに耕された小さな畑が見え、サツマイモ、タロイモ、タバコ、サトウキビ、カボチャ、sida すなわちインドスグリ〔sida はキンゴジカの学名だがインドスグリとは別種である〕が豊かに作付けされ、非常に順調に育っているようだった。谷の中央にヤシで葺いた二つの小屋が見えたので、行って中に入ってみたが、人の姿はなかった。しかし、その日の朝には人のいた形跡があった。そこで銃声の聞こえる範囲にいるかもしれない住民の注意をひくために鉄砲を撃ってみた。すると効果てきめん、銃声に応える合図の声があがり、すぐさま顔に淡青色の入れ墨をし、粗い木綿のシャツとズボンを着た南洋諸島人が姿を現した。彼は、「裁判官《ジャッジ》」という威厳のある称号で自己紹介をし、マルケサス諸島のヌク・ヒバ生まれであると明言した。このマルケサス島人の暮らしぶりは大変裕福そうだった。彼は居住用の小屋と耕作用の農場を所有し、自慢げに見せてくれた家畜は、犬と四匹の豚だった。「裁判官」はとても愛想が良く、大変親切に自分の知っている情報を惜しみなく提供してくれた。彼は来訪者に、この谷がどのように山の尾根を巡って西方の海に開かれているのか教えてくれた。水流はここではただの小川としか見えないが、カヌーを浮かべるだけの深さがあり、そのカヌーで「裁判官」は海亀狩りから帰ってきたばかりで、みごとな獲物を一匹持っていた。彼はものほしげな四匹の犬に囲まれて、せっせとこの亀を切り刻み、犬たちは御馳走の分け前にありつけるのを期待しながら肉片をなめていた。

　われわれは「裁判官」に一行を島の南端まで道案内してくれるよう頼んだ。彼が言うには、そこまで約三、四マイルの距離があるが、そこに通じる道はまったくないということだった。しかし、道を知っている仲間を呼びに行き、まもなく英語をほとんど話せない赤銅色のオタヘイト〔タヒチ島〕人が現れた。彼は道をよく知っていて、猪の住処にも通じていることを自認したが、「裁判官」が一緒でなければ同行しないと言った。「裁判官」はしばらく迷った末、亀の肉を平らげるまで出発を待ってくれるなら同行してもよいと言った。もちろんこの条件はただちに承諾された。

踏査隊が足を踏み入れた谷は長さ約一マイル、幅が最も広いところは約四分の一マイルと推測された。この谷の主流は一行が入り込んだ谷ではなく、もっと東寄りにあり、そこに一本の小川が流れていた。南の部分は岩が積み重なって、壁になり、通れそうもなかった。「裁判官」の小屋から海までは約半マイル離れているということだった。この谷の土壌は肥沃なロームで、移住者たちが栽培した野菜や作物の生育ぶりから判断すると、きわめて豊饒である。とくにタバコはすばらしい生長ぶりで、高さは五フィートにもなっていた。小川の水はおいしく、きれいで、いつでも飲めた。「裁判官」が帽子の中にしまい込んだレモンは谷の北で採れたものだと言っていた。

一行はいまや「裁判官」とその仲間に案内されて、東南東に進路をとり、谷間を小川沿いに進んだ。小川の河床のあちこちには大きなトラップ岩の玉石がいっぱいで、雑然と積み重なっていた。植生はいかにも熱帯らしく、樹木、寄生植物、下生えが繁茂していた。樹木が密生し、土質がつるつるして滑りやすく、一歩進むのにも難渋した。一行の先頭が崖の上に達して、後続の隊員を待っていたとき、しんがりの二人が一頭の猪が飛び出すのを見かけ、とっさに一発撃ったが当たらなかった。植民者の飼い犬はあまり役に立たず、森を歩き回って獲物を隠れ場から追い立てもせず、飼い主の足元にいつもまとわりついていた。

踏査隊は川筋を離れ、谷の南側に登った。ここは樹木の根や垂れ下がった丈夫な蔓《つる》にしがみつかなければ登れないような場所だった。道のない森の暗がりと枝道で、隊員は離れ離れになってしまったので、先に行った人々はまたもや山の頂上で遅れた隊員が追いつくのを待たなければならなかった。その地点には各種のヤシの樹が豊かに茂り、その中にある種のシュロ〔オガサワラビロウ〕が生えていた。それは驚くほど広い葉をつけ、茎は長さ八フィート近くあり、枝の縁がギザギザになっているので、森の中で苦闘する旅人の手を傷つけた。タコノキも見られ、二〇から三〇本にも及ぶ支持根が、まっすぐな幹の下部から下に向かって外側にのび、地中に根を下ろしてピラミッドのような形になり、そこからは樹幹が細長い円柱となってそびえ立ち、優雅な柱頭を葉で飾っていた。

踏査隊の中の数人が、遅れた仲間を待ちながら山頂で休んでいたとき、付近の谷から犬が大声で吠《ほ》えているのが聞こえたので、一行の中の二人がすぐさまその場を離れた。まもなく仲間の銃声が数発聞こえた。指揮官のティラー氏も二人のあとを追い、銃声のする方向に進み、ほとんど踏み込めない茂みの中を突き進み、その途中で猪の巣穴に出くわして、小川の河原に出ると、ハンターたちが若い猪を取り囲んでいた。まだ生後一年もたっていない猪で、長い鼻と泥だらけの濃い灰色の剛毛を持ち、中国の豚にやや似ていた。ここで、一行のひとりで山頂に残っていたハンプトン氏をこちらに呼ぶため、「裁判官」が迎えにいったが、まもなく帰ってきた「裁判官」は、ハンプトン氏は気分が悪く、ここに来ることはできないと告げた。しかし、ハンプトン氏はまもなく気力をふるい起こして一行のあとを追い、首尾よく合流した。見るからに疲労困憊《こんぱい》の様子だったが、オタヘイト人の案内者が同島の南端まであと二マイル足らずだと言うと、みんなから「裁判官」と一緒に谷に戻るよう言われたにもかかわらず、仲間たちと行動をともに続ける決意をした。踏査隊は猪の肝臓と腎臓《じんぞう》を取り出し、死体の方は戻ってくるまでなくならないよう一本の樹にぶらさげてから、さらに歩を進めた。

約三〇分後には、同島を二分する分水嶺《ぶんすいれい》を過ぎ、南側斜面の頂上に到達した。この地点からは海が見え、はるか南方のやや西寄りに水面からそそりたつベイリー島も望むことができた。ここで、順路を変える必要があることが判明した。なぜなら、案内人のとったコースが右に寄りすぎて、一行は降りられない険しい崖っぷちに連れてこられたからである。いまやもとの道を引き返すのもむずかしくなった。というのは、崖にあまりに近寄りすぎたため、絶壁に生えている丈夫な草や灌木《かんぼく》につかまりながら、用心に用心を重ねて這って進まなければならなかったからだ。そんな行動を二〇〇ヤードばかりも続けて、なんとか断崖が終わる場所にたどり着いた。しかし、ここからの下りも険しく、下りるときはみんなあお向けの姿勢になって、ときおり地面や突き出している灌木をつかんで速度を調節するよう気をつけながら、坂を滑り下りなければならなかった。ようやく下の谷間にたどり着いても、悪場はまだ終わっていないのを知って大いに落胆した。というのは、静かに海に流れる水流沿いの道に出ると思っていたら、一〇フィートから五〇フィートも段差のある岩が続いていて、そこを下るには這っていかなければならなかったからだ。やっと海岸にたどり着いた。先に到着した者は、あとからやってくる仲間が崖の縁に立っていたり、険しい斜面にぶらさがっているのを見上げて、自分たちがいまなしとげた事業が、困難で

ボニン諸島のピール島にある南東湾付近の谷

危険な、信じがたい離れ業であったことを思い知った。

いまや一行は案内人が南東湾〔巽湾《たつみわん》〕と呼んでいる場所に出たのである。捕鯨者がこの湾によくやってくるということだ。ここにきた証拠を木の株に残すため、大きな斧《おの》で器用に印を刻んだ捕鯨者もいる。小川の両側に雑草で荒れ放題になったトマト畑が見えた。このトマト畑が人の手で耕されたものであることは確かだった。体力もほとんど尽きかけ、ひどい暑さにさんざん苦しめられた一行は集合すると、火を起こし猪の肝臓と腎臓とをきちんと調理し、持ってきた豚肉などの食料に加え、即席の盛大な宴会を催して、がつがつと貪《むさぼ》り食った。一行が御馳走と休憩で元気を取り戻したときには、すでに二時になっていたので、帰路につくこ

ピール島の南東湾

とにした。案内人たちからいま来た道を引き返す必要があると言われたときには、やっと乗り越えてきた危険にまたさらされ、同じ苦労を強いられることに、まったくぞっとする思いがした。しかし、それ以外に方法はなかったので、一行はもと来た道を戻らざるをえなかった。以前の困難をあらためて体験させられ、疲労困憊した末、やっと、今朝「裁判官」とその仲間のオタヘイト人とともに出発した地点である谷にたどり着いた。「裁判官」の住居に到着したのは夕刻の六時だった。一行はそこでほんの少し休息をとったが、すぐに歩を進めた。一行のひとりが疲労のため衰弱が激しかったので、オタヘイト人に案内してもらい、海上をカヌーでロイド湾の南端にあるカナカ人の集落に行くことを余儀なくされた。ほかの隊員は来たときと同じ道を戻るために陸路をとった。けれどもその道がなかなか見つからず、踏査隊は森の中や険しい岩の上でふたたび苦しい体験をするはめになり、からまり合った藪《やぶ》の中で道に迷いそうになり、でこぼこした地面でくたくたになっていた。また一行のひとりが倒れたが、腕を貸して山頂の安全な場所に連れていき、隊員のひとりを見張りにつけて休ませ、残りの人々は先を進んでいった。ロイド港の南端にあるカナカの集落に着くと、湾を見下ろす崖の上で足を止めた。そこから闇《やみ》に包まれたサスケハナ号の偉容がかすかに見えた。合図に一斉射撃をすると、すぐさまそれに応じて艦隊のカッターがやってきた。疲労した隊員を呼び戻してきたあと、全員で艦に向かってカッターを漕いだ。到着したときは夜の一〇時で、この日の激務でみんな傷だらけになり、疲れきっていた。軍医補の指揮したほかの一隊もほぼ同じ時刻に帰還した。ファース博士によって報告された観察の結果を次に記録しておこう。

ピール島奥地踏査――ファース博士の報告

この島が火山活動で生じたことは古い火口の存在によって明らかである。杏仁岩《きょうにんがん》と緑岩《りょくがん》が混ざったトラップ岩は、丘陵の最も高い峰々のみならず、同島の基礎を形成していた。玄武岩質の岩盤が砂、岩滓《がんさい》、噴石の地床を通っているのが観察され、古い熔岩の層は海岸に沿って散在し、岩石の深部まで露出している地域も多かった。一般に硫化水素ガスの強烈な臭気と味を特徴とする硫黄泉《いおうせん》が谷間のひとつから噴出しているのが見つかり、黄鉄鉱も多くの場所で豊富に存在していた。また植物もボニン諸島と同じ緯度にある火山国で広く見られるものと類似していた。かつてロイド港は活火山の火口であったらしく、噴火によって周囲の丘陵が吹き飛ばされ、火口丘の側面にできた深い裂け目が現在の港の入り口になった。この裂け目を通って熔岩が海に流れ出し、それが沈殿したのちに残った空間に、さらに水が流れ込み、その水とともに通常の堆積物《たいせきぶつ》が運び込まれ、珊瑚礁《さんごしょう》の形成と相まって、ロイド港の水底と囲壁とを形成したのである。

同島の地表は変化に富んでいる。平地が丘陵の麓《ふもと》から海岸まで広がり、そこは黒い植物性の肥沃な土壌から成っていて、ときには五、六フィートの厚さがあり、海棲《かいせい》動物の殻やトラップ岩の砕石を混じえて、基底部の珊瑚岩をおおっている。この平地は非常に肥沃であり、現に耕作されていて、巨大なサツマイモ、トウモロコシ、みごとに生育する良質のサトウキビ、ヤムイモ、タロイモ、メロン、家庭菜園からの日常の産物を豊富に産出する。ジャガイモも栽培されているが、まだ成功といえるまでにはいたっていない。これまでに耕作されているのは湾に沿った平地だけだが、あらゆる点からほかの平地も同じように肥沃であり、多数の人口に供給しうるだけの産物をもたらすものと思われる。

丘陵は、ゆるやかな傾斜をなして平地から盛り上がっているものもあれば、勾配《こうばい》が急で険しくそそり立っているものもあり、そのため段丘を積み上げたような様相を呈している。同湾の奥に二つの秀峰がそびえていて、パプスという名で知られ、ひとつ〔旭山〕は一〇〇〇フィート、もうひとつ〔乳頭山〕は一一〇〇フィートの標高がある。入港するときにこの二つの峰がはっきりと見え、航海者にとって重要な道しるべになっている。われわれが現在調査している区域である同島の北半分には泉が少なく、澄んだ飲用水を常に供給してくれる水流は二つしかない。谷の中にはほかにも数ヵ所の泉があるが、黒く濁っているか、枯れているものが多く、頼れる供水源にはならない。雨期には多くの枝谷を有する峡谷を通って水流が海に注ぎ込むが、河床のいたるところにトラップ岩の大きな玉石が集積していて、乾期にはほとんど水涸《みずが》れになる。

島の植物相は熱帯性で、同緯度の地域ならどこでも見られるように美しい。渓谷の中や海辺に沿い、島の住民がクルメノと呼ぶ大木がふんだんに見られる。この樹木は太くて短い樹幹、灰色の樹皮と非常に密生した群葉を持ち、その葉は表面がなめらかで明るい緑色の大きな楕円《だえんけい》形をしている。葉は枝の周囲に群がって並び、枝の先から美しい白い花の房が出ていた。

丘の中腹や谷間には密生したヤシの林が群生しているが、樹間があまりにも密接しているので、十分に生長できず、ほかの植物の生育も妨げている。六種のヤシ科植物の中では扇形に割れる葉をもつ種類〔オガサワラビロウ〕が最も多く見られた。さまざまな樹木の中ではかなり大きなブナの一種〔クスノキ科の固有種コブガシのことと思われる〕、山々の上に繁茂しているハナミズキに似た大樹、ときには周囲十三、四フィートもある巨大な桑の木〔オガサワラグワ〕が目についた。小さな草木の中にはゲッケイジュ、シマムロ、ツゲ〔ムニ

ステープルトン島

ンイヌツゲ〕、シダ、バナナ、オレンジ、パイナップル、コケモモ〔ムニンシャシャンボ〕があった。地衣類、苔《こけ》類、さまざまな寄生植物も豊富だった。草の種類は少なく、ほとんどは牧畜に向いていない。未開墾地帯にはジャングルの雑草がぎっしり密生していて、それ以外の草はほとんど茂ることができない。

同島の動物は大部分はよそから連れてこられたものだが、森林をうろついているうちに野生化してしまった。土着の鳥には、ハト、フィンチ、カラス、シギなどがあり、また同島で見られる主な土着の動物は亀、イグアナ、小型のトカゲなどである。

この興味深い報告をもたらした二つのピール島の調査に加え、提督はステープルトン島の一般情勢と特徴について報告させるため、ひとりの士官を派遣したが、その報告からいくつかの価値ある事実が判明した。ステープルトン島は、ボニン諸島の他の島々と同じように、その起源は火山活動にあり、地表は平地、丘陵、谷などさまざまで、広くて肥沃な土地もある。水深の深そうな小湾が西側に見つかったが、この湾は岩および八〇〇フィートから一五〇〇フィートまでのさまざまな標高の山に囲まれ、それが南東からの台風を防いでいる。

小さな岬と珊瑚礁がこの湾を二分しているのが観察された。北側に接する土地には冷たくて、おいしい水の湧《わ》き出る泉があり、とある岩から流れ出て、一分間に約三ガロン〔約一一リットル〕の水を供給していた。ステープルトン島の産物はほかの島々のものと同じであるが、ここに移入された山羊が大繁殖し、数千頭はいると思われる。これらの山羊は島の奥地の渓谷や荒涼とした岩地を誰にも妨げられずに放浪しているうちに、非常に野生化してしまった。

提督の目的と思わく

提督が当地を訪れたのは、ボニン諸島が持つ通商上の重要性をはやくから確信して、自分自身でこの島々を調査し、また、遅かれ早かれカリフォルニアと中国との間に確立されるに違いない蒸気船航路の停泊地として、ピール島を推薦したいとの思いに駆られてのことであった。この目的のため、提督は同島を踏査させ、港を測量させ、ボニン諸島の二つの島に数頭の動物を放して、将来の需要のための供給の準備を開始したのである。さらに、あらゆる種類の野菜の種が現在の移住民に配布され、今後は耕作器具やもっと多数の動物が供給されるという希望が提督によってもたらされた。蒸気船の補給地として必要な事務所、波止場、石炭倉庫を建設するのに適した場所も選ばれた。提督が希望する目的とみごとに合致する一画の土地の所有権も入手した。この土地は湾の北側の湾奥近くにあり、一〇〇〇ヤードにわたって海に臨み、海岸付近の水深は幅五〇〇ヤードにわたって良好で、五〇フィート海にのびる埠頭《ふとう》を建設すれば、最大級の船舶でもたやすく接岸できるだろう。

ペリー提督は海軍省に宛《あ》てた書簡の中でも、蒸気船の補給所を建設するにはピール島が便利であるという見解を披瀝《ひれき》した。この通信で提督は次のように述べている。

「遠隔の海洋を横断する船舶のための避難港および供給港を探求し、かつ確保せよとの訓令にかんがみ、私は今回の航海の当初より、現在われわれが停泊している港（＊3）およびボニン諸島の主要港は、郵船航路にとって寄港にも中継にも全体的に便利であり、適切な停泊地であるという見解を一貫して抱いてきた。この航路はまもなくわが国の太平洋諸港中のいずれか一港と中国の間に確立されるものと信じており、また大いに望まれている事業である。そして、この事業が達成された暁には、この際立った時代の歴史においてすら、アメリカと世界の通商にとって最も重要な出来事として特筆されるであろう。

合衆国およびヨーロッパからの郵船は、エジプト、紅海、インド洋を経由、ほとんど一日もたがわず、毎月、週に二度香港に到着し、香港から上海までの航海は五日を要する。

もしわが国が郵便の輸送を引き継いで、カリフォルニアまで続航することになれば、イギリス政府は疑いなく郵船の航路を上海まで拡張するであろう。

蒸気船による上海からサンフランシスコまでの輸送は、ボニン諸島とサンドイッチ諸島を経由すると、石炭その他の補給のために三日間の停泊を含め、三〇日を要するであろう。すなわち、サンフランシスコからサンドイッチ諸島のホノルルまでの距離が概算で二〇九三海里、ホノルルよりピール島までが三三〇一海里、ピール島から揚子江《ようすこう》（上海川）河口までが一〇八一海里、総距離数は六四七五海里である。一日二四〇海里を航行するとして、海上にある期間は二七日で停泊期間は三日である。さらにサンフランシスコからニューヨークまで二二日を要するとすれば、上海からニューヨークまでは五二日となる。普通イギリスから香港までマルセイユ経由（最短距離）で郵便を輸送するには四五日から四八日を要する。香港での二日間の停泊と、上海までの五日間を加えれば、上海に到着するまで五二日から五五日の時日を要するであろう。

上海は、イギリス船の終点であり、アメリカ郵船の起点であるとみなすならば、手紙の原本をヨーロッパ経由で西に送り、その写しをカリフォルニア経由で東に送れば、原本がリヴァプールに着くのとほぼ同時に、写しはニューヨークに届くのである。

しかし、もろもろの便益、さらに言えばかくも壮大な企画を完遂する栄誉は別にしても、この蒸気船航路は商業上の利益に大いに寄与するであろう。すでに何千人もの中国人がひとり当たり五〇ドルの渡航費を支払い、食物を調理する水と燃料を除けばあらゆる物品を携えて、毎年カリフォルニア行きの船に乗り込んでいるのである。

これら先見の明ある人々は、最も勤勉で忍耐強い労働者であり、彼らの日頃の勤勉な習性によって、カリフォルニアの農業に多大の利益を付加するに違いない。

しかし、上海はいまや中国の重要な商業の中心地となりつつある。すでに合衆国との通商において広東を追い抜き、また、精製した茶、生糸のほか、中国の中でもこの地方の珍しい価値ある商品を、蒸気船によってカリフォルニアまで五週間、ニューヨークには八週間で輸送できることを考慮すると、かくも迅速かつ確実な交通から生ずべき諸利益は計り知れないものがある」（＊4）


ボニン諸島に四日間滞在したのち、サスケハナ号は錨を上げて、サラトガ号を曳航して、六月一八日土曜日の朝、琉球への帰途についた。ロイド港を離れ、針路をディサポイントメント島〔西之島〕に向けた。琉球からボニン諸島に向かうとき、提督はこの島を見て、位置を確かめたいと思っていたのであるが、ロイド港に到着する前日、サスケハナ号がこの島のすぐ前を通過して島影を認めたときには、夕闇が迫っていたので、目測するしか観測の機会がなかった。そこで提督は帰航の途中にぜひディサポイントメント島を見て、これまでしばしば語られ、記されてきた同島の位置を正確に測定したいと考えたのだ。こうして正午を少し回った頃、前方に島影が現れ、ほんの三、四海里離れたところを通過したので、正午の観測で得られたデータによって同島の実際の位置を正確に決定した。

同島は、島の突端から長さ一ないし二鏈《れん》〔一鏈は約一一九メートル〕ばかり離れたところに二つの孤立した岩島を持つ低い島で、北緯二七度一五分、グリニッジ東経一四〇度五六分三〇秒に横たわっている。

ディサポイントメント島とロザリオ島は同一の島と思われる。乗り組み士官の航海観測に加え、画家がこの島の外観を描いているので、付録〔原書の第二巻〕に載せておく。

ディサポイントメント島から、艦は普通の海図に載っているボロディノス諸島〔大東諸島〕へとまっすぐ針路をとった。この島々は六月二二日に艦の正面に姿を現した。同諸島は二つの島から成り、互いに五海里離れて、北北東と南南西の方角に横たわっているのが分かった。この二島は珊瑚でできているが、高所にかなり大きな樹木が茂っているところから見て、非常に古いものであるらしい。いちばん高い部分は海抜四〇フィートはあるだろう。同島の間近を航海しても危険はなさそうだったが、まわりの海岸には安全な停泊所となりそうな湾入部は見つからなかった。人のいる気配はまったくなく、おそらく無人島と思われる。南の方の島〔南大東島〕の南端の位置を概算すると、北緯二五度七分、東経一三一度一九分であった。

帰航中は、穏やかな微風が南南西および南西から常に吹き、気候は暖かかった。また実際、最初に那覇《なは》を出てからずっと風が南と西から吹き続けており、それによって南西モンスーンが船の航路にあたる緯度に並行し、そのずっと北側に広がっていることが推測できる。サスケハナ号とサラトガ号は、六月二三日の夕刻、那覇の湾内の投錨地《とうびょうち》に着いた。そこにはミシシッピ号、プリマス号、サプライ号が停泊していた。

＊1　フィンドレイ「太平洋人名録」

＊2　『三国通覧図説』〔林子平著。一七八五～八六年刊〕のクラプロート訳からの抜粋。

これらの島々の本来の名はオガサワラ・シマであるが、一般にはモン・ニン・シマ（中国語ではWu-jin-ton）つまり人のいない島と呼ばれていて、この著作の中で私はこの名称を使うことにする。約二〇〇年前に初めて新世界の南部を発見した人物マゼランにちなんでその地域をマガラニアと命名したのと同じように、ボニン諸島の名はこの島に初めて訪れ、地図を作成した航海者にちなんでつけられた。

ボニン諸島〔小笠原諸島。ボニンはムニン、ブニンの転訛〕は、伊豆国の南東二七〇里にあり、同領内の下田から三宅島まで一三里、そこから新島まで七里、新島より御蔵島まで五里、御蔵島から八丈島まで四一里、最後に八丈島からこの無人島の最北まで一八〇里、最南端までは二〇〇里と計算されている。

この群島は北緯二七度に位置し、気候は温暖で、高い山々の間には渓谷が横たわり、渓流に潤されて非常に肥沃であり、大豆、小麦、粟などあらゆる種類の穀物および甘藷を産する。Stilingia sebifera〔ナンキンハゼ〕と、トウネズミモチも生育している。漁場は良好で、多量の漁獲が見込まれる。

この島々には多数の植物や樹木が生育しているが、四肢動物はほとんどいない。樹木は非常に大きく、ひとりの人間が手を回しても届かないほど太く、中国の尺度で三〇尋（二四〇フィート）に及ぶ高木も少なくない。材質は硬く、美しい。シュロ Tsoung-liu すなわち Chamarops excelsa に似た非常に高い樹木、ヤシ、ビンロウ、中国語で実を白欒子《ペクアンツィ》と呼ぶ樹木、カチャンノ木〔カチラウ〕、シタン、エノキ、クスノキ、山柿〔山イチジクと思われる〕、ツタに似た葉を持つ高木、ニッケイジュ、クワなど数種がある。

草には、サルトリイバラ属（すなわちチャイナ・ルート〔土茯苓《どぶくりょう》〕）で山帰来《さんきらい》と呼ばれるもの、トウキ〔当帰〕、アサガオ花という薬草、その他が数えられる。

鳥類には、インコ、ウズラ、ヤマウズラの各異種のほかに、白カモメに似ているが体長が三フィートを超える鳥がいる。これらの鳥類はいずれもおとなしいので、手で捕らえることができる。

この群島で産出される主な鉱物は、明礬《みょうばん》、緑礬《りょくばん》、五色石、化石などである。海には鯨がいて、巨大なザリガニ、大きな貝〔大牡蠣〕、「海の胆」と呼ばれるウニがいる。ここの海は異様に豊かで、さまざまな海産物に恵まれている。

延宝三年（一六七五年）、嶋谷市左衛門、中尾庄左衛門、嶋谷太郎左衛門という三人の長崎の住民が伊豆国に航海した。彼らは熟練した中国人の大工が建造した大型ジャンク船に乗り込んだ。この三名は天文学と地理学に精通しており、また江戸港の船大工の頭で、小網町に住んでいた八兵衛も同行した。同船は三〇人の水夫が操縦した。彼らは帝国海軍から通過証を手に入れ、四月五日〔原典は閏四月五日、すなわち五月六日〕に下田の港を発ち、八丈島に向かった。そして八丈島から南東に航走して、八〇の島からなる群島を発見した。彼らは地図を作成し、島々に関する正確な記録を作った。その記録には群島の位置、気候、産物に関する珍しい記事が詳細に記されている。同年六月二〇日〔八月一一日〕に下田に戻り、嶋谷家は航海の記録を公表した。

不思議なことに、この著者は、御蔵島と八丈島の間で体験した、黒潮という速い潮流についてなにも触れていない。この潮流は幅二〇町（約半里）を超え、東より西に約一〇〇里にわたって非常な速度で流れている（原注、著者は潮流の方向を間違っている）〔原典は「東西百里ニ渡リタル大急流」とありこの東西は方向を示すものではない〕。それについての記述がないのは、この海流が夏と秋には冬と春よりもずっと速度が遅いのだとすれば納得できる。嶋谷がボニンに向けて航海したとき、四月に続く閏月の上旬にここを通過し、帰航したのが六月の下旬だから、目にした海流はそれほど速くはなかったのだろう。そのため彼はこの危険な航路に注意をひかれなかったのだ。

八〇の島々の中でもいちばん大きな島は周囲一五里で、壱岐島よりやや小さい。別のひとつの島は周囲一〇里で、ほぼ天草島の大きさである。この二つの島のほかに周囲二里から六、七里の島が八つある。以上の島には人が住むことのできる平坦な台地があり、穀物も非常によく育つだろう。地理上の位置から推測できるように、気候は温暖で耕作に適している。以上の島々はさまざまな価値ある産物を提供する。残りの七〇の小島は険しい岩ばかりで、なにも産出しない。

有罪を宣告された罪人からなる移民団が、この島に送られ、労役に服した。彼らは土地を耕し、畑に種を蒔いた。彼らは村に集められ、帝国内のほかの国々で見られるものと同じ品物を持ち込んだ。この島々を訪れる者は、同じ年の内にこの地の産物を持ち帰ることができる。こうして、同群島との通商は容易に振興することができるし、そこから生まれる利益はかなりなものになるはずである。このことは誰にとっても明白なことであろう。

安永年間（一七七一～一七八〇年）、私は命を受けて肥前国に派遣され、同国でアレント・ウィレム・フェイトというオランダ人と知り合った。この人物は、日本の南東二〇〇里に横たわる、ウースト・エイラントと呼ぶいくつかの島々について説明してある地理書を見せてくれた。ウーストとは人がいないという意味で、エイラント（原文の読みはイェーランド）とは島のことである。著者は、この群島には人が住んでいないが、種々さまざまな草木が生育していると述べている。日本人は穀物その他の産物が生育するこれらの島々のひとつに移住地を建設すればよい。そこへの航海は長くかかるが、移住地の建設は、日本人にとってこれらの目的のために有益だろう。オランダの会社がこの島々を利用するには、島があまりにも小さく、離れすぎているので、領有してもほとんど利益を引き出せないだろう。

私は以上のフェイトの言葉を繰り返し述べるのが適当と思うし、この言葉は記憶にとどめておく価値がある。私はこの言葉をもって小笠原諸島に関して語るべきすべてのことの結論とする。

＊3　提督は琉球の那覇でこの書簡を書いている。

＊4　東洋における通商上の利益の振興にとって、ボニン諸島の重要性は甚大なので、帰還後もなんらかの形でこの問題は提督の心を占めていた。また、その重要性は、この章を書いたのち、ペリー提督が編者に渡した次の文書のうちにもきわめて明瞭に見てとれる。

ボニン諸島に関するメモ

ボニン諸島を訪れて強く印象づけられたのは、同諸島が存在する太平洋付近を航海する船舶の集合地点、とくにこの地帯を航行する捕鯨船の避難港および供給港として、また近い将来かならず確立される日本経由でカリフォルニアから中国にいたる蒸気船航路の貯炭所として重要な地点である、ということであった。

ボニン諸島とアジア沿岸の間に横たわる海洋には数種類の鯨が豊富にいて、日本近海にはとくにその数が多い。あの特殊な帝国との条約が確立するまでは、捕鯨船の船長たちは、日本人の手に捕らわれて、投獄と残酷な処遇に苦しむ恐れのあることをよく知っていたので、その沿岸には近づかぬよう用心していた。この恐怖はもはやないはずである。条約の規定により、沿岸に近づいたアメリカ人、あるいは事故のため、これまでは冷酷な処遇が待ち受けていた海岸に漂着したアメリカ人を、親切に待遇する保証が与えられただけではなく、すべてのアメリカ船は荒天による緊急時には、一時的な修理のためにどの港にも入港することを許可される。また箱館〔函館〕港と下田港が修繕と供給に関するあらゆる目的のために開港されている。

すなわち、日本近海での自由航行を阻害するものはもはやなくなったので、わが国の捕鯨船は安全に、妨害されることなく、都合が良いと思うなら海岸の近く、あるいはさらに東方にある諸海湾を巡航することができるのである。しかし、この地方の大洋をあらゆる点でわが国の捕鯨船の便宜に供するためには、さらになにかが必要である。それは、全面的に自由に出入りができ、排外的な法律や国民的偏見のない寄港地である。なぜならば、すでに述べたように、条約により日本の箱館、下田が、さらには大琉球の那覇が加わるかもしれないが、アメリカの船舶のために開港したとはいえ、これらの港の住民がこれまで外国人に抱いていた疑念を拭い去るまでには、まだかなりの時間がかかると思われるからである。また、太平洋の諸港を訪れる捕鯨船の乗組員が品行方正で穏和にふるまうとは思えないことも明らかであり、このことはボニン諸島の確保を主張する私の論拠を強化するものである。私の計画はボニン諸島の主島ピール島〔父島〕内のロイド港〔二見港〕に植民地を建設することであり、主権問題は今後の議論に委ねよう。私はすでにこの遠征記で同諸島について述べているので、次に話を進めて、同諸島全体にわたり豊かな植民地を建設するための私の計画を述べることにする。

まず第一に、商人グループと多くの手工業者が連携して、ピール島に植民地を建設するための株式会社をつくるべきである。この実験にはそれほど多くの出費を必要としない。まず捕鯨用に適切に装備された三〇〇から四〇〇トンほどの船舶二隻を使用して、倉庫やいくつかの小住宅の建設に必要な材料、雑貨、航海具、食料品など倉庫を充たすべき物資、捕鯨船その他の船舶に普通必要な物品を輸送する。乗客を降ろし貨物を陸揚げしたのち、この二隻の船舶は、付近の海洋や日本近海で巡航して捕鯨を行い、ときおり休養のため植民地に帰港する。二隻が共同して一隻分の積載量を満たすだけの鯨油を採取したときは、故国に帰航して、船を修復し、新たな入植者、および倉庫と植民者のための新鮮な物資を積み込む。こうして二隻は交互に合衆国に帰航することになる。かくして短期間のうちに植民地は建設され、その成果は全関係者に利益をもたらすことになる。アメリカ、イギリス、フランスの多数の捕鯨船が乗組員の休養と物資の供給を受けるために同港を往復して、船舶に必要な商品を購入する顧客となり、植民地の手工業者と農民に仕事を与えることになる。同港を訪れる捕鯨者が、労働や物資の供給の支払いのため金銭を必要とするならば、適正な価格で油を買い取るべきである。前記の会社が送る移民は若い夫婦でなければならない。彼らが夫婦専用の住居を建てうるまでは、現在の植民者の家に宿泊する。こうして、この植民地は信心深く、幸福な共同体の中核を形成するであろう。また、当地に宣教師の駐在地を作ることにもなんの支障もない。適当な時期に、宣教師がこの地から日本、台湾、およびこの地域にある他の未開の諸国に派遣されるようになるであろう。現在、サンドイッチ諸島と日本の間に横たわる海洋を巡航する捕鯨船は、修理や補給のためにしばしばサンドイッチ諸島または香港に赴かざるをえない。つまり、捕鯨海域から何千海里もの距離を移動しなければならないのである。このような航海と、避けられない港での停泊でかなりの時日が割かれ、そのため諸港で支払う莫大な料金は当然故国の船主にとって重い負担となるのであるが、この点を別にしても、寄港することで乗組員が遊蕩にふけり、病気になったり士気が低下したりすることもある。いまピール島に設立された停泊地が中心になれば、この地は、少なくとも数年間は、不適切な欲望を満たせない場所になるであろう。その点で、前述の諸港は悪名高き地である。同諸島の主権は疑いなく同諸島のいちばん古い占有者である日本に属する。この権利を除けば、現在の移住民に法律上の優先権があることは明白である。

第11章　ふたたび大琉球島那覇

一八五三年六月二三日～七月二日

艦上の饗宴——新摂政を迎えて

六月二三日、艦隊が那覇《なは》に帰航したとき、新しい摂政が位に就いたことが分かった。前任者は提督の首里訪問を阻止しようと執拗《しつよう》に努める一方、自宅の邸宅で盛大にわれわれを歓待してくれたが、その人物が免職になったというのである。この退陣の原因は容易に突き止めることはできなかったが、それが事実なら、わが艦隊が那覇に現れたこととなんらかの関係があり、おそらく提督とその随員が首里の王宮に入るのを許したためであることは間違いなかった。士官たちに悪意はなかったとはいえ、哀れな老人の左遷の原因を作ってしまったのかと思うと、いい気持ちはしなかった。また、イギリス軍艦スフィンクス号の士官が同じ王宮を訪問したために生じた事態よりも、われわれの訪問の方が重大な結果を引き起こした理由も、理解しがたく思われた。はじめは、この老摂政はハラキリ、すなわち自らの腹を切るはめになったと噂《うわさ》されたが、それを聞いて感じた痛ましい思いは、幸いにもこの老人が自邸にいるのをサスケハナ号の二人の士官が見かけたことで癒《いや》された。ベッテルハイム博士（罷免された高官に哀れみを感じているとは思えなかった）の話では、おそらく摂政は家族とともにもっと小さな島に追放されるとのことだった。

提督は不在中にも保たれた融和的処置に全面的に満足し、六月二八日火曜日、あらためて摂政ならびに財務官をサスケハナ号艦上の晩餐《ばんさん》に招待し、迎えのボートを出すと申し入

琉球の摂政

れた。この招待は承諾された。そして提督は次のような事実から、老摂政の罷免にまつわる話をすべて疑うようになったのである。すなわち、新摂政の尚宏勲《しょうこうくん》は前任者の一族で、かなり若い人物であり、躊躇《ちゅうちょ》なく晩餐の招待を受け入れただけでなく老摂政よりもはるかに丁重で、好意的にふるまった。提督は自分で確認したこの事実から、老摂政は若い人材のために進んで職を辞したのだと思った。

指定された饗宴《きょうえん》の日、賓客を艦に運ぶために艦載ボート三艘《そう》を泊村の入り江まで派遣した。賓客たちは到着するや、例によって紅い名刺を出したのち、最上等のみごとな芭蕉布《ばしょうふ》の長衣をまとい、色鮮やかな鉢巻きをかぶって艦上に現れた。ブキャナン艦長が舷門《ギャングウェイ》に出迎え、艦内のいろいろな場所を案内した。その日は蒸し暑く、各甲板、とりわけ機関室は猛烈な暑さだったから、訪問客たちはふたたび上甲板に戻ったときはほっとした顔をしていた。海兵隊員たちは武装して整列し、軍楽隊が歓迎の音楽を奏して敬意を表した。晩餐の知らせが来ると賓客たちは提督の船室に案内され、すぐにテーブルについた。饗宴はもちろんすべて欧米の流儀によるものだった。提督はテーブルの中央に着席し、その右側に摂政、左に首席財務官が座り、那覇市長ともうひとりの財務官がテーブルの両端近くに座を占め、艦隊諸艦の指揮官たちが彼らの応接にあたった。ウィリアムズ氏とベッテルハイム博士は賓客兼通訳として出席し、小テーブルにO・H・ペリー氏、ポートマン氏、テイラー氏、ハイネ氏が座った。摂政の随行員は誰も摂政と同席することを許されず、かしずいているだけだった。すでに読者に紹介した摂政の通訳、板良敷《いたらしき》は摂政の後ろに立って

サスケハナ艦上での宴会

いた。

新摂政は見たところ四五歳くらいの小柄な男で、随行員の誰よりも顔が黒く、左目は斜視ぎみだった。彼ははなはだ厳粛で口数が少なく、自分のおかれた稀有《けう》な立場をたえず意識しているらしく、ときおり落ち着きをなくして不安そうな表情を見せ、とくに話しかけられたとき以外は、けっして口を開かなかった。彼が列席者の誰よりも固くなっているのはきわめて明らかだった。それはたぶん新たに就任した地位からくるもので、彼はまだそれに慣れておらず、またアメリカ人の晩餐会での礼儀作法を知らないことも気がかりで、居心地の悪い思いをしたのだろう。あるいはまた、自分が密偵に取り囲まれているのを知っていて、この訪問がなにか不快な政治的結果を招くかもしれないという不安から逃れられなかったのかもしれない。彼の服装は暗紫色ないしスミレ色の長衣に、深紅の帽子といういでたちだった。財務官は二人とも老人で、顔には皺《しわ》がより、貧相な灰色の顎鬚《あごひげ》をつけていたが、摂政と同じような帽子をかぶり、長衣は黄色だった。市長は真珠色の芭蕉布の長衣をまとい、深紅の帽子をかぶっていた。全員が大きな金製のかんざしで髪を束ね、帯は贅沢《ぜいたく》な中国絹だった。以上の服装は公式のものと思われ、色の違いは身分の相違を示している。高官の背後に立っている下級の従者たちは、青と黄色の長衣に緋色《ひいろ》の帽子という服装だった。

わが国の普通の習慣どおり、ナイフとフォークが賓客たちに配られた。ナイフは琉球《りゅうきゅう》人にはひどく使いづらそうに見えたが、フォークにはすぐ慣れて、箸《はし》の代わりに器用に使ってみせた。しかしながら、そんなことはさほど重要ではない。どんな道具を使おうと、腹の減った人間は、なにがなんでも食物を自分の口に運ぶものだし、琉球人は分別のある人間らしく、あつかいにくい道具を敬遠して、せっかくの御馳走を食べそこなうような大きな犠牲を払うつもりはなかったようだ。そして晩餐の御馳走はすばらしかった。海亀のスープ、ガチョウ、仔山羊のカレー煮などさまざまな珍味がふんだんに供された。市長も財務官もスープを十分に堪能して、その美食家ぶりはロンドンの市参事会員にもひけをとらなかった。船室は蒸し暑く、饗宴が続くにつれて賓客たちはだんだん暑くなり、（彼らはきわめて謹厳だったから）とうとう帽子をとってもよいかとたずね、それが実行されると、後ろに控えていた従者たちは、主人の無帽の頭を一生懸命にあおいだ。スープのあとにパンチが出され、新たな味覚を楽しむことになった。訪客は提督に地元のサキ〔酒〕を贈っていたが、提督はここで世界のあらゆる地方で作られたサキを味わってもらうことにした。かくしてフランスとドイツのワイン、スコットランドとアメリカのウィスキー、マデイラ酒、シェリー酒、オランダのジンが出され、甘口の強いマラスキーノ酒が掉尾《とうび》を飾った。このマラスキーノ酒が、客人たちの判定では、確実に勝利の栄冠を獲得した。彼らはこの清らかな美酒をひとなめしては舌をならし眼をつぶり、要するに、節制の美徳を顧みるいとまがなくなってしまった。こうして彼らがキリスト教徒とほとんど変わらず優雅な享楽にふけっている間に、小テーブルについていたハイネ氏が群像を写生し、ポートマン氏は摂政の肖像を描いた。

心ゆくまで料理を堪能したのち、彼らは煙草を吸わせてもらいたいと申し出た。もちろんそれは了承され、首席財務官は二、三服ふかしてから、自分の煙管《きせる》を、刺繍《ししゅう》の施された煙草入れを添えて提督に差し出した。市長と財務官たちもこれにならって自分の煙草をブキャナン中佐とアダムス中佐に手渡した。役人たちの胃袋はまさに底なしだった。瓶詰めの牡蠣《かき》などアメリカで保存用に密封してきた食品が引き起こした賛嘆の念は、彼らの食欲と同じく限りなかった。メロンとバナナを盛りつけたデザートの一部はボニン諸島〔小笠原諸島〕から運んできたものだった。客人たちはこれがいたく気に入り、いくつか家の妻に持ち帰ってもよいかとたずねた。もちろん、そうするように言われると、帯の上でゆったりと重ねた長衣の襟元がポケットに早変わりして、詰め込めるだけ詰め込んだ。

事態がこの段階まで進むと、「酒と乾杯の潮が、しらふの乾いた陸地を浸す」のを恐れる理由が大いに出てきた。いまや他人行儀はすっかり消え失せた。気分のよくなった那覇の老市長のてかてか光る顔には、穏やかな満足の色が静かに表れていた。二人の年老いた財務官の皺だらけの顔に赤みがさし、それが顔いっぱいに広がった。摂政だけはひとり寡黙で、あいかわらず不安そうだった。かたくなに威厳を保っているので、いくら酒を飲んでも効き目がなかった。摂政がうちとけて、親しげな態度を見せたのは、提督が各種のアメリカの野菜の種子を贈ったときだけだった。摂政はこの種を植えつけて、大切に栽培すると約束した。これより先、提督は牛と水牛を贈り物として陸揚げしてあったが、これも大切に養い、子孫を維持しようと約束した。

賓客をもてなしている間、甲板では軍楽隊が演奏を続け、祝宴の重要な部分が終わったとき、提督は熟練した演奏家の何人かに命じ、フラジョレット、オーボエ、クラリネット、コルネットの独奏をさせた。摂政は演奏に注意深く耳を傾けていたが、市長と財務官たちは「甘い楽の調べ」など気にもとめず、せっせと腹に御馳走を詰め込んでいた。コーヒーが「アメリカのお茶」と称して出されたが、彼らは口をつけずに、またもや煙管を取り出した。従者たちも放っておかれたわけではなく、配膳室《はいぜん》で肉や酒をたっぷりふるまわれ、主人と同じように満喫した。しかし、すべての地上の歓楽には終わりがあり、この饗宴もついに終わった。賓客たちは三発の礼砲に送られて艦を離れ、泊村の海岸へと戻っていった。こうしてサスケハナ号上での摂政の饗応は終了した。

琉球の人と生活

琉球に帰ったので、士官たちは琉球島の地形をさらに調査し、住民の風俗習慣に触れる機会ができた。サラトガ号乗り組みのある士官は、自らの踏査の結果を次のように記している。

「その日の午後、丘を越えてきわめて注目すべき村を散策した。同地に近づいたとき、それは緑の藪《やぶ》におおわれた沼地のように見えた。家らしきものは一軒も見えなかった。それは私が少年時代にクロウタドリの卵を取りにいった、あの高低のある湿地の茂みに似ていた。しかし、広々と開けた草原をよぎってそこに着いてみると、われわれはこれまで目にした中で最も美しい小村落の中に入り込んでいた。その村は、梢《こずえ》をからませて風に揺れる丈の高い竹藪にすっぽりと包まれ、その竹藪は赤い砂土の平らな街路で芸術的に四角に区画されており、道は竹の枝のアーチでおおわれ、両側の竹は生け垣になり、そこには規則的な間隔をおいて、住居を囲む庭に入る入り口が開いていて、庭園にはさまざまな野菜がみごとに栽培されていた。私はこのような町について読んだことも、見たこともない」

ここに引用した日記を記した士官はこの散策中に、家の内部の配置がどのようになっているのか興味を抱き、数軒の住居に入ってみた。床には必ず幅と長さの寸法の決まった厚手のマットを並べて、カーペットとして敷いてあった。そこは夜には寝床として使われ、居住者は泥がつかないようにいつも裸足か、足袋だけで上がり、外から入るときは、ゆるやかな藁《わら》のサンダル〔わらじ〕を戸口で脱ぐのである。この報告者が入ってみた家ではどこでも、男はなまけ者の雄蜂で、女が働き蜂だった。どこでも一様に三人から六人の男があぐらをかいて車座になっているのが見られ、その真ん中には炭火を入れた壺《つぼ》と、小さな箱に入れた細い刻み煙草と、痰壺《たんつぼ》がおいてあった。こうして夢見心地でのんびりと座りながら、帯から小さな煙管を取り出し、煙管を鞘《さや》から抜き出すと、ひとつかみの煙草を箱から取り出して、小娘の指ぬきの半分もない小さな金属の雁首《がんくび》に詰め、火をつけて、二、三服深く吸ってから、煙をすこしの間くわえ込み、しかるのち、勢いよく鼻の穴から煙を吹き出す。そのさまは、アヘン吸飲者のようだった。これで楽しい儀式は一段落。煙管を鞘におさめると今度は半パイント〔一米パイントは約〇・四七リットル〕以上は入らない小さな茶瓶と、いずれも三さじほどしか入らない茶碗《ちゃわん》半ダースを召使が運んできて、次は煙草の代わりに、みんなでお茶をすることになる。茶がかたづくと、またもや煙管の番になり、こうして煙草と茶をかわるがわる楽しむのである。座を立つ前に、酒が運ばれ回し飲み、ときには思慮分別の限度を超えることもある。これが「男たち」の仕事であり、その間に哀れな女たちは焼けつく日差しの中、裸同然の姿で最寄りの農地を鍬《くわ》や鋤《すき》で掘り返しているのが見られるだろう。茶と煙草を飲みながらの無駄話は、戸外の涼しい木陰で行われることもある。

哀れな女たちには土地を耕していないときでも、ほかにもやらねばならぬ仕事がたくさ

午後の無駄話、琉球

んある。働くことが女たちの宿命なのだ。どの家にも芭蕉布を織る織機があり、その使い方は大変珍しい。織機は小さく、高さは二フィート〔約六〇センチメートル〕ほどで、普通部屋の隅におかれている。杼《ひ》の長さは二、三フィートもあるので、織手の片方の手を離す前にもう一方の手でつかむことができる。確かに粗末な道具だが、この道具で織られた光沢のあるみごとな織物はきわめて美しい。

以上に述べたことは、最下層の階級の男には当てはまらないことを知っておかなければならない。提督はできる限りくわしく観察して、住民を四つの階級に分けた。すなわち、第一階級は政府の高官、第二階級は僧侶《そうりょ》と文人、第三階級は下級役人と密偵、そして最後は労働者階級（とくに漁師を含む）であり、この第四の階級の労働に依存して、ほかのすべての階級が生活しているのである。なぜなら、上にあげた階級のうち最後の階級を除くと、密偵以外はなすべき仕事があるようには見えないからである。密偵にはどこへ行っても出くわす。彼らはどの町角、どの戸口にも出没した。わが士官たちが町を歩くときは、この連中があとになり先になりついてきて、戸をすべて閉じるよう、女は姿を隠すよう指図しているのが見られる。実際、住民たちはこの悪党どもに見られていないと確信したときには、外国人との交流をいやがらないし、少しばかりの贈り物や心付けも外国人から喜んで受け取る。まわりにすばやく目を配り、人から見られていないのを確かめながら、震える手で贈り物を受け取って、さっと隠すのである。提督は、遠征隊の全士官と同じく、民衆に加えられている暴政に深く心を痛めた。提督は日記に次のように記している。

「神よ、この哀れな者たちに憐《あわ》れみを垂れ給え！　私は世界の多くの地方を見てきたし、多くの人々の野蛮な生活状態を観察してきた。しかし、メキシコの哀れな債務労働者を除けば、この地のみじめな奴隷たちが被っていると思われる、かくもあからさまな悲惨な境遇はいまだかつて見たことがない。この哀れな裸の人間たちは朝から晩まで働いて、安息日の休養も知らず、どんな無慈悲な親方でも普通は認めるおりおりの祭日の休息も知らないのだ。農業労働者の賃金は一日三セントから八セントで、職工は一〇セントを受け取るという。この賃金で家族の衣食住をまかなわなくてはならず、平民の大部分がこれに苦しんでいる。少年たち（ほとんど少女をみかけないので）は驚くほど幼い頃から働かされている。那覇の鍛冶《かじ》屋をのぞいたとき、父親と二人の息子が釘を作っているのが見えた。一〇歳ぐらいの兄はハンマーを使い、五歳にもならない弟はふいごを吹いたり、一種の空気ポンプのピストンを動かしたりしており、いずれもかなりの力を必要とするものだった。われわれがこの店に入ると、三人は誰もこちらを一顧だにせず、仕事を続けた。幼い子供さえほとんど目を上げなかった。この一見無関心な態度は、われわれが出会った労働者やほかのすべての人々が、密偵の目が光っていると思うときにとるものといってよい」「私たちが上流階級を懐柔することにいかに成功しても（そしてそれはかなり進展したのだが）、下層階級の人々はいささかの感情もおもてに表そうとしない。彼らの鈍感で無感動な面貌《めんぼう》は労苦と不安を表すものにほかならず、彼らの哀れな境遇を如実に示している」「なしうるならば、このみじめな者たちを暴虐な支配者の抑圧から救い出すこと、これより偉大な人道行為を私は考えつかない」「この哀れな者たちはベージル・ホール大佐によって非常に無邪気で幸福な人々と言われた人々である」

概してわが士官たちは、彼らを気だての良い、穏やかで、本来は愛想の良い人々であると思っていた。しかし、彼らは無知であり、長い間弱者の武器に頼らざるをえなかったので、狡猾《こうかつ》で不誠実になってしまった。適切な処遇を受けていれば、事情は異なっていたかもしれないが、現在の彼らは自尊心という大切なものを失っている。彼らの境遇改善の前に横たわる別の障害は、彼らが土地所有権をけっして獲得することができないということである。この問題に関し提督が集めることのできた情報を見る限りでは、土地は政府に所有されているらしく、政府は農産物を徴集し、消費するために執達吏《しったつり》を雇っている。入手できた最良の記録によると、実際の耕作者は生産物の五分の一以上は受け取っていない。残りの五分の三は支配者である土地の領主のものとなり、あとの五分の一は土地管理や徴税などの費用にあてられる。これでは農民たちの意欲を刺激するものがない。ところが驚くべきことに、まことに悪《あ》しき制度と劣悪な耕作条件の中でも、農業労働からは多大な収穫がある。土地の性質や状況がどんなものであろうと、耕地がどんなところにあろうと、当地の農民ほど耕しうる土地から最大限の収穫を生み出す術を心得ている者はいない。同じ事実は同諸島に属する近隣の島々の開墾地のすべてに当てはまる。さまざまな環境の中で長所を利用しつくし、また灌漑《かんがい》の知識もあって、巧みに実施して成功を収めている。琉球のような土壌と気候なら、耕作できる土地をすべて農地にすれば、膨大な人口を養えるであろう。

琉球人はどこから来たのか

琉球人の起源も提督が関心を持った問題のひとつだった。十分な資料がないので、人類学もまだこの問題をはっきりと決定することができない。もちろん、この項目を担当した遠征隊の紳士たちは、できる限りその解明に努めることになった。この問題については、琉球諸島を訪れた少数のヨーロッパ人のごく限られた観察に基づき、大胆な憶測が数多くなされてきた。すでに述べたホール大佐の説を、提督は次のように語っている。

「ベージル・ホール大佐の記述はたんなる物語にすぎない。すなわち、歴史的事実にあまり厳密でない著述家の創作的頭脳の産物なのである。またアルセスト号のマクラウド博士の記録も、前者より正確であるとは言いがたい。これらの人々ののちにイギリス海軍測量士官ビーチー大佐とベルチャー大佐が大琉球を訪れたが、この二人の記述の方がはるかに信頼に値するものと考えることができる。しかし、結局彼らも、この特異な人民の歴史、法律、民政制度についての知識を得るうえで、自分たちの先達よりも優れた手段（もしあるとすれば）を持っていたわけではないので、多くの困難があった。この困難はわれわれの調査にもつきまとった。そして、われわれが知ることのできた事実はすべて、すでに明らかにされている問題にわずかばかり寄与したにすぎず、もっと徹底的な調査が必要である。われわれが入手しうる資料はありふれたものばかりである」

琉球人自身が自らの起源を証言する限りでは、彼らは中国人と同じく、自分たちを神の子孫であると主張している。一七五七年に中国の使節として琉球に派遣され、帰国するや同島に関する記録を公表した中国の著述家周煌《しゅうこう》は、次のように述べている。

「同島人が言明するところでは、琉球人の祖先はひと組の男女である。この二人には五人の子供があった。第一子は天孫という名の男子で、彼がこの国の最初の主人すなわち支配者であった。次男は長兄の大臣の役目を務め、三男は人民をかたちづくった。姉娘は国を守るため天の神の代理を務め、妹娘は海の神の化身であった。天孫とその子孫は一万七八〇二年の間支配を続けたのち、当時日本を支配していた家族の一支族である瞬天に支配権を譲った。これが起こったのは紀元後一二〇〇年頃で、中国では明朝が興った頃のことである〔明朝の創建は一三六八年〕。三人の王が琉球を支配した。第一の王は『中山王《ちゅうざん》』、二番目は『南山王』、三番目は『北山王』と称した。三人とも天孫に従属し、その許しを得て統治した。ついに一番目の王が全国の支配者となり、それ以来、全土はひとりの王に支配され、常に自らを中国帝国に属する進貢国と認めている」（＊1）

中国と日本の年代記をフォローしたと自称するクラプロートは、周煌の前記の記事とほとんど同じことを書き、さらに、琉球を支配している王の家系は日本の皇族と関係があり、中国と日本はともに琉球に対する主権を主張し、琉球人は両国に朝貢している、と述べている。

わが踏査隊が発見したものの中に、「中山」「北山」「南山」の三人の王に関する物語の一部が真実であることを裏付けるのではないかと思われるものがあった。読者はすでにご存じのように、踏査隊は中城《なかぐすく》で城あるいは王宮の廃墟《はいきょ》を発見したと報告している。この後、別の城の廃墟も発見したのだが、それについてはあとで説明しよう。この二つの廃墟が北山と南山の王宮であったことは間違いない。また首里に完全な形で保存され、いまなお王邸として使用されている三番目の城は「中山王」の王宮だったのである。琉球の伝統には今日にいたるまで（わが士官たちが発見したところによると）、かつてこの島に異なる王朝が存在したことを示す名残がある。

すでに述べたように周煌は、現在同島の支配権が中国の皇帝にある、と主張している。だが、この問題を決定するのをむずかしくしていると思われる諸点のひとつは、琉球が中国と日本の双方と密接な関係にあることだった。毎年、貢物が中国船で琉球から中国に送られているのは確かな事実らしい。しかも琉球の役人は中国人のようには見えず、教養ある琉球人には中国語を理解し話す者もいるとはいえ、琉球の日用語は中国帝国の言葉とは違う。日本が琉球に対して有するなんらかの権利に関してわれわれが言えるのは、のちに条約の案件を協議するため、ペリー提督が日本委員と会見したとき、日本側が「琉球は遠隔の属領であり、（日本）皇帝の支配は限られている」と通告してきたことのみである。琉球貿易のほとんどが日本船で行われているのも確かである。琉球人自身の証言は、那覇の役人がペリー提督に宛《あ》てて送った書簡から引用した次の一文に語られている。
「明朝の時代から、中国の外藩のひとつに列せられていることは、われらが大いに誇りとするところである。また、中国は久しくわが国王に王位を授与し、われらはそれに報いて調達できるものをもって中国に朝貢してきた。わが国に関わる重大事が発生すれば、それはことごとく中国皇帝に報告されている。貢物を送る時期が来るたびに、われらはかの地〔中国〕でわが国のしかるべき官服と冠を作るための絹や繭紬《けんちゅう》を購入し、高位者用の薬などの物品を選んでいる。それらがわが国の使用に十分でない場合は、吐噶喇《とから》の島を経て親しい近隣の国家と交通し、黒砂糖、酒、芭蕉布そのほかの貢物として中国に送っている国産品と交換する」。ここで言及されている親しい近隣の国家とは日本のことである。

琉球で数年間生活したベッテルハイム博士は、いくつかの理由から、次のように信じている。
「この国はある程度は独立しているが（琉球の支配者は北京に対する貢納とひきかえに、王という尊称を帯びることを許されている）、結局のところ日本の一部である」

その理由を要約すると次のとおりである。

一、「那覇に日本の守備兵が駐屯している」。しかし、この駐屯兵が公然と姿を現すことはないことを、知っておかなければならない。なぜならば、琉球人は武器その他の軍備を持たない戦争嫌いな国民をよそおっているからである。しかし、ベッテルハイム博士はたまたま駐屯兵の一隊が武器を手入れしているのを見かけている。

二、琉球の貿易はすべて日本とのものである。琉球が中国の属領ならこのようなことはないはずである。日本は年間約四五〇トンの船を三、四十艘《そう》、琉球に派遣しているが、毎年中国に行く琉球船は一艘にすぎない。一年おきに、一艘以上の船で中国に貢物を運んでいると言われているが、那覇に入港を許された中国船は一艘もない。

三、琉球には多数の日本人がいて、現地人と変わりなくたえず出歩いている。日本人は琉球人と結婚し、土地を耕し、那覇に住居を建て、要するに、日本にいるときとまったく同じように暮らしているようだ。しかし、中国人はほかの外国人と同じように追いまわされ、密偵につきまとわれ、ののしられ、侮辱されている。このことは、わが士官のひとりの日記からはっきりと確認できる。この士官は自分が目撃したいくつかの事実に基づいて次のように述べている。「宗教、文学、風俗習慣が、同一ではないにせよ、類似しているにもかかわらず、彼ら（琉球人）が、ほかのすべての国民と同様に、中国人との交際を固くこばんでいるのはまったく明らかである。実際は、琉球は事実上も法律上も日本の一部なのであり、そのモットーは『全世界と絶対に交際しないこと』なのである」。

四、ベッテルハイム博士が琉球当局者と接触するときには、いかなる場合にも常に少なくとも二人の人物が姿を見せた。この人物が会合をとりしきり、琉球の役人を操っていたのは明らかである。彼らは日本の監察官であると、博士は推測した。

五、琉球の言語、服装、習慣、道徳、悪習は日本のそれと一致しているので、両国の明白な関係が確認できる。言語は人類学者にとって最も確実な証拠となるものである。この点に関しては、わが士官の調査結果を、適当な場所でさらに詳しく説明することにしよう。

ヴィクトリア〔香港〕の英国国教会主教で、公職を辞して一八五〇年に琉球を訪問した人物は、この問題について次のように語っている。

「大局的には、琉球は日本からの移住者によって植民されたという意見が、最も蓋然性《がいぜん》が高いように思われる。日本人と琉球人とは、人相、言語、習慣において、密接な類縁関係にある。一方、琉球人は一部の文明や文学において、日本よりはるかに中国から重要な影響を受けていることも確かである。琉球の政体は、直接日本に従属している文官が行う過酷な寡頭政治であるようだ。この文官たちは日本国を非常に恐れていて、いざというときには中国ではなく日本に保護を求める。二、三百年前の明朝時代、日本と中国の間に戦争が起きた。このとき中国は琉球を日本から離反させようとして、威厳ある独立王国に昇格させたという歴史上の伝説がある。中国の封臣のしるしとして、新しく即位した琉球王はいずれも、特命を帯びて福州から派遣された中国の役人から公式の封爵を受けるのである。琉球からはこの福州へも二年に一度朝貢船が派遣される。約二〇〇年前タタール人〔満州族〕が中国に侵入し、現在の外国人王朝〔清〕を創設したとき、タタール式の服装と支配に従うことを嫌った中国の約三六の家族が琉球に移住し、その子孫が琉球の啓蒙者《けいもうしゃ》となって、国民と融合していった」

提督は自らの観察に基づき、琉球人は日本人（優勢である）、中国人、台湾人から成り、おそらくマレー人も混じっており、また非常に古い時代にこの島に初めて住みついたのは、難破などでたまたま漂着した人々であり、近接地帯からやってきた者をときおり住民のうちに加え、ついには全部が融合して現在の種族になったものと考えた。琉球人の個々の相貌《そう》《ぼう》は、提督の目には、まぎれもない中国人には見えず、さりとて日本人にも見えなかった。琉球人は風采《ふうさい》の良い人々ではないが、ことさら醜いわけでもない。肌色は中国人に近く、眼と髪は黒い。ついでに言えば、毛髪は中国風に長く編んで後ろに垂らすのではなく、非常に注意深くきちんと頭のてっぺんで束ね、銀またはほかの金属のかんざしで留めている。かんざしに利用する金属の性質で、その人物の身分を示すのである。

島民の教育・宗教

教育については、資料を集める機会はどうしても限られていた。提督がこの問題に関して入手しえた最良の記録は、数年前から琉球に居住しているベッテルハイム博士から提供されたものだった。博士は次のように述べている。

「私は首里で、おそらく『大学』と訳せる文字を扉に銘記した建物を目にした。那覇には儒教の知識に習熟した人々の学校がある。しかし、一般の学問は――たんに中国の文字および一定の古典書の知識に限れば――年長者が年少の者を教えることによって普及している。一種のランカスター方式〔上級生が下級生を教える初等学校制。一九世紀初めに提唱された〕

が各々の家で、ひいては国中で実施されているのである。しかも、そのほかにも学校があり、那覇でも泊村でも公館と同じように政府の建物が学校として利用されている。けれども、公館には特定の教師はおらず、普通各地の孔子廟《こうしびょう》に付属した離れ屋で、ひとりの先生の監督のもとに子供たちが集まっているのをしばしば見かけた。この先生は報酬として無料の住宅とそれに付属する土地の恩典を受けているらしい。なにもかも中国のまねをして、琉球にも三年ごとの試験があり、その時期になると、書生たちは大いにそわそわするのであるが、成績が良くても中国のように高い地位につける望みはまったくない。幸運な受験者でも得るものは、最高でもしかるべき名誉と禄米、教員資格くらいのものである。サムン〔沙門〕も田舎の学校での教育を交替で委託される。これらのあらゆる方法で、中国文字の知識が国民の間にかなり広く普及しているが、女性はまったく学問から除外されている」

琉球で教授されるものは、書物といい知識といい、すべて中国に由来し、上流階級の青年が教育のため毎年中国に派遣されている。琉球では一般に中国文字が使用されているが、住民は（ベッテルハイム博士によれば）独自の草書体を使っており、これは古代中国の象形文字を「すさまじく崩した」もの、と博士は考えている。彼はこの書体で書いた手写本をいくつか見たが、琉球文字にはいずれも、向かい側に現代の読みやすい中国文字がふってあった。多くの琉球人がこの琉球文字をまったく読めないのである。しかしながら、彼らはこの文字を非常に誇りにしていて、これこそ自分たちの「言葉」であると言っている。

もっとも、確かめうる限りでは、この文字は、間違いなく日本語の方言である琉球語の音を表現するために使用されているのではない。したがって、この書体は日本の平仮名と同じ性質のものではないのである。琉球で見かけた書物はほとんど普通の中国文字で書かれていたが、日本の文字も理解されていた。なぜなら、琉球人の手になる文書に片仮名が見られたからである。このような学習制度では、大衆が学識を得るには口伝えによるしかないことは容易に想像できるだろう。琉球人は自らの文学を持っていないし、われわれの知る限り、自国の作家は現れていない。中国の儒教の古典が教科書であり、その目的は、「尊ぶべき古代の文芸遺産に込められた情操により精神を復興するというよりは、見るからに音を機械的に反復することにある」と、ヴィクトリアの主教は言っている。

読者はたぶんこの遠隔の地の島民の宗教的見解や、ベッテルハイム博士がこの島民の中で暮らすことになった事情について、多少は興味を抱いておられることだろう。現地人の宗教を概観すると、儒教と仏教が混合したものであるらしいといってよい。だがこの問題については彼ら自身に語らせるのが最善だろう。ヴィクトリアの主教が琉球に滞在していた一八五〇年に、イギリスの汽船レイナード号の船長が、現地当局者から中国語で書かれた二通の文書を受け取った。その二通目には次のように記してあった。

「さて、天帝の宗教（彼らはキリスト教をこう呼んでいた）に関しては、われわれは太古から孔子の教義を傾聴し、その教義の中に修身斉家の原理を見出し、生活のあらゆる状況を律しているのである。われわれはまた、この聖人から伝えられた規則と原則に従って国政を行うよう努め、永遠の平和と安寧の確保を心がけている。さらに、わが国の上流社会も庶民も天性の能力を欠いており、儒教に専念しているにもかかわらず、いまだ完全に修得するにはいたらない。いま儒教に加えて天帝の宗教を学ぶことになれば、そのような試みはわれわれの能力を超えるものであり、それに心が傾くことはないだろう」

儒教と仏教の混合に多くの迷信が入り込んでいる。ここでは、中国と同じく、孝行が主要な徳であり、この徳が少なくとも理論的には、家父長制を主張する政体の基礎を成している。これこそヴィクトリアの主教がいみじくも評しているように、奴隷制の大きな根源であり、いわゆる家父長的支配者によるはなはだしい暴虐を公然と許しているのである。哀れな虐げられた人々がキリスト教の真理にどれほど感銘するだろうか、それを語るのはむずかしい。だが、ベッテルハイム博士の初期の経験から、庶民は、束縛がなければ、喜んでキリスト教の教えに耳を傾けるものと思われる。福音の原理である慈悲は、庶民を苦しめている残虐と抑圧に対してきわめて強烈かつ適切な対照となりそうなので、人民の思想と行動が自由に放任されるなら、琉球ほど、神の恵みによって、キリスト教の伝道が成功しそうな異教国がほかにあるとは思えない。

ベッテルハイム博士が宣教師としてこの島に定住した経緯については、ヴィクトリアの主教が述べていることをここに要約する。――それほど昔ではないが、イギリス海軍の幾人かの信仰厚い士官たち（その中にはベージル・ホール艦長とともに琉球を訪れたと思われるクリフォード海軍大尉という著名な人物もいた）が、この島にキリスト教の宣教師を派遣する目的で、「琉球海軍伝導団」という名の協会を結成した。彼らが派遣した最初の宣教師がハンガリー生まれの改宗ユダヤ人ベッテルハイム博士だった。しかし、彼は聖職者ではなく、キリスト教の平信徒であった。帰化してイギリスの臣民となり、イギリス人女性と結婚したベッテルハイム博士は、宣教という仕事に適した多くの資質をそなえていた。彼は医師であり、言語学者であり、偉大な精神力と活発な体力、そして不屈の忍耐力の持ち主だった。彼はまた剛胆な性格でもあったから、恐れることなくイギリス臣民としての権利を主張して、ときには慎みに欠ける点もあっただろう。当初は二人のローマ教会の宣教師も琉球に滞在しており、そのうちのひとりはサモスの名誉司教、日本の司教総代理になった。しかし、成功の望みはまったくなかったので、彼らは布教を断念して琉球を去った。一方ベッテルハイム博士は任地に滞在し続け、活動の手をゆるめなかった。すでに述べたように、ペリー提督は那覇でこの人物に出会ったのだが、彼は一八四六年五月以来、同地に住んでいたのである。ベッテルハイム博士の活動への敵対は、庶民から起こったのではなかった。初めのうちは庶民との交流は自由に許され、彼らには教えを受ける気持ちがあったようである。しかし、やがて当局者が警戒するようになった。その理由はまったく政治的なものだったと思われる。彼らは日本の主人を恐れたのである。周知のように、日本の支配者は国内にキリスト教の形跡が少しでもあるのを許さず、キリスト教が琉球に伝来することは、日本の排外制度を崩壊させる第一歩であるとみなした。そのため那覇当局はまず穏やかにベッテルハイム博士に同島を退去するよう説得した。続いてあからさまな敵対が始まり、人々にベッテルハイム博士に近づくのを禁じ、博士が人々の中にやってきたときは、その場にとどまらぬよう命じたのである。そして最後には、いやがらせ、つきまとう密偵、脅迫など無礼なやり方で彼を追い出そうとした。しかし、これらの手段はすべて無駄だった。宣教師は琉球にとどまり、提督が到着した頃には、住民との間のあからさまな敵対関係の中で暮らしていた。ベッテルハイム博士にいかほどの功績があるにせよ、彼がここにとどまっている限り、琉球におけるキリスト教普及の望みはほとんどないことは、火を見るより明らかだった。

身分制度と風俗習慣

二度目の訪問のとき新たに視察する機会があったので、遠征隊の士官は琉球の社会生活のいくつかの特徴をさらによく知り、風俗習慣をより詳しく観察することができた。琉球には中国にあるものと類似した役人の等級があり、ここでも中国と同じく、いくつかの衣服の特徴でその等級を表している。しかし、上流階級と一般庶民との違いを示す大きなしるしはかんざしである。頭のてっぺんを幅二、三インチほど剃《そ》って、その髪のない部分に残りの毛髪をすべて引っ詰め、丸く鶏のとさかのように束ねている。調髪には油とすすをたっぷり使い、二本の大きなかんざしをこの束ねた髪に差して固定する。下の方に差すかんざしの先端には星形の頭がついている。かんざしには金、銀、真鍮《しんちゅう》、鉛、白目が使われ、

琉球の中流階級の服装

この材質の違いが着用者の身分の相違を示す。下層階級は普通、真鍮のかんざしをさしているが、極貧の者は白目のかんざしを使うこともある。文官や高官は金か銀のかんざしを使用する。最下級の人民は公有奴隷（oo-bang）で、市民権も人格の自由もなく、文官の意のままに従わなくてはならない。彼らの境遇はまったく劣悪なものである。そのすぐ上の中間階級は農民あるいは農業労働者（Ha-koo-shoo〔百姓〕）である。彼らは租税の代わりに生産物の半分を政府に支払うばかりでなく、法外な地代を払って田畑を耕している。すでに説明したとおり、労働者が取得するのは自らの労働の成果のわずか五分の一なので ある。まったく働かない文官階級の生活は、この労働によって支えられている。下層階級のうちで最も身分の高いのは、政府に仕える送達吏、密偵、下級役人などで、小商人や職人もここに含まれる。この身分に属するものはウェ・デ・オ・ガンという名で呼ばれている。彼らが政府の勤めを果たすときは賃金ではなく食物のみを受け取り、真鍮のかんざしから銀のかんざしに出世するという、はかない期待を持って働いている。富者は貧者から一生の労働を買い取ることもあるが（奴隷制度）、むしろ年季奉公が普通である。この種の普通の奴隷の価格はひとり頭二ドルから一〇ドルほどである。

死者には大いに敬意が払われていて、金に糸目をつけず墓を念入りに造り、敬意の念を証明する。墓は、石で造られ、しばしば風景に異彩を添えている。実際、わが艦隊が最初に琉球に近づいたとき、墓は大きさ、色あい、丘の中腹に占める位置などから、遠くから見ると人家と見間違えるほどだった。

琉球の墓

琉球の各地方には一種の氏族制度が行われているらしく、ある集落の人間がほかの集落の住民と結婚することはめったにない。農民のみならず、概して平民は物に対する欲望をほとんど知らないようだ。彼らは粗末な小屋に寝起きしているものの、サツマイモをふんだんに蓄えており、この豊かさゆえに、ごくわずかな欲望をも抑制できるかのように思える。貧民には漁師が多いが、もっと多いのは主に木挽《こび》きと漆塗りを業とする職人である。普通この漆塗りをするのは女性だが、それに絵を描くのは男性の仕事である。商店の数はわずかで、売っている品物は主に紙、米、茶、砂糖菓子、衣服などだ。琉球人が常に主張するところによると、彼らは流通貨幣を持たず、取り引きはいつも物々交換で行われているという。この意見はだいたい当たっているようだ。琉球人はほとんど金属通貨を持っていないようだし、提督がなんとかして琉球当局者から同国の貨幣をアメリカの貨幣と交換して入手しようとしたが無駄だったからである。彼らは真顔で自分たちの国に貨幣はないと断言した。たぶん政策上の動機から、琉球当局には自国の貧しさを誇張する習癖が大いにあるにせよ、通貨がないという言葉はたぶん本当だろう。しかし、彼らは中国の貨幣の価値を非常によく知っており、勘定を決済するとき、中国貨幣をわが主計官から受け取った。

琉球の動植物の産物は豊富である。サトウキビが茂り、粗製ながら砂糖の製造法も知っている。

この砂糖と、米から蒸留した強い酒が輸出されている。煙草も大量に作っており、喫煙は一般的な習慣である。島には綿も育ち、藍《あい》も栽培している。また蒸発による製塩も行っている。もし琉球が別の支配者に委ねられれば、その農産物で多くの人口を養えるだけでなく、余剰を輸出にまわせるだろう。鶏、アヒル、ガチョウ、豚、山羊、小型の黒牛はいずれも非常に豊富である。小柄だが活動的で丈夫な品種の馬もいるし、森林には猪がいる。

遠征隊の士官が受けた一般的な印象は、琉球は美しい島で、物資も豊富だが、良い政府を形成する必要があり、身体のためには、願わくは快適な住居を、ということだった。

＊1 "Chinese repository"〔中国叢報〕第六巻、一八三七年七月刊

第12章　第一回日本訪問・浦賀

江戸湾の一〇日間I

一八五三年七月二日～一一日

江戸へ向け出航

一八五三年七月二日の早朝、多くの予想外の支障で遅れたのち、提督はわずか四隻を率いて那覇《なは》を出発した。すなわち旗艦サスケハナ号とミシシッピ号の二隻の蒸気艦、サラトガ号とプリマス号の二隻のスループ型砲艦である。サプライ号は琉球《りゅうきゅう》に残り、カプリス号は上海に派遣されていた。あれほど繰り返し約束されていた一二隻から編成される堂々とした艦隊に比べ、これはあまり見栄《みば》えのしない船団だった。しかし、これ以上の艦船は一隻も到着していなかったし、またいつやってくるのかまったく予測できなかったので、提督はこの劣勢な艦隊を率いて出帆する決断をし、日本に向かうために完全に艤装《ぎそう》した。提督はこの陣容でも遠征隊の大目的に深刻な支障はもたらさずに要求を満たしてくれるものと信じたのである。船が安定した進路を着々と確実な速度で進むとき、蒸気機関の利点を十分に認識することができた。帆船もその恩恵にあずかった。というのは、サラトガ号はサスケハナ号に、プリマス号はミシシッピ号に曳航《えいこう》されていたからである。提督の乗艦は那覇を先発し、那覇から約五海里〔約九キロメートル〕の沖合に出て、港から遠く離れた群島と同島の西南端との中間で、僚艦の来航を待った。ミシシッピ号も同じ行動をとった。つづいて二隻の汽船から二隻のスループ型砲艦に曳《ひ》き綱が渡され、それぞれの艦はつながって、艦隊は順調に出発し、江戸に向かって航海を開始した。

誰もが琉球を離れることに大変満足しているようだった。絵のように美しい島国への興味も、時がたてばすっかり色褪《あ》せて、むしろ現実の単調な生活が重苦しく訪問者にのしかかるようになってきた。それに、前途に待ち受ける遠征隊の大目的を思えば、当然ながら焦燥の念に駆られた。気候も蒸し暑く、ひどくうっとうしくなっていた。なにしろサスケハナ号が港に停泊している間、艦内のいちばん涼しい場所でも、華氏八八度〔摂氏約三一度〕という暑さになっていたのだから。おまけに琉球の人々は、礼儀正しい訪問者が愛想よくすり寄っても、いっこうに説得を受け入れる気配は見せなかった。当初、艦隊に供給してくれていた食料品の量もしだいに減らされてきたし、われわれの六週間にわたる長期滞在が彼らの政策に及ぼした主要な変化といえば、提供した物品に対する支払いを受け入れることに同意したことだけだった。それでも多少の進歩はあった。彼らの密偵制度はあからさまで傍若無人なものではなくなった。だが、それとても、いっそう隠微なかたちで監視しているのだと疑う者もいた。

港を出て同島東南端の避難地のはるか沖合に出ると、東からの強風に遭遇した。二隻の蒸気艦は喫水が深かったので、陸から十分に離れるためには左舷《さげん》に風を受けて、沖に向かうのが得策と思われた。なぜなら、蒸気機関の力をもってしても、曳航されている船は風下へと流されたからである。島の東側を風上に向かって航行できる見込みが十分にあったので、その日のうちに反対の舷に風を受けるように向きを変え、針路を日本に向けた。艦隊がとった、台湾から琉球、琉球から日本へと連なる列島（ブラント〔アメリカの水路学者〕はまことに適切にこの列島を「南方」「中央」「北方」諸群島と呼んでいる〕の東側をたどるコースは、現代の諸国家の船舶がめったに通過しない航路であり、この列島の東側の島々も、われわれ現代の航海家にとって未知のものである。

一八四六年、フランスの海軍提督セシーユは、麾下《きか》の艦隊の中の一隻または数隻を使って、琉球周辺の諸島および北方群島の西側に沿って探査させた。しかし、フォン・シーボルトの証言を含む最良の諸文献によれば、現代の航海家で北方群島の東側を訪れた者はいまだにいない。北方群島の主島を日本人はオオシマ〔奄美《あまみ》大島〕と呼び、中国人はタータオと呼んでいるが、どちらも「大きな島」という意味である。大島は付近の一、二の島を加えるとほぼ大琉球島ほどの大きさがあり、おそらく同じ法律で支配されているのだろう。大島には主要な町ひとつと、いくつかの町があり、土地は高度に開墾されていると思われる。フォン・シーボルトはこの島には良港がいくつかあると記している。大島の調査を主張することはあらゆる点で非常に重要であることは間違いない。提督は次の機会に艦隊から何隻か派遣し、この島を正確に測量する決心をした。

サスケハナ号とその僚艦はおそらく北方群島の全域を航行した最初の欧米の船舶だろう。フォン・シーボルトは、ブロートン〔イギリスの船長〕が北東地点を見、フランスのコルベット艦ザビーヌ号の艦長ゲランが一八四八年に西岸を調査したと明言している。一八四八年にグリン中佐が見て、新発見だと想像したのは、おそらく北方群島中の主島である大島であろう。また、彼がその北北西の方角に見たという小島群は、二年前にセシーユ提督の艦隊の一隻が踏査したクレオパトラ諸島〔吐噶喇《とから》列島〕である。

フォン・シーボルトが自ら編集した海図、すなわち日本に関する大著に付録として載せた海図には、以上の島々がまことに正確に記載されている。またサスケハナ号艦上からの観測によれば、大島の主要な岬の位置はフォン・シーボルトの記した位置とかなり一致していることが分かった。ひとつの海流がこの諸島から北と東に向かってたえず流れていると言われている。島人の言葉を借りれば、それは常に日本に向かって流れ、けっして戻ってくることはない。しかし、サスケハナ号の航行中に、この海流には大きな力がないことが分かった。もっとも、一般に海流の速度は船舶の航行速度に追い越され、言い換えれば海流の方が船より遅いので、蒸気船で海流の速度や方向を測定するのはむずかしいことを認めなくてはならない。また、汽船の外輪の回転によって起こる水の逆流が、測定をさらに困難にしている。

航海の三日目は一八五三年七月四日で、ちょうどわが国の七七回目の独立記念日にあたっていたので、故国のことがまざまざと思い浮かんだ。この日はさわやかに快く明けて、乗組員たちは素人芝居の準備や、あれこれの祝祭行事の用意に取りかかった。ところが空模様がしだいにあやしくなり、ほかにも支障が出てきたので、水兵たちはひどくがっかりしたが、彼らの愛国心を発露するショウは中止するのが賢明と思われた。それでも、そこは祝日らしく、艦隊の全艦船が一七発の祝砲を打ち上げ、水兵にはいつもより多めにグロッグ酒がふるまわれ、士官たちの会食にもさまざまな備蓄の食料が持ち出され、この日にふさわしい享楽と感動をもたらした。乗組員の全員が祭日を楽しめるようにと、全部署における通常の点呼も、大砲と小銃の操練も猶予された。この操練は、日本に到着したとき艦隊がどんな事態にも対処できるよう、航海中非常に厳格に、規則正しく実施されていた。概して暖かかったが天候は変わりやすく、ひどく暑くてうっとうしい日があるかと思えば、とても涼しく快適な日もあった。ときにはとてもさわやかな風が吹くこともあり、たいていは東風だったが、そよとも吹かないこともしばしばあり、そうなると、甲板のいちばん涼しい場所でも温度が華氏八八度〔摂氏約三一度〕に達して、乗組員は猛暑にひどく悩まされた。それどころか、この暑熱とからっとした空気は日本の海岸に近づいても経験させられ、話に聞いて期待していた日本の涼しく霧深い気候なるものが、認められないように思われた。

七月七日木曜日の日没頃観察すると艦隊はナガッオ岬〔長津呂/石廊崎《いろうざき》〕、別の呼び方ではイズ岬〔以下伊豆岬〕から四〇海里の地点にいた。陸地に接近したので、夜中から翌朝四時まで船首を沖合に向けた。四時にはマストの先から伊豆岬が見えただけでなく、フォン・シーボルトがヘブローケン諸島（破壊された島）〔伊豆諸島〕と呼んでいる数個の島が東方に見え、またトシシマ〔以下利島〕、リキネシマ〔以下式根島〕という日本名を持つ同群島の二つの大きな島も望まれた。その日の朝は晴天だったが、大気にはもやがたち込め、切り立った海岸の輪郭がぼんやりと見えるだけだった。しかし、やがてもやを通して伊豆の岬が海面に威容を現し、高い山々が幾重にも重なって日本の内陸に連なっているのが見えてきた。先導艦サスケハナ号の針路はまっすぐ江戸湾の入り口に向けられた。同艦が険しい伊豆岬を通過すると、すぐにロック島〔神子元島《みこもとしま》〕と呼ばれる低くて草木もない、無人島らしき長さ約四分の三海里の小島に近づいた。このロック島と本土の境界となっている岬の間にひとつの航路があり、いくつか岩礁があるが通航は可能である。合衆国戦列艦コロンブス号はこの針路をとったのであるが、モリソン号のとったロック島の外側を通過する方が良いと思われたので、提督はこの針路をとり、ロック島から一海里半以内の距離を保ちながらここを通過した。艦隊が沿岸近くを進んでいたとき、八艘《そう》から一〇艘ほどの小舟が見えてきた。その中の二、三の小舟はすぐさま向きを変えて、まるで遠来の客が到着したのを告げにいくかのように、海岸の方へと引き返していくのが見えた。

▽第一日目　七月八日（金曜日）

ペリー艦隊江戸外湾へ進入――浦賀沖に投錨

この朝は空が曇ってもやが深かったので、あいにく視界はきわめて限られており、噂《うわさ》に聞いていた日本の気候の特徴が確かめられたように思われた。艦隊が浦賀の町の沖合に停泊するまでは、海岸線をはっきり目にすることはできなかった。風は吹いていたが、蒸気船は帆をすべて巻き上げたまま、八ないし九ノット〔時速約一四～一六キロメートル〕の速度で進んで、海岸沿いに群がり、あるいは湾口の海面に散らばっていた日本漁船の乗組員を驚かせた。彼らは船の上に立ち上がり、日本の海に最初に登場した蒸気船を、驚愕《きょうがく》の色をあらわにして眺めていた。

時がたつにつれ、太陽はさんさんと輝きはじめ、一面に浮かぶ小舟の幅広い帆に照り映えた。霧が晴れていき、そのすき間から伊豆岬の険しい峰、熔岩《ようがん》でできた絶壁、伊豆の連山が垣間見えたが、この景色もあっという間に後方へと消えていった。大島と呼ばれるヴリーズ島を右舷に見て相模湾口を横切り、艦隊は相模岬〔剱崎《つるぎざき》〕に向かって進んでいった。霧の晴れ間に、大富士が相模湾の背後にそびえているのが見え、その円錐形《えんすいけい》の頂が天高くそそり立って、はるか彼方に姿を現した。頂上は白い帽子をかぶっていたが、それが雪なのか白雲なのかは見分けがつかなかった。艦隊が湾内に入ると、漁船はますます警戒の色を見せたが、その中の一隻が蒸気船に追いつかれてしまった。船上の人々はおそろしく興奮した様子で、幅の広い帆を下ろすと、艦隊から離れようと懸命に櫓《ろ》を漕《こ》いだ。

艦隊が湾に近づくと、提督からの信号が発せられ、たちまち甲板は戦闘にそなえてかたづけられ、大砲は所定の位置に据えられ、装弾され、弾薬が配備され、小銃が準備され、歩哨《ほしょう》と各員は自分の部署につき、要するに、いつも会戦を前にして行われる準備をすべて整えたのである。正午頃、相模岬に到着すると、艦隊は約一〇分間停止して、全艦長に対し、旗艦に集合して提督からの指令を仰ぐべしとの信号が出された。それが終わると、艦船はふたたび航進を続け、まもなく相模半島〔三浦半島〕に接近した。半島の南端に町があるのが見えた。艦隊が陸地から二海里以内に接近したとき、一ダースを超える大型船の船団がこちらに向かって漕ぎ寄せてきた。船団はわが艦隊を訪れるつもりらしかったが、われわれはそれを待たずに進んだので、たちまち彼らは後ろに取り残されてしまった。日本人たちは風に抗して進む快速の蒸気船を見て、大いに当惑したに違いない。それらの船にはぎっしり人が乗っていて、どの船にもなにか文字を記した大旗が立ててあったが、武装している様子はなかった。旗の文字から推測すると、ある種の政府御用船らしかった。湾内には沿岸を走る船の数が増えてきて、ときおりわれわれの船の間近を通るので、その構造や装具をはっきり見てとることができた。その船体は船首が嘴《くちばし》状に前方に高く反り上がり、船尾も後方に高く迫り上がっていて、前後二本の綱に支えられた一本のマストが船の真ん中に立っている。マストにはキャンバス地の四角い大きな帆が装着され、ほかにも舳先《へさき》に二枚、船尾に一枚、都合三枚の小さな帆が張られていた。

湾口にある相模岬《さがみ》を通過するとき、海岸は断崖絶壁となってそびえ立ち、その断崖が陸地の奥の方の起伏のある丘に連なっていた。豊かな新緑におおわれた深い渓谷が、険しい斜面のところどころを断ち切り、それが広がって小さな沖積地となり、湾の水に洗われて入り江の形になり、そのまわりにいくつかの日本人の村が集まっていた。台地は耕作された畑と鬱蒼《うっそう》とした森林で美しく変化に富み、そのはるか後方、奥の方に高い山々が重なっていた。湾口はかなり防備が固められているようで、丘陵や突出した相模岬は強力な要塞《ようさい》になっているが、異国船の威嚇的な入港にもかかわらず、大砲は沈黙していた。はるか東方の安房国の海岸は、相模と向かい合って高くそびえ、彼方に絵のように美しい頂を連ねていた。相模よりさらに山深く、耕作の跡も少なく、砲台もないようなので、脅威は感じられなかった。艦隊が水道を通過して浦賀の内湾に入ると、たくさんの漁船が大あわてで逃げていき、漁夫たちは安全な場所まで遠ざかることができたと思うと、櫓を漕ぐ手を休め、心配そうな顔つきでじっと異国人を見つめていた。

午後五時頃、艦隊は江戸湾の西側にある浦賀町の沖合に錨《いかり》を下ろした。その少し前にスループ型砲艦は〔順風だったので〕曳船から引き離され、四隻の艦船は指令されたとおり海岸に向かう位置を取った。投錨《とうびょう》直前に天候は晴れ上がり、富士山の高い頂がますますくっきりと見え、内陸部に広がる群峰よりはるかに高くそびえていた。標高八〇〇〇から一万フィート〔実際の標高は一万二三八五フィート〕と推測され、その位置は浦賀から西二分の一北、距離は五〇ないし六〇海里のところにあった。艦隊が投錨地に向かって進んでいるとき、ずっと測鉛《そくえん》を下げて、たえず水深は二五尋《ひろ》〔約四五メートル〕あることが分かったので、艦船は浦賀の入り江の高台あるいは断崖をめぐって、適度な速度を保ちながら進んでいった。さらに測鉛を下げながら慎重にゆっくり航進し、ついに江戸湾の入り口を防備する岬からほぼ一海里半の位置に達した。この地点はいままで当地にやってきたどの外国船よりさらに一海里奥に入ったところである。そのとき、近くの砲台から二発の大砲が発射されたが、空に上がった煙玉を見て、狼煙《のろし》が打ち上げられたことが分かった。即時投錨の命令が下されたが、水深は依然として二五尋あったので、まず二隻の蒸気船をもう少し海岸に接近させてから錨を下ろした。

提督の方策――日本政府への断固たる態度

投錨する前から、たくさんの日本の番船が海岸を離れて追ってくるのに気づいたが、提督は言葉と信号で自分の乗艦以外の船には誰も乗せてはならないという至急命令を発してあった。さらに提督は旗艦に対しても、乗艦を許される者は一度に三人を超えてはならず、用件のある者のみに限るよう命令した。それまでは、やってくる人々の乗船を無差別に許すのが軍艦の慣例であった。コロンブス号が江戸湾に入港したときには、一度に一〇〇人以上の日本人を乗せた。日本人はなんのためらいもなく士官たちの歓待を受け、すっかりくつろいでいたが、上陸について話を向けると、それは無理だと手まねで答えるのだった。そのため提督は日本人と同じように排他主義を実行し、日本の役人との連絡はサスケハナ号のみが直接行うことを、あらかじめ決意していたのである。乗船を許されないことに手まねで不満の意を示す日本船の隊長もいたが、提督の命令は厳守された。

錨を下ろしたとき、海岸にある堡塁《ほうるい》からもう一発大砲が発射されるのが聞こえた。そして艦隊が一列に並んで投錨し、艦載砲で砲台と二つのかなり大きな町全体を威圧すると、たくさんの番船が四方八方から群がってきた。乗り組みの日本人たちが食料、水、衣服、寝るためのマットなど長期滞在に必要な品々を持参していることから、艦隊を包囲する態勢をとろうとしているのは明らかだった。しかし、提督はかねてから、断じて包囲させて乗船しようとして、番船をサラトガ号の舷側《げんそく》に横づけして、乗船しようと試み、番船をサラトガ号のどこかに結びつけるため、もやい綱を無遠慮に投げかけてきた。彼らは鎖を伝って艦によじ登ろうとしたが、それを阻止するよう命じられた水兵たちが、槍《やり》、短剣、ピストルを見せつけて相手を牽制《けんせい》し、わが士官や水兵がきわめて真剣であることを分からせると、日本人たちは乗船の企てを思いとどまった。

番船の船型の美しさには、誰もが感嘆の念に打たれた。ちなみに、それはアメリカのヨットの形によく似ていた。それらの船は白木造りで、舳先が鋭く尖《とが》り、船幅は広いが、艫《とも》に向かってやや細くなり、船足は軽快だった。番船はすいすいと水の中、というよりは水の上を進んでいた。というのは、波をかき分けるというよりも、海面を滑っているように見えたからである。比較的大きな船には三〇人以上が乗り組んでおり、水夫は背が高く、筋骨たくましい男たちで、その赤銅色の肉体は腰まわりの一片の布以外は裸だった。しかし、夜が近づくと、この男たちは垂れた袖《そで》のついた、赤や青のゆったりした上衣をはおった。袖には白い筋があり、肩のところで合わさっていた。背中には黒そのほかの色で紋章か、あるいはなにかの標章が描かれていた。彼らのほとんどは帽子をかぶらず、頭の天辺の毛髪は剃《そ》ってあるが、そのまわりの毛はのびるままにしてあり、ある種の軟膏《なんこう》を塗りつけて固め、頭の天辺の剃った部分に束ねていた。しかし何人かは、浅い洗面器を逆さにしたような竹製の帽子をかぶっていて、その形は山型ヘルメットを想い起こさせた。何艘かの船には、十字形の飾りを上につけた、長い竿《さお》〔穂先を鞘《さや》に納めた十文字槍〕を持っている者

江戸湾、浦賀の風景

がいて、その竿はなにかの軍職を示すものらしかった。役人たちは紋章を前につけた漆塗りの軽い帽子をかぶっていた。この紋章はおそらく官位を示すものだろう。漕ぎ手は櫓に向かって立ち、櫓は船尾近くの両側のふなべりについている軸上で動くようになっている。彼らはこの櫓を実に巧みに的確に操り、大きな掛け声をかけながら、非常な速さで艦隊に漕ぎ寄せた。どの船の船尾にも一本の小旗が立っていて、その旗には三本の筋、すなわち上下に白い筋が一本ずつ、真ん中に一本の黒筋が引いてあり、さらに記章をつけた旗をもう一本並べて立てている船も多かった。腰に二本の刀を差している人物が、どの船にもひとりか二人立っており、彼らが地位と権力のある役人であることは明らかだった。

初めて日本側と接触——来訪の目的を伝える

やがて一隻の番船が旗艦の舷側にやってきた。船上のひとりが紙の巻物を手にしているのを認めたが、サスケハナ号の士官は受け取るのを拒絶した。しかし、その紙はミシシッピ号の舷側で読めるよう高く掲げられた。その文書はフランス語で書いてあり、艦隊は撤退すべし、危険を冒してここに停泊すべきではない、という趣旨の命令を伝えていることが分かった。上役の役人が、船をサスケハナ号に横づけにして、舷梯《げんてい》を下ろすように手まねで合図した。これは拒絶したが、中国語通訳ウィリアムズ氏とオランダ語通訳ポートマン氏に命じ、その役人に対して、提督は最高位の役人としか面談しないから貴官は陸に戻るようにと告げさせた。日本語で話を進めるのは困難に思われたとき、横づけにした番船上のひとりがまことにみごとな英語で「私はオランダ語を話すことができる」と言った。彼の英語ではこれを言うのが精いっぱいらしかったので、ポートマン氏がオランダ語で彼と会話を始めた。彼はオランダ語が堪能であるとみえて、矢継ぎばやにさまざまな質問を浴びせてきたが、質問の多くには返答しなかった。彼は、艦隊がアメリカからやってきたのかどうかたずねたが、そうであることを予期しているようだった。彼はきわめて執拗《しつよう》に乗船を許可するよう迫ったが、こちらも拒否の姿勢を崩さず、艦隊の司令長官という役職は合衆国では最高位のものであり、長官は浦賀の最高位の役人とのみ協議するつもりだと言い聞かせた。すると彼は浦賀の副奉行が同船していると言い、彼のかたわらにいる役人のひとりを指さして、この人物は浦賀の町の高官で、会談するにふさわしい人物であると語った。それならなぜ奉行が自ら出向いてこないのかと問いただすと、奉行は法律により投錨中の艦船に乗船することを禁じられている、と返答してきた。そして、政府に艦隊来訪の目的を報告したいので、提督の方も副奉行に相当する地位の士官を任命し、協議に応じてもらいたいと申し入れてきた。提督はわざと時間をかけてから、この要求を受け入れ、副官のコンティ大尉に命じて副奉行と面談させることにした。こうして舷梯が下ろされ、副奉行の中島三郎助〔実際は浦賀奉行所支配組与力〕がオランダ語通訳の堀達之助を伴って乗船し、艦長室に迎えられた。そこで、実際には提督と協議が行われたのだが、提督自身は故意に長官室に閉じこもり、副官を通してのみ日本人との交渉を進めた。

提督は副官に指示して、以下のことを日本の高官に通告させた。すなわち、友好使節として合衆国から日本に派遣された提督は、合衆国大統領から日本皇帝〔将軍〕に宛《あ》てた親書を持参しており、提督が公式にこの親書の原本を手渡す日を定めるため、しかるべき役人を本艦に派遣して、親書の写しを受け取ってもらいたい、ということである。これに対して高官は、日本の法律によれば異国との交渉の場は長崎のみであり、艦隊は長崎に回航しなければならない、と答えた。これに対しては次のように返答した。すなわち、提督がわざわざ浦賀にやってきたのは江戸に近いからであり、断じて長崎には行かぬ。提督はいま滞在している地で親書を遅滞なく正式に受け取ってもらうことを期待している。提督の意向はまったく友好的なものであるが、無礼は許さない。また艦船を取り巻いている日本の番船がいつまでもここにとどまることを放置するわけにはいかず、番船がすぐさま撤退しなければ、武力によって追い払う、と言明した。この言葉が通訳されると、副奉行はにわかに席を立ち、舷門《げんもん》に行って、命令を出した。その結果、大部分の船は海岸の方に戻っていったが、なお数艘があいかわらず群がっていたので、一艘の武装艇を艦から派遣して、退去するよう手まねで警告すると同時に、武器をかまえて威嚇した。これが望みどおりの功を奏して、番船はすべて立ち退き、艦隊の滞在中は艦船の近くに一艘も姿を見せなくなった。このことは、提督が述べているように、最初に成し遂げた重要な成果だった。副奉行はしばらくして、自分は大統領の親書の受理に関して約束できる権限を持たないが、明朝、自分より上級の役人が町からやってきて、もっと立ち入った情報をもたらすやもしれぬ、と言いつつ席を立った。

提督の方針は、やがて明らかになるように、日本政府に対して断固たる態度をとることだった。日本の沿岸に到着する前に、すでに提督はこの方針をすべての公的関係において厳格に実行する決意をかためていた。なぜなら、これこそ自分に託された微妙な使命を確実に成功させる最善の方策と信じていたからである。提督はこれまで同じ使命を帯びて日本を訪問した人々とはまったく反対の方針を採用することにした。すなわち、一文明国がほかの文明国に対して当然とるべき礼儀にかなった行動を、権利として要求し、好意に訴えない。また、自分より前に訪れた先達たちに容赦なくふりかかったような狭量で不快な対応をいっさい許さない。提督がアメリカ国旗の尊厳に対して払われてしかるべきものと考えていることに、日本人が少しでも違背することがあれば、当局者の行動も脅迫も無視する、ということである。

武力に訴えて上陸するかどうかという問題は、今後の事態の成り行きによって決定することにした。もちろん、これはたよるべき最後の手段であり、また最も望ましくないやり方であった。しかし、提督は最悪の事態にそなえて、艦隊に常に完全な準備をさせておき、戦時と同じように乗組員を徹底的に訓練した。提督はまた、日本の土地で日本人と会うときに、日本人に対して彼ら自身の排外政策を少しばかり借用して行使するつもりだった。日本人が威厳を示そうとして居丈高にふるまうならば、こちらも相手と同じ手を使ってゲームをしてもよいではないか。ほかの国の国民にも誇りがあり、その誇りを守るすべを知っており、日本人が自分たちより優越しているとは認めないことを、日本人に教えてやるのは良いことである。そういうわけで、提督は全艦船に対し、自分に用件のある役人以外はひとりの日本人も乗せることを禁じ、その役人といえども訪れるのは旗艦のみに限定し、その場合、官職と用件をはっきり述べた者しか乗船させないことにした。自分が排他的にふるまい、自分の言明した意図に固執すればするほど、この形式と儀礼を重んずる国民は、こちらに対してますます敬意を払うようになるのを、提督はよく心得ていた。そこで提督は熟考の末、相手が日本帝国の最高位の役人でなければ自らは交渉しないと決心したのである。提督は、ただの官位に基づく愚かな自尊心の虜《とりこ》となり、尊大ぶって威厳をつくろい、自分より下位の人間を見下すようなことは恥ずべきこととみなしていただろう。提督は、多くの人々に共通する生得の人間愛から生じる同胞との交わりを、おのれの身分の高さゆえにこばむような人ではなかった。しかし、日本では、祖国の代表者として、また頭上に翻る国旗の名誉を守るよう任じられた者として、日本人に、いちばん分かりやすいやり方で教えてやることは良いことであると感じたのである。すなわち威厳をもって重々しくふるまい、かつ言動のすべてを公明正大にすることによって、自分を派遣した国に対して敬意を払うよう、また外国人に対する常習的な傲岸不遜《ごうがんふそん》な態度をしばらくやめるようにということである。日本人は提督の態度を十分に理解し、すぐさまこの教訓を学んだ。提督が浦賀の副奉行との対面を拒絶し、自分の副官に協議を委ねたのは、このような気持ちからであり、他意はなかった。さまざまな事柄が、友好と平等の関係に基づいて、両政府間で取り決められてからは、提督は副奉行と何度も会見している。このことを特記したのは、ペリー提督を知るわが国の人々に知らせるためではなく、この遠征記を読むかもしれない未知の読者に教えるためであり、このように説明の言葉がなければ、提督の人格が誤解されるからである。彼ほど同胞から親しまれている者はなく、彼が祖国に尽くすのは地位や名誉のためではないのである。

提督が方針の決定にあたって賢明な判断を下したことは、その成果を見れば一目瞭然《りょうぜん》である。艦隊は全滞在期間を通じて日本当局からいやがらせや干渉を受けることはいっさいなかった。このような事態は外国船と日本との二世紀以上にわたる交渉において前例のないことだった。しかし、艦船に対するいやがらせはなかったとはいっても、日本人はあいかわらず外国人に強い猜疑心《さいぎしん》を抱いており、得意の密偵制度を活用した。したがって、すでに述べたように番船は退散したものの、依然として遠くの海原のあちらこちらに船が漂っているのが見え、どうやら外国人たちの動静をじっと監視するのが目的らしかった。しかし、艦隊にはけっして近づかず、役人たちのいかなる行動も、アメリカ人にそれが番船であると識別させるものはなかった。おそらく艦隊にはたえず監視の目が注がれていたはずだ。

午後になると対岸から三、四発の狼煙が打ち上げられ、これはなんらかの目的のための合図と思われた。夜になっても艦隊が領海内に停泊しているため、陸上の日本人が不安におののいて警戒し続けているのは明らかだった。丘陵という丘陵、そして目の届く限り両岸一面にかがり火が焚《た》かれ、艦上の哨兵《しょうへい》は一晩中鐘の音を耳にした。はじめは寺の鐘だろうと思っていたが、なにかの警報か信号だったのだろう。一方、湾内は内陸の湖水のように静かで、夜の静寂を乱すようなことはなにも起こらなかった。しかし、旗艦から六四ポンド砲で九時の時砲が発射されると、砲声は湾の西側にある丘の連なりに音高く反響して、海岸でなにか騒ぎを引き起こしたらしく、あちこちのかがり火が一斉に消されるのが見えた。しかし、警戒は万全に整えていたとはいえ、なんらかの衝突を恐れる理由はなさそうだった。警戒とは、各艦船を完全な臨戦態勢にすることで、艦の前後と両側の舷門に哨兵を配置し、各砲には大量の砲丸と四箱のブドウ弾〔大砲用の擲弾《てきだん》〕を配備し、後甲板にはマスケット銃を叉銃《きじゅう》し〔三丁の銃を三角錐状に組むこと〕、各ボートにカービン銃、ピストル、短剣その他の軍務に必要なものを配備した。

その夜、当直司令のデューア大尉が興味深い気象現象を観察した。彼は深夜から明け方の四時までの間に、珍しい流星を見たと記している。それは南西の方角に現れ、空一面を照らした。艦船の帆柱、帆、船体は、各艦から一斉に青い炎を発して燃えているかのように、はっきりとその閃光《せんこう》を反射した。南西の方角、水平線上約一五度のところから流星は北東に向かって長い間隔を一直線に走り、しだいに海面に向かって落ちてゆき、姿を消した。その形は赤い楔形《くさびがた》の尾を引く大きな青い球体で、その尾は灼熱《しゃくねつ》する粒子から成っているのが容易に観察され、花火が爆発するときに現れる火花に似ていた。

「古代人ならこの天空に現れた異変を見て、計画中の事業の吉兆と解釈しただろう」と提督は語り、続けて「特異で孤立した国民を文明諸国の家族に引き入れようというこの当面の試みが、流血の惨事なしに成功するよう神に祈るわれわれも、そのように解釈したい」と述べている。

▽第二日目　七月九日（土曜日）

翌朝太陽が昇ると、夜通し湾上にたち込めていたもやがしだいに晴れてゆき、陸地にはまだふわふわしたもやがところどころにかかって、美しい眺めがあらわになった。海岸は険しい灰色の岩がむき出しになった崖でところどころ断ち切られ、湾の西すなわち相模側に連なり、起伏のある海岸の地面は草や灌木《かんぼく》の葉むらや点在する林で緑に輝いていた。さらに奥の大地は高くなってゆるやかな連丘になり、その中腹は草木におおわれていた。停泊地の南二海里以内の海岸はそれほど険しくなく、かなり耕作されているようだった。浦賀と、浦賀から一海里半先の岬で画されている江戸内湾の入り口との間は、無数の町や村が両岸に沿ってひしめいている。浦賀はひとつの絶壁で区切られた二つの町を包含している。大きい方の町には一筋の川が流れて港にそそぎ、そこにはたくさんの小舟と数艘の帆船が浮かんでいた。湾を行き来する船のほとんどは、浦賀に停泊するらしいので、同地が物資の集散地で、なにがしかの関税を支払わされるのだと思われた。堡塁が岬の上のあちこちから港を見下ろしており、望遠鏡で調べると、未完成のものもあれば、築造中や改築中のものも見受けられた。大砲が据えつけられているものもあるが、見たところ口径は大きくはなく、大砲が一門もないものもあった。防壁の前に立てた棒の上に数ロッド〔一ロッドは約五メートル〕もの長い幕が張り渡され、銃眼の背後にある砦《とりで》の内部にも、海岸の一部にも同じように幕が張られていた。遠くから見るとこの幕は布製のようで、白と黒の縞《しま》がついていた。幕を張る目的ははっきりとは分からないが、推察するに兵力を隠して誤認させようとの意図があるのだろう。ドランド望遠鏡やフランスのオペラグラスで精密に観望できることなど、日本人は予想もしなかったであろう。まばゆい深紅の制服を着た数隊の兵士が、さまざまな記章をつけた旗や、大きな提灯をつけた長い竿を持って、屯所から屯所へと移動しているのが見えた。われわれが到着したときに艦隊を包囲したのと同じ種類の政府の船が、いかめしく海岸に並んでいた。これらの船は、船と岸沿いの家との中ほどの海岸に立てられた二本の赤旗によって町から画されているようだった。

浦賀奉行香山栄左衛門との予備的会見

日の出頃、最初に海岸からサスケハナ号へ近づいてきたのは一艘の小舟だった。画家の一団が乗っているようで、舷側に近づいてきたが、乗船しようとはせず、忙しく異国船を写生していた。しかし、その日の重要な訪問者は七時にやってきて、二艘の大きな船が横づけされた。その一艘には六人の役人が乗っており、彼らが乗船していることを船首に立てた三本縞の旗が示していた。オランダ語を話す通訳が同船していて、町の最高位の役人がここにおり、乗船したいと言っていると告げた。浦賀の奉行にして最高の役人であると自称する香山栄左衛門（これが彼の名前だった）の到着は、昨日の副奉行の言明と明らかに矛盾しているが、そのまま提督に報告された〔香山も、前日「副奉行」を自称した中島と同じく、浦賀奉行所の与力にすぎない〕。提督はブキャナン中佐、アダムス参謀長とコンティ大尉に命じて高官を迎えさせ、自分自身は日本帝国の顧問官〔閣僚〕以外の者とは応接しないという方針に従い、なおも面接を拒絶した。

奉行は第三位の貴族たる高位にふさわしい服装をしていた。豪華な絹の上衣には孔雀の羽に似た模様が刺繍《ししゅう》してあり、金と銀の縁取りがしてあった。奉行は士官から正式に迎えられ、ただちに会談を始めた。提督はあいかわらず姿を見せなかったが、この会談は実際には提督と行われたのである。奉行は長広舌をふるって、日本の法律では大統領の親書を浦賀で受け取ることができず、たとえ浦賀で受け取ったにしても、返答は長崎に送られることになると何度も言明した末、またもや艦隊は長崎に向かうべきであると言い添えた。これに対する返答として、奉行にきっぱりと告げられたのは、提督は断じてそのような取り決めに応ずるつもりはなく、あくまでもいま自分がいるこの地で親書を手渡したい、もし日本政府が提督の所持する皇帝宛ての文書を受け取るのにふさわしい人物を任命することに不同意なら、親書を手渡す義務を帯びている提督は、いかなる結果になろうとも、十分な武力を持って上陸し、自ら親書を捧呈《ほうてい》する、というものであった。

これに対し奉行は、町に戻って江戸に報告し、さらに訓令を仰ぎたいと答え、返事を受け取るまでに四日かかると付け加えた。蒸気船なら一時間で江戸に航行できるので、提督は三日だけ待とう（一二日火曜まで）、その日までに確答が得られるものと期待すると、奉行に申し渡した。

明け方に艦隊の各艦から一艘ずつボートを派遣して、浦賀湾と浦賀港を測量した。これを見た奉行は何をしているのかたずねたので、港を測量しているのだと答えると、奉行はこのような調査は日本の法律に違反するもので許可できないと語った。これに対し、アメリカの法律がこの調査を命じているのであり、奉行が日本の法律に従っているように、こちらもアメリカの法律を守る義務があるのだと答えた。「これがわれわれの成し遂げた第二のそしてきわめて重要な成果である」と提督は述べている。これらの問答が続いている間、通訳は手帳を取り出して、せっせと筆記していたが、奉行の煩わしい質問にいちいち答えていたなら、この記録係はまったく手を休めることができなかっただろう。

この会見の際に、大統領親書の原文と提督の信任状を奉行に見せた。文書はいずれもワシントンで用意した立派な箱に入っていたが、奉行閣下はその精巧な細工と豪華さに大いに感銘を受けたようだった。また、彼ははじめ水と飲食物との提供を申し出たが、艦隊に足りないものはないと返答した。親書を手渡す期日に関する日本政府の回答が届くまで、これ以上の話し合いは無用であることを十分に納得させられると、奉行はすっかり了解して艦を去った。

会議中、奉行と通訳に対し、彼らが皇帝〔将軍〕に限って使っているのと同じ敬語を合衆国大統領にも用いるよう要求した。彼らはこの要請に応じたが、その前は、二人の貴人ごとに異なる用語を用いていたのである。日本のようになにごとも儀礼的に行われている国では、話し方にも厳格な礼儀を守る必要があった。きわめて些細《ささい》で、まったく取るに足りないような言動のはしばしまで周到に注意することで、日本の外交団にこちらの望みどおりの印象を与えることが分かってきた。それはちょうど、なめらかな面にすきなくぴりと合わせるためには同じなめらかな面が必要であるように、きわめて洗練された形式をきわめて精緻《せいち》に対応させることによってのみ可能となるのであった。

浦賀湾の測量――さらに江戸湾を遡航

奉行を大いに不安にさせたらしい測量艇は、人員と武装を十分に配備され、指揮にあったミシシッピ号のベント大尉は、艦積砲の射程外には行かないよう命じられており、攻撃されれば援軍を送れるよう、測量隊には常に見張りを怠らなかった。測量用ボートは通常の艇旗を船尾に立てるだけでなく、平和的意図を示すため、白旗を船首に掲げた。ボートは一艇身ごとに水深を測りながら、対岸に向かって散開してゆき、艦隊の投錨地よりさらに二海里ほど湾内を進んだ頃、号砲によって呼び戻された。帰艦すると、もっと西岸に近づいて測量を続けるよう命令を受け、ふたたび漕ぎ出していった。各艇は午後になって引き返し、午後三時頃にはすべて舷側《げんそく》に着いた。

水路測量の報告はきわめて満足すべきもので、第一回測量の範囲だった湾の奥に向かって約四海里の地点まで水深が深いことが分かったのである。深さは二九尋から五〇尋〔約五二～九〇メートル〕までとさまざまで、また最大干潮時には二ないし三ノットの速度で潮流が流れているのが観察された。浦賀港の調査は海岸から数フィート内まで行われ、岸から約一ケーブル〔約二一九メートル〕の地点で五尋の水深があり、またこの水域にはいくつかの暗礁が陸からのびているのが分かった。ボートが海岸に近づくと堡塁《ほうるい》がよく見えたが、たいして恐ろしいものではなさそうだった。その構造には堅固さも巧みな技術も見られなかった。その位置も装備もむき出しで、たやすく攻撃できる。防壁は土で造られており、営舎や火薬庫などの建物は木造のようだった。わずかな大砲が据えつけてあったが、口径は小さく、砲眼が広いので大砲はまる見えであった。

初めて測量艇が近づいたとき日本の兵士たちは意気さかんなところを見せ、万全の武装をしているのが認められた。勇猛果敢に槍や火縄銃を誇示し、漆塗りの帽子や盾が、陽光を受けて輝いた。しかし、あくまで抵抗する気はないらしく、ボートがさらに陸地に近づいたとたん、堡塁の防壁の中に引きこもってしまった。ボートを指揮していた士官のひとりが岸から一〇〇ヤード内に近づくと、三人の役人らしき人物が堤防の上に立っているのが見えたので、そちらに望遠鏡を向けると、たちまち姿を消してしまったのは、この器具で見られるのを非常に不安に感じたからに違いなく、（彼らは望遠鏡を知らなかったわけではないのだが）自分の知らない武器ではないかと想像して、のぞき見るものというよりは、なにやら恐ろしい飛び道具とでも思ったのだろう。岸に沿って並んでいる船にいる日本兵は近づかないよう手ぶりでわが士官に合図したが、それに答えて士官は自分の進もうとする方向を手でさし示した。すると、日本人たちはボートを阻止しようとするかのように、船を漕ぎ出して急速にこちらに迫ってきたので、指揮官は水兵たちに漕ぐのを中止させ、小銃に雷管を装塡《そうてん》するよう命じた。しかし、日本兵はこのボートにもほかの艦載ボートにも直接手を出そうとはせず、どの測量艇も多くの日本船に追尾されたにせよ、わが水兵たちが十分な武装をしているのを見て、あえて妨害しようとはしなかった。測量隊に加わった画家たちはこの絶好の機会を存分に利用して、陸地、堡塁その他、海岸にあるさまざまなものを写生した。

これまでのところは提督の行動が成功したおかげで、万事は順調に運んでいるように思われた。提督は艦隊の周囲から番船を一掃するという目的を達成した。浦賀の最高位の役人を来艦させた。港内を測量し、長崎回航を拒絶し、江戸湾の停泊地を維持した。そして提督は、大統領の親書がしかるべき地位と権威を有する役人に受領されるという確答を得るまで、ここにとどまる決意をかためた。

天気も申しぶんなく上々で、この状況にさらなる晴れやかさをもたらした。暑さはそれほどひどくはなく、温度計も華氏七八度〔摂氏約二六度〕を超えることはほとんどなく、涼しい海風で和らげられた。大気は澄みわたり、あらゆるものがくっきりと見え、四方の景色が絵のように眼前に展開し、富士の高嶺が鮮やかに西岸の高地の上にそびえ立ち、そして一〇海里先の、江戸に通ずる内港入り口の両側を守っている険しい崖もはっきり見てとれた。近くには浦賀の家並みが手に取るように見えたので、その独特な形や構造がよく分かり、それらの家屋が木造で、屋根が尖ったのや、四角いのや、ピラミッド形など、さまざまな形があるのを知った。ほとんどの建物は白木造りだったが、歳月を経て色が褪《あ》せ、なかには白く塗装してあるものもあった。何百もの日本の小舟や帆船が、沖合でサスケハナ号が停泊している岬から港にかけて浮かんでいて、簡単に教えられるほど鮮明に見えた。さらに近くには、艦隊の真正面に築造中の未完成の堡塁の各部分が、肉眼で細部まで識別できた。

▽第三日目　七月一〇日（日曜日）

翌日は日曜日で、いつものように艦上で礼拝が行われ、この日を敬虔《けいけん》に過ごすため、日本の役人との交渉はいっさい行われなかった。しかし、この日も高官の座乗を示す縞の旗を立てた一艘の小舟が漕ぎ寄せてきた。舟には三、四人の日本の役人が日除けの下に座って、ゆっくりと扇子を使っていた。彼らは明らかに高貴な人物であり、いずれも聡明な顔立ちで、上流階級の人々に一様に見られる非常に優雅な立ち居ふるまいをしていた。舟を艦に横づけすると、同行の通訳を通して、乗船の許可を求めた。提督に用件があるのかとたずねると、用件はないが話をしたいのだと答えたので、提督の命令により、応接することはできないと丁重に伝えた。一日中、陸上ではいろいろな準備があいかわらず進められているのが見えた。兵士たちがきらきら光る盾や長槍を持って、こちらから見える砲台の周辺をあわただしく動きまわり、縞の幕でできた疑似堡塁を移動させたり、さらに多くの大砲を艦隊に向けたりしているようだった。合図の大砲が湾のやや奥で発射されたらしく、丘にこだまする砲声が艦上からもはっきりと聞こえた。夜になると、昨夜よりいくぶん少なくなったが、ふたたびかがり火が焚かれ、太く低い鐘の音がいつものように朝まで鳴り響いた。しかし、艦上は安息日にふさわしく万事平穏無事だった。

▽第四日目　七月一一日（月曜日）

翌日の早朝、測量隊をさらに湾の奥深くに送り、ミシシッピ号のリー艦長に、必要とあれば測量隊の護衛にあたるため出動するよう命じた。江戸からの回答を受け取るまではこれ以上の交渉や議論は無用と通告しておいたにもかかわらず、ミシシッピ号が湾の奥に進んでいくのを見て、浦賀奉行が、艦上にやってきた。

提督がミシシッピ号と測量用のボートを送ったのは、ひとつには、強力な軍艦が江戸に近づいていくという状況が、当局をあわてさせ、こちらの要求に色良い返事を出すよう促すことになると確信していたからである。期待したとおりになった。奉行は来艦の口実として、明日には親書（察するに原本の翻訳のことだろう）が受理されて、江戸に送付されるはずであるということを伝えにきただけだと言った。しかし、訪艦の目あてが、ミシシッピ号と測量艇の江戸湾遡航《そこう》の目的を確かめるためであることは明らかで、さっそくこれについて質問してきた。

提督はこの質問を予期していたので、奉行に次のように伝えるよう命じた。すなわち、艦隊を江戸湾に派遣した用務が、今回の来訪期間中に決着しなければ、彼、提督は、来春もっと大きな兵力を持って戻ってこなくてはならず、その場合、浦賀の前にある投錨地は不便でしかも安全ではないので江戸にもっと近く、連絡をとりやすい、もっと適切な場所を探したいのである、と。

測量隊は前回と同じく、艦隊の各艦から出したボートで構成され、ベント大尉が指揮した。彼らは提督から次のような一般命令を受けて出発した。すなわち、湾を江戸に向かってできるだけ深く進むこと、艦隊からの信号距離の外に出ないこと、日本人と衝突するようないかなる事態も避けること。サスケハナ号の乗組員は出発する測量隊を緊張して見守った。三〇尋の錨索《びょうさく》を巻き上げ、ほかの錨もすぐにはずせるようにしておき、緊急事態にそなえて蒸気を焚き始めた。海岸の動きは非常に活発だった。遠方の東岸には、見たところ一〇〇〇人はいる大勢の兵士が高台から海岸に向かって行進しているのが見え、海岸で小船に乗り込み、ただちに測量隊に向かって漕ぎ出してきた。そして四六時中、あちこちの砲台では部隊の動きがあわただしく、交戦の準備をするか、あるいは兵力を示威しているようだった。

測量艇は艦隊の停泊地から江戸に向かって一〇海里から一二海里ほど進んだ。湾を遡航しているとき、たくさんの政府の船が現れ、侵入者に立ち去るよう手ぶりで合図し、また三五艘ほどの小舟が測量隊の進路の前方から、行く手をさえぎろうとするかのようにまっすぐ漕ぎ寄せてきた。先頭にいたベント大尉は水兵に漕ぐのをやめるよう命じ、銃に着剣させたが、これだけでは期待した効果、すなわち日本船を止められそうになかった。日本船はなおも接近してきた。大尉は仲たがいを避けようと、やや進路を変えて正面衝突を避け、約二海里後方にいたミシシッピ号に一艘のボートを急派した。蒸気艦が近づくと、たちまち望みどおりの効果が表れ、その後は測量隊をあからさまに妨害する気配は見られなくなり、隊は調査を続行した。底が柔らかな泥になっている深いところがずっと続いているのが分かった。到達した最奥地点には水路があるらしく、その中心部での測鉛は二〇尋の深さを示したが、その両側は五尋足らずの泥の浅瀬になっていた。深い水域はさらに遠くまで続いているようで、艦隊は難なく江戸から数海里以内までは安全に進めるものと推測された。測量艇の航程の最終地点に小さな湾があり、大きな湾から切れ込んだもので、良い停泊地になりそうだった。その両岸は絶壁になっていて、背後の高い丘陵に連なっていた。この地点のボートの位置からひとつの町が江戸湾の右側に見えた。ミシシッピ号の姿は、ほかの艦上からしばらく見えなくなっていたが、帰艦命令の号砲が発射される寸前に、同艦は約二、三海里向こうで湾に突き出して視界をさえぎっていた岬を回り、ボートを曳航《えいこう》しながらやってきて、まもなく浦賀の海岸とサスケハナ号の間を通り、この様子を見ようと海岸にやってきたたくさんの兵士の注視の中、おもむろにもとの位置に錨を下ろした。

いつものように一日中、湾では日本の帆船が頻繁に往来し、見たところさかんに商売をしているらしく、艦隊の存在はなんの妨げにもなっていなかった。それどころか、漁船やそのほかの舟が艦隊のすぐそばまで近づくことさえあったが、これはたんに好奇心を満足させるためであることは明らかで、これらの船の乗組員たちは立ち上がって熱心に眺めるだけで、警戒の色も敵意の色も見せなかった。商船のうち下航する船は対岸の町に、遡航する船は浦賀に停泊するのが見てとれたが、これはすでに述べたように、おそらく関税の規則によるものだろう。万事は平穏に過ぎていき、いよいよ明日は提督の要求になんらかの回答がもたらされるはずであり、乗組員一同は深い懸念と興味を持って明日を待ち受けた。

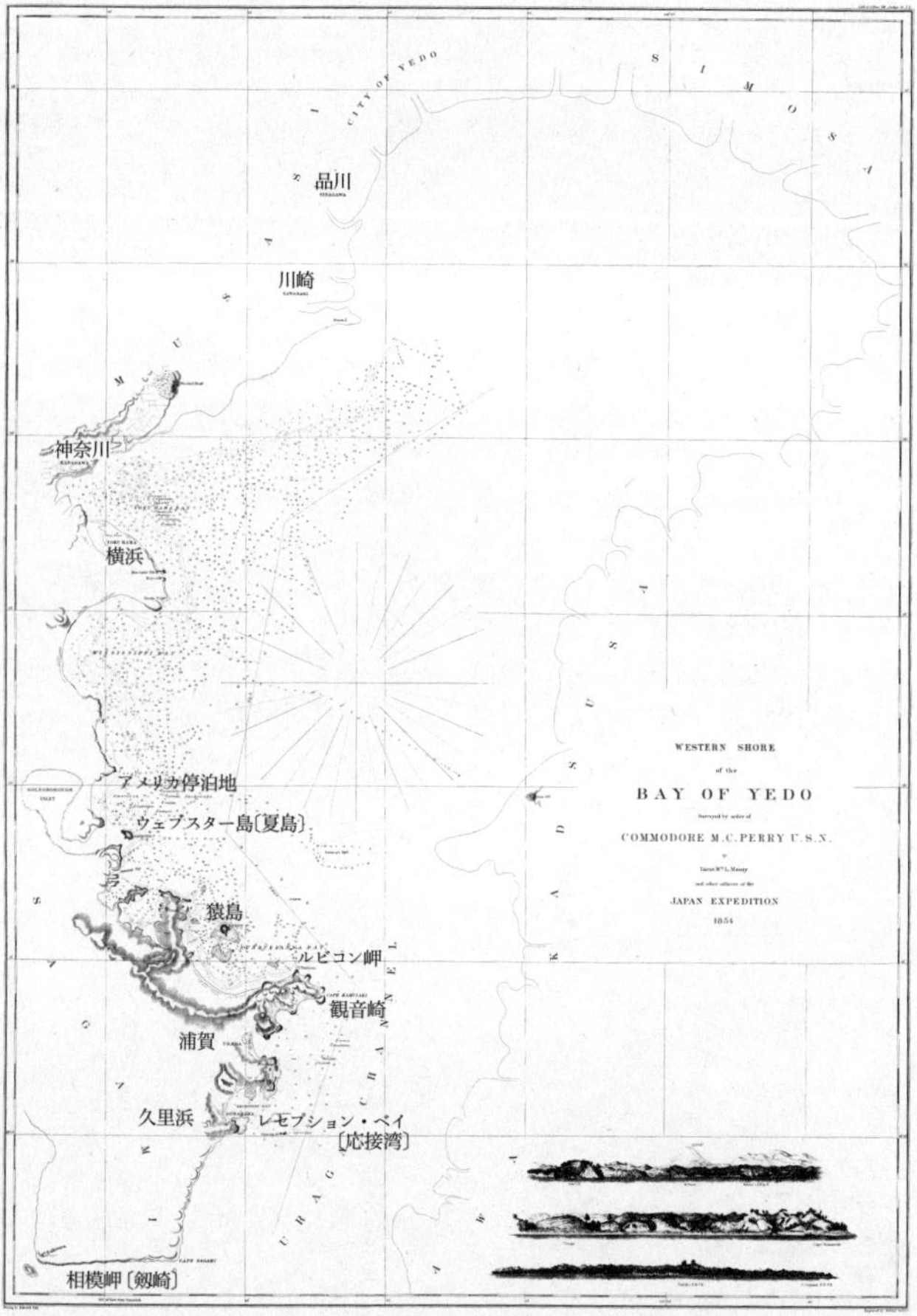

CITY OF YEDO
S I M O S A
品川
川崎
M U S A S I
神奈川
横浜
アメリカ停泊地
ウェブスター島〔夏島〕
猿島
ルビコン岬
観音崎
浦賀
久里浜
レセプション・ベイ〔応接湾〕
相模岬〔剱崎〕
S A G A M I
URAGA CHANNEL
A W A
K A D S U S A
WESTERN SHORE
of the
BAY OF YEDO
COMMODORE M.C.PERRY U.S.N.
JAPAN EXPEDITION
1854

江戸湾西岸海図

第13章　第一回日本訪問・久里浜上陸

江戸湾の一〇日間Ⅱ

一八五三年七月一二日～一四日

▽第五日目　七月一二日（火曜日）

江戸からの回答が来る約束の日がついにやってきた。かくして午前九時半頃、三艘《そう》の船が浦賀の海岸からサスケハナ号に接近してくるのが見えた。それらの船は普通の政府の御用船とは異なるばかりでなく、ほかの船とも違い、ヨーロッパの船をモデルにして建造したものらしかった。普通日本では舷側《げんそく》に立って漕《こ》ぐのだがそうはせず、この船の漕ぎ手は不器用ではあったが、われわれの漕ぎ手と同じように舷に座って漕いでいた。船の構造は見るからに頑丈そうで、船型も立派なものだった。マスト、帆、索具は普通の日本式ものだった。乗組員は多く、いちばん大きな船には三〇人、ほかの船にはそれぞれ一三人が乗っていた。彼らは赤銅色の巨体に、白い縞《しま》の入った青いおなじみのいでたちだった。

先頭の船はほかの船とは区別されていて、幅の広い帆に政府の記章である黒い横縞が一本引かれ、さらに黒白の旗が立っていた。この黒白の旗は高官が座乗していることを示すもので、実際にそのような人物が乗っていた。船がしだいにこちらの艦に接近してくると、豪華な絹の上衣を着た奉行の香山栄左衛門の姿が見えた。彼は通訳や随行員に囲まれて甲板の中央に広げた敷物の上に座っていた。

さて先頭の船が舷側に着き、ほかの二艘の船はサスケハナ号から少し離れた波間で待機した。首席通訳堀達之助と第二通訳立石得十朗を従えた香山栄左衛門閣下はすぐさま乗船を許され、しかるべき儀礼をもって迎えられ、交渉の用意を整えていたブキャナン中佐、アダムス参謀長の側に案内された。

提督は奉行の到着する前に、皇帝〔将軍〕に対し次のような書簡を用意していた。

合衆国蒸気フリゲート艦サスケハナ号
浦賀　一八五三年七月一二日

当海域における合衆国海軍司令長官は、条約の協議に関する全権を委任されており、本官に対する信任状の原文、および本官に委託されている合衆国大統領より皇帝陛下宛《あ》ての親書の原文を捧呈《ほうてい》する準備をするために、日本帝国の最高位役人と会談することを切望する。

上記会見の日取りが一日も早く決定されるよう希望する。

日本帝国皇帝陛下に呈す

江戸からの回答——大統領親書授受に関する取り決め

奉行が最初に述べたのは、書類の原本を受け取る前にその訳文を手交することについて、なにかの思い違いがあったという言明だった。提督はそのような誤解はなかったと確信していたが、それでも午後の二回目の会見で大いに論議した末、訳文と原文、および皇帝に対する提督の書簡を同時に手交することに同意した。ただし、皇帝はそれを提督から直接受け取るのにふさわしい役人を任命することを条件とし、提督は日本の最高位の役人以外の何人《なんぴと》にも書類を手交することに同意しないと、繰り返し述べた。そこで奉行は、提督と幕僚の応接のために海岸にひとつの建物を建て、皇帝から特別に任命された高官が、親書を受け取るためにその席に臨むことにすると告げた。しかし彼は、回答は江戸湾ではなく、長崎でオランダ人か中国人の監督者を通じて届けると付け加えたのである。それが提督に伝達されると、彼は次のような覚書を書いて、オランダ語に翻訳し、奉行に十分説明するように命じた。

「司令長官は長崎に行くつもりはなく、またオランダ人や中国人を通して連絡を受けるつもりもない。

長官は、合衆国大統領から日本皇帝もしくは外務長官に手交すべき親書を持参しており、その原本を上記以外の何人にも手交するつもりはない。もし皇帝に宛てたこの大統領の友好的親書が受領されず、かつしかるべき回答が与えられなければ、長官は祖国が侮辱されたものと考え、その結果どういう事態になろうと責任は負うつもりはない。

長官は二、三日中になんらかの回答を期待しており、その回答はこの近接地（浦賀湾）以外の地で受け取るつもりはない」

この覚書が伝えられると、奉行は立ち去った。おそらく上級の役人と協議するためだろう。浦賀で、ひそかに交渉を指図している宮廷の高官は一人にとどまらないことは間違いなかった。会見は三時間に及び、奉行が艦を離れたときは一時に近かった。万事はごく静粛に進み、友好的な交渉につきものの礼儀が破られることもなかった。海岸の気配はしごく穏やかで、堡塁《ほうるい》にも岸辺に居並ぶたくさんの政府の番船にも動きは見られなかった。

奉行は、艦を離れるときに約束したとおり、午後も例によって通訳と幕僚を従えて戻ってきた。しかしこのときは、午前のようにヨーロッパのモデルにならって建造した船ではなく、普通の日本船でやってきた。ブキャナン中佐、アダムス参謀長はさっそく一行を迎えて、前と同じ形式と儀礼をもって協議を再開した。提督はあいかわらず姿を見せず、代理人を通してのみ日本人と交渉した。以下、報告に基づいて、このときの会話を言葉どおりに掲げる。

▽会　話

出席者／ブキャナン中佐、アダムス参謀長、旗艦付副長官コンティ大尉、浦賀奉行〔香山〕栄左衛門、通訳たち。

栄左衛門――はじめに親書等の写しを提出し、のちに原本を提出するのでは時間がかかりすぎるから、高官が来たときに原本と写しを同時に手渡すことを提案します。奉行と高官は提督を最善をつくして歓待し、適切に応接しましょう。

ブキャナン――それは提督の目的ではありません。提督が望んでいるのは、それらの文書が伝達されることです。なぜならば、その中には皇帝に宛てた提督自身の書簡が含まれているからで、提督はそれをほかの写しとともに江戸に送りたいのです。大統領の親書に対する回答はいまのところさほど重要ではありません。当方は同封されている提督の書簡に対する回答がほしいのです。

栄左衛門――貴方が親書の原本をくださるなら、当方はできるだけ早く回答しましょう。当方がここに参上したのは皇帝に宛てた大統領の親書を受け取るためであるのに、貴方は提督から皇帝に宛てた書簡について語っておられる。

ブキャナン――提督からの書簡は大統領の親書の写しと同封されています。そこには、提督が大統領の親書の原本を所持しており、それを皇帝自身、または皇帝の任命した自分と同等の高官に手交する権限を大統領から与えられている旨が記されています。

栄左衛門――貴方がこの二つを別々に分けるのはまことに遺憾です。写しと原本を同時に提出する方が良いでしょう。

ブキャナン――それはできません。提督の書簡には、自分が大統領親書の原本を所持し、皇帝自身、または自分と対等の役人に手交する権限を与えられていることが記されています。提督が親書を所持している事実を皇帝がお知りになれば、原本を受け取るために提督と対等の役人を任命されるでしょうし、提督は返書を受け取るために、いずれここに戻ってくるでしょう。

栄左衛門——そこをなんとか写しと原本を同時に提出することはできないでしょうか？
ブキャナン——それはできません。
栄左衛門——艦隊が初めて来航したときには、まず写しを渡して、原本は提供しないとは聞いていませんでした。貴方はいまになってそれを言われる。
ブキャナン——貴方が初めて当艦を訪れたとき、原本と写しをお見せして、いまと同じことをお伝えしました。——（ブキャナン中佐は少し間をおいて、ふたたび話を続けた）——こちらに来られる高官は、提督から親書を受領するよう皇帝から信任を受けているのでしょうね。
栄左衛門——彼は皇帝から全権を委任されています。
ブキャナン——彼は信任を受けたことを証明するものを持っていますか？
栄左衛門——はい、彼は証明できます。
ブキャナン——当方の文書類のひとつに大統領の信任状があり、それはペリー提督が大統領の任命した高官として日本に派遣された旨を日本皇帝に通告するものです。ペリー提督は自分と会談するために任命された役人の側も、同様の信任状を持っていることを期待しています。
栄左衛門——彼は親書を受け取るでしょうが、いかなる交渉も始めることはできません。
ブキャナン——任命される役人の地位および官名は？——（通訳がその役人の官名を中国文字で書いている間に、ブキャナン中佐、アダムス参謀長は提督と協議するために退

席した)
コンティ― 高官たちはいつ親書を受け取るつもりですか？
通訳― 明日か、明後日です。
コンティ― そのための家屋はどこにありますか？
通訳― 海岸にあります。
コンティ― ここから指さすことができますか？
通訳― 見えません。
コンティ― (前問を繰り返して) ここから指さすことができますか？
通訳― 丘の向こう側にあります――ほかの場所からなら見えます。
コンティ― われわれが到着した日に来艦した役人の名前は？
通訳― 中島三郎助です。
(ここでブキャナン中佐、アダムス参謀長が戻ってきた)
ブキャナン― いまアダムス参謀長とわたしは提督《アドミラル》(＊1)と相談してきたところです。提督が言われるには、親書の件を貴方はまったく誤解しておられるようなので、もし貴方が親書を受領するのにふさわしい役人が任命されたという証拠を示すことができるのなら、当方は問題の件を撤回して、写しと原本を同時に手交する、とのことです。しかし提督は、自分と会見する役人がしかるべき地位にあり、この目的のためにとくに皇帝から任命された人物であることを厳密に証明するよう要請しています。

栄左衛門―本来は長崎が外国からの書簡を受け取る場所であり、浦賀は適切な場所ではないので、その役人は会談することを許されず、書簡を受け取ることしかできないのです。

ブキャナン―彼に要望されているのは親書を受け取ることだけです。その役人は来艦するのですか、それとも海岸で書簡を受け取るのですか？

栄左衛門―来艦はせず、陸上で受け取るでしょう。

ブキャナン―親書が手交される前に、その役人の信任状をオランダ語に翻訳し、しかるべき署名をして、艦にいる提督に届けていただきたい。

栄左衛門―その役人は親書受領のための信任状は授けられるでしょうが、会談することはできません。

ブキャナン―会談は要求しませんが、親書受領の権限を委ねたことを記す、皇帝の署名がある文書は欠かすことはできません。

栄左衛門―彼はしかるべき署名のある文書を持ってくるでしょう。

（ここでブキャナン中佐は自ら起草した声明書をポートマンに命じてオランダ語に訳し、日本の通訳に渡した。以下がその訳文である）

「親書の原本と訳文の受理に関し、同時に受け取るか別個にすべきかについて、はなはだしい誤解があった。さて提督は合衆国における、自分の地位に相当する日本の官位を有する江戸の高官と会見することを望んでいる。その高官は信任された人物、すなわち、皇帝のしかるべき署名のある、当該親書の受領の権限を付与されたことを証する文書を持参しなければならない。この文書、すなわち信任状には、オランダ語に翻訳した写し一通を作成し、会見に先立ってその写しを提督に送致することとする。
この会見においてはいかなる協議も行わず、儀礼および挨拶《あいさつ》の交換にとどめることとする。
提督は大統領の親書原本に対する回答をすぐさま受領することに固執せず、数ヵ月後にこれを受納するため再訪するであろう」
栄左衛門― その高官はこの件について会談することは許されず、挨拶を交わすだけになるでしょう。
ブキャナン― 必要なのはそれだけです。
栄左衛門― 高官は明後日に当地に来て、海岸で親書を受け取るでしょう。
ブキャナン― 時間は？
栄左衛門― 午前八時に。旗が掲揚されるのを見たらすぐにわれわれは来艦しましょう。
ブキャナン― その高官はしかるべき証明のある全権委任状の写しを持ってくるでしょうか？
栄左衛門― 持ってくるでしょう。

通訳―奉行は貴艦の好意ある応接に深く感謝しております。
ブキャナン―われわれは奉行にお目にかかれて大変幸せです。応接の場所はどこですか？
通訳―その場所を指さすことはできますが、家は見えません。
栄左衛門―提督は大統領の親書に対する皇帝の回答を待つのでしょうか？
ブキャナン―いいえ、今回は待たないでしょう。
栄左衛門―回答を得るためにいつ来訪されますか？
ブキャナン―皇帝の回答を受け取るため二、三ヵ月のうちに戻ってくるでしょう。
栄左衛門―その旨を記した文書をいただきたいのですが。(これに対し満足すべき返事がなかったので、栄左衛門は続けて) 大統領の親書を受理した高官は受け取った証《あかし》に受領書を出すでしょう。
ブキャナン―もっと本艦に近い場所を指定できないでしょうか？　ボートを漕ぐ部下たちには距離がありすぎます。提督はその高官とテントの中でも、艦隊にもっと近い堡塁のひとつででも会見できれば満足するでしょう。会見はそれほど長くはないでしょう。
通訳―その家はそれほど遠くではありません。日本の一里足らずです。
ブキャナン―もっと艦隊に近いところに手配できないのでしょうか？
通訳―奉行はこの件について努力すると言っております。
ブキャナン―明朝それを知らせてもらえるでしょうか？

通訳　以上で協議は終わった。
通訳——はい。

香山栄左衛門とその随員はたいそう上機嫌で、サスケハナ号の士官たちの提供するもてなしを快く受け入れ、きわめて洗練された風儀でそれに応対した。主人側のもてなしを受けるときは自由に飲み食いし、饗応《きょうおう》の一部をなしていたウィスキーとブランデーがとくにお気に召したらしい。なかでも奉行のお気に入りは外国製のリキュールのようで、とくに砂糖を混ぜたものを賞味して、舌鼓を大きく打ちながら、甘美な酒を一滴も残さずに飲み乾した。通訳たちも楽しい宴席にしだいにうちとけて、酔っ払った奉行をからかい、笑いながら「お顔がもう真っ赤になっていますよ」と、栄左衛門が飲みすぎないよう注意した。

これらの日本の高官たちは、紳士らしい泰然とした物腰と高い教養を物語る洗練された容儀を崩さなかったが、つとめて社交的にふるまい、気さくに会話を交わした。彼らの知識や一般的な情報も、優雅で愛想の良いマナーに劣らず優れていた。身だしなみだけでなく、教養もなかなかのもので、オランダ語、中国語、日本語に堪能で、科学の一般原理や世界地理の諸事実にも無知ではなかった。地球儀を前において、合衆国の地図に注意を促すと、すぐさまワシントンとニューヨークに指をおいた。一方がわが国の首都で、もう一方が商業の中心地であるという事実を知り尽くしているかのように。彼らはまた同じようにすばやく、イギリス、フランス、デンマークその他のヨーロッパの諸王国を指さした。

合衆国に関する彼らの質問は、わが国の物質的進歩に関連する諸事情にもまったくの無知ではないことをうかがわせた。たとえば彼らがアメリカでは山を切り開いて道路を通しているのかとたずねたとき、彼らは（想像するに）わが国の鉄道のトンネルのことを言っていたのだ。この想像が確かめられたのは、彼らが船の機関を調べているときに、もっと小さいものだとしても、アメリカの道路を旅するために使用されているものとこれは同じ機械なのか、と通訳が質問したときだった。また、地峡を横断する運河はもう完成したのかともたずねたが、これはおそらく建設中のパナマ鉄道を示唆していたのだろう。いずれにしろ、彼らは両大洋を結びつける事業が実行されているのを知っており、かつてなにかで見た、運河という言葉を口にしたのだろう。

船室での会食と談話が終わったのち、栄左衛門と通訳たちは艦内の見学をすすめられた。彼らは大変丁寧にこの申し出を受け入れ、甲板に出ると、好奇心をあらわにした乗り組みの士官や水兵に囲まれたが、日本人はかたときも沈着さを失わず、きわめて冷静で威厳のある態度を保った。彼らは艦内のさまざまな装置のすべてに知的な興味を抱き、大砲を観察したときは、それが「パクサンズ砲」であると正しく言い当て、完備した蒸気船のすばらしい技術や構造を初めて目にした人々から当然期待される驚きの色をいささかも見せなかった。機関は明らかに彼らの大きな興味の対象だったが、通訳の話しぶりから、彼らが機関の原理にまったくの無知でないことがうかがわれた。この冷静だが油断のない沈着さは、考えぬかれた政策上の配慮によるものかもしれないが、しかしそれでも、たとえ日本人自身は、実用的科学の面で遅れているにしても、彼らの中の最も教養のある人々は、文明国、というよりは文化の進んだ国々における科学の進歩について、かなりの情報を得ていることは間違いない。

日本帝国の一定の地位にある人々は常に二本の刀を帯びているが、船室を出るときに日本の高官たちは刀をおいていった。この機会にわれわれは興味深くこの権威の象徴を検分したが、この刀は、その目的にふさわしく、実用よりは見せびらかすのに向いているようだった。しかし見たところ、刃は立派な鋼鉄で、よく鍛えられ、研ぎ澄まされていたが、その形状といい柄《つか》といい、使いにくそうな造りだった。外装は純金で、鮫皮《さめがわ》の鞘《さや》は実にみごとな細工だった。奉行の訪問は夜まで長引き、別れを告げたのは七時になってからだった。奉行と通訳たちはいつものように優雅で礼儀正しく、一歩ごとにお辞儀をしながら、愛想は良いが威厳ある容儀で、微笑みながら艦を去っていった。彼らが接待と参観したすべてに好印象を受けたことは明らかだった。わが士官たちとの交歓の際に示した磨きぬかれた丁重さも、明らかにその場限りの見せかけではなかった。なぜならば、それは彼らの習性になっており、日常の交際でも同じ荘重な礼節を保っているからである。栄左衛門と通訳たちはサスケハナ号の舷《げん》側《そく》の小舟に乗り移るやいなや、初対面の人々が紹介し合っているかのような礼儀正しさで、互いに丁重な挨拶を交わし始めた。

これらの場面が艦上で演じられている間も、提督が派遣した艦載ボートは前と同じく終日測深と観測に忙しかった。

▽第六日目　七月一三日（水曜日）

上陸前日――浦賀奉行との事前会見

翌日は水曜日だった。もちろん約束したとおり、朝早く奉行がやってくるのを期待していた。だが午前中は来る気配もなく、ひたすら待機しているほかはなかった。近くの陸地を観察して推測する限り、役人たちに多少の動きがあるようだった。対岸からたくさんの船が兵士を乗せて、浦賀の方に渡ってきた。そして例の政府の旗と記章をつけた一隻の大きな帆船が入港してきた。湾内の交易はいつものように頻繁に行われ、大小の日本船が途切れることなく往来していた。このようにして湾岸に集まっている町や村は生活物資を交易し、大都会のあわただしい心臓の鼓動によって商業活動を刺激され、あふれんばかりの物資を江戸に送り込むのである。同湾に入ってくる帆船を数えると、一日六七艘は下らなかった。

天気はずっと暑く、温度計は八七度〔摂氏約三一度〕を示していたが、この暑さも心地良い海風に和らげられた。海岸の光景は、日本の沿岸に特有といわれるもやのために、どんよりとしていることが多かった。しかし艦隊のこれまでの経験のなかでは、天気はきわめて晴朗であり、この日は艦隊が湾に到着して以来いちばんもやの深い日だった。あの偉大な陸標――富士の高嶺――もまったく見えなかった。ちなみに、富士山は普通日中より夕方になるにつれて鮮やかに見えてくる。日暮れどきの富士はとりわけ美しく、山頂が夕陽の後光で深紅に輝くのである。

待ち受けていた奉行の来訪は午後の四時頃になってようやく実現した。香山栄左衛門閣下は例のごとく首席と次席の通訳を従えて現れ、高官が江戸から到着したばかりなので、早く来られなかったと、何度も何度も陳謝した。陳謝をすませると、奉行は、提督を応接するために任命された役人宛ての、皇帝の命令の原本を見せた。皇帝の書状は短いもので、証明のために大きな印章が押捺《おうなつ》されていた。ビロードで包み、白檀《びゃくだん》の箱に納めた皇帝の書簡を、奉行はうやうやしく取り扱い、誰にも触れさせなかったほどである。オランダ語訳の写しと、当該文書およびそこに押捺された皇帝の印章が真正であることを保証する奉行香山栄左衛門の証明書がともに提出された。その訳文は次のとおりである。

日本皇帝により伊豆侯戸田閣下〔戸田伊豆守氏栄。この人物が本物の浦賀奉行である〕に与えられた信任状の訳文

余に宛てた合衆国大統領の親書を受け取るため、汝を浦賀に派遣する。その親書は最近提督が浦賀に持参したものである。これを受領の上は、江戸に赴き、余に届けること。

（ここに皇帝の印章がある）

一八五三年第六月〔日本の太陰暦による〕

皇帝の書状と印章が真正であることを保証する浦賀奉行香山栄左衛門の証明書の訳文

日本皇帝より親しく信任され、親書原文および訳文を受領するため江戸より浦賀に来る高官は、提督閣下と対等の非常に高い官位の役人であるから、貴下には安心されたし。これを保証する。

香山栄左衛門

奉行は会議中に、皇帝に任命された人物には提督と協議する権限はなく、文書を受領し、皇帝に渡す権限を与えられているにすぎないと念を押した。また、会見の場所を変更できるかどうか問い合わせたが、すでに適当な建物が建てられたので、変更するのは不都合だろうと述べた。この返答は予期していたし、どんな陰謀が企てられているともしれなかったので、提督はあらゆる不測の事態にそなえて、できる限りの準備をしておこうと決意していた。そのため、測量隊に命じて、応接所の建物が設けられている小湾の奥を調査させておいたのだ。調査のために派遣された士官はすばやく任務を遂行し、艦を進めて応接所を射程内に入れることができること、また、大勢の人々が建物の仕上げ、家具の搬入、その他の儀式の準備に従事しているのが見えたと報告した。

奉行は応接所に指定された場所まで一艘のボートをお伴させようと申し出たが、これは断って、長い距離を小さいボートに乗っていくのは提督の威厳にふさわしくないので、応接所として設計された建物の近くまで艦隊を進めると奉行に伝えた。さらに、提督とその幕僚が明日（木曜日）八時から九時の間に艦から出発することを取り決めた。もっとも日本人たちは、日中の暑さを避けるためという理由を持ち出して、もっと早い時間に会見を行いたがっているようだった。

次に、何人の士官が提督に随行して式典に臨むのかと質問されたが、それに対しては多数を随行させると答え、高位の士官が大統領の親書を他国の主権者に捧呈するときには、そうするのが合衆国の習慣であり、多数の随員を率いて行くことは派遣された国家に対する敬意の表明である、と説明した。したがって、艦内勤務から割きうる全士官が提督に随行するだろう、その人数が多ければ多いほど大いなる敬意を示すことになるから、と奉行に告げた。

この協議中、日本の高官たちは儀式に大変な気遣いを示し、間近に迫った会見に関する儀礼について、あれこれと細かな点に言及した。日本の役人は全員、通常の衣服ではなく、公式の正装を着用する、と彼らは告知した。彼らはまた、明日の儀式で客人たちを、いまこの船室で座っているのと同じような安楽椅子に座らせることができないことに、大変困惑しているようで、このような椅子を持っていないのだと弁解した。ブドウ酒とブランデーも心配の種になり、日本にはこのような酒がなく、ここで馳走にあずかったような酒を出せないことを許してほしい、と彼らは請うた。そこでわれわれは、そういうことは心配なさらぬように、と告げた。国によって接待の慣習、風俗習慣に違いがあるのは当然のことで、日本でアメリカの風習が行われるのを見たいと期待するのは無理である、提督は自分と会見するために任命された高官と同じ格式で座れば満足であり、ほかのアメリカの士官たちの席も、彼らと同じ地位の日本人に用意された席と対等であればよい、と。

次に、彼らは間近に迫った儀式の細目についていくつか質問した。それは、提督は直接自分の手で日本委員に大統領の親書を手交するのかどうかに関するもので、ちなみに、そのときに告げられた日本の委員の名前と称号は、帝国第一顧問官、戸田伊豆守であった。

提督は親書を渡したのちただちに帰艦するのか、また、回答を受け取るためにいつ日本に戻ってくるのかという質問もあった。中国語の通訳ウィリアムズ氏が彼らに江戸の地図を見せたが、彼らの話によれば、この地図は約七〇年前に描かれたものに違いない、この地図が作成されて以来、首都は大きく変わっており、規模は著しく拡大し、大いに改良されているとのことだった。それでも、客人が当然抱いている好奇心を満足させるのを喜んでいるかのように、地図にあるさまざまな名所を見つけては、快く懇切に指示してくれた。

協議は約二時間半ですべて終了し、日本の役人たちが席を立ったときはすでに夕方になっていた。彼らはいつもの優雅で丁重な物腰で、例のように一歩ごとにお辞儀をしながら艦を去っていった。首席通訳の堀達之助は明らかに外国語学の修得に偉大な才能をそなえており、艦を去るときにはここで覚えた英語の単語を組み合わせて「Want to go home〔帰りたいと思います〕」とはっきり話せるほどになっていた。

提督は差し迫った翌朝の会見の用意のため、艦隊中の数艦から艦長を旗艦に召集した。そこで、各艦船は翌早朝に移動して、応接所の前面（＊2）で湾全体を制圧するように一列に停泊することが命じられた。というのは、提督はこれから交渉する人々のいかなる裏切りや二枚舌にもそなえておく決意を固めており、しかも日本人がこの応接の場を選んだ目的も計りかねていたからだ。また、供ぞろえをできるだけ威風堂々と誇示するため、上陸可能な士官は全員盛装して出頭し、応接所まで提督に随行するよう命令された。測量ボートはこの日も忙しく働いて観測を終了し、日本当局からなんの邪魔もされずに作業を続けることができた。

日本人の方も翌朝の儀式の準備のため、アメリカ人に劣らず忙しそうだった。さまざまな政府船が湾を航行し、小舟の大船隊が対岸から浦賀の沿岸に到達したが、それは差し迫った儀式の準備のためだったに違いない。絶え間ない槌音《つちおと》が日本人労働者の騒々しい声と混ざり合い、建築現場と思われる一画から聞こえてきて、夜のしじまを破り、明け方まで続いた。すべてが明日の準備に忙しかった。

▽第七日目　七月一四日（木曜日）

太陽が昇って木曜日になった。早朝はやや曇っていたが、まもなく太陽が明るい顔を見せ、陸地に垂れ込めて祝典に不吉な影をさすかのような霧や雲を払いのけた。大気が澄みわたり、海岸の視界が開けてくると、日本人の夜を徹した着実な労働の成果が浦賀の沿岸に鮮やかに姿を現した。布の飾り幕が張ってあったので、砲台や堡塁《ほうるい》がいっそう際立ち、いっそう大きく見えた。また樹木の間には天幕が二張りあった。木の柱にしっかりと結びつける普通の方法で張られていたが、柱と柱の各間隔がきっちり区分されているので、遠目には羽目板のように見えた。この一見羽目板のような幕には皇帝の紋章が、大きなハート型の葉をつけた朱色の花の紋章と交互に描かれていた。華やかな色でさまざまな意匠を凝らした旗や吹き流しが幕の角々に垂れ、幕の背後にはいままで目にしたことのない服装をした多数の兵士が群がっていた。その服装は大切な行事にのみ着用するものと思われ、衣服の主な部分は一種の黒いフロックで、それに短いスカートがついており、腰の部分を飾り帯で締め、袖《そで》はなく、着用者の紋章が見えている。

艦上では全員が早くから緊張して、必要な準備に取りかかっていた。大砲が応接所を制圧できる位置まで艦を移動させるため、蒸気を焚《た》き、錨《いかり》を上げた。しかし帆船は風がないのでその地点まで移動できなかった。提督に随行する士官、水兵、海兵隊員が選ばれた。全艦隊から部署を離れられる者は全員が召集された。もちろん、誰もがこの日の祝典に参加したいと熱望したが、艦内勤務に当たる人員も十分に残しておかなければならないので、全員が行くわけにはいかなかった。士官と水兵の多くはくじ引きで選ばれ、約三〇〇人におよぶ定員が全部そろうと、各人は出動にそなえて身のまわりの準備に忙しかった。命令されたとおりに、士官たちは正装を着用し、水兵と海兵隊員は青と白の陸海軍の制服に身をつつんだ。

明け方の八点鐘が鳴る前に、サスケハナ号とミシシッピ号は徐々に湾を移動していった。わが艦隊が動き出すと同時に、六艘の日本船が同じ方向に、ただしもっと陸寄りで、航走しているのが見えた。そのうちの二艘は縞の入った政府の旗でほかの船と区別され、高官が座乗していることを示しており、ほかの船には赤い旗が立っていて、随員あるいは護衛兵が乗っているものと思われた。これまでの停泊地と下手の湾を分けている岬を回りきると、日本人が海岸に設けたものが突然視野に入った。湾頭の陸地には長い布の色幕が華やかに張りめぐらされ、幕には皇帝の紋章が飾られていた。色鮮やかなさまざまな小旗が無数に立てられ、その真ん中に九本の高い大旗が立っていた。小旗は両側に配列され、色とりどりの旗が弧を描いて並び、朝日を浴びてきらきらとはためいていた。高い大旗からは幅の広い深紅の飾り旗が垂れ、ゆったりと地面を掃いていた。このように飾り立てた場所の前面の海岸には、数隊の兵士が直立して整列し、明らかに軍隊の戦列という様相を示していたが、これは日本の兵力をアメリカ人に強く印象づけるのが目的だったに違いない。

同湾を眺望すれば、久里浜村の左手に屋根の尖《とが》った家屋が立ち並んでいた。この家並みは海岸と高地の麓《ふもと》の間に建てられ、高地は背後の緑におおわれた坂に連なり、しだいに高くなって彼方の山々に続いていた。樹木の生い茂る丘陵にはさまれた豊かな谷がひとつ、湾の奥に口を開いて、湾曲した海岸の単調さを破って風景に美しい変化を与えていた。右手には、おそらく一〇〇艘以上はあると思われる日本船が、いずれも艫《とも》に赤い旗を翻して海岸線に沿って並んでいた。全体の印象は、目を驚かせるほどのものではないが、新鮮かつ爽快《そうかい》で、すべてが合わさって風景に心地良い趣を与えていた。この日は快晴で明るい太陽の光は、青々とした丘の中腹、華やかな旗、きらびやかな兵士たちに、ひとしく新たな生命力を吹き込んでいるようだった。海岸の後方、湾曲した湾岸中央の向かいに、応接所として建設されたばかりの建物が、三つのピラミッド形の屋根を、まわりの家々の屋根から高く突き出していた。建物の前面は縞の幕でおおわれ、幕は両側に張りわたされていた。建てたばかりの屋根はみずみずしく、尖った頂点は遠くから見ると穀物を堆積《たいせき》した巨大な山のように見えた。

蒸気艦が湾の入り口に近づくと、二艘の小舟が近づいてきて、サスケハナ号が錨を下ろすとその舷側に横づけした。香山栄左衛門が二人の通訳を伴って乗艦し、続いてもう一艘の小舟でやってきた中島三郎助と供の役人がひとり乗り込んできた。彼らはきちんと舷門《げんもん》に迎えられ、甲板に設けた席に案内された。全員が日頃の服装とはやや異なる正装をしていた。長衣の形は普通なのだが、いつもよりずっと念入りに飾りつけられていた。素材は華やかな色をした非常に豪華な絹の紋織物で、黄色いビロードの折り返しがついており、衣服全体に金のレースでさまざまな形のみごとな刺繍《ししゆう》が施され、なかでも背中、袖、胸にちりばめた着用者の紋章が鮮やかだった。浦賀副奉行の三郎助は非常に幅が広いが、非常に短い袴《はかま》をはいていた。足をくっつけて直立すると（そんなことはほとんどなかったが）、それはスリットの入ったペチコートにそっくりで、下の方は黒い木綿の足袋をつけた脚の下部が少しのぞいていた。三郎助は、金糸や光る絹や華やかな色で飾り立てた、念入りな身じまいと派手ないでたちにもかかわらず、さほど感動的な効果をもたらさず、むしろこの滑稽《こっけい》な外観は賛嘆よりは笑いを呼び起こした。実際、その姿は異様に飾り立てたトランプのジャックとそっくりだった。

久里浜上陸——アメリカ兵三〇〇人は全員武装

さて、ほかの艦船からボートを召集するため、サスケハナ号から合図の汽笛が鳴らされ、三〇分以内に、この日の祝典のために派遣された士官、水兵、海兵隊員を乗せたボートがすべて横づけになった。ランチやカッターの数は一五艘を下らず、威風堂々と整列し、乗組員は全員しかるべき正装をしていたから、絵画的効果にもこと欠かなかった。ブキャナン艦長が自分の艦載艇に乗って先導し、浦賀奉行と副奉行が随員とともに乗っている二艘の日本船がその両側を固めた。この二人の高官は儀式の進行係として、アメリカ艇隊を案内したのである。残りのボートは整然とその後ろに続き、その中には二隊の蒸気艦の軍楽隊を乗せたカッターも含まれていた。楽隊は快活な音楽で祝典を盛り上げることになっていた。

ボートは静かな海を勢いよく滑るように進んでいった。日本船の漕ぎ手は熟達していて船足が速いので、その先導に遅れないようアメリカのたくましい漕ぎ手たちは気合を入れられた。ボートが海岸まで半分の距離に達したとき、サスケハナ号から一三発の大砲が轟《ごう》音《おん》を発し、丘々にこだました。これは提督の出発を告げる号砲で、提督は自分の艦載艇に乗り込んで、陸地に向かって漕ぎだした。

日本船に乗っている案内役は、湾曲した海岸の真ん中にある上陸地を指さした。そこには砂と藁《わら》を詰めた袋で作った臨時の埠頭《ふとう》が海岸から突き出していた。まもなく先発のボートが埠頭につき、一行を指揮していたブキャナン艦長が陸地に降り立ち、日本王国に上陸した最初のアメリカ人となった。海兵隊のゼイリン少佐がすぐその後ろに続いた。いまや残りのボートも着岸して、乗組員が上陸した。海兵隊（一〇〇人）は埠頭を行進して、海に向かって両側に整列した。次に約一〇〇名の水兵が上陸して同じように隊列を作り、最後に二隊の軍楽隊が上陸した。アメリカ人の総数は水兵、海兵隊、楽士、士官を合わせて約三〇〇人に達した。それほど恐るべき軍勢ではないが、平和な行事にはまったく十分な人数であり、その潑剌《はつらつ》として強壮な将兵たちは、小柄で弱々しく見える日本人と強烈な対照をなしていた。日本人は大兵力を召集し、浦賀奉行は総数五〇〇〇人と言っていたが、見たところそれよりはるかに多そうだった。日本兵の隊列は海岸全体を取りまいて、はるか彼方の村のはずれから北側で湾を画している丘の険しい坂にまで達していた。さらに背後一面に張られている幕の陰や後ろにも、無数の兵士が群がっていた。日本軍の秩序はルーズで、さほどよく訓練されているとは思えなかった。兵士たちはかなりよく武装と身支度を整えていた。彼らの制服は普通の日本服とほとんど同じだった。武器は刀、槍《やり》、火縄銃だった。前列はすべて歩兵、弓兵、槍兵《そうへい》だったが、後方の少し離れたところに、予備軍として待機しているかのように、騎兵の大部隊が見えた。馬はみごとに飼育されており、頑健で馬力があり、動きも俊敏そうだった。これらの騎兵馬は立派な馬衣をつけていて、ともかく華麗な騎馬行列の体はなしていた。村の背後に隆起している高台の裾《すそ》では、兵士たちのすぐ後ろに大勢の住民が集まっていて、なかには女性の姿も見えた。女たちは好奇心にあふれて兵士の列のすき間から、西半球からやってきた未知の訪問者を見つめていた。

提督が到着すると、随行の士官たちは上陸地に二列に並び、この列の間を提督が通り過ぎると、すぐさまその後ろに整列した。ついで行列を組んで応接所に行進し、一行を先導した香山栄左衛門と通訳が道案内をした。海兵隊が先頭を進み、水兵がそれに続き、提督は浜辺から十分に護衛されて進んでいった。艦隊の乗組員の中から、とくに筋骨たくましい屈強な水兵が二人選ばれ、合衆国国旗と幅の広い三角旗とを捧《ささ》げ持った。礼服を着た二人の少年が提督の先に立って、緋色《ひいろ》の布に包まれた、提督の信任状と大統領の親書を収めた箱を運んだ。この文書は二つ折り型の羊皮紙に美しく書かれたもので、折らずに青い絹のビロードの表紙の中に綴《と》じてあった。それぞれの印章は、金糸と絹とを織り交ぜて、端が金の房になった紐《ひも》に取りつけられ、直径六インチ〔約一五センチメートル〕、深さ三インチ

久里浜に初上陸

の純金細工の円形の箱に収められていた。それぞれの文書は印章とともに、長さ約一二インチの紫檀《したん》の箱に収められ、箱の錠や蝶番《ちょうつがい》などの金具はすべて純金だった。提督の両側には背の高い立派な体格の黒人が行進した。この二人は一分のすきもなく武装して、提督の護衛にあたったのである。この日のためにとくに選ばれたこの二人は、艦隊きってのハンサムな黒人だった。もちろん、こういうことはすべて効果を狙《ねら》ってのことであった。

行列が応接所の入り口に達するまでは、少し迂回《うかい》して行進しなければならなかった。これは護衛兵を日本人に誇示する良い機会だった。上陸地から応接所までの距離はほんのわずかだったから、すぐに着いてしまった。入り口の前に見たところヨーロッパ製らしい二門の古い小さな真鍮《しんちゅう》の大砲があった。両側には一隊の日本の護衛兵がかなりばらばらに群がっていた。彼らの服装はほかの兵士と異なり、右側の者は陣羽織を着て、幅広の飾り帯で腰のところを合わせ、灰色の長ズボンをはき、たっぷりとした幅広のズボンは膝のところで引き詰め、頭には白い布をターバンのように巻いていた。彼らは銃剣と火打石のついたマスケット銃で武装していた。左側の衛兵は黄色い折り返しのついた黒っぽい褐色の制服を着て、旧式の火縄銃を持っていた。

応接所での会見——大統領親書と提督の公式書簡を手交

提督は応接所の戸口で護衛隊を残し、幕僚とともに中に入った。建物が急ごしらえであるのは一目で分かった。松材の柱や板に番号がついているのは、前もって設計どおりに造って、現場に運んで手早く組み立てたのだろう。この建物に入ってすぐのところは一種の天幕で、大部分が色を塗ったキャンバスで構成されており、キャンバスには皇帝の紋章が描かれていた。広さはほぼ四〇フィート四方だった。この入り口の広間の向こうに内側の部屋があり、そこに行くには絨毯《じゅうたん》の通路を進む。外側の部屋の床は一面に白い布が敷かれていたが、その中央には赤い細長い絨毯が敷かれていて、それが奥の部屋に通じている。この奥の部屋には赤い布が敷き詰められており、この部屋が応接所の儀式用広間であった。部屋の床は高座のように、ほかより高くなっていて、祝典のために立派に装飾されていた。この奥の部屋を囲む壁の三方には、皇帝の紋章を白で刺繍した、絹と美しい木綿でつくった紫色の掛布がかけてあり、前面は控室である外側の部屋に開かれていた。

提督と幕僚が接見の部屋に入ると、左側に座っていた二人の高官が立ち上がってお辞儀をし、提督と幕僚は右側に用意された肘《ひじ》かけ椅子に案内された。通訳がこの日本高官の名前と称号とを告知した。ひとりは戸田伊豆守すなわち伊豆侯戸田で、もうひとりは井戸石《いわ》見守《みのかみ》すなわち石見侯井戸〔弘道。戸田と同じく浦賀奉行〕であった。二人ともかなりの年配で、前者は五〇歳くらい、後者はそれより一〇歳から一五歳年長らしかった。戸田侯は井戸侯より風采《ふうさい》が良く、知的な広い額や端正な親しみやすい容貌《ようぼう》は、皺《しわ》だらけで貧相で、彼より知的に劣っていそうな顔つきをした同僚の石見守と好対照をなしていた。二人とも非常に豪華な服装をしており、衣服は精巧に金銀の模様をちりばめた重々しい絹の紋織だった。

両侯ははじめからまるで銅像のような格好で、会見中もずっとその姿勢を崩さず、一言もしゃべらず、提督が出入りするときに席を立って、荘重かつ丁寧にお辞儀をしただけだった。栄左衛門とその通訳がこの儀式の司会役を務めた。彼らは部屋に入ると上座の隅に位置を占め、金めっきか真鍮製の脚に支えられている赤い漆塗りの大きな箱のそばに跪《ひざまず》いた。

提督と幕僚が席についてから数分間は沈黙が続き、双方とも一言も言葉を発しなかった。首席通訳の達之助が最初にこの沈黙を破った。彼はオランダ語通訳のポートマン氏に向かって、手交すべき親書の用意はできているかとたずね、戸田侯はそれを受領する用意があり、部屋の上座にある朱塗りの箱は書簡を納めるための櫃《ひつ》であると説明した。提督は、この旨が伝えられると、次の間に控えていた二人の少年を差し招いた。少年たちはすぐさま提督の招きに応じ、大統領の親書とその他の文書を納めた美しい箱を捧げ持って進み出た。二人の屈強な黒人が少年たちのすぐ後ろについてきて、朱塗りの櫃に歩み寄り、少年たちから箱を受け取って、それらを開き、書簡を取り出して、文書と印章を示しながら、日本側の櫃の蓋《ふた》の上においた——すべては完全な沈黙のうちに進行した。大統領の親書、提督の信任状、提督から皇帝に宛てた二通〔三通の誤りと思われる〕の親書が、ここに手交されたのである。提督が提出した第三の親書はすでに紹介しておいたが、すべて大統領の親書に添えて、同時に手交された。

アメリカ合衆国大統領ミラード・フィルモアより
日本国皇帝陛下に呈す

偉大にして、良き友よ。私はマシュー・C・ペリー提督を介してこの公式書簡を陛下に送る。同提督は合衆国海軍の最高位にある一士官であり、このたび陛下の国土を訪れる艦隊の司令官である。

私はペリー提督に、次のことを確言するよう命じている。すなわち、私は陛下と陛下の政府とに対し深甚なる親愛の情を抱いており、また私が提督を日本に派遣した目的は、合衆国と日本とが友好を結び、相互に商業上の交際をなすべきことを提案するためにほかならない。

合衆国の憲法および諸法律は、ほかの諸国民の宗教的あるいは政治的問題に干渉することをすべて禁じている。私はとくに、陛下の国土の安寧を乱すような行動はいっさい慎むよう、ペリー提督に訓令している。

アメリカ合衆国は大洋から大洋にまたがり、また、わが国のオレゴン州とカリフォルニア州は陛下の国土とまさに向かい合って横たわっている。わが国の蒸気船はカリフォルニアから日本まで一八日間で行くことができる。

この大きなカリフォルニア州は、毎年黄金六〇〇〇万ドルを産出するだけでなく、銀、水銀、宝石その他多くの価値ある物資を産出している。日本もまた豊かで豊饒《ほうじょう》な国であり、多くのきわめて価値ある物資を産出している。陛下の臣民は多くの技術に熟達している。私は、日本と合衆国の双方の利益のために、両国が相互に交易することを切望している。

われわれは、陛下の政府の古い法律が、中国とオランダ以外の外国との貿易を許さないことは知っている。しかし、世界の情勢は変化し、数々の新しい政府が形成されているとき、時勢に応じて新しい法律を定めることが賢明と思われる。陛下の政府の古来の法律といえども、初めて制定された時代があったのである。

その時代と同じ頃、ときには新世界とも呼ばれるアメリカが、ヨーロッパ人に初めて発見され、植民された。長い間、人民は少なく、かつ貧しかった。今日では人民は膨大な数になり、その商業は著しく拡大し、もし陛下が古い法律を改めて両国間の自由な交易を許すならば、両国にとってきわめて利益になると考えている。

もし陛下が、外国貿易を禁じている古い法律を廃してもなんの支障もないということに同意しないのなら、その法律を五年ないし一〇年間は保留して、実験を試みることを勧めたい。もし所期の利益が得られないことが明らかになれば、古い法律を復活すればよい。合衆国はしばしば諸外国との条約を二、三年に制限し、相手の意向により、更新することもしないこともある。

私はペリー提督に、もうひとつのことを陛下に告げるように命じている。すなわち、わが国の多くの船舶が毎年カリフォルニアから中国に航行しており、また数多くのわが国民が日本近海で捕鯨に従事している。ときには悪天候により、わが船舶の一隻が、貴国の沿岸で難破することもある。このような場合はすべて、われわれが船を送ってそれらを回収するまで、わが不幸な国民を親切に待遇し、その財産を保護すべきことを要望し、期待する。われわれはこのことについては、きわめて真剣である。

ペリー提督はまた、以下のことを陛下に告げるよう命じられている。すなわち、われわれは日本帝国内に石炭と食料がきわめて豊富にあることを知っている。わが国の蒸気船は大洋を横断する際に多量の石炭を焚いているが、石炭をはるかアメリカより積んでいくのは不便である。われわれは、わが蒸気船およびその他の船舶が日本に停泊し、石炭、食料、水の供給を受けることが許されるよう願っている。わが船舶はこれらの物に対して金銭または陛下の臣民が好む物によって対価を支払うであろう。また、われわれは陛下に、わが国の船舶がこの目的のために停泊できる便利な港をひとつ、帝国の南部に指定されることを要望する。

私がペリー提督を強力な艦隊とともに派遣し、陛下の名高い江戸市を訪問させる唯一の目的は、友好、通商、石炭と食料の供給、および難破した国民の保護にある。

われわれはペリー提督に、陛下が二、三の贈り物を受け取るよう懇願せよと命じている。贈り物自体は大して価値のあるものではないが、合衆国で製造された物品の見本として役立つやもしれず、またわれわれの誠実かつ敬意に満ちた友情のしるしとしたい。

万能の神が陛下に偉大にして神聖なる加護を賜らんことを！

その証として、私は合衆国の大印章をここに捺印《なついん》させ、私の名を署名する。アメリカのワシントン市、わが政府の所在地にて、一八五二年の第一一月一三日。

〔捺印〕

陛下の良き友
ミラード・フィルモア

大統領の命により副署

国務長官
エドワード・エヴァレット

ペリー提督より皇帝へ

合衆国蒸気フリゲート艦サスケハナ号
日本沿岸　一八五三年七月五日

末尾に署名した東インド、中国および日本海域に駐在するアメリカ合衆国全海軍の司令長官は、友好の使命を帯びて、合衆国大統領の親書に詳細に記述された諸事項に関し、日本政府と交渉するための全権を付与され、合衆国政府よりこの国に派遣されました。その親書の写しは、本書状署名者に対する信任状の写しとともに、英語、オランダ語、中国語をもって、ここに捧呈します。

陛下の高貴な地位にふさわしきよう作成された大統領親書の原本と信任状の原本は、陛下が指定される接見の日に、本書状署名者が自ら捧呈するでしょう。

大統領は日本に対してきわめて深い友愛の情を抱いておりますが、合衆国人民の何人かが、陛下の国土内に、自発的に赴くか、または海難によって漂着するとき、あたかも貴国の最悪の敵であるかのような待遇を受けていることを知り、驚き、かつ悲しんでいると伝えるよう、本書状の署名者は命ぜられております。

本書状署名者が述べているのは、アメリカ船モリソン号、ラゴダ号、ローレンス号の諸件です。

アメリカ人は、すべてのキリスト教国民と同じく、海岸に漂着した人間は、いずれの国民であろうと、親切に受け入れ、救助し保護することを神聖な義務と考えており、このようなアメリカの方針は、これまでアメリカの保護下におかれたすべての日本臣民にも適用されています。

合衆国政府は、今後日本の沿海で難破したり、嵐のために日本の港に追い込まれたりした人々が、人道的に待遇されるというなんらかの明確な保証を、日本政府から得たいと望んでいます。

本書状の署名者は、合衆国がヨーロッパのいかなる政府とも関係のないこと、また合衆国の法律は自国の市民の宗教に干渉せず、ましてほかの国民の宗教に干渉することはないことを、日本人に説明するよう命ぜられています。

また、アメリカ人は日本とヨーロッパのまさに中間にある大国に住んでおり、その国土は日本に初めてヨーロッパ人が来訪したのとほぼ同じ時期にヨーロッパ人によって発見されたこと、アメリカ大陸のヨーロッパに最も近い部分に初めてヨーロッパからの移民が植民したこと、その人口は急速に全土に広まりついには太平洋岸にまで達したこと、いまでは数々の大都市があり、そこから蒸気船を利用すれば、一八日から二〇日で日本に到着できること、地球上におけるこの地域全体とわが国との通商が急速に増大しつつあり、日本海域はまもなくわが国の船舶であふれるようになること、などもお伝えしておきます。

このように、合衆国と日本は日に日に相互に近づいているので、大統領は陛下と平和的かつ友好的に共存することを望んでいますが、日本がアメリカに対して仇敵《きゅうてき》のようにふるまうのをやめなければ、友好は永続することができません。

この政策が元来はいかに賢明であったにせよ、両国の交通が昔に比べはるかに容易かつ迅速になった現在、それはもはや賢明ではなく、実行は困難です。

本書状の署名者は、いま誠意を尽くして行われている友好の提案に、日本政府が快く応じることにより、両国間の非友好的な軋轢《あつれき》を避ける必要を察知されるであろうとの希望を抱いて、以上の論拠を提起します。

日本を訪問するために派遣された多くの大艦は、まだこの海域に到着したことはありません。しかし、それは常に実現可能です。本書状の署名者は、友好的な意図を証明するため、比較的小さな四隻の軍艦のみを率いてきましたが、必要とあれば、来春にははるかに大きな艦隊を率いて、江戸に帰航するつもりです。

しかし、大統領の親書に記載され、本書状の署名者が近く適当な機会にさらに説明することになる、非常に合理的かつ平和的な申し入れを陛下の政府がただちに受け入れることにより、このような帰航を不必要にすることを期待しています。

陛下に深甚なる敬意を表し、健康と幸福に恵まれて長寿ならんことを心から願いつつ、ここに自署します。

東インド、中国、日本海域合衆国海軍司令長官
M・C・ペリー（＊3）

日本国皇帝陛下に呈す

ペリー提督より皇帝へ

合衆国蒸気フリゲート艦サスケハナ号

江戸湾浦賀　一八五三年七月一四日

本書状の署名者は、本官を介して日本政府に提出された諸提案がきわめて重要であり、多くの重大な問題が含まれているので、いくつかの関係事項を審議し決定するには多くの時間を必要とするものと考えます。

この点を考慮して、本書状の署名者は来春江戸湾に帰航するまでこの提案に対する回答を喜んで待つことを言明します。そのときには、すべての事項が友好的に、かつ両国とも満足するよう取り決められるものと信じて期待しています。

深い敬意を込めて

東インド、中国、日本海域合衆国海軍司令長官

M・C・ペリー

日本国皇帝陛下に呈す

ペリー提督に与えられた信任状

アメリカ合衆国大統領ミラード・フィルモアより日本国皇帝陛下へ

合衆国海軍の指揮官マシュー・C・ペリーの誠実、忍耐、才能をとくに信頼して、

私は彼に全権を委ね、合衆国のために合衆国の名において、彼と同等の権限を与えられた陛下の臣民のひとりまたは数人と会見し、協議させ、二国間の友好、通商、航海に関するひとつないし複数の協約および条約を交渉し、締結し、署名させるものである。また、それに関連して両国民の利害にかかわるすべての事項および問題は同人が合衆国大統領に具申し、合衆国上院の勧告と同意をもって、大統領が最終的に裁可するものである。

以上の証左として、私はここに合衆国の印章を捺印させる。

ワシントン市にて、一八五二年、アメリカ合衆国独立の第七七年第一一月一三日、自ら記す。

ミラード・フィルモア

大統領の命により副署

国務長官　エドワード・エヴァレット

〔捺印〕

以上数通の書簡には、中国語とオランダ語の翻訳も添えられていた。これらの文書が、それを納めるために作られた日本皇帝の櫃《ひつ》の蓋《ふた》の上におかれると、提督の指示により、オランダ語通訳ポートマン氏が、日本の通訳達之助に対し、さまざまな文書がどのような内容のものか説明した。あいかわらず跪《ひざまず》いていた達之助と香山栄左衛門は、それを聞いて頭を垂れた。次に、栄左衛門は立ち上がり、石見侯に近づいて、その前で跪いて平伏し、石見侯の手から巻紙を受け取り、部屋を横切って提督のところへ来てふたたび跪き、巻紙を手渡した。オランダ語通訳が「その文書はなにか?」とたずねると「これは皇帝の受領書である」という返答があった。この巻紙を翻訳すると次のとおりである。

伊豆侯と石見侯よりペリー提督に渡された受領書の翻訳

北アメリカ合衆国大統領の書簡とその写しはここに受領され、皇帝に送致される。外国に関する事務は、ここ浦賀では処理することができず、長崎で行うべきことを、いくたびも伝達された。大統領使節の資格を持つ提督が、これによって侮辱されることは、いまや察知され、それが正しいことが承認された。それゆえに、上記の書簡は日本の法律をまげてもこの地で受領される。

ここは外国人からのいかなる事柄も処理するために設けられた場所ではないので、協議も接待も行うことができない。書簡が受領されて、貴下はここを立ち去るであろう。

第六月九日　　　　（この下に日本語で書いた署名の写しがある）

この文章はオランダ語から直訳したものである。協議はオランダ語で行われたが、首席顧問官の伊豆侯と石見侯の受領書は、彼らの通訳たちが日本語から不正確に翻訳したに違いない。

日本語から正しく翻訳するとたぶん次のようになるだろう。

「北アメリカ合衆国大統領の書簡と写しはここに受領され、皇帝に送致されるであろう。外国に関する事務はここ浦賀で処理することはできず、長崎で行われることをいくたびも通告した。それにもかかわらず、大統領使節の資格を持つ提督は、この地での書簡の受領を拒否されれば、自らへの侮辱と感じるであろうと察知され、そのことの正当性が承認されたため、上記の書簡は日本の法律をまげて当地で受領されるものである。

当地は外国人と交渉するための場所ではないので、協議も接待も行うことができない。ゆえに、書簡が受領されたうえは、貴下は出立されたい」

数分間の沈黙ののち、提督は通訳に命じて日本人に、自分は二、三日中に艦隊を率いて琉球《りゅうきゅう》と広東に向かうので、もしその地に急信や通信を送る必要があるなら、政府のお役に立てるようにしよう、と通告した。提督はまた、来春のたぶん四月か五月に日本に帰航するつもりだ、と述べた。すると達之助はオランダ語通訳に対し、提督が自分の退去と帰航について話した言葉を、もう一度繰り返してくれるよう頼んだ。そこで前と同じ言葉で言い聞かせると、今度は「提督は四隻の船をすべて率いて戻ってくるのかどうか」と質問してきた。「全艦を率いて戻ってくる。しかも、これらの船は艦隊のごく一部にすぎないので、おそらくもっと多くの船を率いてくるだろう」と提督は答えた。中国における革命についても言及がなされ、通訳がその原因をたずねてきた。この質問に対し提督は「政府が原因である」と答えたが、この問答は日本の二侯には通訳されなかった。

さて、栄左衛門と達之助はお辞儀をしてから立ち上がり、朱塗りの箱のまわりを紐で結び、提督の通訳にもはやすることはないと告げて、両側にお辞儀をしながら部屋を出ていった。そこで提督も退去するために立ち上がった。提督が出立するときは、それまで一言も口を開かなかった二侯も立ち上がり、外来者が退去するまで立っていた。

提督と幕僚が将官艇を待ちながらしばらく応接所の入り口に立っていると、栄左衛門と通訳が戻ってきて、一行の誰かになにを待っているのかとたずねた。聞かれた者は「提督のボートである」と答えた。それ以上の会話はなかった。会見は全体で二〇分ないし三〇分を超えず、あらゆる点で礼儀正しいものだったが、きわめて形式的に進められた。

前と同じように行列が組まれ、提督は護衛されて将官艇まで進み、乗り込むと、艦に向かって漕ぎ出した。ほかのアメリカのボートと、浦賀奉行とその従者を乗せた二艘の日本船が、提督のボートについてきた。ボートが艦隊に向かって漕ぎ出したとき、軍楽隊がしばらく賑《にぎ》やかにアメリカの曲を演奏した。上陸所が狭いうえに、このときは約六〇から七〇艘の日本政府の船が横づけされていたので、一行の全員がボートに乗り込むのに多少手間取った。日本の兵士たちは機を見ては海岸のいたるところから押し寄せてきて、好奇心を満たすものもいれば、威嚇的な態度を見せるものもいた。日本軍がこのように配備され

大統領親書の手交

ていたからには、その大軍勢でアメリカ人を完全に包囲することも、困難ではなかったと認めざるをえない。

＊1 「この会見では貴官の地位を呼称するにあたり、Admiralという称号を使わざるをえなかったことを注記しておきたい。なぜならば、栄左衛門の通訳はこの言葉ならよく知っていたが、Commodoreという称号にはまったく通じていなかったからである」

ペリー提督に提出したアダムス参謀長の公式報告からの抜粋。

＊2 海図の上にReception Bay〔応接湾。現在の久里浜〕と記されている。

＊3 提督は合衆国当局から命じられたとおりにこの手紙を書いたことに注目すべきである。

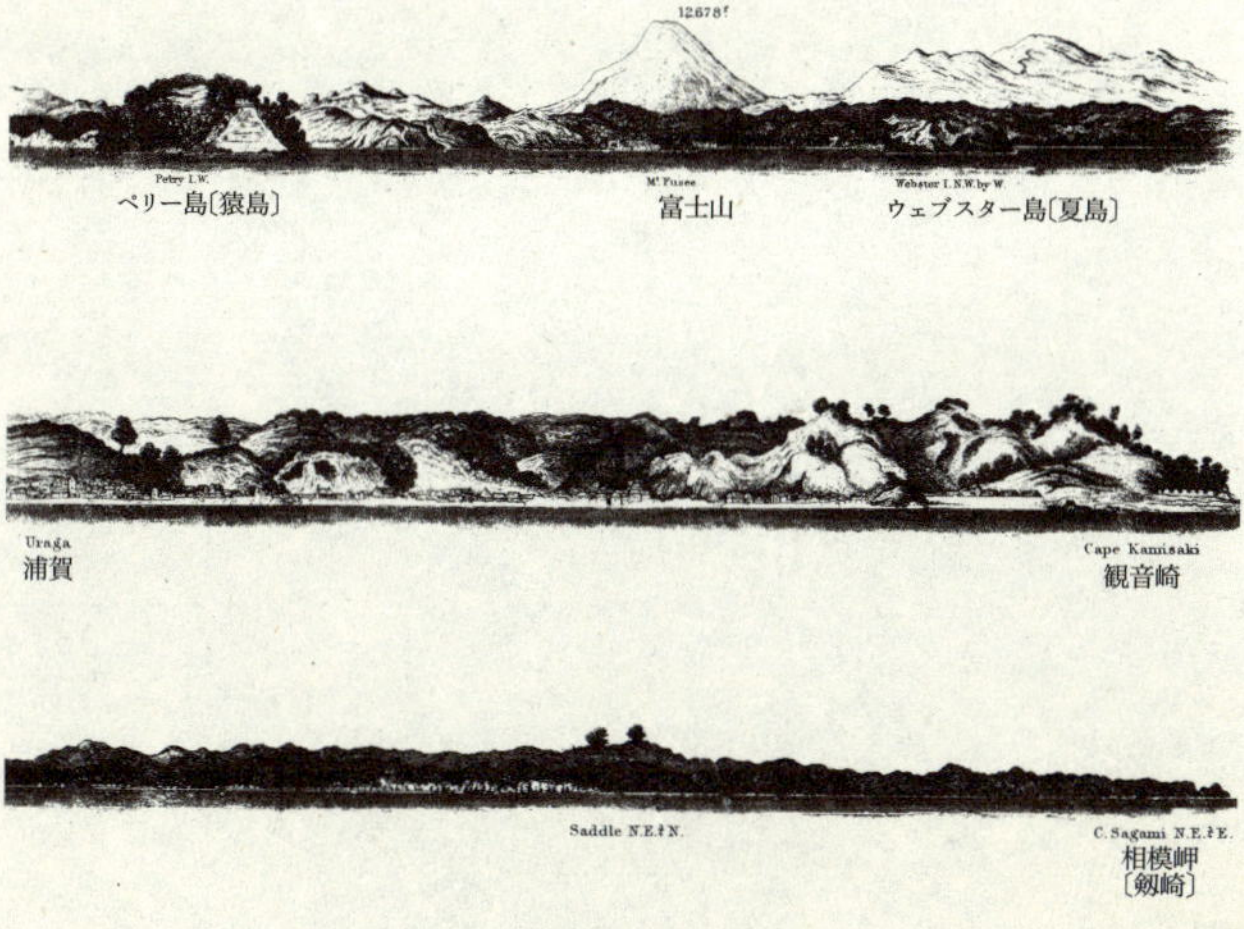

江戸湾西岸の眺め〔海図より〕

第14章　第一回日本訪問・日本を発つ日

江戸湾の一〇日間Ⅲ

一八五三年七月一五日〜一七日

会見の終了後、艦隊を航進させる

提督は陸上の遠征に赴く前に、小湾を制圧できる位置に二隻の蒸気艦を配置し、甲板をかたづけて万全の戦闘態勢を取るよう命令していた。舷側《げんそく》のボートには曲射砲弾が配備され、陸上でなにかトラブルが生じた場合には、即座に派遣できるよう準備を整えておいた。そして海岸に群がっている日本の部隊が敵対行為を始めたら、その全体に向かって砲弾を雨あられと浴びせるよう艦載砲も準備された。もっとも、当日の祝典が戦闘で終わるような不安は感じられなかったのだが、どんな些細《ささい》な不祥事にも適切に対応できるよう、万全の警戒がなされたのである。

会見が終わったときは、艦隊の全員が幸運な結果に一様に満足感を覚えた。文明国間の普通の関係から判断すれば、祝うほどのことでもなかったのだが、日本の排外政策を考えれば、当日の行事に参加したアメリカ人の誰もが誇らかに自己満足に浸る理由はいくらでもあった。

提督が大国の使節にふさわしい歓迎をするよう要求したのは正しかった。それは帝国政府から受け取った注目すべき文書の中で承認され、当日の儀式によってもきわめて印象的なやり方で確かめられた。その日、最高権力の直接の代理人として行動する帝国の二人の主だった諸侯は、日本人の鉄のような沈黙の仮面を脱いで、自らアメリカ人に面と向かい、アメリカの使節の手から国際交誼《こうぎ》に加われと執拗《しつよう》に勧める招待状を受け取ったのだ。「大統領使節の資格を持つ提督は、この地での書簡の受領を拒否されれば、自らへの侮辱と感じるであろうと察知され、そのことの正当性が承認されたため、上記の書簡は日本の法律をまげて当地で受領されるものである」。これが日本の文書の中にある注目すべき言葉であり、この「日本の法律をまげて」という印象的な語句によって、日本は自らアメリカの勝利をはっきりと記録し、かつまた、おそらくは、自国の革新を予言したのである。アメリカの力強い手は友好の精神をもって差し出されたのだが、その手は抱擁力に劣らず打撃力をも証明するエネルギーをもって突き出され、日本の孤立を揺るがして、自国以外の世界との関係に気づかせた。日本は自国本意の排他的な法を破って、友誼《ゆうぎ》という万国法に従ったのである。

日本人にとっては提督の要求に多大な譲歩をしたのかもしれないが、通常の国際交誼のために正当に要求されているものからはまだまだ程遠かった。日本政府からの通達書は、日本の排外法に風穴を開けたという点では、確かに注目に値するものだが、いまだに制限政策の跡を残しており、「故に、書簡が受領されたうえは、貴下は出立されたい」という言辞が入っていた。提督は、立ち去れという二侯の命令など聞く耳を持たないことを見せつけるため、海岸での会見後、艦に戻るとすぐに全艦隊に航進するよう命令した。それを見て両侯は、湾を去るものと期待したに違いないが、そうではなくてさらに近づくためだった。提督は江戸への水路を調べることにした。測量業務にこれだけの大兵力を使用し、しかもこれほど首府の近くで実施すれば、日本政府の誇りと自負心に決定的な影響を与え、大統領の親書をもっと尊重するようになると確信したのである。

浦賀奉行の〔香山〕栄左衛門と〔中島〕三郎助は通訳を伴い、艦隊に帰艦する一行についてきて、サスケハナ号に乗り込み、艦長と提督の副官に上部船室で迎えられ、次のような会話を交わした。

栄左衛門―万事うまく順調に終わったことは幸いです。

ブキャナン艦長―日本と合衆国との友好が末永く続くよう願っています。

栄左衛門―いつ退去なさるおつもりですか？

ブキャナン艦長―二、三日中です。提督はこの湾を航進し、停泊地を調べています。提督は最初の停泊地が気に入らないのです。

栄左衛門―そこに停泊するつもりですか？

ブキャナン艦長―ほんの二、三日、航海の用意が整うまでです。

栄左衛門―あなた方が出発する前に、われわれがまた来艦する必要がないように、今日正式に退去していただきたい。

ブキャナン艦長―それほど遠くない時期に、あなた方とまたお目にかかるのを楽しみにしています。今回、ペリー提督は日本の皇帝に差し上げる贈り物を持ってこなかったが、次に来るときは持参してまいりましょう。贈り物の中には鉄道用の蒸気機関、すなわち機関車も含まれています。

コンティ大尉―そのほかにも、浦賀から江戸まで通じる電信機も入っています。これを使えば、たった一秒である場所から別の場所へと話を伝えることができます。

栄左衛門―あなた方は蒸気機関で一時間に何海里進むことができますか？

コンティ大尉―蒸気だけで、風にたよらずに、日本の里程で八海里、アメリカの里程で一三海里〔約二四キロメートル〕です。合衆国では川にも軽汽船が走っていて、一時間に一八海里を航行することができます。

栄左衛門―蒸気船が最初に発明されたのはどこですか。

コンティ大尉―アメリカです。フルトンというアメリカ人がニューヨークで最初に発明しました。

栄左衛門に、艦に残って蒸気機関が動くのを視察するよう勧めると、彼は好奇心に駆られてそうすることにした。蒸気船が錨《いかり》を上げてもとの停泊地に進んでいく間、栄左衛門と三郎助の小船は曳航《えいこう》され、二人の役人と通訳たちは士官たちから十分なもてなしを受け、艦上で見られるものはすべて見たいという自然の欲求を満たすのに余念がなかった。日本の役人たちは、いつものように控えめながら好奇心をあらわにして、蒸気船の構造や装備に関するすべてのことに知的な関心を示した。蒸気機関が動いている間、彼らはあらゆる部分を詳細に検査したが、怖がる様子はなく、蒸気機関にまったく無知な人間から予想されるような驚愕《きょうがく》もまったく見られなかった。彼らはすぐに蒸気機関の性質を見抜いたらしく、蒸気を利用して大きな機関を動かす方法や、蒸気の力で蒸気船の水輪を動かす方法についても洞察したようだった。彼らの質問はきわめて的を射たもので、誰が蒸気船を最初に発明したのかと重ねてたずね、水上を推進する速力などを質問した。彼らは見せてもらったアメリカの河川用と海上用の蒸気船の版画や、たまたま艦内に飾ってあったニューヨーク、ニューオリンズ、サンフランシスコの風景画などを興味津々の面持ちで見てまわった。栄左衛門は幾人かのアメリカ士官がベルトに拳銃《けんじゅう》をさげているのを目にして、その構造を調べたい、撃つところを見たいと言った。そこで艦長のひとりが彼の好奇心を満たすため、後甲板から拳銃を発射した。栄左衛門は六発の弾丸が連射されるのをびっくり仰天しながら観察していたが、怖がってはいなかった。

二人の役人の態度は際立って対照的だった。栄左衛門の方はいつも慎み深く、控えめにふるまっていたが、三郎助の方はずうずうしくて強引だった。前者は理知的な好奇心を示したが、後者はしつこく詮索《せんさく》した。栄左衛門はいつも物静かで、丁寧で、控えめな紳士だったが、三郎助の方は終始せかせかして、粗野で、でしゃばりだった。こちらが誘おうと誘うまいと、彼は臆面《おくめん》もなくいたるところに顔を出して、自由な好奇心を満たすというよりは、スパイ行為をしたがっているように映った。

さて、汽笛がけたたましく鳴って、蒸気艦が浦賀に到着したことを告げると、日本人は驚いて腰を上げた。退去する時間が来たのである。それまで艫《とも》に曳《ひ》かれていた日本の船が舷側に回されるまで、数分間機関が止められた。栄左衛門とその一行は、訪問があっという間に終わったことに失望の色を隠さず、好奇心を十分満足させられずに立ち去ることに多少ためらいがちな様子をしていた。

さらなる測量探査――江戸内湾に投錨

いまや全艦隊は所定の位置につき、蒸気艦は二隻の帆船、すなわち、プリマス号とサラトガ号のスループ型砲艦に合流した。四艦すべてが一定の距離をおいて横一列に並び、測量しながら湾を進む姿はまさに壮観であった。いまや針路は東方の海岸〔房総半島〕に向けられ、西側の浦賀の岬と背後の美しい湾は遠ざかり、艦隊が湾を対角線上に進んでいくにつれ、湾をめぐる濃緑の丘陵とその麓《ふもと》の無数の村々が見えてきた。

西方の陸地が三海里以内に近づいたとき、湾の水際に起伏する傾斜面がしだいに高くなり、遠くで険しい山になっているのが見えた。肥沃《ひよく》な耕地、広々とした園地が、植え込みで区切られ、ここかしこに念入りに手入れされた木立が点在し、樹木は老いてなお元気に葉を茂らせ、段畑は平らな地面を幾重にも重ね、豊かで鮮やかな新緑と、鬱蒼《うっそう》とたたずむ森が、すぐ近くの連丘の斜面に見え、そのすべてが長い歳月をかけて完璧《かんぺき》に耕作されてきたことを示していた。その風光の美しさは、青々とした春のさわやかな魅力にあふれる頃のイギリスの田園風景にも劣らぬほどだった。遠くの丘陵は険しくて草木がなく、見たところ耕作されていないようだが、その荒涼とした風景は、豊かに耕された土地の美しさをいっそう引き立てていた。耕作されている土地は遠くの丘陵の麓から湾の水際まで緩やかに起伏していた。艦隊が北に進むにつれて、海岸はますます平坦になり、砂州が湾の中に三、四海里ものびており、その突端あたりの二ヵ所がかなり高くなっているのが観察され、そこにそれぞれ一〇門の大砲を備える堡塁《ほうるい》が築かれ、日本の軍隊が屯《たむろ》しているのが見えた。

さて艦隊は停泊予定地に針路を向けた。そこは先日の測量探検の際に、ベント大尉が測量した場所だった。艦隊が向かっている湾の上手の境界となっている険しい岬を眺めながら、艦船は西海岸に舵《かじ》を向け、ついにその日の午後、提督がアメリカ停泊地〔小柴沖。現在の横浜市金沢区〕と名付けた場所に錨を下ろした。ここは最初に停泊した浦賀沖から約一〇海里離れており、海岸からは一・五海里、水深は一三尋《ひろ》〔約二三メートル〕あった。艦隊が停泊した湾内には、二つの美しい島があり、茂った緑の草と散在する森におおわれていた。停泊地の周囲の海岸には白い岩肌の険しい崖が続き、その上は肥沃な土壌でおおわれていた。この土壌には草木が豊かに茂り、緑の灌木《かんぼく》や地を這《は》う蔓《つる》や草木が豊かな花づなとなって上から下に垂れていた。海は崖の麓を洗ってところどころに洞窟《どうくつ》を作り、海水が出たり入ったりしていた。北方の岬は六海里ほど離れていて、緑色の斜面となって湾に達し、その斜面を埋めるこんもりとした樹々の茂みから白煙が立ちのぼり、密生した群葉の間を漂っているのが見えたが、それは野営地の存在を示すものと思われた。赤旗で区別される例の政府船が約一海里にわたる長い海岸に沿ってびっしりと並んでおり、堡塁には例の木綿布の砲台、すなわち幕が張られていた。いまではこの幕は、長い経験から見て、軍事力を多く見せようとか、相手に対する敬意を示そうとするものではなく、大小の旗と同じく、軍隊の象徴なのだと思われた。

投錨《とうびょう》するとすぐに、提督は数艘《そう》のボートに測量探査を命じた。たぶんそれを見たからであろう、艦隊と向き合った砲台のあたりに多くの兵隊が出てきたり、海岸沿いに繋留《けいりゅう》していた政府船が何艘か出てきたりしたが、測量隊が直接に妨害されるようなことはなかった。日本船は艦載艇の動きを監視するように、前後に移動していたが、示威や警戒以外のことをするつもりはなさそうだ。しかし、まもなく栄左衛門と彼の通訳が、いつもの船に乗ってサスケハナ号に近づいてくるのが見えた。日本の漕《こ》ぎ手は力いっぱい漕ぎ、たちまちこの蒸気艦に横づけされた。栄左衛門とその一行は甲板出入口《コンパニオン・ウェイ》に急いで駆けつけ、明らかにひどく腹を立て、大いに憂慮していた。彼らはすぐに船室に案内され、いつものように艦長たちに迎えられた。艦長たちは落ち着き払って相手の言い分を聞くかまえを見せた。〔通訳の堀〕達之助がすぐさま「なぜ艦隊はここに停泊するのか?」とたずねた。この問いには、提督がすでに通告したとおり、艦隊はもっと安全な停泊地を確保するために湾を遡《さかのぼ》ったのだと返答した。すると、通訳は、日本の海のこの水域は、これまで常に外国人が侵入を遠慮していた場所であり、艦隊はこれ以上進んではならないと言った。そして彼は、提督はさらに進むつもりなのか、そうでないのなら、いつまでここにとどまるつもりなのかとたずねた。この質問には、提督は来春もっと多くの艦船と人員を率いて戻ってくる予定なので、良い停泊地を見つけるために三、四日ここに滞在するつもりであり、艦船を繋《けい》留《りゅう》するのに最も安全な場所を発見するためには、湾を測量する必要があると答えた。浦賀も測量してみたが、波が荒く、ときおり風が激しく吹くので安全ではないのが分かった。通訳の達之助が、提督は大統領の親書を両侯が受け取ればすぐに退去すると約束しただけではないかと言い張ったときには、提督は海岸を離れると約束しただけで、艦隊を率いて湾をさらに遡航《そこう》するとの意向は、はっきりと言明したはずだと言い返した。通訳はさらに、住民たちは外国人がすぐ近くにやってきたのを見て、すでに大騒ぎをしているのだから、測量艇が陸地に少しでも近づけば、トラブルが起こることになるだろうと断言した。それに対しては、測量艇が着岸することはないし、日本人側からの妨害がなければ、アメリカ人は日本人に干渉することはないので、心配はいっさい無用だと言い渡した。栄左衛門は通訳を介して、あいかわらず艦隊の退去に固執し、日本政府はアメリカ人に対し好感をもっており、大統領の書簡も受け取ったのだから、これは好意をもって考慮されるべきことに違いないとの確信を丁重に述べ、提督が次に訪れるときは、浦賀があらゆる点で提議された交渉に便利であるから、浦賀より奥へ湾を遡らないよう希望する、といって言葉を結んだ。そこで、栄左衛門に対し、われわれは次のように断言した。アメリカ人は友人としてやってきたのだから、アメリカ艦隊が適当な停泊地を探すことに反対するのはまったく理由のないことである。さらに、われわれは次のように述べた。合衆国ではこのような点で外国人にあらゆる便宜を与えるのが習慣であり、日本人が合衆国に来るならば、アメリカの航行可能な水域を自由に航行できることが分かるだろうし、カリフォルニアの豊富な金産地に行くことも許されるだろう、と。

栄左衛門はそれ以上はなにも言わなかった。納得したかどうかは分からないが、礼儀をわきまえてそれ以上の要求を持ち出すのを慎んだのである。彼とその同行者は軽い食事でもどうかと勧められると、すぐに承諾し、やがて旺盛《おうせい》な食欲で、出された食事の賞味に取りかかった。このとき、政府船がもう一艘横づけされているとの報告があったので、その船に乗り込んでいた日本の役人もさっそく招かれて、船室での歓待に加わった。こうして、まことに陽気な場面が現出し、そこではハム、堅パンなどの食べ物がふんだんに供され、ウィスキーも飲み放題で、たちまち皿も瓶も空になっていった。この御馳走が大いに気に入ったらしく、通訳たちは大変な喜びようで、この愉快な宴の価値多い記念品を持って帰りたいと頼み、腹はいっぱいなのに大きな袖《そで》にパンやハムを入れて持って帰った。それによって思い出と味覚を新たにしようというわけである。夜が近づいていたので、日本人たちは艦隊の饗応《きょうおう》に対する満足の意を丁重に表しながら艦を去っていった。

▽第八日目　七月一五日（金曜日）

日本の風景の美しさと日本人の温かさに触れる

翌朝、早朝から提督の命により一隊の測量隊がふたたび派遣され、湾のもっと奥を測量した。内陸の一部は砲台にさえぎられていて、艦上からうかがうことはできなかったが、三艘のボートが砲台の向こう側に漕いでいった。そこには入り江がひとつあって、そのまわりは川から水を引いた美しい田園になっていた。川べりの肥沃な土地には絵のように美しい日本の村がたくさん集まり、肥沃な田畑とみごとに耕されている園地が村の彼方に広がっていた。士官はボートで川を遡るよう命じ、進んでいくと、外国人の姿を一目見ようと岸にやってきた大勢の住民に出会った。あらゆる身振り手振りで歓迎の意を表してボートに向かって挨拶《あいさつ》し、すすんで水やおいしい桃をくれる住民もいた。政府船が二、三艘そばについていたが、乗り込んでいた役人たちはわれわれを歓迎して訪ねてきた。そのうちに互いに友情が芽生えてきて、アメリカ人は日本人と一緒に煙草を交換し合ってのむほどになった。わが士官たちはこの親切なもてなしのお返しに、知り合いになったばかりのホストたちに拳銃を見せてやり、撃ってみせると日本人は非常に驚き、かつ喜んだ。このように大変なごやかに交流して楽しんでいる間、日本人は非常に愛想よく、おおらかにもてなしてくれたが、厳格な役人がやってきて、同国人たちを手まねで追い払った。日本人たちはあわてて散っていったが、その様子は、言いつけを守らない子供が、悪さをした現場を押さえられたときのようだった。

艦載ボートが測深から帰ってくると、士官や部下たちは日本人の親切な気質や国土の美しさに有頂天になっていた。実際どこを見ても、これほど絵のように美しい景色はないといえるほどで、艦上にいる者さえ、周囲の海岸を眺めて飽きることがなかった。高度に耕された土地がいたるところにあり、あらゆる草木は深く豊かな緑をたたえている。無数のつつましい村々が入り江の奥の林に見え隠れして、それが湾の単調さを破り、小川が丘陵の緑の斜面を流れ落ちて静かに草地をうねる。それらすべてがひとつに調和して、美しく、豊かで幸福な景観をつくり出す。誰もがそのような眺めを楽しんだ。

その日の午後のうちに、提督は提督旗をサスケハナ号からミシシッピ号に移した。それから江戸に向かってさらに約一〇海里進み、浦賀の停泊地から二〇海里ほど離れていると推測される地点に到達した。江戸の港か船積み場が首都の南側にはっきりと見えたが、首都そのものは見えなかった。日本の首都は中国と同じように家屋が低いので、突き出た岬の背後にすっぽり隠れており、湾は岬の向こうで東に向かっていて、低い沖積地の海岸が湾を取り巻いていた。見えた町はおそらく江戸の郊外の品川であろう。湾の西側には神奈川と川崎という人口の集中した二つの町が見えた。ミシシッピ号が到達した最終地点からほぼ四海里彼方に、土地が海に突き出して岬になっており、灯台のような白い塔がくっきりと見えた。この塔は江戸の船積み場あるいは港と思われる場所が見えるところから、さらに三、四海里ほど向こうにあった。こうして提督は乗艦を江戸から一〇海里以内まで進めたものと推定した。引き返し地点の水深は二〇尋あったので、さらに遡航することもできたはずだった。しかし提督は、日本側をあまり警戒させると、昨日手渡したばかりで、おそらくいま頃は検討中の大統領の書簡が、宮廷で好意的に受理されることに、なんらかの障害をもたらすのではないかと懸念した。そこで、なすべきことはなしたと考え、それ以上は奥へ進まず、乗艦を「アメリカ停泊地」の艦隊にふたたび合流させた。もっともミシシッピ号の通過中は、その行動を妨げるような気配はまったくなかった。

砲台付近にはかなりの部隊が勢ぞろいしていたが、だらしなく群がっているだけで、戦意を示すためというよりは、好奇心で集まっているかのようだった。ときおり政府の船が明らかに蒸気艦を監視する意図をもって海岸から漕ぎ出してきた。提督が湾の探査で不在中に栄左衛門と通訳が贈り物を入れた箱をいくつか持ってサスケハナ号の舷側にやってきたが、乗艦させず、贈り物も受け取らなかった。なぜなら提督は、自分の特別の許可がない限り、陸から来た人間を誰も乗艦させてはならぬと命じていたからである。このことを話すと、はじめ日本人は待っていたいと言ったが、結局あらためて出直すと言って立ち去った。それぞれの艦船から出しうるすべてのボート、総計一二艘のボートがこの日は一日中浦賀の先の江戸湾西岸の測量に忙しく従事した。

▽**第九日目　七月一六日（土曜日）**

翌朝、日の出とともに艦隊は浦賀から約五海里のところにあるひとつの湾に移動した。提督はそこを「サスケハナ湾」〔大津湾〕と命名し、ボートにこの湾を精力的に測量させたが、干渉されることはなく、事実、異議の申し立てもまったくなかった。いまや艦隊は前よりもずっと岸に近づき、海岸から一海里足らずの距離で錨を下ろした。艦の甲板から西の陸地が展望できた。その景色は草木で独特の緑に染まって美しかった。そのとき停泊地はすっかり陸に囲まれていた。一方の側には、この付近の海を最初に調査した測量隊の指揮官ベント大尉が「ペリー島」と名付けた美しい小島〔猿島〕があった。疑いの眼で眺めると、盛り上がった島の頂にのびている木々の間から、日本の砲台がのぞいていた。南へ数海里下手は、浦賀の彼方にある湾に突き出た岬が停泊中の艦隊を包み込み、その岬の険しい崖の陰になって、東海岸の眺望もかなりの範囲にわたってさえぎられていた。オルサOrsaと鳥ヶ崎という名の二つの村〔横須賀市鴨居〕が弓なりになった湾の内にあり、木々に包まれて安らぎと田園の心地良さにあふれた魅力的な風景を見せてくれた。

日本の役人たちとの別れ

浦賀奉行栄左衛門はサスケハナ号が投錨する前に、ふたたび舷側にやってきた。彼が来たのは、大統領の書簡が好意的に受理されるという保証を繰り返すためだった。また長崎に回答を送ることについてはなにも触れなかったところをみると、提督が日本の帝都に近づくにつれて、彼らはますます妥協的になり、友好的になったのだろう。奉行は贈り物をいくつか持参していた。それは絹布、扇、漆塗りの茶碗《ちゃわん》、煙管《きせる》であった。これらの品物は日本の製品の見本として興味深く、さほど高価なものではないが、日本人の技術のたくみさをみごとに証明するものであった。茶碗はとても軽い木で作られていて、表面は有名な日本漆でたくみに仕上げられ、美しく磨かれていた。絹はみごとな織物で、金銀の綾糸が贅沢《ぜいたく》に織り込まれ、さまざまな飾り模様が精巧に施されていた。扇には「龍と鵺《ぬえ》」が描かれていた。これは日本の芸術家の怪奇な幻想がとくに好む題材である。煙管は小さく、前に見た琉球《りゅうきゅう》人の使用していたもの似ていた。

提督の命令により、提督からの贈り物を返礼として受けてくれなければ、持参した贈り物は受け取れないと栄左衛門に告げた。これに対し、はじめ栄左衛門はためらって、日本の法律で禁じられていると、いつもの言いわけを持ち出した。そこで、アメリカの法律は相互主義を命じており、交換するのでなければ贈り物を受け取れないと答えた。提督がこの点でも、ほかのすべての儀礼上の問題と同じく断固たる態度をとっていることをさとって、栄左衛門はついに、武器以外なら、贈呈されるものはなんでも返礼として受け取ることに同意した。こうして、日本人が持参してきたものより価値のある品物がいくつか甲板に持ち出された。しかし、栄左衛門はそれを見て、高価すぎると言い張り、自分と通訳が身に隠すことのできないものは岸に持ち帰るわけにはいかないと言った。そこで、これらの品物を隠すことなく公然と受け取れないのなら、奉行が持参した品物を奉行の船に戻すことにすると伝えた。すると、栄左衛門は提督からの贈り物をすべて携えて立ち去ったが、三本の剣はおいていくことを許された。

その日の午後、栄左衛門と通訳は、柳細工の籠《かご》に入れた数羽の鶏と数箱の卵だけの贈り物を携え、ふたたび艦にやってきた。二人はその朝、提督からもらった贈り物を陸に持ち帰っても、まったくお咎《とが》めがなかったことにすっかり気を良くしていた。提督は日本人に少しの負い目も負ってはならないと決意していたので、鶏と卵を受け取ったお返しに、日本役人の細君たちに贈り物を贈った。日本人に対し、贈り物の交換に同意するよう説き伏

江戸湾、鳥ヶ崎

せたのも、われわれが獲得した重要な成果のひとつである。日本人がそれを認めたのは、これまでの外国との関係では前例のないことだった。

栄左衛門に贈った品物には、アメリカ産のさまざまな種子を入れた大きな箱、種子ほど有用ではないにしても、もらってうれしくないわけではない若干のブドウ酒のケースがあった。奉行がブドウ酒をお気に召していることは、来艦して艦上で饗応を受けたとき、いかにもうまそうに飲んでいたので分かっていた。栄左衛門と通訳の達之助、〔立石〕得十郎は、機嫌よく艦上でくつろぎ、なかなか別れを告げようとしなかった。彼らに敬意を表して一席もうけた食卓で、彼らは非常に陽気でうちとけるようになった。栄左衛門の気質は生来温和で、遠慮なくシャンパンを飲んだため、ますます愛想良くなった。アメリカの友人に対する彼の好意の念ははっきりと感じられ、アメリカ人を敬慕していると告白し、別れの際には涙を禁じえないと公言したほどだった。通訳たちは、上役ほど酒好きではなく、控えめではあったが、見るからに上機嫌で、うちとけた気分になっていた。わけ知り顔の達之助が、低くささやくような声で、大統領の親書に対して満足すべき回答が与えられることになったらしい、栄左衛門は浦賀奉行よりも高い役職に昇進する見込みだとほのめかしてくれた。

とはいえ、この日本人は常に抜け目なく外交上の利益を上げようとして、自由に饗宴《きょうえん》を楽しみながらも自分たちの公務を忘れなかった。ブキャナン艦長が達之助に、提督は明日江戸湾を去るつもりだと告げると、この機敏な紳士はシャンパンの杯をおき、楽しみの最中にも、いつもどおりに職務熱心なところを見せ、艦隊の退去に関して艦長が話したことを文書にして声明してほしいと頼んだ。ブキャナン艦長は、自分でも確信がもてないかのように、言葉をにごした口調でこの申し出を断った。

ようやく、日本の役人は立ち去る用意をした。彼らは自分たちの受けたもてなしにきわめて丁寧な言葉で感謝し、アメリカの友人と別れるのは寂しいと述べたのち、士官全員と温かい握手を交わし、お辞儀をし、微笑みながら舷側から自分たちの船に乗り込んだ。敷物に座るやいなや、栄左衛門はすぐさまブドウ酒のケースをひとつ開けるように命じて、この贈り物に対する謝意を表し、出てきた最初の瓶を取り上げると、もどかしげに瓶の首をたたき落として、さっそく中身を飲みだした。これは、いつもの礼儀正しさから見て、別れにあたってアメリカの友人の健康を祈って乾杯したのだろう。彼の船はまもなく突き出た浦賀の岬の陰に隠れた。礼儀正しい栄左衛門の姿も、徳も学もある同僚達之助と得十郎の姿も見えなくなった。

回答を来春まで待つ提督の事情

雄大な湾の西側の測量は、浦賀から江戸の下手、約一四海里の地点まで完了した。また蒸気艦ミシシッピ号はボートを率いて湾を遡り、首都に向かってさらに六海里ほど測深したので、提督は、次の日本訪問の際に合流する軍艦バーモント号をアメリカ停泊地に、必要とあればもっと奥まで航行させるための知識を十分得たものと信じた。

すでに述べたように、浦賀奉行はサスケハナ号上での何度かの会談の際に、提督がいつまで沿岸に滞在するつもりなのかを、大変気にして知りたがった。それらの協議中に栄左衛門はいつも気を遣って、外国に関する事項を決定するのに非常に時間がかかるのは日本政府の慣例であると述べた。このような陳述もあり、また大統領の親書に書かれている提案がきわめて重要なもので、これを承諾すれば帝国の基本的な法律の多くをくつがえすことになるため、審議に日時を要することも分かっていたので、提督は回答を待たないのが得策と考えた。

それに加えて、ほかにも重要な理由があった。提督はひと月以上も沿岸に滞留できるだけの十分な食料や水を持っていなかったし、また、満足すべき回答を引きのばし、提督をして手ぶらで出発せざるをえなくさせることは、日本当局にはたやすいことで、そうする理由は明らかなこともよく分かっていた。彼らは遅延の言いわけとして、帝国の諸侯を召集して協議する必要があると申し立て、また内裏《だいり》すなわち宗教上の皇帝にもうかがいを立てなくてはならぬ、と主張する腹づもりなのであろう。こうして提督は日一日と引きのばされて、結局満足な回答を得ずに出航することを余儀なくされるに違いない。このような結果を日本側は勝利と解釈するだろうし、提督が信じたように、自分の使命の成功にとって深刻な損害をもたらすだろう。

さらに、提督には日本政府からの最終回答を来春まで待ってもかまわない好都合な口実があった。というのは、中国の騒乱状態によってかなり危険になった中国沿岸におけるアメリカの権益を保護するため、自分の艦隊の数隻が必要とされることを知っていたからである。提督は、日本滞在中は艦隊中の一隻も手放すことができなかった。なぜなら、海軍省が約束していた船舶が、予想に反して到着していなかったからである。提督はまた、日本政府側の友好的譲歩や行為に対し、しかるべき礼儀をもって応える用意がなかった。バーモント号が積んでくるはずの合衆国からの贈り物をまだ受け取っていなかったからである。その贈り物は大統領の書簡に対する好意ある回答を受け取る際に絶対用意しておく必要があった。

そこで、提督は来春まで待つことにした。そのときには全兵力を集中することができるだろうし、輸送船、石炭船、その他のあらゆる便宜をそなえて、日本人からできるだけ多くの譲歩をとりつけるため、無期限に滞在することができるだろう。提督の方針は、現状の必要に迫られてとったものだが、同時に、日本外交の慎重な形式主義に対して丁重に譲歩したことになり、きわめて幸運な結果をもたらした。ただちに退去して、来春、大統領の親書に対する回答を受け取るため戻ってくるという提督の意向を記した書簡が、前に述べたように、海岸での提督の応接の折に大統領親書とともに手渡されていた。

▽第一〇日目　七月一七日（日曜日）

艦隊の出航――琉球へ向けて

艦隊は日曜の朝、サスケハナ湾の停泊地を離れた。蒸気艦サスケハナ号はサラトガ号を、ミシシッピ号はプリマス号を曳航し、四隻の船舶が航海を始め、一ヤードの帆も張らずに快速力で出発した。その朝は快晴だった。アメリカ人の出発は大事件であり、四隻の艦船が整然と並んで堂々と行進するありさまは、蒸気の力を知らない日本人には壮大で珍しいものであり、群衆が陸地に集まって、この光景を眺めていた。浦賀の岬を回航したときには日本の兵士たちが砲台からぞろぞろ出てきて、いちばん高いところに駆け登り、通過していく船を眺めていた。艦隊は湾の真ん中を通って沖に出る航路をとり、この日は晴れていたので、両岸の住民はいずれも好奇心を満たすことができた。艦隊を遠くから眺めるだけでは満足できない人々も多く、びっしりと人が乗り込んだおびただしい数の舟が次々と漕ぎ出して、海上は無数の舟でおおわれた。

艦隊が湾を出るときには、前になり後ろになる富士の高嶺《たかね》の眺望に別れを惜しんだ。艦隊は東寄りの航路をとったので、山がちな安房国の沿岸が、低い江戸湾の北の入り口にそびえているのが見えた。ヴリース島、別名大島を南に見て通り過ぎた。一部は雲におおわれていたが、隆起した山の低部の凸状の輪郭ははっきりと見えた。いまや艦隊の針路は南に向けられ、江戸湾の入り口から一列に連なるいろいろな島々がしだいに近づき、見えてきた。その多くは噴火でできた島に共通する特徴を示し、島の輪郭は丸く、頂上は円錐形《えんすいけい》にそびえ、その険しい中腹には燃える熔岩流《ようがんりゅう》の爪痕《つめあと》を残し、麓には一面に不規則な形の岸から孤立した岩礁が散らばっていた。この緯度の地方によく見られる豊かに生育した植物が、その側面を緑のマントでおおっている島もいくつかあり、むきだしの岩肌と噴火で吹き飛ばされた地表をさらしている他の島々とはまことに対照的に、みずみずしい美しさをたたえていた。ヴァルカン島〔三宅島〕は噴火中の頂上と斜面の冷えた熔岩で異彩を放っていた。日本の流刑島である八丈島ははるか南方にあったが、船が島の方向に進んでいくにつれて夕闇《ゆうやみ》が迫り、島の近くに着いた頃には暗すぎて、よく見えなかった。同諸島の中には提督の持っている海図のいずれにも記載されていない島がいくつかあったので、提督はアメリカとヨーロッパの発見者の通常の特権を行使して、それらの島に名前をつけた。ある島は蒸気艦の名をとってミシシッピ島と名付け、ジャイアンツコーズウェイ〔北アイルランド北岸の約三マイルにわたって柱状玄武岩が並んだ岬〕の玄武岩層とやや似ているといわれる岩島群にはサスケハナ号の名をつけた。また他の艦船プリマス号とサラトガ号もその名を岩礁や島につけてもらう栄誉を与えられた。全列島は多数の島々からなっていて、一度に八つの島を視界に入れることができるほどである。この島々に人の住んでいる気配はなかったが、日本の沿岸に近いので、たぶんなんらかの目的で利用され、人も多少は住んでいるのだろう。八丈島が流刑地として利用されていることは知られている。また、他の島々のいくつかも日本人によってなんらかの施設が開かれているかもしれない。日本人は常に怠りなく自国の領土を有効に使用しているようである。

艦隊が江戸湾を出航した翌日、ずっと東から東南東に向かって吹いていた風が、スループ型砲艦二隻の曳《ひ》き綱を解かねばならないほど強くなってきた。この二艦の指揮官は、信号で前に指令しておいた任務を続行するよう命じられ、隊伍《たいご》を離れた。サラトガ号のウォーカー中佐は、急ぎ上海に向かい、アメリカ人の生命と財産を保護し、同地における合衆国の全般的利益を監視すべしという命令書を提督から受け取っていた。プリマス号のケリー中佐は、琉球に向けて進行し、その途上で〔奄美《あまみ》〕大島の西海岸を調査するよう命じられていた。提督は同島の東岸を調査するつもりだったが、悪天候に妨げられた。

プリマス号とサラトガ号を解き放したのち、風はしだいに勢いを増して、強い烈風《ストロング・ゲイル》になった。二隻の蒸気艦は左舷《さげん》に風を受けて、風上に向けて船を止めた。風は東微南《ひがしびなん》に吹き、海は大荒れになり、サスケハナ号の横揺れがひどかったが、他の点では耐えきれる天候だった。ミシシッピ号は見たところサスケハナ号よりはましだったが、それでも烈風のうちにボートを二艘失ってしまった。嵐は三日目になって静まり始め、提督はためらうことなく那覇《なは》への航行を続けた。江戸湾との往復航路では、潮流は風のために強くなったり弱くなったりしながら、常に北と東に流れていた。一方、江戸湾内では潮流は規則正しく、浦賀の向かい側の水道を二・五ノットの速さで出入りしていた。

第一回日本訪問の成果

ペリー提督の第一回日本訪問の顚末《てんまつ》を記述してきた本章を終えるにあたり、この訪問の成果を要約してみるのがいいだろう。艦隊が江戸湾に滞在した期間は短く、七月八日に初めて投錨し、同月一七日に退去したのだが、少なからぬ成果が達成された。それらを十分に評価するためには、たんに個々の成果の価値を取り上げるのではなく、従来の日本の政策、外国との交流の制限と関連させて考慮されなければならない。

最初の訪問の実質期間である八日間のうちに、ペリー提督はこれまで他の国々には拒絶されていた多くの利益を祖国のために獲得した。オランダ人と中国人には一定の譲歩が行われていたのは確かであるが、それもごく限定されたものにすぎず、しかも、このわずかな譲歩さえ、きわめて不名誉な状況という犠牲を払って与えられたのである。承認された第一の点は、アメリカ艦隊がたえず日本の監視船につきまとわれることがなくなったということである。これまで監視船は常に外国船の周囲におり、実際、日本訪問中の外国船はあたかも拘禁されるがごとき状態におかれていた。平和な訪問者に対して武力で迫るという侮辱を、ペリー提督は即刻、断固として拒絶した。いかに日本の当局者のすべてが自国の排外的な法律と、非友好的な習慣を盾にとって抗弁しようと、文明諸国の国際礼譲にふさわしい新しい前例が確立されたのである。

第二の成果は、帝国の最高位の高官以外とは誰とも会談せず、自分と自分が代表する祖国のためあらゆる面で名誉に値する応接を受けようという、提督があらかじめ決意していた意図が成就したことである。これを提督は、わが国の制度で認められている外交儀礼の諸規則からいささかも逸脱することなく達成したのである。たとえば、海岸で行われた会見中、浦賀奉行は伊豆侯とその同役石見《いわみ》侯と話すときはいつも平伏していたが、提督と幕僚は静かに腰掛けたままであり、日本の貴族に対する儀礼は、正式に信任されたどの国の委員との同様な会見にもふさわしい儀礼を超えるものではなかった。

当局の抗議にもかかわらず、また砲台の無数の砲門の下で、江戸湾を測量したことも重要な成果であった。それは、こけ脅しや見せかけの武力でアメリカ人を怖がらせて追い払おうとするのは、愚かな試みであることを日本人に教えたばかりでなく、日本の首都までも航行できることを初めて世界に証明し、遠征隊の水路測量調査隊が観測して作成した海図によって、首都に接近するためのあらゆる便宜を獲得したのである。

提督は、自分が儀礼好きな国民と取り引きしていることを心得ており、礼儀作法においても、自分の使命の尊厳を守ろうという断固たる決意を象徴的に示す機会を逃さなかった。こうして、贈り物のやりとりについては、古来の東洋の習慣に厳格に従うことに気を配り、贈り物の価値を計って、日本側が優位に立つようにはさせなかった。これまで中国や日本の政策は、贈り物はすべて優位にある国への貢ぎ物と考え、そのようなものとして受け取ってきた。提督は贈り物を等価で交換することを重視し、贈り物はたんに相互の友情の交換とみなさねばならず、したがって少なくとも等価のもので返礼するのでなければ、いかなる贈り物もけっして受け取らないと決意したのである。

提督は、祖国アメリカの力とその優越性に関する正しい認識を日本人にきざみつけようと努力する一方、日本当局とのあらゆる交渉に際し、きわめて友好的な態度を示すよう常に尽力した。なぜなら合衆国が求めているのは日本との親しい交際であることを、相手に理解させたかったからである。つまり、一方では決然たる態度を示して、相手に謹聴するよう迫り、日本人の手に落ちるやもしれぬアメリカ市民の保護をなんとしても確保し、他方では、国際友好と相互利益を最も確実に作りだし、それを安全に保証する手段である、相互の通商貿易を開きたいとの希望を丁重に表明した。太平洋岸の新たな合衆国領土と、強力な蒸気力の発達によって、日本帝国の地理的位置がどんなにアメリカと近くなったかを、日本人は気づかされたのである。この蒸気力の効果的な働きは、アメリカ海軍の蒸気艦が首都のほぼ射程内に出現したことで、日本国民にはっきりと示された。この従わせずにはおかない力を証明しつつ、融和的な意向を示す政策がどれほど成功をもたらしたかは、この記録の後段で述べることにしよう。

宮崎壽子

オフィス宮崎代表。1984年の創立以来、出版翻訳および業務翻訳、編集、デザイン、書籍やイベントのプロデュースなどを手がけている。1995年にUNITED STATES JAPAN EXPEDITION 1852-1854 Vol.I, II, III by M.C.Perryの初版本を入手し、初めての完全翻訳本として制作（1997年、栄光教育文化研究所より出版）。

www.officemiyazaki.com

翻訳・協力
平井吉夫、柳嶋覚子／赤尾愛子、赤山雅彦、合川瑠美、大岡真緒、太田智子、大山美由紀、岡部麻菜美、岡山徹、上牧弥生、加藤由佳梨、川上純一、熊田都、小西道子、佐々木紀子、鈴木麻友美、住友進、須野原慶恵、手島暁子、中井川瞳、中江昌彦、中村圭志、中村藤美、萩由比子、藤原保彦、古屋紀子、松渓裕子、松本知之、宮下ゆか里、山本知子、横山朋子

本書は、二〇〇九年四月に万来舎から刊行された『ペリー艦隊日本遠征記　上』を改題し、文庫化したものです。

ペリー提《てい》督《とく》日《に》本《ほん》遠《えん》征《せい》記《き》上《じょう》

M・C・ペリー　F・L・ホークス＝編纂　宮《みや》崎《ざき》壽《ひさ》子《こ》＝監訳

平成26年 8月25日　初版発行

発行者●郡司 聡

発行所●株式会社KADOKAWA
〒102-8177　東京都千代田区富士見2-13-3
電話 03-3238-8521（営業）
http://www.kadokawa.co.jp/

編集●角川学芸出版
〒102-0071　東京都千代田区富士見2-13-3
電話 03-5215-7815（編集部）

角川文庫 18735

印刷所●株式会社暁印刷　製本所●株式会社ビルディング・ブックセンター

表紙画●和田三造

ISBN978-4-04-409212-2　C0121

角川文庫発刊に際して

角川源義

第二次世界大戦の敗北は、軍事力の敗北であった以上に、私たちの若い文化力の敗退であった。私たちの文化が戦争に対して如何に無力であり、単なるあだ花に過ぎなかったかを、私たちは身を以て体験し痛感した。西洋近代文化の摂取にとって、明治以後八十年の歳月は決して短かすぎたとは言えない。にもかかわらず、近代文化の伝統を確立し、自由な批判と柔軟な良識に富む文化層として自らを形成することに私たちは失敗して来た。そしてこれは、各層への文化の普及滲透を任務とする出版人の責任でもあった。

一九四五年以来、私たちは再び振出しに戻り、第一歩から踏み出すことを余儀なくされた。これは大きな不幸ではあるが、反面、これまでの混沌・未熟・歪曲の中にあった我が国の文化に秩序と確たる基礎を齎らすためには絶好の機会でもある。角川書店は、このような祖国の文化的危機にあたり、微力をも顧みず再建の礎石たるべき抱負と決意とをもって出発したが、ここに創立以来の念願を果すべく角川文庫を発刊する。これまで刊行されたあらゆる全集叢書文庫類の長所と短所とを検討し、古今東西の不朽の典籍を、良心的編集のもとに、廉価に、そして書架にふさわしい美本として、多くのひとびとに提供しようとする。しかし私たちは徒らに百科全書的な知識のジレッタントを作ることを目的とせず、あくまで祖国の文化に秩序と再建への道を示し、この文庫を角川書店の栄ある事業として、今後永久に継続発展せしめ、学芸と教養との殿堂として大成せんことを期したい。多くの読書子の愛情ある忠言と支持とによって、この希望と抱負とを完遂せしめられんことを願う。

一九四九年五月三日

角川ソフィア文庫ベストセラー

新編 日本の面影

ラフカディオ・ハーン
訳／池田雅之

日本の人びとと風物を印象的に描いたハーンの代表作『知られぬ日本の面影』を新編集。「神々の国の首都」「日本人の微笑」ほか、アニミスティックな文学世界や世界観、日本への想いを伝える一一編を新訳収録。

新編 日本の怪談

ラフカディオ・ハーン
訳／池田雅之

「幽霊滝の伝説」「ちんちん小袴」「耳無し芳一」ほか、馴染み深い日本の怪談四二編を叙情あふれる新訳で紹介。小学校高学年程度から楽しめ、朗読や読み聞かせにも最適。ハーンの再話文学を探求する決定版！

ビギナーズ 日本の思想 福沢諭吉「学問のすすめ」

福沢諭吉
訳／佐藤きむ
解説／坂井達朗

国際社会にふさわしい人間となるために学問をしよう！ 維新直後の明治の人々を励ます福沢のことばは現代にも生きている。現代語訳と解説で福沢の生き方と思想が身近な存在になる。略年表、読書案内付き。

新版 福翁自伝

福沢諭吉
校訂／昆野和七

緒方洪庵塾での猛勉強、遣欧使節への随行、暗殺者におびえた日々――。六〇余年の人生を回想しつつ愉快に語られるエピソードから、変革期の世相、教育に啓蒙に人々を文明開化へ導いた福沢の自負が伝わる自叙伝。

現代語訳 福翁百話

福沢諭吉
訳／佐藤きむ

福沢が来客相手に語った談話を、自身で綴った代表作。自然科学、夫婦のあり方、政府と国民の関係、教育、環境衛生など、西洋に通じる新しい考えから快活に持論を展開。思想家福沢のすべてが大観できる。

角川ソフィア文庫ベストセラー

角川ソフィア文庫ベストセラー

小さき者の声
柳田国男傑作選

柳田国男

表題作のほか「こども風土記」「母の手毬歌」「野草雑記」「野鳥雑記」「木綿以前の事」の全6作品を一冊に収録！ 柳田が終生持ち続けた幼少期の直感やみずみずしい感性、対象への鋭敏な観察眼が伝わる傑作選。

柳田国男 山人論集成

柳田国男
編／大塚英志

独自の習俗や信仰を持っていた「山人」。柳田は彼らに強い関心を持ち、膨大な数の論考を記した。その著作や論文を再構成し、時とともに変容していった柳田の山人論の生成・展開・消滅を大塚英志が探る。

海南小記

柳田国男

大正9年、柳田は九州から沖縄諸島を巡り歩く。日本民俗学における沖縄の重要性、日本文化論における南島研究の意義をはじめて明らかにし、最晩年の名著『海上の道』へと続く思索の端緒となった紀行文。

先祖の話

柳田国男

人は死ねば子孫の供養や祀りをうけて祖霊へと昇華し、山々から家の繁栄を見守り、盆や正月にのみ交流する――膨大な民俗伝承の研究をもとに、古くから日本人に通底している霊魂観や死生観を見いだす。

妹の力

柳田国男

かつて女性は神秘の力を持つとされ、祭祀を取り仕切っていた。預言者となった妻、鬼になった妹――女性たちに託されていたものとは何か。全国の民間伝承や神話を検証し、その役割と日本人固有の心理を探る。

角川ソフィア文庫ベストセラー

火の昔
柳田国男

かつて人々は火をどのように使い暮らしてきたのか。火にまつわる道具や風習を集め、日本人の生活史をたどる。暮らしから明かりが消えていく戦時下、火の文化の背景にある先人の苦心と知恵を見直した意欲作。

桃太郎の誕生
柳田国男

「おじいさんは山へ木をきりに、おばあさんは川に洗濯へ――」。誰もが一度は聞いた桃太郎の話。そこには神話時代の謎が秘められていた。昔話の構造や分布などを科学的に分析し、日本民族固有の信仰を見出す。

昔話と文学
柳田国男

「竹取翁」「花咲爺」「かちかち山」などの有名な昔話（口承文芸）を取り上げ、『今昔物語集』をはじめとする説話文学との相違から、その特徴を考察。丹念な比較で昔話の宗教的起源や文学性を明らかにする。

シリーズ江戸学 江戸三百年を読む 上
傑作時代小説 江戸騒乱編
柴田錬三郎ほか 編／縄田一男

「江戸っ子」の由来、剣豪武蔵、伊達騒動、由井正雪の乱、忠臣蔵、絵島生島事件――。家康入城から元禄時代まで、江戸泰平をゆるがす事件や騒動、渦中の人間模様を描いた珠玉の九編。下巻『幕末風雲編』

シリーズ江戸学 江戸三百年を読む 下
傑作時代小説 幕末風雲編
司馬遼太郎ほか 編／縄田一男

天一坊事件、加賀騒動、桜田門外の変、新撰組、坂本龍馬、高杉晋作、上野戦争と彰義隊――。享保年間から幕末維新まで、迫りくる国内外の危機と、新たな時代への鳴動を描く秀逸な八編。上巻『江戸騒乱編』

角川ソフィア文庫ベストセラー

日本人とキリスト教　井上章一

近世から近代にかけて、日本ではキリスト教にまつわる多くの説が生まれ、流布した。奇想天外な妄説・珍説を、人々はなぜ紡ぎ出したのか。キリスト教受容をめぐる諸説をたどり、歴史が作られる謎を解明する。

日本文明とは何か　山折哲雄

常に民族と宗教が対立する世界の中で、日本では公家と武家、神と仏などの対立構造をうまく制御しながら長く平和が保たれてきた。この独特の統治システムの正体は何か。様々な事例から日本文明の本質を探る。

和食とはなにか　旨みの文化をさぐる　原田信男

世界無形文化遺産「和食」はどのようにかたちづくられたか。素材を活かし、旨みを引き立て、栄養バランスにすぐれた食文化が、いつどんな歴史のもとに生まれたかを探り、その成り立ちの意外な背景を説く。

大人のための世界の名著50　木原武一

『聖書』『ハムレット』『論語』『種の起原』ほか、世界の文豪や知識人たちが著した知の遺産を精選。独自の「要約」と「読みどころと名言」や「文献案内」も充実。一冊で必要な情報を通覧できる名著ガイド！

大人のための日本の名著50　木原武一

『源氏物語』『こころ』『武士道』『旅人』ほか、日本人としての教養を高める50作品を精選。編者独自のわかりやすい「要約」を中心に、「読みどころと名言」や「文献案内」も充実した名著ガイドの決定版！

角川ソフィア文庫ベストセラー

幸福論
アラン
訳／石川 湧

幸福とはただ待っていれば訪れるものではなく、自らの意志と行動によってのみ達成される——。哲学者アランが、幸福についてときに力強く、ときには瑞々しく、やさしい言葉で綴った九三のプロポ（哲学断章）。

方法序説
デカルト
訳／小場瀬卓三

哲学史上もっとも有名な命題「我思う、ゆえに我あり」を導いた近代哲学の父・デカルト。人間に役立つ知識を得たいと願ったデカルトが、懐疑主義に到達する経緯を綴る、読み応え充分の思想的自叙伝。

新版 精神分析入門（上、下）
フロイト
安田徳太郎・安田一郎＝訳

無意識、自由連想法、エディプス・コンプレックス。精神医学や臨床心理学のみならず、社会学・教育学・文学・芸術ほか20世紀以降のあらゆる分野に根源的な変革をもたらした、フロイト理論の核心を知る名著。

自殺について
ショーペンハウエル
石井 立＝訳

誰もが逃れられない、死（自殺）について深く考察し、そこから生きることの意欲、善人と悪人との差異、人生についての本質へと迫る！ 意思に翻弄される現代人へ、死という永遠の謎を解く鍵をもたらす名著。

饗宴
恋について
プラトン
山本光雄＝訳

「愛」を主題とした対話編のうち、恋愛の本質と価値について論じた「饗宴」と、友愛の動機と本質について論じた「リュシス」の2編を収録。プラトニック・ラブの真意と古代ギリシャの恋愛観に触れる。